David Wasserstein

Madrid, 1992

# ESTUDIOS ONOMÁSTICO-BIOGRÁFICOS DE AL-ANDALUS

# ESTUDIOS ONOMÁSTICO-BIOGRÁFICOS DE AL-ANDALUS

## II

editados por María Luisa Ávila

CONSEJO SUPERIOR DE INVESTIGACIONES CIENTÍFICAS
ESCUELA DE ESTUDIOS ÁRABES
GRANADA, 1989

CEP de la Biblioteca Nacional (Madrid)

ESTUDIOS onomástico-biográficos de Al-Andalus II / editados por María Luisa Ávila. — Granada : C.S.I.C., Escuela de Estudios Árabes, 1988.
ISBN 84-00-06733-9
1. Lengua árabe-Nombres propios. 2. Onomástica-Al-Andalus. 3. Biografía-Al-Andalus-Historia y crítica. I. Ávila, María Luisa. II. Escuela de Estudios Árabes de Granada.
809.27-313 (460) «07/14»
892.7 (460)—94.09 «07/14»


I.S.B.N.: 84-00-06733-9 (Obra completa)
I.S.B.N.: 84-00-06935-8 (Tomo II)
Depósito Legal: M. 42.880-1987
Impreso en España
*Printed in Spain*
Imprenta Taravilla. Mesón de Paños, 6
28013 Madrid

# PRESENTACION

Cuando apenas si ha transcurrido un año de la aparición de los primeros *Estudios onomástico-biográficos de al-Andalus* (Madrid: C.S.I.C., 1988), se nos presenta la ocasión de enviar a imprenta el segundo volumen. La causa ha sido hasta cierto punto ajena a nosotros y hasta cierto punto fruto de nuestro trabajo. Los que en un principio formamos el equipo español del ONOMASTICON ARABICUM, proyecto de investigación internacional coordinado por el Institut de Recherche et d'Histoires des Textes (Section Arabe) del C.N.R.S., nos vimos divididos entre el Departamento de Estudios Arabes del Instituto de Filología de Madrid y la Escuela de Estudios Arabes de Granada, centros ambos dependientes del Consejo Superior de Investigaciones Científicas. Ello ha propiciado el incremento del número de personas que trabajamos en un proyecto común. Fruto de la necesidad de comunicación entre nosotros han sido múltiples reuniones en ambas ciudades y la celebración en Granada en diciembre de 1987 de una Mesa Redonda sobre Onomástica y Biografías Arabes, patrocinada, al igual que este volumen, por el Programa Temático de Estudios Arabes del C.S.I.C.

A dicha Mesa Redonda asistieron investigadores de otros centros interesados en la onomástica y la biografía, algunos de los cuales publican aquí su aportación a aquel coloquio. Otros, como Ana Ramos, José Pérez Lázaro, Rafael Valencia, Bruna Soravia o Nuria Torres, no participan en esta publicación, pero hemos de agradecerles su contribución a la mencionada Mesa Redonda, que resultó sumamente enriquecedora para todos los participantes. Todos supimos escuchar con actitud generosa las sugerencias e incluso correcciones de nuestros compañeros en un ambiente cordial y distendido, y allí surgieron proyectos de trabajo que se verán reflejados en futuros E.O.B.A. Todo esto hubiera sido impensable sin una base de amistad que, independientemente de las cualidades científicas que cada uno posee, ha posibilitado nuestro trabajo en equipo desde hace ya varios años.

Los trabajos de este volumen continúan en su mayor parte las líneas de investigación sobre las que venimos trabajando en los proyectos de investigación de ambos centros.

Así, hemos reunido una serie de estudios onomásticos basados en fuentes muy dispares y desde diferentes puntos de vista.

No hemos abandonado la idea de compilar un Diccionario Biográfico de al-Andalus. Con vistas a ello continuamos tanto vaciando repertorios biográficos orientales en busca de personajes andalusíes o de origen andalusí, como elaborando nóminas de sabios de época posterior a la cubierta por las ya existentes, entre las que hay que destacar la de Marín, publicada en el primer volumen.

Nuestro interés por el estudio de la historiografía andalusí, nos ha llevado también a estudiar las fuentes de los diccionarios biográficos, como primer paso hacia la comprensión del género biográfico en al-Andalus y hacia futuros estudios historiográficos que cubran un más amplio campo de fuentes.

Otra vertiente de nuestro trabajo de investigación es el estudio de la sociedad o de parte de ella a través de los datos proporcionados por las fuentes biográficas, y en este caso de las familias, bien se trate del estudio pormenorizado de todos los miembros de un mismo linaje, bien intentando reconstruir por medios informáticos todos los linajes andalusíes a partir de una base de datos.

Otras áreas relacionadas con los estudios históricos como la topografía se encuentran representadas en esta obra.

De lo expuesto anteriormente podemos colegir por una parte que el género biográfico ofrece gran cantidad de posibilidades para estudios de otro tipo y por otra, que de obras de otros géneros podemos extraer informaciones que nos ayuden en nuestro trabajo onomástico o biográfico. No hemos pues de desechar ninguna fuente, sea cual sea el tipo de investigación que llevemos a cabo, como tampoco han de dejarse de lado trabajos como algunos de los aquí recogidos, quizá no demasiado brillantes en la forma, pero que constituyen el entramado sobre el que se tejerán futuros estudios, tanto nuestros como ajenos, y que resultan imprescindibles para comprender mejor la historia de al-Andalus.

He de advertir que al comienzo de este libro se encuentra una relación de siglas, seguida de la descripción de las fuentes a que dichas siglas corresponden, que son las habitualmente usadas por los distintos autores de este volumen. Esta relación, ya aparecida en los *E.O.B.A.* I, ha sido ligeramente ampliada y está sujeta a continua revisión.

Por último quiero decir que esta obra ha sido reproducida en offset sobre original compuesto en ordenador e impreso con láser. La asesoría de Luis Molina en temas informáticos y las muchas horas que dedicó a proporcionar a cada autor los signos que requería sólo pueden pagarse con el reconocimiento que muchos arabistas le debemos.

María Luisa Avila
Granada, julio de 1988

## INDICE DE SIGLAS

| | |
|---|---|
| AA | Ibn al-Jaṭīb, *Aᶜmāl al-aᶜlām*. |
| AI | Ibn al-Aṯīr, *al-Kāmil fī l-ta'rīj*. |
| AK | Ibn Sahl, *al-Aḥkām al-kubrà*. |
| AM | *Ajbār maŷmūᶜa*. |
| AZ | al-Maqqarī, *Azhār al-riyāḍ*. |
| BD | al-Bakrī, *al-Masālik wa-l-mamālik*. |
| BI | Ibn ᶜAbd al-Barr, *Ŷāmiᶜ bayān al-ᶜilm*. |
| BM | Ibn ᶜIḏārī, *al-Bayān al-mugrib*. |
| BS | al-Suyūṭī, *Bugyat al-wuᶜāt*. |
| CA | *Una Crónica anónima de ᶜAbd al-Rahmān III*. |
| CR | *Crónica del moro Rasis*. |
| D | al-Ḍabbī, *Bugyat al-multamis*. |
| DB | *Ḏikr bilād al-Andalus*. |
| DM | Ibn Farḥūn, *al-Dībāŷ al-muḏhab*. |
| DT | al-Marrākušī, *al-Ḏayl wa-l-takmila*. |
| DY | Ibn Bassām, *al-Ḏajīra*. |
| FA | *Fatḥ al-Andalus*. |
| FG | Ibn Gālib, *Farḥat al-anfus*. |
| FH | Ibn ᶜAbd al-Ḥakam, *Futūḥ Ifrīqiya wa-l-Magrib*. |
| G | al-Gubrīnī, *ᶜUnwān al-dirāya*. |
| H | al-Ḥumaydī, *Ŷaḏwat al-muqtabis*. |
| H (B) | al-Ḥumaydī, *Ŷaḏwat al-muqtabis* (ed. Beirut). |
| HS | Ibn al-Abbār, *al-Ḥulla al-siyarā'*. |
| IA | Ibn al-Abbār, *al-Takmila* (ed. B.A.H.). |
| IA (A) | Ibn al-Abbār, *al-Takmila* (ed. M. Alarcón). |
| IA (BCh) | Ibn al-Abbār, *al-Takmila* (ed. Ben Cheneb). |
| IA (C) | Ibn al-Abbār, *al-Takmila* (ed. El Cairo). |
| IAM | Ibn al-Abbār, *al-Muᶜŷam*. |
| IAU | Ibn Abī Uṣaybiᶜa, *ᶜUyūn al-anbā'*. |
| IB | Ibn Baškuwāl, *al-Ṣila* (ed. B.A.H.). |
| IB (C) | Ibn Baškuwāl, *al-Ṣila* (ed. El Cairo). |
| ID | Ibn Diḥya, *al-Muṭrib*. |
| IF | Ibn al-Faraḍī, *Ta'rīj ᶜulamā' al-Andalus* (ed. B.A.H.). |
| IF (C) | Ibn al-Faraḍī, *Ta'rīj ᶜulamā' al-Andalus* (ed. El Cairo). |
| IG | Ibn al-Jaṭīb, *al-Iḥāṭa*. |
| IH | Ibn Ḥāriṯ al-Jušanī, *Ajbār al-fuqahā'*. |
| IL | Ibn Ibrāhīm, *al-Iᶜlām*. |

| | |
|---|---|
| IQ | Ibn al-Qūṭiyya, *Ta'rīj iftitāḥ al-Andalus*. |
| IR | al-Qifṭī, *Inbāh al-ruwā*. |
| IS | Ibn Saʿīd, *al-Mugrib*. |
| IZ | Ibn al-Zubayr, *Ṣilat al-Ṣila*. |
| KZ | Ḥaŷŷī Jalīfa, *Kašf al-ẓunūn*. |
| LA | Ibn al-Aṯīr, *al-Lubāb fī tahḏīb al-ansāb*. |
| LM | Ibn Ḥaŷar, *Lisān al-Mīzān*. |
| M2 | Ibn Ḥayyān, *al-Muqtabis* (ed. M. ʿA. Makkī). |
| M3 | Ibn Ḥayyān, *al-Muqtabis* (ed. M. Martínez Antuña). |
| M5 | Ibn Ḥayyān, *al-Muqtabis* (ed. P. Chalmeta - F. Corriente). |
| M7 | Ibn Ḥayyān, *al-Muqtabis* (ed. ʿA. ʿA. al-Ḥaŷŷī). |
| MA | Ibn Jāqān, *Maṭmaḥ al-anfus*. |
| MI | al-Dabbāg, *Maʿālim al-īmān*. |
| MU | al-Nubāhī, *al-Marqaba al-ʿulyā*. |
| NT | al-Maqqarī, *Nafḥ al-ṭīb* (ed. R. Dozy). |
| NT (A) | al-Maqqarī, *Nafḥ al-ṭīb* (ed. I. ʿAbbās). |
| QQ | Ibn Ḥāriṯ al-Jušanī, *Quḍāt Qurṭuba*. |
| R | Ibn Ḥazm, *Risāla fī faḍl al-Andalus*. |
| RM | al-Ḥimyarī, *al-Rawḍ al-miʿṭār* (ed. E. Lévi-Provençal). |
| RN | al-Mālikī, *Riyāḍ al-nufūs*. |
| SD | al-Ḏahabī, *Siyar aʿlām al-nubalā'*. |
| TA | Ibn Ŷulŷul, *Ṭabaqāt al-aṭibbā'*. |
| TF | *Tarāŷim fī tasmiyat fuqahā' al-Andalus*. |
| TH | al-Ḏahabī, *Taḏkirat al-ḥuffāẓ*. |
| TI | Abū l-ʿArab, *Ṭabaqāt ʿulamā' Ifrīqiya*. |
| TK | Ibn Saʿd, *al-Ṭabaqāt al-kubrà*. |
| TM | ʿIyāḍ, *Tartīb al-maḏārik*. |
| TT | Ibn Ḥaŷar, *Tahḏīb al-Tahḏīb*. |
| TU | Ṣāʿid, *Ṭabaqāt al-umam*. |
| TZ | al-Zubaydī, *Ṭabaqāt al-naḥwiyyīn*. |
| UH | *al-ʿUyūn wa-l-ḥadā'iq*. |
| UM | Ibn Ḥāriṯ al-Jušanī, *Ṭabaqāt ʿulamā' Ifrīqiya*. |
| UT | al-ʿUḏrī, *Tarṣīʿ al-ajbār*. |
| WA | Ibn al-Šabbāṭ, *Waṣf al-Andalus*. |
| WJ | Ibn Jallikān, *Wafayāt*. |
| WS | al-Ṣafadī, *Wāfī*. |
| YI | Yāqūt, *Iršād al-arīb*. |
| YM | Yāqūt, *Muʿŷam al-buldān*. |
| YQ | Ibn al-Qāḍī, *Ŷaḏwat al-iqtibās*. |
| ZM | Ibn Simāk, *Zaharāt*. |

## FUENTES


ABŪ L-ᶜARAB, Muhammad b. Aḥmad: *Kitāb Ṭabaqāt ᶜulamā' Ifrīqiya*. Ed. y trad. M. Ben Cheneb. Argel, 1920 (TI).

*Ajbār maŷmūᶜa*. Ed. y trad. E. Lafuente Alcántara. Madrid, 1867 (AM).

AL-BAKRĪ, Abū ᶜUbayd ᶜAbd Allāh b. ᶜAbd al-ᶜAzīz: *Kitāb al-Masālik wa-l-mamālik. Description de l'Afrique septentrionale*. Ed. y trad. M. G. de Slane. París, 1965 (BD).

*Una Crónica anónima de ᶜAbd al-Raḥmān III al-Nāṣir*. Ed. y trad. E. Lévi-Provençal y E. García Gómez. Madrid-Granada, 1950 (CA).

*Crónica del moro Rasis, versión del 'Ajbār mulūk al-Andalus' de Aḥmad ibn Muḥammad ibn Mūsà al-Rāzī*. Ed. D. Catalán y S. de Andrés. Madrid, 1975 (CR).

AL-DABBĀG, ᶜAbd al-Raḥmān b. Muḥammad: *Maᶜālim al-īmān fī maᶜrifat ahl al-Qayrawān*. Ed. I. Šabbūḥ. El Cairo-Túnez, 1968-78. 3 v. (MI).

AL-ḌABBĪ, Aḥmad b. Yaḥyà: *Bugyat al-multamis fī ta'rīj riŷāl ahl al-Andalus*. Ed. F. Codera y J. Ribera. Madrid, 1884-5 (B.A.H., III) (D).

AL-ḎAHABĪ, Muḥammad b. Aḥmad: *Siyar aᶜlām al-nubalā'*. Varios editores. Beirut, 1985, 23 v. (SD).

--- *Taḏkirat al-ḥuffāẓ*. Hyderabad, 1968-70. 4 v. (TH).

*Ḏikr bilād al-Andalus. Una descripción anónima de al-Andalus*. Ed. y trad. L. Molina. Madrid, 1983. 2 v. (DB).

*Fatḥ al-Andalus. Historia de la conquista de España. Códice arábigo del siglo XII*. Ed. y trad. J. de González. Argel, 1889 (FA).

AL-GUBRĪNĪ, Aḥmad. *ᶜUnwān al-dirāya fī man ᶜurifa min al-ᶜulamā' fī l-mi'a al-sābiᶜa bi-Biŷāya*. Argelia, 1910 (G).

HAŶŶĪ JALĪFA, Muṣṭafà b. ᶜAbd Allāh: *Kašf al-ẓunūn ᶜan asāmī l-kutub wa-l-funūn*. Ed. G. Flügel. Leipzig, 1835-58. 4 v. (KZ).

AL-ḤIMYARĪ, Muḥammad b. Muḥammad: *Kitāb al-Rawḍ al-miᶜṭār fī jabar al-aqṭār*. Ed. y trad. E. Lévi-Provençal. Leiden, 1938 (RM).

AL-ḤUMAYDĪ, Muḥammad b. Abī Naṣr: *Ŷaḏwat al-muqtabis*. Ed. M. Ibn Tāwīt. El Cairo, 1372 h. (H).

--- *Ŷadwat al-muqtabis*. Ed. I. al-Abyārī. El Cairo-Beirut, 1983-84. 2 v. (H (B)).

IBN AL-ABBĀR, Muḥammad b. ᶜAbd Allāh: *Al-Ḥulla al-siyarā'*. Ed. H. Mu'nis. El Cairo, 1963. 2 v. (HS).

--- *Al-Muᶜŷam fī aṣḥāb al-qāḍī al-imām Abī ᶜAlī al-Ṣadafī*. Ed. F. Codera. Madrid, 1885 (B.A.H., IV) (IAM).

--- *Al-Takmila li-kitāb al-Ṣila*. Ed. F. Codera. Madrid, 1887-89. 2 v. (B.A.H., V-VI) (IA).

--- *Al-Takmila li-kitāb al-Ṣila*. Ed. ᶜI. al-Ḥusaynī. El Cairo, 1955 (IA (C)).

--- *Al-Takmila li-kitāb al-Ṣila*. Ed. M. Alarcón, en *Miscelánea de estudios y textos árabes*. Madrid, 1915. (IA (A)).

--- *Al-Takmila li-kitāb al-Ṣila*. Ed. A. Bel y M. Ben Cheneb. Argel, 1920 (IA (BCh)).

IBN ᶜABD AL-BARR, Yūsuf b. ᶜAbd Allāh: *Ŷāmiᶜ bayān al-ᶜilm wa-faḍli-hi*. Ed. ᶜA. M. ᶜUṯmān. Medina, 1968 (BI).

IBN ᶜABD AL-ḤAKAM, ᶜAbd al-Raḥmān b. ᶜAbd Allāh: *Futūḥ Ifrīqiya wa-l-Andalus. Conquête de l'Afrique du Nord et de l'Espagne*. Ed. A. Gateau. Argel, 1948 (FH).

IBN ABĪ UṢAYBIᶜA, Aḥmad b. al-Qāsim: *ᶜUyūn al-anbā' fī ṭabaqāt al-aṭibbā'. Médecins de l'Occident musulman*. Ed. H. Jahier y A. Noureddin, Argel, 1958 (IAU).

IBN AL-AṮĪR, ᶜIzz al-dīn ᶜAlī: *Al-Kāmil fī l-ta'rīj*. Beirut, 1965. 13 v. (AI).

--- *Al-Lubāb fī tahḏīb al-ansāb*. Beirūt, 1980. 3 v. (LA).

IBN BAŠKUWĀL, Jalaf b. ᶜAbd al-Malik: *Kitāb al-Ṣila fī ta'rīj a'immat al-Andalus*. Ed. F. Codera. Madrid, 1882-3 (B.A.H., I-II) (IB).

--- *Kitāb al-Ṣila*. Ed. ᶜI. al-ᶜAṭṭār. El Cairo, 1955. (IB (C)).

IBN BASSĀM, Abū l-Ḥasan ᶜAlī: *Al-Ḏajīra fī maḥāsin ahl al-Ŷazīra*. Ed. I. ᶜAbbās. Beirut, 1979. 8 v. (DY).

IBN DIḤYA, ᶜUmar b. Ḥasan: *Al-Muṭrib min ašᶜār ahl al-Magrib*. Ed. I. al-Abyārī, Ḥ. ᶜAbd al-Maŷīd, A. Badawī. El Cairo, 1954 (ID).

IBN AL-FARAḌĪ, ᶜAbd Allāh b. Muḥammad: *Ta'rīj ᶜulamā' al-Andalus*. Ed. F. Codera. Madrid, 1891-2 (B.A.H., VIII) (IF).

--- *Ta'rīj ᶜulamā al-Andalus*. El Cairo, 1966 (IF (C)).

IBN FARḤŪN, Ibrāhīm b. ᶜAlī: *Al-Dībāŷ al-muḏhab fī maᶜrifat aᶜyān ᶜulamā' al-maḏhab*. El Cairo, 1972. 2 v. (DM).

IBN GĀLIB, Muḥammad b. Ayyūb: *Farḥat al-anfus fī ta'rīj al-Andalus*. Ed. L. ᶜAbd al-Badīᶜ. *Maŷallat Maᶜhad al-Majṭūṭāt al-ᶜarabiyya* (El Cairo), 1955 (FG).
IBN ḤĀRIṮ AL-JUŠANĪ, Muḥammad: *Ajbār al-fuqahā' wa-l-muḥaddiṯīn*. Ms.al-Jizāna al-Ḥasaniyya (Rabat),nº6916 (IH).
--- *Ṭabaqāt ᶜulamā' Ifrīqiya wa-Tūnis*. Beirut, s.d. (reimpr. de la ed. Ben Cheneb, Argel, 1920) (TI).
--- *Quḍāt Qurṭuba*. Ed. y trad. J. Ribera. Madrid, 1914 (QQ).
IBN ḤAŶAR AL-ᶜASQALĀNĪ, Aḥmad b. ᶜAlī: *Lisān al-Mīzān*. Beirut, 1971 (LM).
--- *Tahḏīb al-Tahḏīb*. Hyderabad, 1325-27 h. 12 v. (TT).
IBN ḤAYYĀN, Ḥayyān b. Jalaf: *Al-Muqtabis min anbā' ahl al-Andalus*. Ed. M. ᶜA. Makkī, Beirut, 1973 (M2).
--- *Al-Muqtabis fī ta'rīj riŷāl al-Andalus*. Vol. III. Ed. M. Martínez Antuña. París, 1937 (M3).
--- *Al-Muqtabas V*. Ed. P. Chalmeta, F. Corriente, M. Sobh. Madrid, 1979 (M5).
--- *Al-Muqtabis fī ajbār balad al-Andalus*. Ed. ᶜA. ᶜA. al-Haŷŷī. Beirut, [1965].
IBN IBRĀHĪM, al-ᶜAbbās: *Al-Iᶜlām bi-man ḥalla Marrākuš wa-Agmāt min al-aᶜlām*. Rabat, 1974-1983. 10 v. (IL).
IBN ḤAZM, ᶜAlī b. Aḥmad: *Risāla fī faḍl al-Andalus*. En al-Maqqarī, *Nafḥ al-ṭīb* (ed. I. ᶜAbbās), III, 156-179. Trad. Ch. Pellat, *Al-Andalus,* XIX (1954), 53-102 (R).
IBN ᶜIḎĀRĪ AL-MARRĀKUŠĪ: *Al-Bayān al-mugrib fī ajbār al-Andalus wa-l-Magrib*. V. I-II, ed. G. Colin y E. Lévi-Provençal. Leiden, 1948-51; v. III, ed. E. Lévi-Provençal. París, 1930 (BM).
IBN JALLIKĀN, Aḥmad b. Muḥammad: *Wafayāt al-aᶜyān wa-anbā' abnā' al-zamān*. Ed. I. ᶜAbbās. Beirut, 1968-72. 8 v. (WJ).
IBN JĀQĀN, al-Fatḥ: *Maṭmaḥ al-anfus wa-masraḥ al-ta'annus*. Ed. H. Š. Bahnām. *Al-Mawrid* (Bagdad), X, 2 (1981), 125-192 y X, 3-4 (1981), 319-378 (MA).
IBN AL-JAṬĪB, Lisān al-dīn Muḥammad b. ᶜAbd Allāh: *Kitāb Aᶜmāl al-aᶜlām fī man būyiᶜa qabl al-iḥtilām*. Ed. E. Lévi-Provençal. Beirut, 1956 (AA).
--- *Al-Iḥāṭa fī ajbār Garnāṭa*. Ed. M. ᶜA. ᶜInān. El Cairo, 1973-77. 4 v. (IG).
IBN AL-QĀḌĪ: *Ŷaḏwat al-iqtibās fī ḏikr man ḥalla min aᶜlām madīnat Fās*. Rabat, 1973-74. 2 v. (YQ).

IBN AL-QŪṬIYYA, Abū Bakr b. ᶜUmar: *Ta'rīj iftitāḥ al-Andalus*. Ed. y trad. J. Ribera. Madrid, 1926 (IQ).

IBN SAHL. *Waṯa'iq fī aḥkām ahl al-ḏimma fī l-Andalus*. El Cairo, 1980-. 5 v. (AK).

IBN AL-ŠABBĀṬ, Muḥammad b. ᶜAlī: *Wasf al-Andalus (min kitāb Ṣilat al-simṭ)*. Ed. A. M. al-ᶜAbbādī. Madrid, 1971 (WA).

IBN SAᶜD, Muḥammad: *Kitāb al-ṭabaqāt al-kubrà*. Ed. M. Mittwoch y E. Sachau. Leiden, 1905-40 (TK).

IBN SAᶜĪD, ᶜAlī b. Mūsà: *Al-Mugrib fī ḥulà l-Magrib*. Ed. Š. Ḍayf. El Cairo, 1953-55. 2 v. (IS).

IBN SIMĀK, Muhammad: *Al-Zaharāt al-manṯūra fī nukat al-ajbār al-ma'ṯūra*. Ed. M. ᶜA. Makkī. *R.I.E.I.* (Madrid) XX (1979-80), 5-76 y XXI (1981-82), 5-79 (ZM).

IBN ŶULŶUL, Sulaymān b. Ḥassān: *Ṭabaqāt al-aṭibbā' wa-l-ḥukamā'*. Ed. F. Sayyid. El Cairo, 1955 (TA).

IBN AL-ZUBAYR. *Ṣilat al-Ṣila*. Ed. E. Lévi-Provençal. Rabat, 1937 (IZ).

IYĀḌ, Abū l-Faḍl b. Mūsà: *Tartīb al-madārik wa-taqrīb al-masālik li-maᶜrifat aᶜlām maḏhab Mālik*. Varios editores. Rabat, s.d.-1983. 8 v. (TM).

AL-JUŠANĪ: Cfr. IBN ḤĀRIṮ AL-JUŠANĪ.

AL-MĀLIKĪ, ᶜAbd Allāh b. Muḥammad: *Riyāḍ al-nufūs*. Ed. B. al-Bakkūš. Beirut, 1983. 3 v. (RN).

AL-MAQQARĪ, Aḥmad b. Muḥammad: *Azhār al-riyāḍ fī ajbār ᶜIyāḍ*. Rabat, s.d. (AZ).

--- *Nafḥ al-ṭīb min guṣn al-Andalus al-raṭīb*. Ed. R. Dozy, *Analectes sur l'histoire des arabes d'Espagne* (reimpr. Amsterdam, 1967, 2 v.) (NT).

--- *Nafḥ al-ṭīb*. Ed. I. ᶜAbbās. Beirut, 1968. 8 v. (NT (A)).

AL-MARRĀKUŠĪ, Ibn ᶜAbd al-Malik: *Al-Ḏayl wa-l-takmila*. I, ed. M. Ibn Šarīfa, Beirūt, s.d. (2 partes); IV (2), ed. I. ᶜAbbās, Beirūt, s.d.; V, ed. I. ᶜAbbās, Beirut, 1965 (2 partes); VI, ed. I. ᶜAbbās, Beirut, 1973 (2 partes); VIII, ed. M. Ibn Šarīfa, Rabat, 1984 (2 v.) (DT).

AL-NUBĀHĪ, ᶜAlī b. ᶜAbd Allāh: *Al-Marqaba al-ᶜulyā*. Ed. E. Lévi-Provençal. El Cairo, 1948 (MU).

AL-QIFṬĪ, ᶜAlī b. Yūsuf: *Inbāh al-ruwā ᶜan anbāh al-nuḥā*. Ed. M. A. Ibrāhīm. El Cairo, 1950-73. 4 v. (IR).

AL-ṢAFADĪ, Jalīl b. Aybak: *Al-Wāfī bi-l-wafayāt*. Varios editores. Wiesbaden, 1962- (WS).

ṢĀᶜID AL-ANDALUSĪ: *Ṭabaqāt al-umam*. Ed. Ḥ. Bū ᶜAlwān. Beirut, 1985 (TU).

AL-SUYŪṬĪ, ᶜAbd al-Raḥmān b. Abī Bakr: *Bugyat al-wuᶜā fī ṭabaqāt al-lugawiyyīn wa-l-nuḥā*. Ed. M. A. Ibrāhīm. El Cairo, 1964 (BS).

*Tarāŷim fī tasmiyat fuqahā' al-Andalus*. Ed. M. ᶜA. Jallāf. *Al-Manāhil* (Rabat), XXI (1981), 296-312 y XXIII (1982), 263-288 (TF).

AL-ᶜUḎRĪ, Aḥmad b. ᶜUmar: *Tarṣīᶜ al-ajbār wa-tanwīᶜ al-āṯār*. Ed. ᶜA. al-Ahwānī. Madrid, 1965 (UT).

*Al-ᶜUyūn wa-l-ḥadā'iq. Extraits relatifs à l'Occident musulman et en particulier à l'Ifriqiya (256-350 a.H.)*. Ed. O. Saidi. *Les Cahiers de Tunisie*, XX (1972), 45-100 (UH).

YĀQŪT, Yaᶜqūb b. ᶜAbd Allāh: *Muᶜŷam al-buldān*. Beirut, s.d. 5 v. (YM).

--- *Muᶜŷam al-udabā' al-musammà bi-Iršād al-arīb ilà maᶜrifat al-adīb*. Ed. D. S. Margoliouth. El Cairo, 1938. 10 v. (YI).

AL-ZUBAYDĪ, Muḥammad b. al-Ḥasan: *Ṭabaqāt al-naḥwiyyīn wa-l-lugawiyyīn*. Ed. M. A. Ibrāhīm. El Cairo, 1954 (TZ).

# FAMILIAS ANDALUSIES: LOS DATOS DEL *TA'RĪJ ᶜULAMĀ' AL-ANDALUS* DE IBN AL-FARAḌĪ

**Luis MOLINA**
C.S.I.C. - Granada

En los últimos años han visto la luz numerosos trabajos dedicados al estudio de familias hispanoárabes cuyos componentes destacaron en el ámbito intelectual[1]. Esta nueva tendencia dentro de la investigación sobre la Historia cultural de al-Andalus parece estar aún muy lejos de su agotamiento, pues tanto la calidad de los resultados obtenidos hasta el momento como la amplitud del campo de trabajo le auguran un porvenir brillante y una larga vida. Teniendo

---

[1] Sólo en los tres últimos años han aparecido: M. Marín, "Una familia de ulemas cordobeses: los Banū Abī ᶜĪsà", *Al-Qanṭara* VI (1985), 291-320; L. Molina y M. L. Avila, "Sociedad y cultura en la Marca Superior", en *Historia de Aragón*, Zaragoza, 1985, III, 83-108 (en especial, el capítulo "Grandes familias de la Marca", III, 88-95); M. I. Fierro, "Los Banū ᶜĀṣim al-Ṯaqafī, antepasados de Ibn al-Zubayr", *Al-Qanṭara* VII (1986), 53-84; M. I. Calero, "Una familia ceutí en la Granada de los siglos XIV y XV: los Banū l-Šarīf al-Ḥasanī", *Al-Qanṭara* VII (1986), 85-105; M. I. Fierro, "Bazīᶜ, *mawlà* de ᶜAbd al-Raḥmān I, y sus descendientes", *Al-Qanṭara* VIII (1987), 99-118. Pero este tipo de trabajos, si bien están conociendo en la actualidad un notable incremento en su número, no son en absoluto nuevos: R. Ureña, "Familias de jurisconsultos. Los Benimajlad de Córdoba", en *Homenaje a don Francisco Codera*, Zaragoza, 1904, 251-258; L. Seco de Lucena, "Los Banū ᶜĀṣim, intelectuales y políticos granadinos del siglo XV", *M.E.A.H.* II (1953), 5-14; J. Bosch, "Los Banū Simāk de Málaga y Granada: una familia de cadíes", *M.E.A.H.* XI (1962), 21-37; E. Terés, "Dos familias marwāníes de al-Andalus", *Al-Andalus* XXXV (1970), 93-117; J. M. Fórneas, "Los Banū ᶜAṭiyya de Granada", *M.E.A.H.* XXV (1976), 69-80, XXVI (1977), 27-60 y XXVII-XXVIII (1978-79), 65-77; I. ᶜAbbās, "Banū Ḏakwān wa-Ibn Zaydūn", en *Dirāsāt fī l-adab al-andalusī*, Libia-Túnez, 1978, 35-83. Pasamos por alto los numerosos trabajos dedicados a familias destacadas por su actividad política, de características muy distintas a los que aquí nos interesan.

en cuenta que el autor del trabajo que aquí se presenta forma parte del equipo de cuyo seno han surgido la mayoría de los estudios mencionados y a la vista del título que encabeza estas líneas, podría pensarse que se trata de un nuevo paso en la dirección señalada. En realidad no es así. A pesar de las coincidencias en el material básico empleado -los datos de los diccionarios biográficos- y en el tratamiento primario de dicho material -la reconstrucción de familias-, tanto el planteamiento como los objetivos difieren radicalmente.

La finalidad que se persigue en el presente trabajo al intentar establecer los vínculos familiares existentes dentro del conjunto de los personajes biografiados por Ibn al-Faraḍī es la misma que nos guiaba al redactar el artículo "Lugares de destino de los viajeros andalusíes en el *Ta'rīj* de Ibn al-Faraḍī", aparecido en el anterior volumen de esta serie[2]: completar, corregir y depurar las informaciones que sobre cada uno de los biografiados ofrece el autor, con la ayuda de datos obtenidos de un estudio profundo del propio *Ta'rīj*. Si con el trabajo anterior pretendíamos conocer con exactitud la relación de localidades no andalusíes visitadas por los personajes biografiados en la obra, en esta ocasión el objetivo primordial es la cadena onomástica, aunque también se tocarán otros aspectos de interés, como el origen étnico, la cronología o la localización geográfica.

Aunque Ibn al-Faraḍī intenta siempre ofrecer el *nasab* completo y correcto de los personajes que biografía[3], es evidente que

---

[2] *Estudios Onomástico-Biográficos de al-Andalus* I, editados por M. Marín, Madrid, 1988, 585-609.

[3] Hasta el punto de que no sería muy aventurado deducir que en un número muy elevado de ocasiones la longitud de la cadena onomástica de filiación es un indicio claro de en qué generación se produjo la conversión al Islam de esa familia; según esto, la interrupción de un *nasab* puede ser tan significativa como la aparición en él de un nombre no musulmán. Partiendo de esta hipótesis, un trabajo tan valioso como el de R. Bulliet, *Conversion to Islam in the Medieval Period*, Cambridge-Londres, 1979, puede verse sustancialmente enriquecido en lo referente a al-Andalus (pp. 114-127), puesto que permitiría ampliar el no muy elevado número de datos sobre los que elabora sus estadísticas (154 genealogías a lo largo de cinco siglos). En cualquier caso, las precauciones que es preciso tomar al emplear una metodología

en ocasiones él mismo o el copista del único manuscrito de su obra que se nos ha conservado incurren en errores u omisiones y en otras la fuente utilizada no proporciona toda la información que sería de desear. La crítica externa del texto, por medio de la confrontación con otras fuentes, puede poner de manifiesto y rectificar alguno de esos errores, pero no siempre es posible recurrir a esta solución, bien porque nos hallemos ante el caso no infrecuente de un personaje biografiado únicamente por Ibn al-Faraḍī, bien porque las fuentes utilizadas en la confrontación no merezcan nuestra confianza o se limiten a copiar literalmente los datos que suministra Ibn al-Faraḍī. Sin embargo, si el individuo cuyo nombre nos plantea dudas forma parte de una familia de la que otros miembros son biografiados también en el *Ta'rīj*, tendremos la posibilidad de conocer con bastante exactitud el *nasab* de ese personaje, al menos en el segmento de la cadena onomástica en el que coincida con el resto de sus parientes conocidos.

Del mismo modo, el hecho de vincular a un individuo con un grupo familiar puede aportarnos muchos datos acerca de su origen, tanto étnico como geográfico. Es muy frecuente el caso de familias que cuentan con varios miembros mencionados en el *Ta'rīj* y que

---

de este tipo siempre serán pocas, pues los factores de distorsión existentes son demasiado importantes para pretender que pueden dejar de influir en el resultado final por el hecho de manejar un número extenso de datos. Por poner un único ejemplo, repárese en la noticia que proporciona Ibn al-ᶜAṭṭār en su *Kitāb al-Waṯā'iq wa-l-siŷillāt*, ed. Chalmeta y Corriente, Madrid, 1983, al comentar un documento de conversión al Islam de un cristiano: "Si el nombre del padre [del converso] es desconocido o es uno de esos desagradables y odiosos nombres no árabes, se le denominará Fulano b. ᶜAbd Allāh" (v. también pp. 413 y 415; traducción de los documentos -no de los comentarios- en P. Chalmeta, "Le passage à l'Islam dans al-Andalus au Xᵉ siècle", en *Actas del XII Congreso de la U.E.A.I. (Málaga, 1984)*, Madrid, 1986, 161-183, en concreto, pp. 166 y 167). El converso, de acuerdo con esto, no sería entonces el último en llevar un nombre no árabe dentro de la cadena onomástica (Bulliet, *op.cit.*, 19), sino el segundo en llevarlo, con lo que nos encontramos con una diferencia de dos generaciones. Como, por otra parte, desconocemos hasta qué punto la afirmación de Ibn al-ᶜAṭṭār responde a la realidad, pues tenemos documentados muchos casos de conversión en los que no se ha producido esa especie de "bautizo ficticio" del padre del neófito, la cuestión dista mucho de ser fácilmente abordable.

sólo en una de las biografías -generalmente la del personaje más antiguo o la del más conocido- se alude al pasado de la familia: origen árabe, beréber o hispano, generación en la que se produce la conversión al Islam, lugar de procedencia y de asentamiento en al-Andalus, momento en que se produce un cambio de residencia, *status* social y económico e incluso -por desgracia en muy pocos casos- ascendencia por línea materna. También es útil la ubicación de un individuo dentro de un árbol genealógico para situarlo cronológicamente, en las ocasiones en que carecemos de información al respecto, o para corregir errores en las fechas. En este aspecto concreto la precisión a la hora de efectuar rectificaciones y, sobre todo, de suplir las carencias no puede ser muy elevada cuando se contemplan casos individuales, no así si tratamos con series estadísticas, para cuyo tratamiento los datos extraídos de una reconstrucción masiva de grupos familiares pueden resultar de suma utilidad.

Y es justamente en los estudios de Historia cuantitativa referidos a la sociedad andalusí donde un trabajo como éste más puede aportar, al permitir superar alguna de las limitaciones que restringen el ámbito de aprovechamiento desde este punto de vista de los diccionarios biográficos cuando el estudio se basa en el individuo. No se trata sólo de una sustancial mejora en nuestro conocimiento de cada uno de los personajes biografiados, lo cual de por sí ya sería bastante, es que abre la puerta a trabajos estadísticos que tengan como unidad de cuenta no al individuo sino a la familia, o, para ser más precisos, al linaje, trabajos que, sin duda, habrán de dar resultados muy interesantes en ciertas cuestiones, como puede ser el estudio de lo que en alguna ocasión ha sido denominado "la química social de al-Andalus" [4].

Todas estas cuestiones serán analizadas con más detenimiento en un próximo estudio, pero quisiéramos dejar apuntado aquí un posible tema de investigación para cuyo correcto desarrollo nos parece imprescindible el empleo de una metodología basada en el

---

[4] J. Ribera, "El Cancionero de Abencuzmán", en *Disertaciones y opúsculos*, Madrid, 1928, I, 26. El término fue posteriormente empleado con profusión por otros autores, como Pérès y Sánchez Albornoz (v. P. Guichard, *Al-Andalus. Estructura antropológica de una sociedad islámica en Occidente*, Madrid, 1976, pp. 28 y 150).

cómputo por linajes y no por individuos.

Es bien sabido que los diccionarios biográficos hispanoárabes apenas proporcionan información sobre personajes fallecidos antes de la segunda mitad del siglo III/IX[5]; lógicamente podría deducirse de esta circunstancia que este tipo de obras carece de valor para la historia del período comprendido entre la conquista musulmana y los finales del siglo II/VIII, pero no es así. Sólo con el *nasab* de un individuo ya poseemos algunos datos que pueden ser muy reveladores si se sabe sacarles partido -el trabajo de Bulliet[6] es clara muestra de ello-. Si esa cadena onomástica es lo suficientemente larga y correcta, en ella hallaremos el nombre de una persona[7] cuyas fechas de vida podemos establecer con bastante aproximación si conocemos el valor del lapso intergeneracional para esa época. Es cierto que ignoraremos todo sobre su personalidad y sobre su actividad, pero la biografía de su descendiente en ocasiones nos aportará datos acerca de su origen étnico y geográfico, tal vez de su credo religioso, puede que incluso de su *status* social. De acuerdo con esto, podemos contar con una extensa relación de individuos habitantes de al-Andalus en un momento determinado de los dos primeros siglos de su historia musulmana, pero si nos limitamos a una asignación automática de un antepasado a cada uno de los personajes biografiados por Ibn al-Faraḍī, las conclusiones que se extraigan del tratamiento de esos datos serán, en nuestra opinión, totalmente inválidas.

Ya hemos puesto de relieve anteriormente cómo una agrupación por familias de los sabios andalusíes que aparecen en el *Ta'rīj ᶜulamā' al-Andalus* puede ayudarnos a rectificar informaciones erróneas y a completar los datos que poseemos sobre cada uno de ellos en particular. En el caso que nos ocupa, disponer de un *nasab* más amplio y seguro, conocer el origen étnico o geográfico, esta-

---

[5] V. en esta misma obra el trabajo de M. L. Avila, "La obra biográfica de Jālid b. Saᶜd".

[6] Su *Conversion to Islam* está elaborado exclusivamente con los datos proporcionados por las cadenas onomásticas de un alto número de personajes.

[7] Ya vimos anteriormente (nota 3) que incluso la ausencia de un nombre, es decir, la interrupción de un *nasab*, puede llegar a ser tan significativa como la aparición de uno con rasgos llamativos.

blecer el momento en que un linaje se asienta en al-Andalus o se convierte al Islam, etc. son cuestiones de suma trascendencia para obtener resultados con un alto grado de fiabilidad. Pero no es esto lo más importante. Lo que realmente marca la diferencia entre un estudio de este tipo basado en el individuo y otro basado en la familia es el hecho innegable de que con los mil seiscientos cincuenta[8] personajes del *Ta'rīj* no se corresponden otros tantos antepasados directos por línea paterna constante -única ascendencia que nos es dado conocer con el tipo de información de que disponemos-, puesto que de un mismo individuo pueden descender varios biografiados por Ibn al-Faraḍī. En efecto, en la relación de linajes que presentamos a continuación se aprecia que 254 individuos se agrupan en 61 familias, mientras que en la que se ofrecerá en la segunda entrega de este trabajo -familias de sólo dos miembros conocidos- hallamos unas 130 familias que incluyen, evidentemente, el doble de personajes. Haciendo un sencillo cálculo se obtiene que los 1650 biografiados descienden de poco más de 1300 personas vivas en los primeros tiempos de la dominación musulmana en al-

[8] Resulta curioso comprobar cómo ninguna de las cuatro ediciones existentes del *Ta'rīj ᶜulamā' al-Andalus* (Codera, BAH VII-VIII, Madrid, 1890-92; al-ᶜAṭṭār, El Cairo, 1954; El Cairo, 1966; al-Abyārī, Beirut, 1983-84) ha conseguido numerar correctamente las biografías que figuran en la obra. En las ediciones de Codera y de al-Abyārī la numeración llega hasta el 1649, pues dan a dos biografías el mismo número (1454 en la ed. de Madrid y 1515 en la de Beirut), mientras que las cairotas finalizan con el número 1651, debido a que saltan del 122 al 125 y dejan sin numerar una biografía entre el 1517 y el 1518. Lo cierto es que, independientemente de este intrascendente pero molesto error, la obra de Ibn al-Faraḍī espera todavía la edición crítica que se merece, pues la mejor de todas con diferencia, la de Codera, está próxima a cumplir un siglo de existencia y desde su publicación han aparecido otras muchas fuentes que permiten corregir adecuadamente el texto del manuscrito tunecino. Las dos ediciones de El Cairo son suficientemente conocidas y no requieren más comentarios. La reciente de al-Abyārī tampoco consigue en modo alguno superar a la de Codera; por poner un ejemplo que puede ser demostrativo, aunque no afecta al texto en sí, el editor asegura en la Introducción que no sabemos nada sobre el padre o el abuelo de nuestro autor de cuya profesión (experto en sucesiones, *faraḍī*) tomaría su nombre. En realidad esa denominación se la debe a su padre, fallecido en el 365 h. y a quien dedica una biografía Ibn al-Abbār (*Takmila*, BAH, nº 352), mientras que su abuelo, fallecido en el 332 h., es biografiado en el mismo *Ta'rīj* (nº 1626).

Andalus -independientemente de si ya en ese momento habitaban o no en la Península Ibérica-. La diferencia es de más de un 20%, porcentaje muy alto para ser despreciado.

*****

Presentamos a continuación la relación de familias de cuyos miembros tres o más son biografiados por Ibn al-Faraḍī. Como hemos indicado ya, en la segunda parte de este trabajo ofreceremos la lista de familias de las que poseemos documentación sobre dos componentes únicamente.

Insistimos de nuevo en que el objetivo primordial del trabajo es efectuar una comprobación y, en su caso, rectificación de los datos que sobre cada uno de los biografiados suministra el *Ta'rīj ᶜulamā' al-Andalus* basándonos en las informaciones que en esa obra se proporcionan en las biografías de los personajes emparentados con él. Accesoriamente hemos recogido noticias de otras fuentes sobre el pasado de cada uno de los linajes estudiados -tarea para la que, ocioso es decirlo, han sido de inestimable utilidad las "Nóminas" de M. Marín y M. L. Avila-, pero sin pretender ampliar los cuadros genealógicos con individuos de época posterior a la cubierta por Ibn al-Faraḍī[9]. Los aspectos en los que hemos fijado preferentemente nuestra atención son:

- Origen étnico.
- Origen geográfico.
- Momento en que se produce el asentamiento en al-Andalus.
- Conversión al Islam.
- Situación económica y social.

---

[9] Sí hemos intentado en la medida de lo posible documentar la biografía de los personajes que, sin aparecer expresamente mencionados por Ibn al-Faraḍī, son antepasados -y figuran, por tanto, dentro de la cadena onomástica- de alguno de los biografiados en el *Ta'rīj*.

## FAMILIAS [10]

### Ubba

Cordobeses, descienden de Ubba, esclavo manumitido por cAbd al-Raḥmān I.

1.- Sālim b. cAbd Allāh b. cUmar b. cAbd al-cAzīz b. Ubba.
m. 310.
IF, nº 579; Marín, nº 513.

2.- cAbd Allāh b. cUmar [b. cAbd al-cAzīz] b. Ubba.
IF, nº 636; Marín, nº 787.

3.- Muḥammad b. cAbd Allāh b. [cUmar] (IF=Muḥammad) b. cAbd al-cAzīz b. Ubba.
m. 308.
IF, nº 1176, Marín, nº 1256.

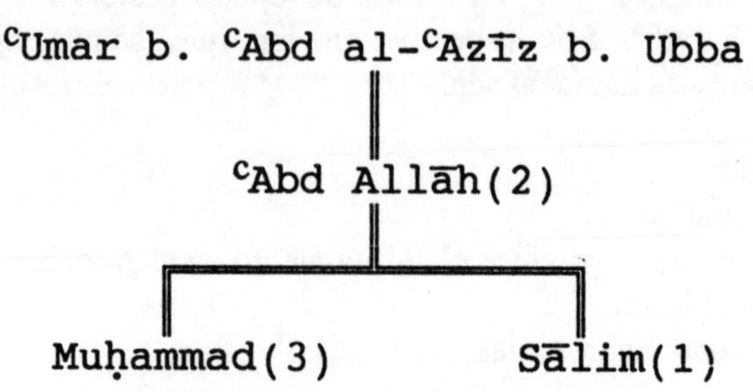


### Azhar

Asentados en Ecija, su antepasado Ŷubayr fue *mawlà* de Mu-

---

[10] La relación que presentamos está elaborada de acuerdo con el orden del alifato árabe, en un intento de evitar las confusiones que podría provocar una incorrecta vocalización al transcribir los nombres.

cāwiya b. Hišām, el padre de cAbd al-Raḥmān I, lo que indica que la familia procedía de Oriente, aunque desconocemos en qué momento emigra a al-Andalus. Gracias a Ibn al-Abbār tenemos noticias del personaje que dio nombre a la familia, Azhar b. Mūsà (Marín, nº 220), que habitaba ya en Ecija.

1.- cAbd Allāh b. Muḥammad b. Mūsà b. Azhar [b. Mūsà] b. Ḥurayṯ b. Qays b. Ayyūb b. Ŷubayr, Abū Muḥammad.
m. 379.
IF, nº 743; Avila, nº 69.

2.- Muḥammad b. Mūsà b. Azhar, Abū Bakr.
m. 359.
IF, nº 1294; Avila, nº 783.

3.- Mūsà b. Azhar b. Mūsà b. Ḥurayṯ b. Qays b. Ayyūb b. Ŷubayr (IF = Ḥubayd), Abū cUmar.
m. 306 a los 69 años.
IF, nº 1457, Marín, nº 1440.

Azhar b. Mūsà b. Ḥurayṯ
b. Qays b. Ayyūb b. Ŷubayr
|
Mūsà (3)
|
Muḥammad (2)
|
cAbd Allāh (1)

**Asbāṭ**

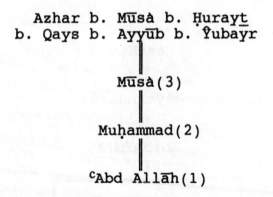

Llevan la nisba de al-Zabādī o al-Ziyādī, que según al-Ḥumaydī, procede de al-Zabād, del linaje de Kacb b. Ḥuŷayr b. al-Aswad b. al-Kalāc, pero teniendo en cuenta la poca longitud de la cadena onomástica, que en los cuatro casos que tenemos documentados se detiene en Asbāṭ, sospechamos que esta familia establecida en Huesca debía tener un origen no árabe y que esa *nisba* debe ser leída al-Zubbādī ("el vendedor o fabricante de mantequilla") [11].

1.- Ibrāhīm b. $^{c}$Aŷannas b. Asbāṭ al-Zubbādī (IF = al-Ziyādī).
m. en época de al-Mundir (273-275).
IF, nº 9, Marín, nº 36.

2.- Aḥmad b. Ibrāhīm b. $^{c}$Aŷannas b. Asbāṭ al-Zubbādī, Abū l-Faḍl.
m. 322.
IF, nº 100, Marín, nº 93.

3.- $^{c}$Abd al-Raḥmān b. Ibrāhīm al-Zubbādī, Abū l-Muṭarrif.
m. a comienzos del reinado de al-Nāṣir (300-350); (H = 314).
IF, nº 787, Marín, nº 690.

4.- $^{c}$Aŷannas b. Asbāṭ al-Zubbādī (IF = al-Ziyādī).
IF, nº 908, Marín, nº 918.

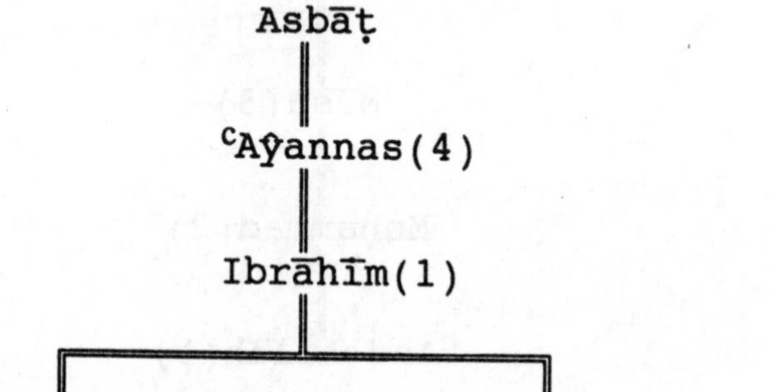


[11] Sobre esta familia, v. L. Molina y M. L. Avila, "Sociedad y cultura en la Marca Superior", 92.

**Aslam**

Esta notable familia cordobesa, descendiente de un *mawlà* del califa ᶜUṯmān, procede, según Ibn al-Jaṭīb, de la localidad granadina de Loja. A ella pertenecen dos personajes que no figuran en el *Ta'rīj* de Ibn al-Faraḍī: el famoso visir Hāšim b. ᶜAbd al-ᶜAzīz[12], hermano del cadí Aslam, y un hijo de éste, Saᶜīd b. Aslam (Marín, nº 533).

1.- Idrīs b. ᶜUbayd Allāh b. Idrīs b. ᶜUbayd Allāh b. Yaḥyà b. ᶜAbd Allāh (/ᶜUbayd Allāh) b. Jālid b. ᶜAbd Allāh b. Ḥasan (/Ḥassān, Ḥusayn) b. Ŷaᶜd b. Aslam, Abū Yaḥyà.
m. 373.
IF, nº 206; Avila, nº 512.

2.- Aslam b. ᶜAbd al-ᶜAzīz b. Hāšim b. Jālid b. ᶜAbd Allāh b. Ḥasan (/Ḥassān, Ḥusayn) b. Ŷaᶜd b. Aslam b. Abān b. ᶜAmr, Abū l-Ŷaᶜd.
m. 319 a los 87 años (TM = nacido en el 231).
IF, nº 278, Marín, nº 248.

3.- Aslam b. Aḥmad b. Saᶜīd b. Aslam b. ᶜAbd al-ᶜAzīz b. Hāšim b. Jālid b. ᶜAbd Allāh b. Ḥassān (/Ḥasan, Ḥusayn) b. Ŷaᶜd b. Aslam b. Abān b. ᶜAmr, Abū ᶜAbd Allāh.
m. 395.
IF, nº 280; Avila, nº 401.

4.- ᶜUbayd Allāh b. Idrīs b. ᶜUbayd Allāh b. Yaḥyà b. ᶜUbayd Allāh (/ᶜAbd Allāh) b. Jālid b. ᶜAbd Allāh b. Ḥusayn (/Ḥassān, Ḥasan) b. Ŷaᶜd b. Aslam, Abū ᶜUṯmān.
m. 340 (TM = m. en el 344 a los 76 años).
IF, nº 764, Marín, nº 889.

---

[12] Sobre el cual v. M. A. Abuin, "Hāšim ibn ᶜAbd al-ᶜAzīz", *Cuadernos de Historia de España* XVI (1951), 120-129.

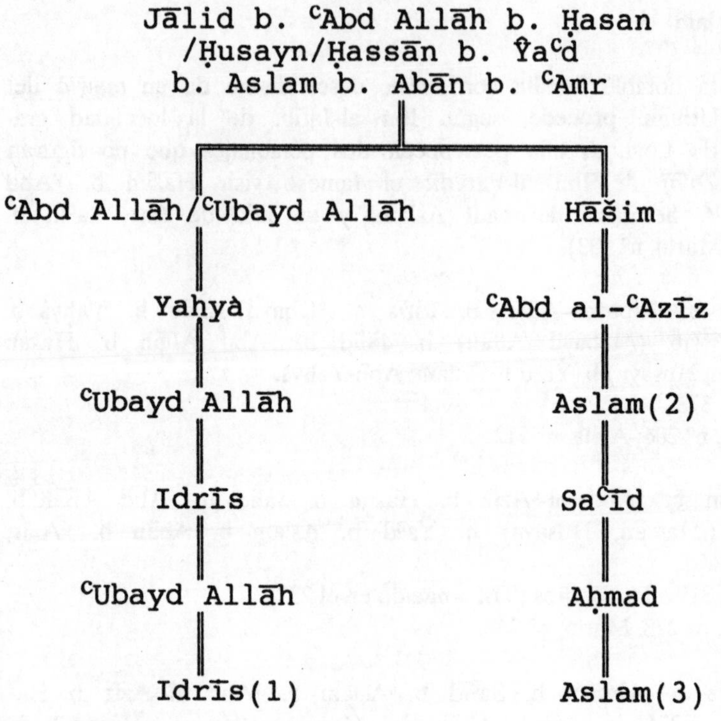


**Al-Imām**

Establecidos en Tudela, llevan la *nisba* de al-Umawī por su relación de clientela con los omeyas[13]. Según informa Ibn Ḥāriṯ al-Jušanī al referirse a Yūsuf b. Mūsà, esta familia gozaba de una muy desahogada posición económica.

1.- Aḥmad b. Mūsà b. Aḥmad b. Yūsuf b. Mūsà [b. Fahd] b. Jaṣīb (IF = Ḥaṣīb), Ibn al-Imām, Abū Bakr.

327-386.

IF, nº 186; Avila, nº 312.

2.- $^{c}$Umar b. Yūsuf b. Mūsà b. Fahd b. Jaṣīb al-Umawī, Ibn al-

[13] Molina-Avila, "Sociedad y cultura en la Marca Superior", 93-94.

Imām, Abū Ḥafṣ.
244-337.
IF, nº 952, Marín, nº 972.

3.- ᶜĪsà b. Mūsà b. Aḥmad b. Yūsuf b. Mūsà [b. Fahd] b. Jaṣīb al-Umawī, Ibn al-Imām, Abū l-Aṣbag.
m. 386 a los 57 años.
IF, nº 989; Avila, nº 526.

4.- Yūsuf b. Mūsà, al-Imām, Abū ᶜUmar.
IF, nº 1623, Marín, nº 1605.

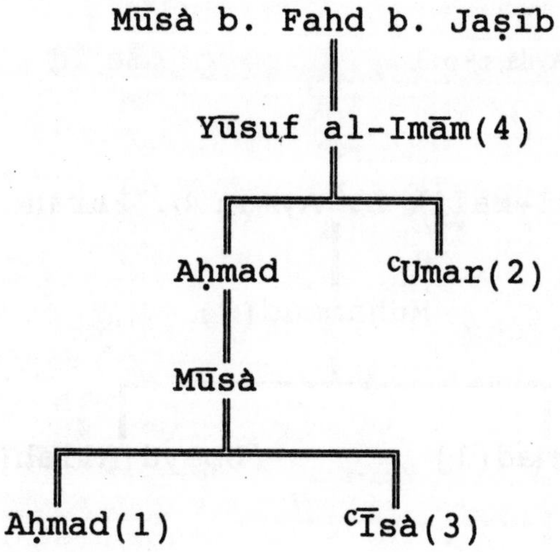


**Ayman**

Ibn al-Faraḍī no nos informa sobre el origen de esta familia, pero gracias a la noticia que Ibn al-Abbār dedica a ᶜAbd al-Malik b. Ayman, fallecido en el 287 (Marín, nº 858, no citado en IF), sabemos que el abuelo de éste, Faraŷ o Faraŷūn (IF = Faraḥ), había sido *mawlà* de Hišām I o de al-Ḥakam I. Residían en Córdoba.

1.- Aḥmad b. Muḥammad b. ᶜAbd al-Malik b. Ayman, Abū Bakr.

m. 347.
IF, nº 134, Marín, nº 180.

2.- $^{c}$Ubayd Allāh b. Muḥammad b. $^{c}$Abd al-Malik b. Ayman, Abū Marwān.
IF, nº 766.

3.- Muḥammad b. $^{c}$Abd al-Malik b. Ayman b. Faraḥ, Abū $^{c}$Abd Allāh.
252-330.
IF, nº 1228, Marín, nº 1265.

4.- Muḥammad b. Aḥmad b. Muḥammad b. $^{c}$Abd al-Malik b. Ayman, Abū $^{c}$Abd Allāh.
m. 393.
IF, nº 1387; Avila, nº 693.

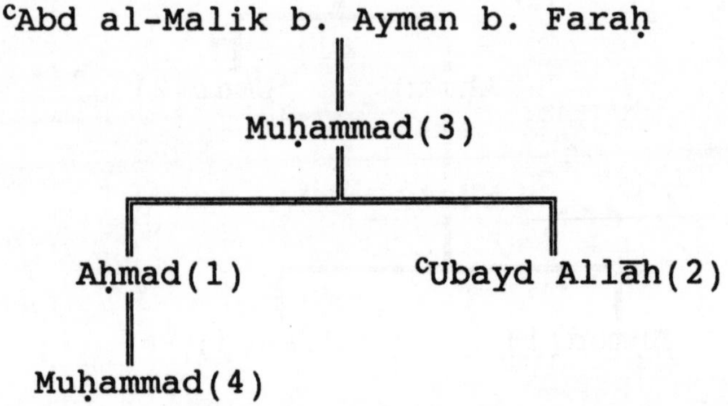


**Butrī al-Iyādī**

Ibn Ḥazm, en su *Ŷamhara*[14], menciona asentamientos Iyādíes

[14] E. Terés. "Linajes árabes en al-Andalus según la *Ŷamhara* de Ibn Ḥazm", *Al-Andalus* XXII (1957), 55-111 y 337-376; la referencia en cuestión se halla en la página 110, § 41.

en Carmona y Niebla. Estos Banū Butrī eran originarios, en efecto, de Carmona, si bien los tres hijos de Maslama que aparecen biografiados en IF se trasladaron a Córdoba, donde residieron también los dos hijos de uno de ellos y uno de sus nietos (ʿAbd Allāh b. Saʿīd. m. en 401; Avila, nº 97).

1.- Jaṭṭāb b. Maslama b. Muḥammad b. Saʿīd b. Butrī b. Ismāʿīl b. Sulaymān b. Muntaqim [b. Sulaymān] b. Ismāʿīl b. ʿAbd Allāh al-Iyādī, Abū l-Mugīra.
294-372.
De Carmona, habitó en Córdoba, donde falleció.
IF, nº 402; Avila, nº 588.

2.- Saʿīd b. Muḥammad b. Maslama b. Muḥammad b. Saʿīd b. Butrī, Abū Bakr.
m. 386.
De Córdoba.
IF, nº 522; Avila, nº 950.

3.- ʿAbd al-Raḥmān b. Maslama [b. Muḥammad] b. Saʿīd b. Butrī b. Ismāʿīl b. Sulaymān b. Muntaqim b. Sulaymān b. Ismāʿīl b. ʿAbd Allāh, Abū l-Muṭarrif.
303-338.
De Carmona, habitó en Córdoba.
IF, nº 790, Marín, nº 716.

4.- Muḥammad b. Maslama b. Muḥammad b. Saʿīd b. Butrī b. Ismāʿīl b. Sulaymān b. Muntaqim b. Sulaymān b. Ismāʿīl b. ʿAbd Allāh al-Iyādī, Abū ʿAbd Allāh.
290-339/340.
De Carmona, estudió en Córdoba y falleció en el viaje de regreso de la peregrinación.
IF, nº 1253, Marín, nº 1329.

5.- Maslama b. Muḥammad b. Maslama b. Muḥammad b. Saʿīd b. Butrī al-Iyādī, Abū Muḥammad.
m. 391.
De Córdoba.
IF, nº 1422; Avila, nº 606.

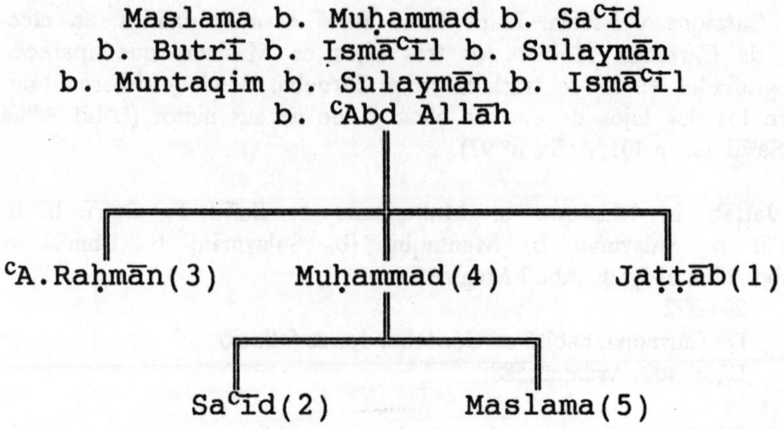


**Al-Bišr**

Muy poco sabemos de esta familia cordobesa. Dos de los tres biografiados por Ibn al-Faraḍī llevan una *nisba* que en otras fuentes es al-Tuŷībī, pero que en el ms. aparece una vez como al-Ḥ.yī y otra como al-Ŷ.nī. Desde luego esta familia no figura en la *Ŷamhara* como perteneciente al linaje de Tuŷīb.

1.- Aḥmad b. Bišr b. Muḥammad b. Ismāᶜīl b. al-Bišr b. Muḥammad al-Ḥ.yī, Ibn al-Agbas, Abū ᶜUmar.
m. 327.
IF, nº 102, Marín, nº 104.

2.- Ismāᶜīl b. al-Bišr b. Muḥammad al-Ŷ.nī, Abū Muḥammad.
m. en época de ᶜAbd al-Raḥmān II (206-238).
IF, nº 207, Marín, nº 251.

3.- Aṣbag b. Aḥmad b. Bišr, Abū l-Qāsim.
IF, nº 254.

Al-Bišr b. Muḥammad
|
Ismāᶜīl(2)
|
Muḥammad
|
Bišr
|
Aḥmad(1)
|
Aṣbag(3)

**Al-Bayyānī**

Originarios, como su *nisba* indica, de Baena, habían fijado su residencia en Córdoba. Su antepasado ᶜAṭā' fue *mawlà* del califa omeya al-Walīd b. ᶜAbd al-Malik.

1.- Qāsim b. Aṣbag b. Muḥammad b. Yūsuf b. Nāṣiḥ b. ᶜAṭā' al-Bayānī, Abū Muḥammad.
244-340.
IF, nº 1068; Marín, nº 1048.

2.- Qāsim b. Muḥammad b. Qāsim b. Aṣbag b. Muḥammad b. Yūsuf b. Nāṣiḥ b. ᶜAṭā' al-Bayānī, Abū Muḥammad.
m. 388.
IF, nº 1077; Avila, nº 903.

3.- Muḥammad b. Aṣbag b. Muḥammad b. Yūsuf b. Nāṣiḥ b. ᶜAṭā'.
255-306.
IF, nº 1168; Marín, nº 1147.

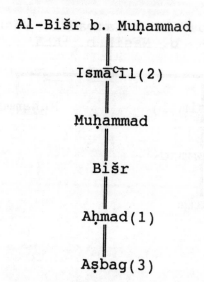

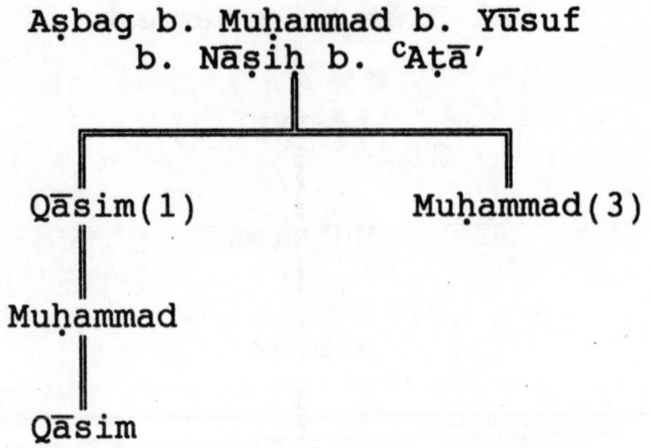


**Ŷābir**

De Córdoba, no conocemos ningún dato más sobre esta familia, si bien no sería muy aventurado suponer que el tal Ŷābir debió ser *mawlà*, ya que su ascendencia no figura en ninguno de los *nasab* de los miembros de su linaje biografiados por Ibn al-Faraḍī.

1.- Ibrāhīm b. Isḥāq b. Ŷābir.
m. 289.
IF, nº 18; Marín, nº 13.

2.- Isḥāq b. Ibrāhīm [b. Isḥāq] b. Ŷābir [15].
IF, nº 227; Marín, nº 227.

3.- Isḥāq b. Ŷābir.

---

[15] En ningún lugar se especifica que este personaje fuese hijo de Ibrāhīm b. Isḥāq b. Ŷābir y, como vemos, en su *nasab* falta el nombre Isḥāq. Si a esto añadimos que tampoco aparece consignada en ninguna fuente la fecha de su fallecimiento, comprobaremos que su inclusión en esta familia no es segura. El único dato que puede arrojar algo de luz es el hecho de haber sido discípulo de Ibn Waḍḍāḥ (m. 287), lo que nos permite deducir que su muerte debió producirse probablemente entre el 301 y el 330 (v. al respecto el estudio de M. I. Fierro en su edición y traducción del *Kitāb al-Bidaᶜ*, Madrid, 1988, 45). Al menos este único dato no está en contradicción con su inclusión en el lugar donde lo hemos situado.

m. 263.
IF, nº 223; Marín, nº 236.

Ŷābir
|
Ishāq(3)
|
Ibrāhīm(1)
|
Isḥāq(2)

**Ŷanāḥ**

De esta familia de Beja podríamos decir lo mismo de la anterior: todo nos inclina a pensar que Ŷanāḥ era *mawlà* converso al Islam.

1.- Šākir b. Ŷanāḥ.
IF, nº 594.

2.- Muḥammad b. Šākir b. Ŷanāḥ.
m. 329.
IF, nº 1227; Marín, nº 1210.

3.- Naṣr b. Šākir b. Ŷanāḥ.
[m. 308] Fallecido el año de la campaña de Muez.
IF, nº 1489.

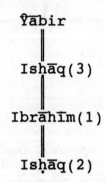

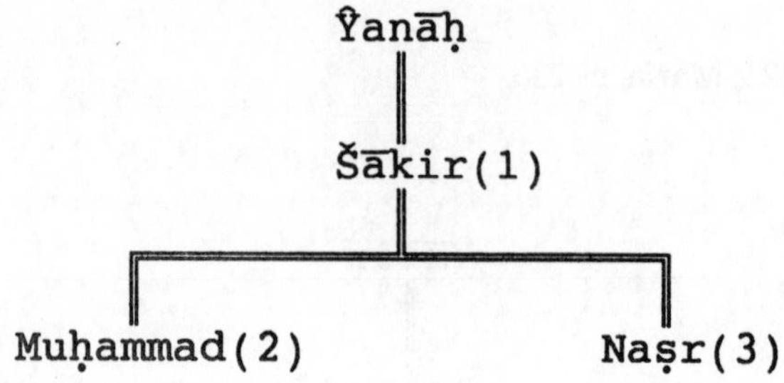


**Ḥudayr**

Una de las más importantes familias cordobesas durante el período omeya. Aunque Ibn al-Faraḍī no lo menciona, descienden de Ḥudayr, *mawlà* de ʿAbd al-Raḥmān I, que desempeñó el cargo de portero de la *Bāb al-Sudda* durante el reinado de al-Ḥakam I. Su hijo, Mūsà, fue tesorero de ʿAbd al-Raḥmān II[16]. El tercer miembro importante de esta familia que no biografía Ibn al-Faraḍī es el *ḥāŷib* Mūsà, bisnieto del anterior, nacido en el año 256 y fallecido en el 319 o 320 (Marín, nº 1444). Por último, poseemos alguna noticia sobre un tío de éste, Mūsà b. Muḥammad b. Mūsà b. Ḥudayr, conocido por al-Zāhid, poeta e historiador, contertulio del emir ʿAbd Allāh (Marín, nº 1446).

1.- Aḥmad b. Muḥammad b. Saʿīd b. Mūsà b. Ḥudayr, Abū ʿUmar.
255-327.
IF, nº 117; Marín, nº 176.

2.- Saʿīd b. Aḥmad b. Muḥammad b. Saʿīd b. Mūsà b. Ḥudayr (IF = Ŷudayr), Abū ʿUṯmān.
m. 391.
IF, nº 529; Avila, nº 928.

3.- ʿAbd al-Raḥmān b. Mūsà b. Muḥammad [b. Saʿīd b. Mūsà] b. Ḥudayr, Abū l-Muṭarrif.

---

[16] V. la nota 161 de la edición de M. ʿA. Makkī del *Muqtabis* de Ibn Ḥayyān (Beirut, 1973).

m. 369.
IF, nº 798; Avila, nº 184.

4.- Muḥammad b. $^{c}$Abd al-Raḥmān b. Mūsà [b. Muḥammad b. Sa$^{c}$īd b. Mūsà] b. Ḥudayr, Abū Bakr.
m. 378.
IF, nº 1351; Avila, nº 668.

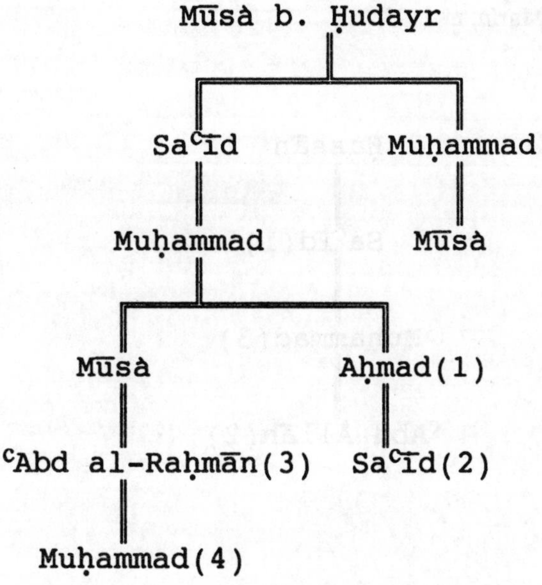


**Ḥassān**

Ateniéndonos únicamente a su *nasab*, debemos suponer que nos hallamos ante un caso similar al de las dos familias anteriores a los Banū Ḥudayr. Pero en esta ocasión no es preciso hacer conjeturas, puesto que las fuentes aclaran sin lugar a dudas los orígenes de este linaje. En efecto, Ibn al-Faraḍī nos informa que Ḥassān fue *mawlà* de al-Ḥakam I, mientras que Ibn Ḥāriṯ al-Jušanī, en la biografía que dedica a su hijo Sa$^{c}$īd, precisa que se trataba de un esclavo manumitido por ese emir omeya. Residían en Córdoba.

1.- Saᶜīd b. Ḥassān, Abū ᶜUṯmān.
m. 236.
IF, nº 470; Marín, nº 537.

2.- ᶜAbd Allāh b. Muḥammad b. Saᶜīd b. Ḥassān.
m. 307.
IF, nº 661; Marín, nº 813.

3.- Muḥammad b. Saᶜīd b. Ḥassān.
[219]-260 (IH = m. a los 41 años).
IF, nº 1104; Marín, nº 1195.

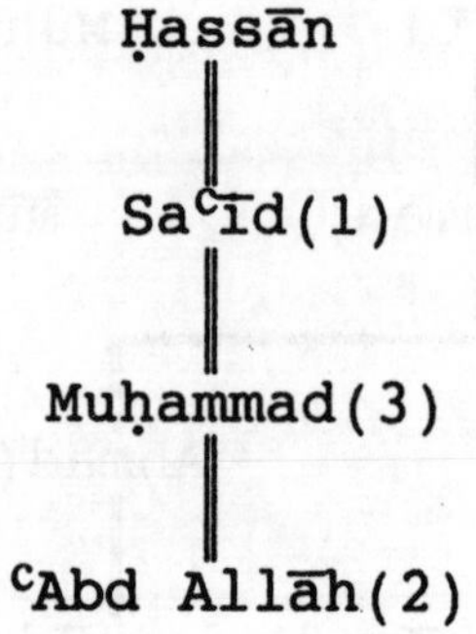


**Ḥušayb**

Eran originarios del Valle de los Pedroches (*Faḥṣ al-Ballūṭ*), región donde poseían propiedades (QQ, biografía de Saᶜīd b. Sulaymān) y en la que varios de los miembros de la familia desempeñaron el cargo de cadí. Su *nisba*, al-Gāfiqī, puede provenir de la localidad de *Gāfiq* (Belalcázar), capital de los Pedroches, en donde habitaban originariamente, aunque no sería imposible que se tratara de auténticos gāfiqíes, pues, según Ibn Ḥazm, la casa de esta tribu en al-Andalus era, justamente, la localidad de ese nombre[17]. En cualquier caso, es indudable que este linaje no es de ori-

[17] Terés, "Linajes árabes", 110, § 42.

gen hispánico, dada la longitud de su cadena onomástica, en la que, por otra parte, parece faltar el nombre Yaᶜīš entre Sulaymān y Ḥušayb. Tenemos noticias por otras fuentes distintas del *Ta'rīj* sobre Aswad b. Sulaymān (Marín, nº 264; también mencionado incidentalmente en QQ, 153), cadí de los Pedroches en época de Hišām I, de Mérida en la de al-Ḥakam I, concretamente en el 195, y también de Huesca. Asimismo es miembro de esta familia Jālid b. Saᶜīd b. Sulaymān (Marín, nº 434), cadí de los Pedroches[18], de Elvira en el reinado de Muḥammad y de Huesca en el 252. Como se puede apreciar, se trataba de un linaje que gozó de la confianza de los omeyas, ocupando repetidamente el cadiazgo no sólo de los Pedroches, sino también de Mérida, de lugares de la Marca Superior e incluso de la misma capital.

1.- Saᶜīd b. Sulaymān b. Ḥušayb b. al-Muᶜallà b. Idrīs b. Muḥammad b. Yūsuf al-Gāfiqī al-Ballūṭī, Abū Jālid.
[m. 240] (QQ = m. a los dos años de reinado de Muḥammad).
De Córdoba.
IF, nº 475; Marín, nº 546.

2.- Sulaymān b. Aswad b. Sulaymān b. Ḥušayb b. al-Muᶜallà b. Idrīs b. Muḥammad b. Yūsuf al-Gāfiqī, Abū Ayyūb.
m. a los 95 años [ + 275] (QQ = vivo en época de ᶜAbd Allāh).
De Córdoba.
IF, nº 547; Marín, nº 586.

3.- Muḥammad b. Saᶜīd b. Jālid b. Saᶜīd b. Sulaymān al-Ballūṭī, Abū ᶜAbd Allāh.
m. 313 o 320.
De Córdoba.
IF, nº 1186; Marín, nº 1197.

4.- Muḥammad b. Saᶜīd b. Sulaymān b. Aswad al-Gāfiqī, Abū ᶜAbd Allāh.
m. 389.
De *Faḥṣ al-Ballūṭ*.

---

[18] Este dato aparece en QQ, 126, pero Ribera no captó el sentido de la frase y equivocó la traducción (p. 155 y n. 1), pues no habla Ibn Ḥāriṯ al-Jušanī de "este Jālid b. Saᶜīd", sino de "Jālid, hijo de este Saᶜīd".

IF, nº 1379; Avila, nº 803.

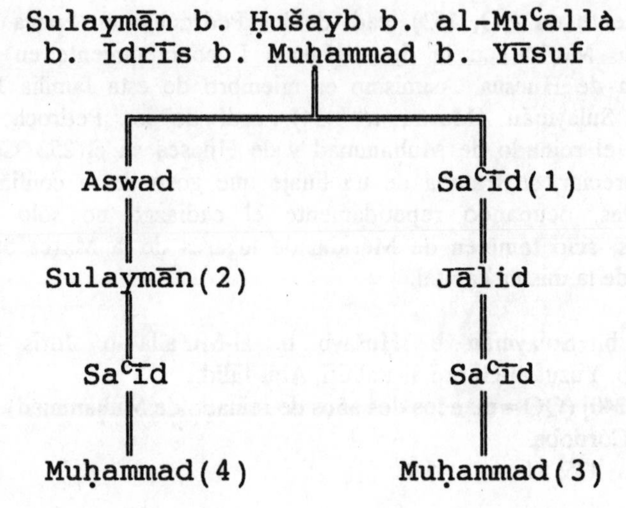


**Jālid**

De Beja, eran clientes omeyas, probablemente de origen oriental, pues suponiendo una tasa intergeneracional de treinta años -y todo parece apuntar a una tasa mayor[19]-, el antepasado más remoto, Yazīd, debió fallecer a comienzos del siglo II/VIII, antes, por tanto, de la llegada del ʿAbd al-Raḥmān I; su vinculación con los omeyas se habría producido entonces en Oriente.

1.- Ibrāhīm b. Isḥāq b. ʿĪsà b. Aṣbag b. Jālid b. Yazīd, Abū Isḥāq.
m. 268, a los 72 años.
IF, nº 5; Marín, nº 14.

2.- Ibrāhīm b. Muḥammad b. Ibrāhīm b. Isḥāq b. ʿĪsà b. Aṣ-

---

[19] A falta de un estudio más profundo, v. los datos recogidos en Molina-Avila, "Sociedad y cultura en la Marca Superior", 95.

bag b. Jālid b. Yazīd al-Bāŷī, Abū Isḥāq.
m. 350 a los 63 años.
IF, nº 33; Marín, nº 44; Avila, nº 502.

3.- Aḥmad b. Muḥammad b. Ibrāhīm b. Isḥāq, Abū l-Qāsim.
m. 373.
IF, nº 170; Avila, nº 290.

4.- Isḥāq b. Ibrāhīm.
IF, nº 230; Marín, nº 226.

5.- Ṣumayl b. Ibrāhīm b. Isḥāq.
IF, nº 611; Marín, nº 637.

6.- ᶜAbd Allāh b. Muḥammad b. Ibrāhīm b. Isḥāq, Abū Muḥammad.
m. 369 a los 64 años.
IF, nº 709; Avila, nº 63.

7.- Muḥammad b. Ibrāhīm b. Isḥāq.
m. 328 a los 66 años.
IF, nº 1222; Marín, nº 1102.

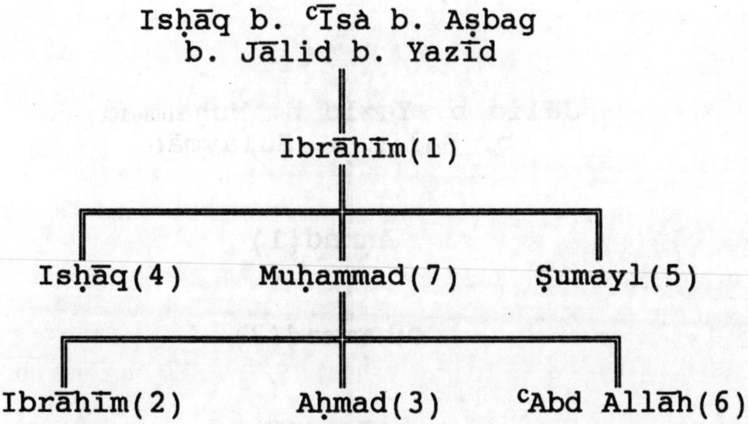

**Jālid**

Cordobeses, aunque originarios de Jaén, el primero de ellos que conocemos es Aḥmad b. Jālid, el conocido por Ibn al-Ŷabbāb (el hijo del comerciante de aljubas), pues tal era el oficio de su padre, mientras que según refería él mismo, su madre tenía que trabajar como lavandera para poder comprar libros y papel para escribir. La posición social de la familia, sin embargo, mejoró sensiblemente gracias al prestigio que alcanzó Ibn al-Ŷabbāb como alfaquí y consiguió importantes prebendas del califa al-Nāṣir. Desconocemos su origen étnico, pero parece claro que no eran árabes. Habitaban en la *Munyat ᶜAŷab*.

1.- Aḥmad b. Jālid b. Yazīd b. Muḥammad b. Sālim b. Sulaymān, Ibn al-Ŷabbāb, Abū ᶜUmar.
246-322.
IF, nº 94; Marín, nº 116.

2.- Jālid b. Muḥammad b. Aḥmad b. Jālid, Abū Yazīd.
m. 381.
IF, nº 400; Avila, nº 585.

3.- Muḥammad b. Aḥmad b. Jālid b. Yazīd, Abū Bakr.
m. 363.
IF, nº 1302; Avila, nº 686.

Jālid b. Yazīd b. Muḥammad
b. Sālim b. Sulaymān
|
Aḥmad(1)
|
Muḥammad(3)
|
Jālid(2)

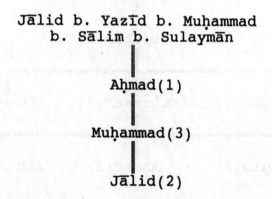

**Al-Jarrāz**

Aunque las fuentes nada dicen al respecto, podemos suponer que esta familia descendía de un indígena converso al Islam, dada la brevedad de su cadena onomástica. Habitaban en Córdoba.

1.- Muḥammad b. $^{c}$Abd al-$^{c}$Azīz, Ibn al-Jarrāz.
m. 293.
IF, nº 1141; Marín, nº 1227.

2.- Muḥammad b. Yaḥyà b. $^{c}$Abd al-$^{c}$Azīz, Ibn al-Jarrāz, Abū $^{c}$Abd Allāh.
m. 369.
IF, nº 1323; Avila, nº 837.

3.- Yaḥyà b. $^{c}$Abd al-$^{c}$Azīz, Ibn al-Jarrāz, Abū Zakariyyā'.
m. 295.
IF, nº 1568; Marín, nº 1555.

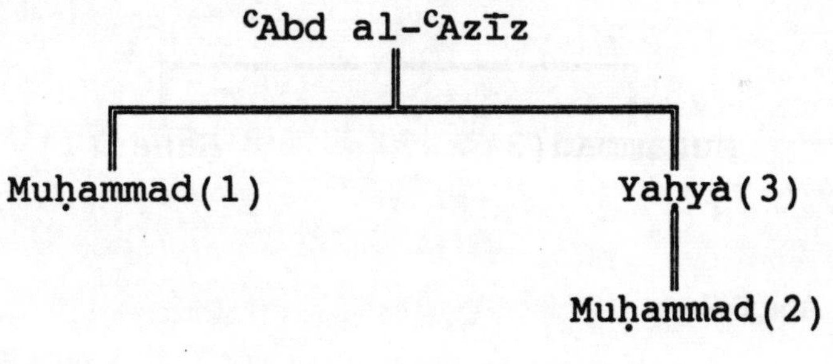


**Al-Jušanī**

Una de las familias de más rancio abolengo, descendían de un compañero del Profeta, Abū Ṯa$^{c}$laba (al-Ašras b. Ŷurhum), dato que es confirmado por Ibn Ḥazm[20]. Residían en Córdoba.

[20] La frase no aparece traducida por Terés, "Linajes árabes", § 83; v. Ibn Ḥazm, *Ŷamhara*, ed. Hārūn, 455.

1.- Ḥasan b. Muḥammad b. cAbd al-Salām al-Jušanī, Abū cAlī.
IF, nº 343; Marín, nº 402.

2.- Muḥammad b. cAbd al-Salām b. T̠aclaba b. Zayd b. al-Ḥasan b. Kalb (Ŷ = al-Ḥusayn b. Kulayb) b. Abī T̠aclaba al-Jušanī, Abū cAbd Allāh.
m. 286 a los 68 años.
IF, nº 1132; Marín, nº 1225.

3.- Muḥammad b. Muḥammad b. cAbd al-Salām b. T̠aclaba b. Zayd al-Jušanī, Abū l-Ḥasan.
m. 333.
IF, nº 1237; Marín, nº 1323.

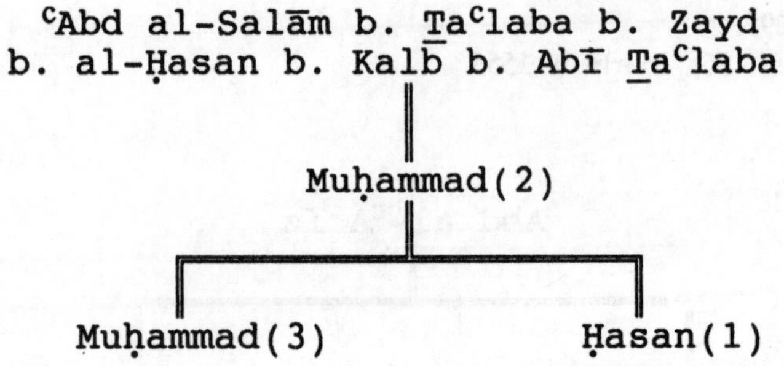


**Abū Dulaym**

Ibn al-Faraḍī no suministra ninguna información sobre los orígenes de este linaje; afortunadamente el cadí cIyāḍ, en la biografía de Muḥammad b. cAbd Allāh, y, sobre todo, Ibn Ḥazm[21] nos descubren que eran beréberes. Se habían establecido en Córdoba.

1.- cAbd Allāh b. Muḥammad b. cAbd Allāh b. Abī Dulaym, Abū Muḥammad.

[21] *Ŷamhara*, 498.

m. 351.
IF, nº 705; Avila, nº 54.

2.- Muḥammad b. cAbd Allāh b. Abī Dulaym, Abū cAbd al-Malik.
m. 338.
IF, nº 1244; Marín, nº 1237.

3.- Muḥammad b. Muḥammad b. cAbd Allāh b. Abī Dulaym, Abū cAbd Allāh.
288-372.
IF, nº 1334; Avila, nº 774.

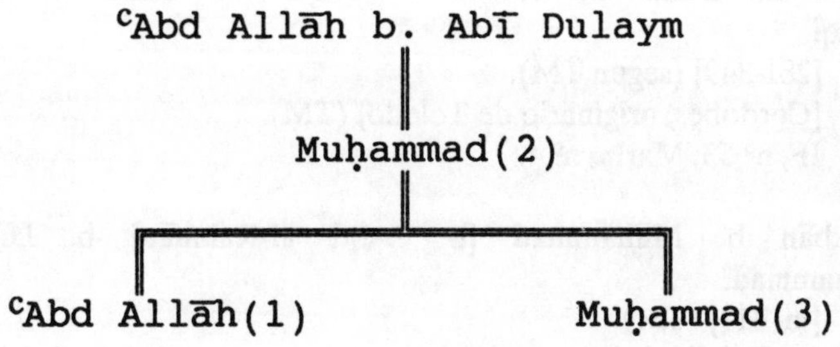


**Dīnār**

El epónimo de esta familia, Dīnār b. Wāqid, más conocido por su *kunya* Abū Umayya (Marín, nº 473), llegó a al-Andalus en fecha indeterminada, pero probablemente en la primera mitad del siglo II/VIII, procedente de Siria[22], y se asentó en *Qaryat al-Gāfiqiyyīn* ("Aldea de los Gāfiqíes")[23]; sus descendientes residie-

[22] Este último dato figura en la biografía de un descendiente suyo (IB, nº 552), mientras que la fecha de su llegada puede deducirse del hecho de que sus dos hijos, cĪsà y cAbd al-Raḥmān, nacieron en al-Andalus, el segundo de ellos, que era el menor, en el año 160.

[23] Parece lógico suponer que esta localidad debía hallarse cerca de Toledo, ciudad en la que nació uno de sus hijos, cĪsà, y que es considerada como lugar de origen de la familia. Ibn Ḥazm no menciona gāfiqíes en esa región (Terés, "Linajes

ron en Toledo y en Córdoba[24]. Se trata, pues, de una familia de origen oriental, si bien no es seguro que fueran árabes gāfiqíes. En otras fuentes se habla también de Muḥammad b. ᶜAbd al-Raḥmān b. Dīnār (Marín, nº 1221), no biografiado por Ibn al-Faraḍī.

1.- Abān b. ᶜĪsà b. Dīnār b. Wāqid b. Raŷā' b. ᶜĀmir b. Mālik al-Gāfiqī, Abū l-Qāsim.
m. 262.
De Córdoba.
IF, nº 51; Marín, nº 3.

2.- Abān b. ᶜĪsà b. Muḥammad b. ᶜAbd al-Raḥmān [IF añade b. ᶜĪsà][25] b. Dīnār b. Wāqid b. Raŷā' b. ᶜĀmir b. Mālik al-Gāfiqī.
[281-349] (según TM).
[Cordobés, originario de Toledo] (TM).
IF, nº 53; Marín, nº 4.

3.- Abān b. Muḥammad [b. ᶜAbd al-Raḥmān] b. Dīnār, Abū Muḥammad.
[m. 317] (TM)
De Toledo, habitó en Córdoba.
IF, nº 52; Marín, nº 5.

4.- ᶜAbd al-Raḥmān b. Dīnār b. Wāqid al-Gāfiqī, Abū Zayd.
160-201.
De Córdoba.
IF, nº 774; Marín, nº 699.

---

árabes", 110, § 42).

[24] Incluso conocemos el lugar exacto: la Calle Mayor *(al-Zuqāq al-kabīr)*, v. la fuente citada en la nota 12.

[25] Corregimos este *nasab* que ofrece Ibn al-Faraḍī basándonos en el que aparece en TM, VI, 148, donde además se dice que era padre de ᶜAbd Allāh, personaje cuyo *nasab* confirma nuestra corrección (IB, nº 552). Por otra parte, Ibn Baškuwāl afirma que su antepasado ᶜAbd al-Raḥmān es el introductor en al-Andalus de *al-Madaniyya*, con lo que queda claro que esta rama de la familia desciende de ᶜAbd al-Raḥmān b. Dīnār y no de ᶜAbd al-Raḥmān b. ᶜĪsà b. Dīnār, que es lo que se deduciría del *nasab* que da Ibn al-Faraḍī.

5.- cAbd al-Raḥmān b. cĪsà b. Dīnār.
m. 270.
De Córdoba.
IF, nº 781; Marín, nº 709.

6.- cAbd al-Wāḥid b. Muḥammad b. cAbd al-Raḥmān b. Dīnār.
229-282.
De Córdoba.
IF, nº 857; Marín, nº 879.

7.- cĪsà b. Dīnār b. Wāqid al-Gāfiqī, Abū cAbd Allāh.
m. 212.
Originario de Toledo, habitó en Córdoba y falleció en Toledo.
IF, nº 973; Marín, nº 993.

8.- cĪsà b. Muḥammad [b. cAbd al-Raḥmān] b. Dīnār b. Wāqid, Abū Muḥammad.
[234-306] (IH y TM).
De Toledo.
IF, nº 976; Marín, nº 1002 y 1003.

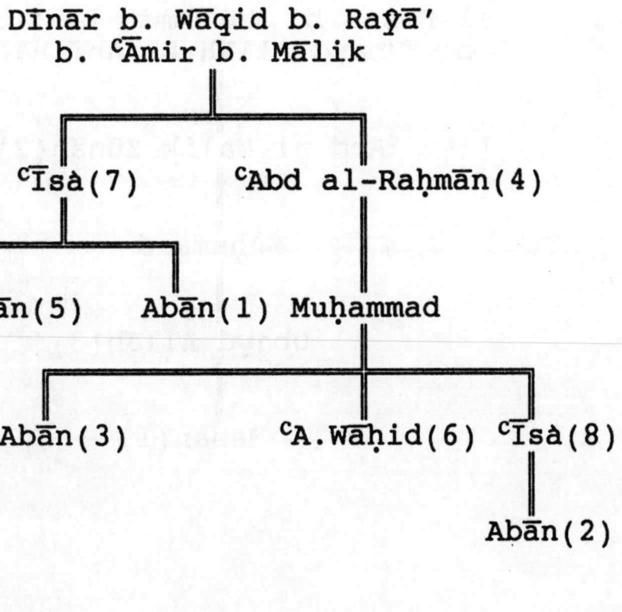

**Zūnān**

Descendientes de un *mawlà* del Profeta, se habían establecido en Córdoba.

1.- Ḥasan b. ᶜUbayd Allāh b. Muḥammad b. ᶜAbd al-Malik b. al-Ḥasan b. Muḥammad [b. Zurayq] b. ᶜUbayd Allāh (IF = ᶜAbd Allāh) b. Abī Rāfiᶜ, Ibn Zūnān, Abū ᶜAbd al-Malik.
m. 336 (IH = a los 67 años).
IF, nº 341; Marín, nº 401.

2.- ᶜAbd al-Malik b. al-Ḥasan b. Muḥammad b. Zurayq b. ᶜUbayd Allāh b. Abī Rāfiᶜ, Zūnān, Abū Marwān, Abū l-Ḥasan.
m. 232.
IF, nº 813; Marín, nº 862.

3.- ᶜUbayd Allāh b. Muḥammad b. ᶜAbd al-Malik b. al-Ḥasan b. Muḥammad b. Zurayq b. ᶜUbayd Allāh b. Abī Rāfiᶜ.
m. 297.
IF, nº 761; Marín, nº 891.

al-Ḥasan b. Muḥammad b. Zurayq
b. ᶜUbayd Allāh b. Abī Rāfiᶜ
‖
ᶜAbd al-Malik Zūnān(2)
‖
Muḥammad
‖
ᶜUbayd Allāh(3)
‖
Ḥasan(1)

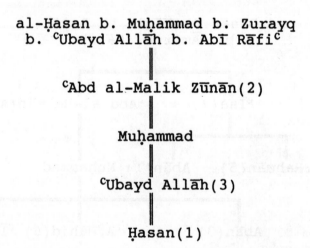

## Ziyād

La reconstrucción de esta importante familia de alfaquíes y cadíes plantea serios problemas que, con los datos que manejamos aquí, no pueden quedar definitivamente aclarados. Es indudable que se trata de individuos de estirpe lajmí, tal y como señala Ibn Ḥazm[26], asentados primeramente en Cártama, aunque con el tiempo se instalaron mayoritariamente en Córdoba. El *dājil*, es decir, el primer miembro de este linaje llegado a al-Andalus, parece haber sido Ziyād b. ᶜAbd al-Raḥmān b. Zuhayr, abuelo del más prestigioso de los Banū Ziyād, el alfaquí Šabṭūn. De aquel Ziyād proceden dos ramas claramente diferenciadas, la del mencionado Šabṭūn, establecida en Córdoba, y la del cadí ᶜĀmir b. Muᶜāwiya, que permaneció en la cora de *Rayya*, de la que emigró este personaje al final del reinado de Muḥammad, huyendo de los disturbios que asolaron esa región. Pero si estas dos líneas genealógicas no plantean grandes problemas, no ocurre lo mismo con la del cadí al-Ḥabīb (2, 10 y 12 de nuestra relación), cuya conexión con las otras es más difícil de lo que parece a primera vista. En efecto, algunos autores, como el cadí ᶜIyāḍ, hacen al padre de este al-Ḥabīb, el también cadí Muḥammad b. Ziyād, hijo de Šabṭūn; en principio esta filiación es onomástica y cronológicamente aceptable, pero una serie de indicios nos inclinan a creer que no es correcta. Este Muḥammad b. Ziyād tuvo un hermano, llamado Aḥmad (Marín, nº 121), que también desempeñó el cadiazgo de Córdoba. En la biografía que dedica a Šabṭūn, Ibn Ḥāriṯ al-Jušanī nos habla de un hijo de este personaje de nombre Aḥmad. Por otra parte, sabemos que también tuvo otro hijo llamado Muḥammad, ya que su nieto se llamaba Ziyād b. Muḥammad (nº 7 de nuestra relación). Es evidente que, si aceptamos la opinión de ᶜIyāḍ, estos Aḥmad y Muḥammad hijos de Šabṭūn deben ser el tío y el padre de al-Ḥabīb, mientras que el nieto de Šabṭūn que hemos mencionado, Ziyād b. Muḥammad, sería hermano suyo. Pero llama la atención el hecho de que los autores más antiguos y fiables, Ibn Ḥāriṯ, Ibn al-Faraḍī e Ibn Ḥayyān, que utilizan fuentes aún más tempranas, no mencionen en ningún momento una relación de parentesco próximo entre Šabṭūn y esos Muḥammad y Aḥmad, padre y tío de al-Ḥabīb; no podemos pensar que esto se

---

[26] "Linajes árabes", § 64.

debiera a que el dato les parecía de escaso interés, ya que no tienen reparo en hablar repetidas veces de los vínculos familiares entre los tres últimos, siendo, al parecer, el punto de referencia el cadí al-Ḥabīb (Muḥammad es recordado por Ibn al-Faraḍī como "padre del cadí al-Ḥabīb", mientras que un hijo de éste, Muḥammad, aparece citado expresamente como "hijo del cadí al-Ḥabīb"). Sin embargo, cuando Ibn al-Faraḍī biografía a Ziyād b. Muḥammad b. Ziyād que, de acuerdo con la hipótesis que estamos considerando, sería hermano del tan mencionado cadí, nos lo presenta como "nieto de Ziyād Šabṭūn", sin aludir para nada a al-Ḥabīb. Añadamos a esto que no es nada seguro que el Aḥmad b. Ziyād tío de al-Ḥabīb, cadí de Córdoba en época de Muḥammad, que debió fallecer sobre el 240 y que era originario de *Šaḏūna*, sea el mismo personaje al que Ibn Ḥāriṯ e Ibn al-Faraḍī hacen hijo de Šabṭūn y hacen fallecer en el 205 en Egipto; aunque Ibn al-Faraḍī afirma que este último fue cadí de Córdoba, con lo que sería más aceptable su identificación con el tío de al-Ḥabīb, Ibn Ḥāriṯ sólo dice que fue cadí "en al-Andalus". Parece claro, por tanto, que esta rama de los Banū Ziyād no desciende directamente de Šabṭūn, pero queda sin resolver la cuestión de cuál era su parentesco exacto. Atendiendo únicamente a los datos onomásticos proporcionados por Ibn Ḥāriṯ en sus *Quḍā*, el padre de al-Ḥabīb sería hijo de Ziyād b. ᶜAbd al-Raḥmān b. Zuhayr, el abuelo de Šabṭūn, pero cronológicamente no es posible, ya que el alfaquí cordobés muere en el 204 (otras fuentes adelantan la fecha, situando alguna su fallecimiento en el 193), mientras que al-Ḥabīb, que, con esta nueva hipótesis, sería su primo, lo hace en el 312. por todo ello en el cuadro genealógico de esta familia la rama de al-Ḥabīb la presentamos desgajada del tronco, al no poder ubicarla con seguridad.

1.- Aḥmad b. Ziyād b. ᶜAbd al-Raḥmān al-Lajmī.
m. 205.
De Córdoba, m. en Egipto.
IF, nº 56; Marín, nº 122.

2.- Aḥmad b. Muḥammad b. Ziyād b. ᶜAbd al-Raḥmān al-Lajmī, Abū l-Qāsim. al-Ḥabīb.
m. 312.
De Córdoba.
IF, nº 81; Marín, nº 175.

3.- Aḥmad b. Ziyād b. Muḥammad b. Ziyād b. ᶜAbd al-Raḥmān al-Lajmī, Abū l-Qāsim.

m. 326.

De Córdoba.

IF, nº 101; Marín, nº 123.

4.- Aḥmad b. Muḥammad b. Ziyād, Abū l-Qāsim.

De Córdoba.

IF, nº 133; Marín, nº 174.

5.- Aḥmad b. ᶜAbd al-Salām b. Ziyād al-Lajmī.

De *Rayya*.

IF, nº 173.

6.- Ziyād b. ᶜAbd al-Raḥmān b. Ziyād b. ᶜAbd al-Raḥmān b. Zuhayr b. Nāšira b. Ḥusayn b. al-Jaṭṭāb b. al-Ḥāriṯ b. Dubba b. al-Ḥāriṯ b. Wābil b. Rāšida b. Adabb b. Juwaylid b. Lajm b. ᶜAdī al-Lajmī, Abū ᶜAbd Allāh, Šabṭūn.

m. 204.

De Córdoba.

IF, nº 456; Marín, nº 504

7.- Ziyād b. Muḥammad b. Ziyād, Abū ᶜAbd al-Raḥmān.

m. 273.

De Córdoba.

IF, nº 458; Marín, nº 506.

8.- ᶜĀmir b. Muᶜāwiya b. ᶜAbd al-Salām b. Ziyād b. ᶜAbd al-Raḥmān b. Zuhayr b. Nāšira b. Lawḏān al-Lajmī, Abū Mu-ᶜāwiya.

m. 237 [en realidad, 277, como señalan todas las fuentes].

De Córdoba, originario de *Rayya*.

IF, nº 628; Marín, nº 659.

9.- ᶜAbd al-Salām b. ᶜAbd Allāh b. Ziyād b. Aḥmad b. Ziyād b. ᶜAbd al-Raḥmān al-Lajmī, Abū ᶜAbd al-Malik.

m. 371.

De Córdoba.

IF, nº 852; Avila, nº 194.

10.-Muḥammad b. Ziyād b. ᶜAbd al-Raḥmān al-Lajmī.

[H= m. +240].
De Córdoba.
IF, nº 1096; Marín, nº 1185.

11.-Muḥammad b. Ziyād b. Muḥammad b. Ziyād.
m. 307 o 308.
De Córdoba.
IF, nº 1172; Marín, nº 1186.

12.-Muḥammad b. Aḥmad b. Muḥammad b. Ziyād.
m. 318.
De Córdoba.
IF, nº 1198; Marín, nº 1130.

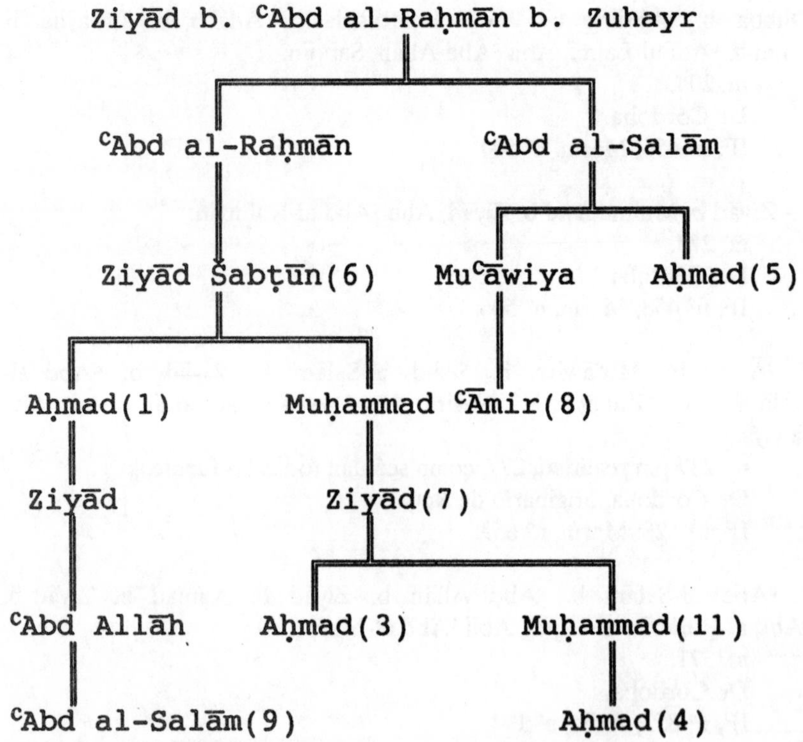

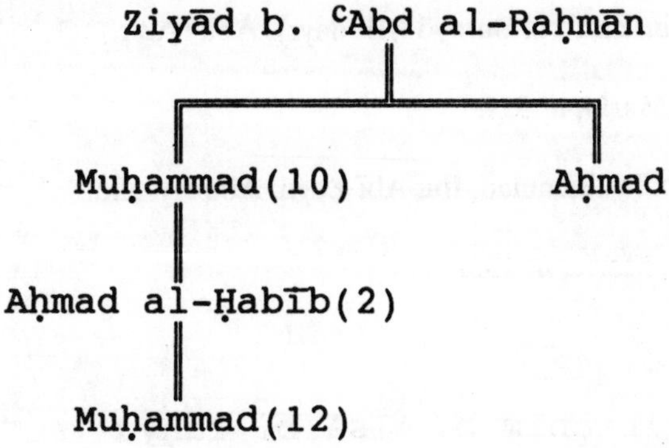


**Abū Zayd**

Cordobeses, descienden de Burayd, *mawlà* del califa Mucāwiya b. Abī Sufyān. Es Ibn Ḥāriṯ al-Jušanī quien nos ofrece más noticias sobre los orígenes de esta familia, al referir la biografía de cAbd al-Raḥmān b. Ibrāhīm: Barbar -así lo llama repetidamente Ibn Ḥāriṯ, en lugar de Burayd- fue un esclavo de origen persa al servicio de Mucāwiya b. Abī Sufyān, que posteriormente lo liberó y le dio en matrimonio una antigua esclava de cUṯmān b. cAffān. Su tataranieto -bisnieto, según Ibn al-Faraḍī- cĪsà fue el que emigró a al-Andalus.

1.- Sulaymān b. cAbd al-Raḥmān b. cAbd al-Ḥamīd b. [Ibrāhīm] b. cĪsà b. Yaḥyà b. Yazīd.
m. 325.
IF, nº 557; Marín, nº 594.

2.- cAbd Allāh b. Muḥammad b. Muḥammad b. cAbd al-Raḥmān b. Ibrāhīm b. cĪsà, Ibn Abī Zayd, Abū Muḥammad.
IF, nº 711.

3.- cAbd al-Raḥmān b. Ibrāhīm b. cĪsà b. Yaḥyà b. Yazīd b. Budayr (/Burayd), Ibn Tārik al-faras, Abū Zayd.
m. 258 o 259.
IF, nº 779; Marín, nº 691.

4.- cUṯmān b. cAbd al-Raḥmān b. cAbd al-Ḥamīd b. Ibrāhīm

b. ᶜĪsà b. Yaḥyà b. Yazīd b. Burayd (/Budayr), Abū ᶜAmr.
m. 325.
IF, nº 895; Marín, nº 911.

5.- Muḥammad b. Muḥammad, Ibn Abī Zayd, Abū l-Walīd.
m. 333.
IF, nº 1239; Marín, nº 1321.

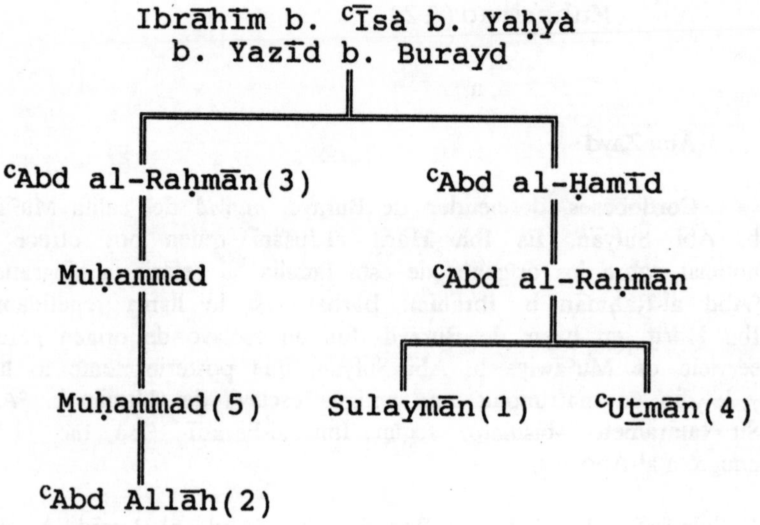


**Sayyār**

Orientales asentados en Córdoba, descienden de un *mawlà* de al-Walīd b. ᶜAbd al-Malik.

1.- Aḥmad b. Muḥammad b. Qāsim b. Muḥammad, Abū Bakr.
IF, nº 142.

2.- ᶜAbd Allāh b. Qāsim b. Muḥammad, Abū Muḥammad.
m. 380.
IF, nº 745; Avila, nº 86.

3.- Qāsim b. Muḥammad b. Qāsim [b. Muḥammad] b. Sayyār, Abū Muḥammad.
m. 277 o 278.
IF, nº 1047; Marín, nº 1066.

4.- Qāsim b. Muḥammad b. Qāsim b. Muḥammad b. Qāsim b. Muḥammad b. Sayyār, Abū Muḥammad.
[m. 353] (TM).
IF, nº 1071; Marín, nº 1067; Avila, nº 898.

5.- Muḥammad b. $^{c}$Abd Allāh b. Muḥammad b. Qāsim.
m. 312.
IF, nº 1181; Marín, nº 1257.

6.- Muḥammad b. Qāsim b. Muḥammad b. Qāsim [b. Muḥammad] b. Sayyār, Abū $^{c}$Abd Allāh.
263-327.
IF, nº 1216; Marín, nº 1310.

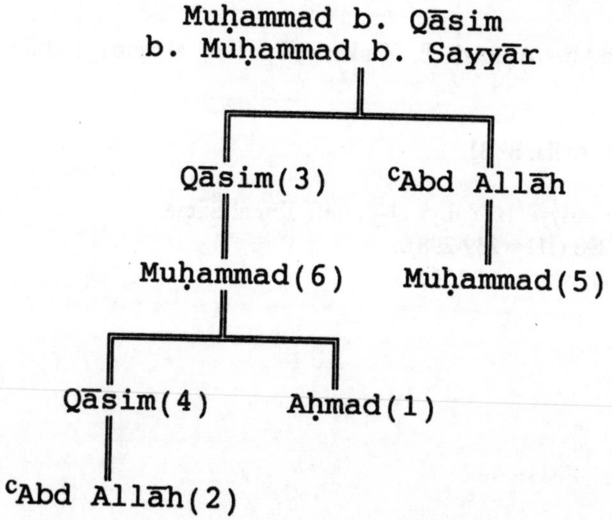

**Al-Šāma**

Llevaban la *nisba* al-Ṯaqafī y residían en Córdoba. Habían emparentado con los Banū Hilāl, pues Zakariyyā' b. Yaḥyà casó con una hermana de Ibrāhīm b. Qāsim b. Hilāl, con la que tuvo los dos hijos que le conocemos. Su padre, Yaḥyà, cuenta con una breve biografía dentro de la de su hijo en TM.

1.- Aḥmad b. Zakariyyā' b. Yaḥyà b. ᶜAbd al-Malik b. ᶜUbayd Allāh b. ᶜAbd al-Raḥmān, Ibn al-Šāma.
m. 268.
IF, nº 58; Marín, nº 120.

2.- Aḥmad b. Yaḥyà b. Zakariyyā', Ibn al-Šāma, Abū ᶜUmar.
m. 343.
IF, nº 119; Marín, nº 207.

3.- Zakariyyā' b. Yaḥyà b. ᶜAbd al-Malik b. ᶜUbayd Allāh b. ᶜAbd al-Raḥmān al-Ṯaqafī, Ibn al-Šāma.
m. 276 (IH = a los 76 años).
IF, nº 438; Marín, nº 499.

4.- ᶜAbd Allāh b. Aḥmad b. Zakariyyā', Ibn al-Šāma, Abū Muḥammad.
311-381.
IF, nº 748; Avila, nº 31.

5.- Yaḥyà b. Zakariyyā' b. Yaḥyà al-Ṯaqafī, Ibn al-Šāma.
m. 295 o 298 (IH = 239-298).
IF, nº 1569; Marín, nº 1543.

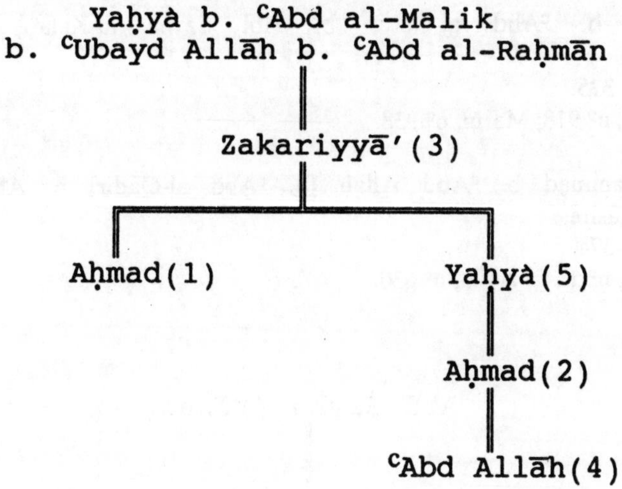


**Abū Šayba**

La *nisba* al-Kalāʿī que aparece en el nombre de dos de los miembros de esta familia sevillana es debida a su relación de clientela con esa tribu. El *ism* de Abū Šayba era Yūnus.

1.- ʿAbd Allāh [b. ʿAbd al-Qādir] b. Abī Šayba, Abū Muḥammad.
m. 374[27].
IF, nº 729; Avila, nº 20.

2.- ʿAbd al-Qādir b. Abī Šayba al-Kalāʿī, Abū ʿAlī.
m. a finales del reinado de Muḥammad (273).
IF, nº 866; Marín, nº 742.

[27] Este dato es evidentemente erróneo, ya que implicaría que su fallecimiento se habría producido más de un siglo después del de su padre; además Ibn al-Faraḍī habla de "su tío ʿAlī b. Abī Šayba", que era, en realidad, su hermano. La razón de estos errores es que toda la biografía de este personaje, salvo lo que es puramente onomástico, es idéntica a la de su hijo Muḥammad, a quien se refieren realmente todos estos datos.

3.- $^{c}$Alī b. $^{c}$Abd al-Qādir b. Abī Šayba al-Kalā$^{c}$ī, Abū l-Ḥasan.
m. 325.
IF, nº 918; Marín, nº 938.

4.- Muḥammad b. $^{c}$Abd Allāh [b. $^{c}$Abd al-Qādir] b. Abī Šayba, Abū l-Qāsim.
m. 374.
IF, nº 1342; Avila, nº 630.

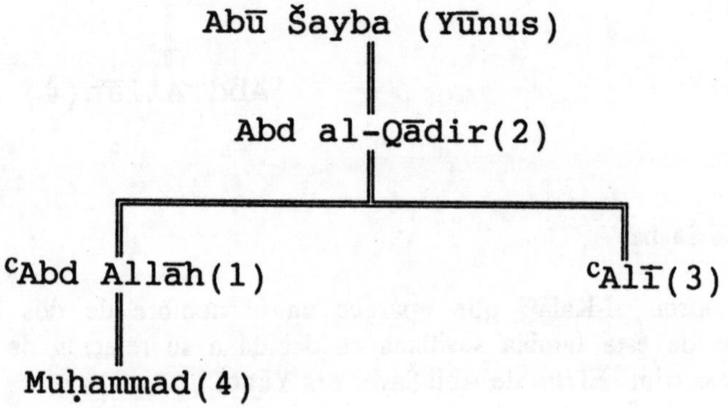


### Ṣajr

De asdendencia ḥiŷrí, habitaban en Zaragoza.

1.- Usāma b. Ṣajr b. $^{c}$Abd al-Raḥmān b. $^{c}$Abd al-Malik b. $^{c}$Īsà b. Ḥabīb al-Ḥiŷrī, Abū Muḥammad.
m. 276.
IF, nº 240; Marín, nº 222.

2.- Muḥammad b. Usāma b. Ṣajr al-Ḥiŷrī, Abū Yaḥyà.
m. 287.
IF, nº 1136; Marín, nº 1138.

3.- Yaḥyà b. Muḥammad b. Usāma.
IF, nº 1573; Marín, nº 1567.

Ṣajr b. $^{c}$Abd al-Raḥmān
b. $^{c}$Abd al-Malik b. $^{c}$Īsà b. Ḥabīb

Usāma(1)

Muḥammad(2)

Yaḥyà(3)

## Al-Ṣagīr

Llevaban la *nisba* al-Taymī (al-Tamīmī, según otros autores) por su relación de clientela con esa tribu. La conexión entre el miembro de esta familia más antiguo, Dāwūd b. Ŷa$^{c}$far, y los otros dos -padre e hijo claramente- no aparece muy segura, pues las cadenas onomásticas que de éstos da Ibn al-Faraḍī no llegan hasta el primero. De acuerdo con TM, en la genealogía de esta familia habría que incluir a un personaje llamado Jālid que sería hijo de Dāwūd y abuelo de Jālid b. Wahb, pero, por otra parte, IH se refiere a Dāwūd como "tío del abuelo de Ibn al-Ṣagīr", con lo que los otros dos personajes aquí mencionados no serían descendientes directos del primero. En el cuadro que sigue a continuación hemos adoptado la versión de TM.

1.- Jālid b. Wahb [Ibn] al-Ṣagīr al-Taymī, Abū l-Ḥasan.
m. 302.
IF, nº 394; Marín, nº 437.

2.- Dāwūd b. Ŷa$^{c}$far, Ibn al-Ṣagīr.
IF, nº 423; Marín, nº 463.

3.- Muḥammad b. Jālid b. Wahb, Ibn al-Ṣagīr, al-Taymī, Abū Bakr.
m. 327 o 329.
IF, nº 1224; Marín, nº 1175.

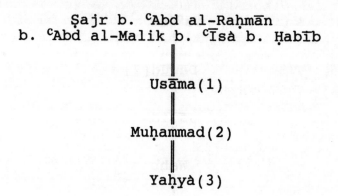

Ŷa$^{c}$far
|
Dāwūd(2)
|
Jālid
|
Wahb
|
Jālid(1)
|
Muḥammad(3)

**$^{c}$Āṣim**

Esta familia cordobesa ha sido estudiada con detenimiento por M. I. Fierro en un reciente trabajo[28], donde son analizados en detalle los problemas que plantea su *nasab*, muy diferente de una fuente a otra e incluso dentro de una misma fuente de un personaje a otro, como ocurre en el *Ta'rīj* de Ibn al-Faraḍī; por ello no hemos introducido ningún cambio en las cadenas onomásticas que proporciona nuestro autor, con la única salvedad de añadir el nombre Muslim como padre de $^{c}$Āṣim, dato en el que coinciden todos los autores, incluido el propio Ibn al-Faraḍī en dos de las biografías de miembros de esta familia.

1.- Ibrāhīm b. Ḥusayn b. $^{c}$Āṣim [b. Muslim] b. Ka$^{c}$b b. Muḥammad b. $^{c}$Alqama b. Ḥubāb (IF=Ŷannāb) b. Muslim b. $^{c}$Adī b. Murra b. $^{c}$Awf al-T̲aqafī, Abū Isḥāq.

m. 256.

IF, nº 3; Marín, nº 19.

---

[28] "Los Banū $^{c}$Āṣim al-T̲aqafī", art.cit. en nota 1.

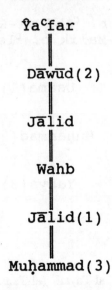

2.- Ḥusayn b. cĀṣim [b. Muslim] b. Kacb b. Muḥammad b. cAlqama b. Ḥubāb b. Muslim b. cAdī b. Murra al-Ṯaqafī, Abū l-Walīd.

m. 263 [29].

IF, nº 349; Marín, nº 407.

3.- cAbd Allāh b. Muḥammad b. Ibrāhīm b. cĀṣim b. Muslim b. Kacb b. Ḥubāb b. cAlqama b. Sayf b. Muslim al-Ṯaqafī.

m. +300.

IF, nº 659; Marín, nº 803.

4.- cĪsà [b. cĀṣim][30] b. cĀṣim b. Muslim al-Ṯaqafī.

m. 258.

IF, nº 974; Marín, nº 996.

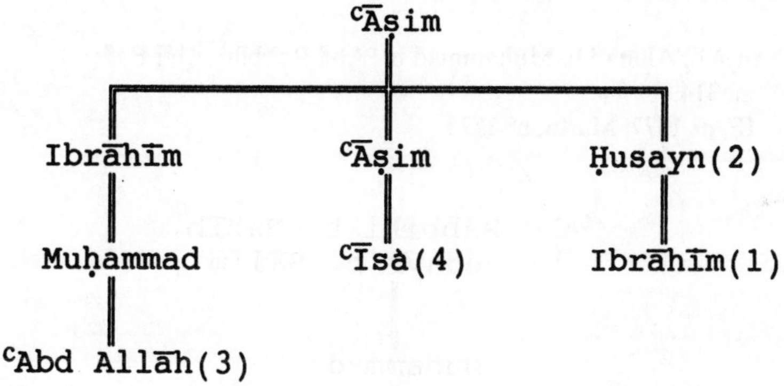


**cAbd Rabbihi**

La familia del célebre Ibn cAbd Rabbihi, el autor de *al-cIqd al-farīd*, descendía de Sālim, *mawlà* de Hišām I. No aparece bio-

[29] La fecha más probable es el año 208 (Fierro, "Los Banū cĀṣim", 61).

[30] El propio Ibn al-Faraḍī nos permite efectuar esta corrección, confirmada por las otras fuentes, al afirmar que este cĪsà era sobrino de Ḥusayn b. cĀṣim (v. Fierro, art.cit., 66).

grafiado por Ibn al-Faraḍī otro miembro importante de esta familia, el médico Saᶜīd b. ᶜAbd al-Raḥmān b. Muḥammad b. ᶜAbd Rabbihi [31].

1.- Aḥmad b. Muḥammad b. ᶜAbd Rabbihi b. Ḥabīb b. Ḥudayr b. Sālim, Abū ᶜUmar.
m. 382 a los 81 años (H = 246-328, que es lo correcto).
IF, nº 118; Marín, nº 176.

2.- Saᶜīd b. Aḥmad b. Muḥammad b. ᶜAbd Rabbihi b. Ḥabīb b. Ḥudayr b. Sālim, Abū ᶜUṯmān.
m. 356.
IF, nº 505; Avila, nº 927.

3.- Yaḥyà b. Muḥammad b. ᶜAbd Rabbihi, Abū Bakr.
m. ± 314 (en biografía de su sobrino Yaḥyà b. Aḥmad).
IF, nº 1576; Marín, nº 1569.

4.- Yaḥyà b. Aḥmad b. Muḥammad b. ᶜAbd Rabbihi, Abū Bakr.
m. 314.
IF, nº 1577; Marín, nº 1525.

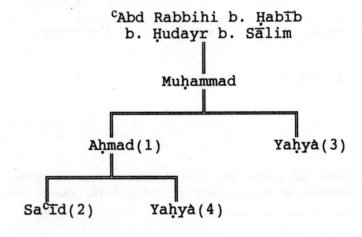

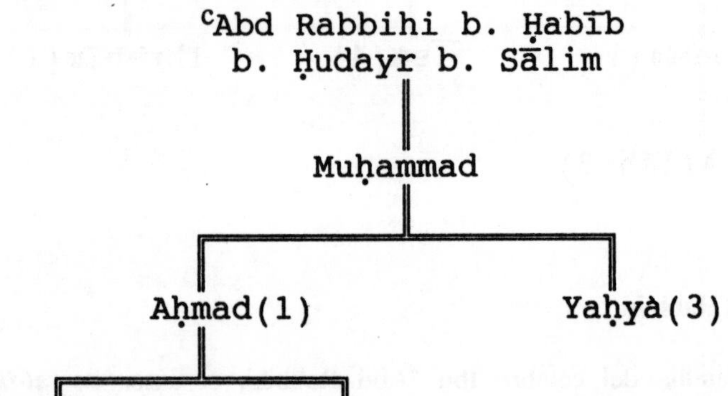


[31] Sobre el cual véase R. Kuhne, "La *Urŷūza fī l-ṭibb* de Saᶜīd ibn ᶜAbd Rabbihi", *Al-Qanṭara* I (1980), 279-338.

### ᶜAŷlān

Zaragozanos, nada sabemos sobre su origen, aunque no es aventurado considerarlos no árabes.

1.- Aḥmad b. Muḥammad b. ᶜAŷlān.
IF, nº 60; Marín, nº 181.

2.- Muḥammad b. ᶜAŷlān.
IF, nº 1120; Marín, nº 1276.

3.- Yaḥyà [b. Muḥammad] b. ᶜAŷlān.
IF, nº 1564; Marín, nº 1562.

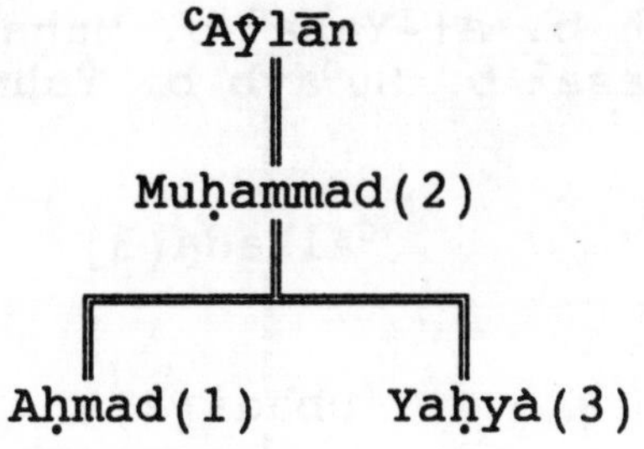


### ᶜAlkada

Es Ibn Ḥāriṯ el autor que más noticias nos proporciona sobre este linaje al biografiar a ᶜAlkada b. Nūḥ. Eran originarios de *Faḥṣ Ruᶜayn*, en *Rayya*, lugar que Terés propone identificar con el actual Zafarraya, y en donde, en efecto, se habían asentado los Ruᶜayníes según Ibn Ḥazm[32]. Sin embargo poseían también una residencia en Córdoba, concretamente en el arrabal de *Šabulār*, que había correspondido como botín a su antepasado Muḥammad b. al-Yasaᶜ. Todos los biografiados por Ibn al-Faraḍī aparecen localizados en Córdoba.

---

32 "Linajes árabes", § 70 y n. 5.

1.- Aḥmad b. $^{c}$Ubāda b. $^{c}$Alkada al-Ru$^{c}$aynī, Abū $^{c}$Umar.
m. 322 (IH = nacido en el 268).
IF, nº 105; Marín, nº 133.

2.- $^{c}$Ubāda b. $^{c}$Alkada b. Nūḥ b. al-Yasa$^{c}$ al-Ru$^{c}$aynī, Abū l-Ḥasan.
m. 282.
IF, nº 998; Marín, nº 662.

3.- $^{c}$Alkada b. Nūḥ b. al-Yasa$^{c}$ b. Muḥammad b. al-Yasa$^{c}$ b. Šu$^{c}$ayb b. Ŷahm b. $^{c}$Ubāda al-Ru$^{c}$aynī.
m. 237.
IF, nº 1009; Marín, nº 930.

Nūḥ b. al-Yasa$^{c}$ b. Muḥammad
b. al-Yasa$^{c}$ b. Šu$^{c}$ayb b. Ŷahm b. $^{c}$Ubāda

$^{c}$Alkada(3)

$^{c}$Ubāda(2)

Aḥmad(1)

**$^{c}$Amrūs**

Lo único que conocemos sobre esta familia es su lugar de residencia, Ecija. Sin embargo, un dato suministrado por Ibn Ḥāriṯ, la *nisba* al-Umawī referida a $^{c}$Umar b. Yūsuf, nos permite deducir que eran *mawlàs* de los omeyas.

1.- $^{c}$Umar b. Yūsuf b. $^{c}$Amrūs, Abū Ḥafṣ.
m. 324 a los 82 años.
IF, nº 947; Marín, nº 969.

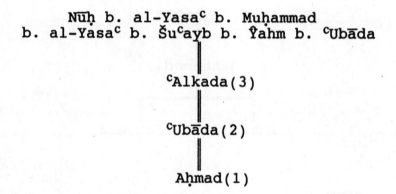

2.- Muḥammad b. $^{c}$Umar b. Yūsuf b. $^{c}$Amrūs, Abū $^{c}$Abd Allāh.
m. 358.
IF, nº 1292; Avila, nº 827.

3.- Yūsuf b. Muḥammad b. Yūsuf b. $^{c}$Amrūs, Abū $^{c}$Umar.
m. 370.
IF, nº 1633; Avila, nº 1123.

4.- Yūsuf b. Muḥammad b. $^{c}$Umar b. Yūsuf b. $^{c}$Amrūs, Abū $^{c}$Umar.
320-393.
IF, nº 1637; Avila, nº 1122.

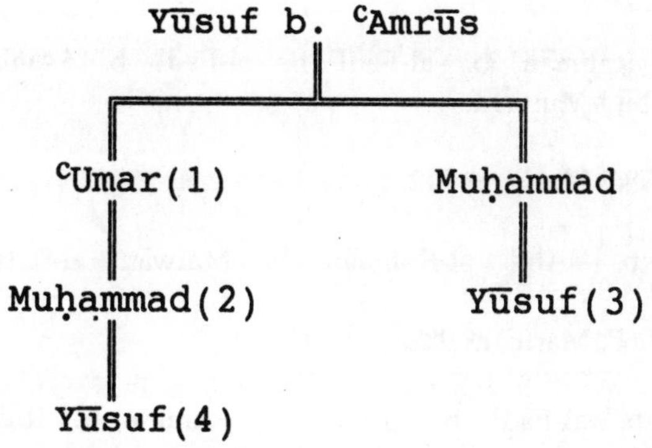


### $^{c}$Amīra

Mencionados por Ibn Ḥazm entre los kināníes de al-Andalus[33], formaban una de las familias más importantes de la región de *Tudmīr*.

---

[33] "Linajes árabes", § 10, donde, extrañamente, se omite la referencia concreta a al-Faḍl b. $^{c}$Amīra que aparece en el texto árabe. Descendían de $^{c}$Atīq b. Milkān b. Kināna, por lo que es probable que su segunda *nisba*, al-$^{c}$Utaqī, deba ser vocalizada al-$^{c}$Ataqī, como hace Terés en la nota 3 de ese parágrafo.

1.- al-Ṣabbāḥ b. ᶜAbd al-Raḥmān b. al-Faḍl al-ᶜUtaqī, Abū l-Guṣn.
m. 294 a los 118 años.
IF, nº 605; Marín, nº 634.

2.- Ṭayyib b. Muḥammad, Abī Hārūn, b. Hārūn b. ᶜAbd al-Raḥmān b. al-Faḍl b. ᶜAmīra (IF = ᶜAmra) al-Kinānī al-ᶜUtaqī, Abū l-Qāsim.
m. 328.
IF, nº 625; Marín, nº 651.

3.- ᶜAbd al-Raḥmān b. al-Faḍl b. ᶜAmīra b. Rāšid al-Kinānī al-ᶜUtaqī, Abū l-Muṭarrif.
m. 227.
IF, nº 778; Marín, nº 711.

4.- ᶜAbd al-Raḥmān b. al-Faḍl b. al-Faḍl b. ᶜAmīra b. Rāšid al-ᶜUtaqī, Abū l-Muṭarrif.
m. 294.
IF, nº 786; Marín, nº 712.

5.- ᶜAmīra b. ᶜAbd al-Raḥmān b. Marwān al-ᶜUtaqī, Abū l-Faḍl.
IF, nº 967; Marín, nº 982.

6.- ᶜAmīra b. al-Faḍl b. al-Faḍl b. ᶜAmīra b. Rāšid al-ᶜUtaqī, Abū l-Faḍl.
m. 284.
IF, nº 968; Marín, nº 983.

7.- Faḍl b. ᶜAmīra b. Rāšid b. ᶜAbd Allāh b. Saᶜīd b. Šarīk b. ᶜAbd Allāh b. Muslim b. Nawfal b. Rabīᶜa b. Mālik b. Muslim al-Kinānī al-ᶜUtaqī, Abū l-ᶜĀfiya.
m. 197.
IF, nº 1038; Marín, nº 1040.

8.- Faḍl b. al-Faḍl b. ᶜAmīra b. Rāšid b. ᶜAbd Allāh al-ᶜUtaqī, Abū l-ᶜĀfiya.
m. 265 (hijo póstumo, nacido, por tanto, en el 197 o 198).
IF, nº 1039; Marín, nº 1041.

9.- Muḥammad b. $^{c}$Amīra al-$^{c}$Utaqī, Abū Marwān.
m. 276.
IF, nº 1117; Marín, nº 1286.

10.-Muḥammad b. Hārūn (IF añade b. $^{c}$Abd Allāh) b. $^{c}$Abd al-Raḥmān b. al-Faḍl b. $^{c}$Amīra al-$^{c}$Utaqī, Abū Hārūn.
m. 306.
IF, nº 1169; Marín, nº 1347.

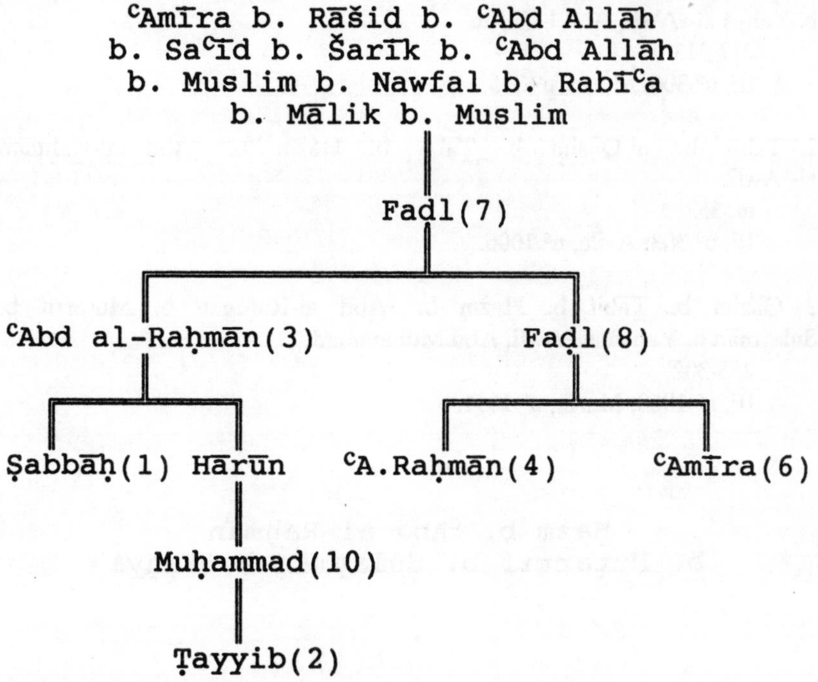


No se hallan incluidos el 5 y el 9.

## Al-$^{c}$Awfī

Establecidos en Zaragoza, esta familia beréber llevaba en un principio la *nisba* de al-Zuhrī, por ser clientes suyos -clientes por vínculo, no por ser libertos-, pero Ṯābit b. Ḥazm tuvo diferencias con sus patronos y decidió no volver a utilizar esa *nisba*, cambiándola por la de al-ᶜAwfī, tomada del nombre de ᶜAbd al-Raḥmān b. ᶜAwf, compañero del Profeta y el más renombrado zuhrí de los primeros tiempos del Islam, pues, según pretendían algunos, un descendiente de este personaje estuvo en la Marca Superior cuando la conquista musulmana y convirtió a muchos berébe-res al Islam. Este relato se encuentra en los *Ajbār* de Ibn Ḥāriṯ (biog. de Ṯābit b. Ḥazm) y en la *Fahrasa* de Ibn Jayr (p. 193).

1.- Ṯābit b. Ḥazm b. ᶜAbd al-Raḥmān b. Muṭarrif b. Sulaymān b. Yaḥyà al-ᶜAwfī, Abū l-Qāsim.
217-313.
IF, nº 306; Marín, nº 335.

2.- Ṯābit b. al-Qāsim b. Ṯābit b. Ḥazm b. ᶜAbd al-Raḥmān al-ᶜAwfī.
m. 352.
IF, nº 308; Avila, nº 1006.

3.- Qāsim b. Ṯābit b. Ḥazm b. ᶜAbd al-Raḥmān b. Muṭarrif b. Sulaymān b. Yaḥyà al-ᶜAwfī, Abū Muḥammad.
255-302.
IF, nº 1060; Marín, nº 1051.

Ḥazm b. ᶜAbd al-Raḥmān
b. Muṭarrif b. Sulaymān b. Yaḥyà
|
Ṯābit(1)
|
Qāsim(3)
|
Ṯābit(2)

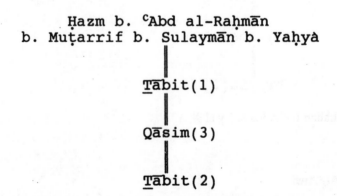

**Quṭām**

No poseemos ningún dato sobre el pasado de este linaje toledano, de corto *nasab* y carente de cualquier tipo de *nisba*, lo que nos lleva a pensar que eran conversos.

1.- Zakariyyā' b. Quṭām, Abū Yaḥyà.
IF, nº 444; Marín, nº 491.

2.- Muḥammad b. Zakariyyā' b. Quṭām.
m. 275 o 276.
IF, nº 1114; Marín, nº 1182.

3.- Yaḥyà b. Muḥammad b. Zakariyyā' b. Quṭām, Abū Zakariyyā'.
m. 293.
IF, nº 1567; Marín, nº 1568.

4.- Yūsuf b. Zakariyyā' b. Quṭām.
IF, nº 1622; Marín, nº 1589.

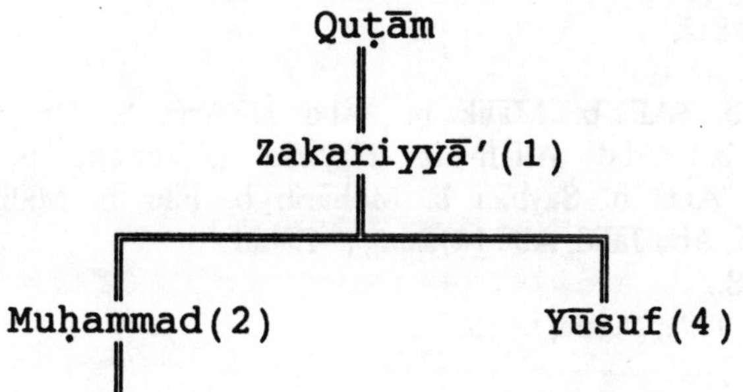


**Qaṭan**

De estirpe fihrí, descienden de uno de los primeros gobernadores de al-Andalus, ᶜAbd al-Malik b. Qaṭan, de cuyo *nasab* ofrece dos versiones Ibn Ḥazm[34]: Nahšal b. ᶜAmr [...] b. Muḥārib b. Fihr y ᶜIṣma b. Anīs [...] b. Muḥārib b. Fihr; esta última es la que Ibn Ḥazm considera más exacta y es la única que ofrece Ibn al-Faraḍī, al igual que el resto de las fuentes biográficas. Conocemos también otra rama de esta misma familia, asentada como la anterior en Córdoba, que se remonta a un hermano de ᶜAbd al-Malik b. Qaṭan, ᶜAbd al-ᶜAzīz. El personaje nº 1 de nuestra relación figura en el *Ta'rīj* como Aḥmad b. Muḥammad b. Muḥārib, pero en realidad su nombre correcto debe ser Aḥmad b. Muḥārib, como señalan todas las fuentes; por otra parte el propio Ibn al-Faraḍī, al biografiar a su padre Muḥārib, afirma que tuvo dos hijos, Aḥmad y ᶜUmar, sin mencionar a ningún Muḥammad.

1.- Aḥmad (IF añade b. Muḥammad) b. Muḥārib b. Qaṭan b. ᶜAbd al-Wāḥid b. Qaṭan b. ᶜAbd al-Malik b. Qaṭan al-Fihrī.
[IH = m. 320 a los 75 años].
IF, nº 84; Marín, nº 186.

2.- ᶜAbd al-Malik b. Qaṭan b. ᶜIṣma b. Anīs b. ᶜAbd Allāh b. Ŷaḥwān (/Ḥaŷwān) b. ᶜAmr [b. Ḥabīb b. ᶜAmr] b. Šaybān b. Muḥārib b. Fihr al-Fihrī.
m. 125.
IF, nº 812.

3.- Mālik b. ᶜAlī b. Mālik b. ᶜAbd al-ᶜAzīz b. Qaṭan b. ᶜIṣma b. Anīs b. ᶜAbd Allāh b. Ḥaŷwān (/Ŷaḥwān) b. ᶜAmr b. Ḥabīb b. ᶜAmr b. Šaybān b. Muḥārib b. Fihr b. Mālik al-Qurašī al-Qaṭanī, Abū Jālid, Abū l-Qāsim, al-Zāhid.
m. 268.
IF, nº 1091; Marín, nº 1088.

4.- Muḥārib b. Qaṭan b. ᶜAbd al-Wāḥid b. Qaṭan b. ᶜAbd al-Malik b. Qaṭan b. ᶜIṣma b. Anīs b. ᶜAbd Allāh b. Ŷaḥwān (/Ḥaŷwān) b. ᶜAmr b. Ḥabīb b. ᶜAmr b. Šaybān b. Muḥārib b. Fihr b. Mālik al-Qurašī al-Fihrī, Abū Nawfal.
m. 256.
IF, nº 1405; Marín, nº 1095.

---

34 "Linajes árabes", § 9.

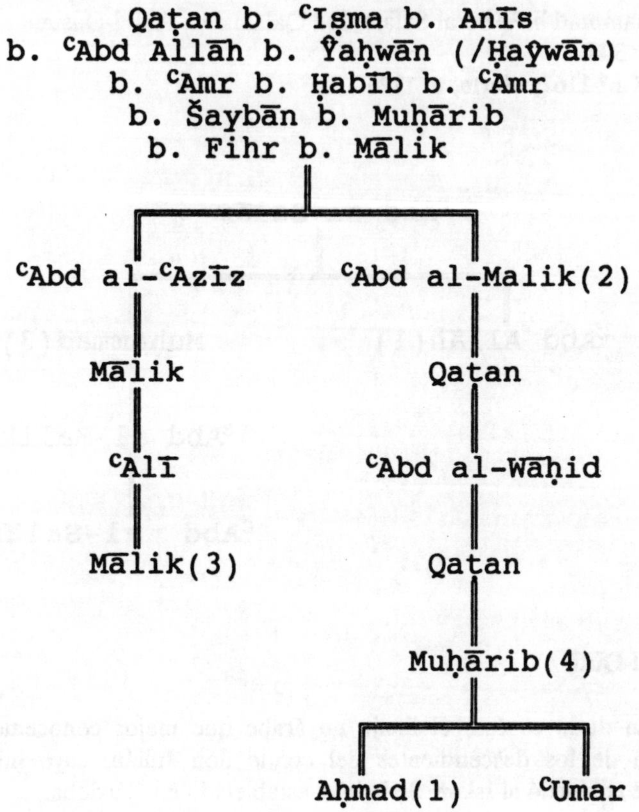


**Qalamawn**

De Córdoba, probablemente conversos.

1.- ᶜAbd Allāh b. ᶜAbd al-Salām, Ibn Qalamawn (IF = Qalamawq).
m. 308.
IF, nº 657; Marín, nº 781.

2.- ᶜAbd al-Salām b. ᶜAbd al-Malik b. Muḥammad b. ᶜAbd al-Salām, Ibn Qalamawn, Abū l-Aṣbag.
298-382.
IF, nº 854; Avila, nº 195.

3.- Muḥammad b. $^{c}$Abd al-Salām, Ibn Qalamawn, Abū l-Qāsim.
m. 304.
IF, nº 1162; Marín, nº 1226.

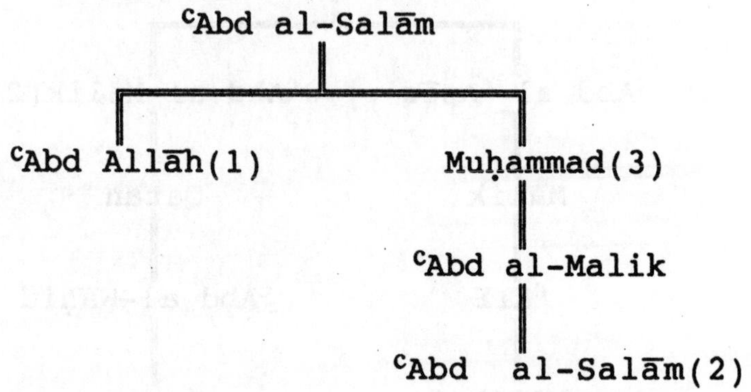


**Al-Qūṭī**

Sin duda es éste el linaje no árabe que mejor conocemos, pues se trata de los descendientes del conde don Julián, cuyo hijo Balakāyuš se convirtió al Islam. Se habían establecido en Córdoba.

1.- Aḥmad b. Sulaymān b. Ayyūb b. Sulaymān b. Ḥakam b. $^{c}$Abd Allāh b. Balakāyuš b. Ulyān al-Qūṭī, Abū $^{c}$Umar.
m. 388.
IF, nº 188; Avila, nº 344.

2.- Ayyūb b. Sulaymān b. Ḥakam b. $^{c}$Abd Allāh b. Balakāyuš b. Ulyān al-Qūṭī (IF = al-Qūṭibī), Abū Sulaymān.
m. 326.
IF, nº 268; Marín, nº 295.

3.- Sulaymān b. Ayyūb b. Sulaymān b. Ḥakam b. $^{c}$Abd Allāh b. Balakāyuš al-Qūṭī, Abū Ayyūb.
m. 377.
IF, nº 564; Avila, nº 991.

Sulaymān b. Ḥakam b. cAbd Allāh
b. Balakāyuš b. Ulyān

Ayyūb(2)

Sulaymān(3)

Aḥmad(1)

**Qays**

Todas las fuentes coinciden al afirmar que el cordobés al-Gāzī b. Qays era *mawlà*.

1.- Abd Allāh b. al-Gāzī b. Qays.
m. 230.
IF, nº 632; Marín, nº 791.

2.- al-Gāzī b. Qays, Abū Muḥammad.
m. 199.
IF, nº 1013; Marín, nº 1008.

3.- Muḥammad b. cAbd Allāh b. al-Gāzī b. Qays, Abū cAbd Allāh.
m. ±296.
IF, nº 1150; Marín, nº 1251.

Qays

al-Gāzī(2)

cAbd Allāh(1)

Muḥammad(3)

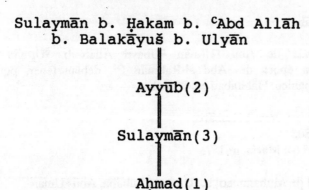

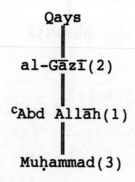

**Lubāba**

*Mawlàs* de Abū ᶜUṯmān ᶜUbayd Allāh b. ᶜUṯmān, personaje de la época de ᶜAbd al-Raḥmān I[35], debían tener, por tanto, origen hispánico. Habitaban en Córdoba.

1.- Aḥmad b. ᶜUmar b. Lubāba.
m. 280.
IF, nº 64; Marín, nº 157.

2.- Aḥmad [b. Muḥammad] b. ᶜUmar b. Lubāba, Abū ᶜUmar.
m. 325.
IF, nº 115; Marín, nº 182.

3.- Muḥamamd b. ᶜUmar b. Lubāba, Abū ᶜAbd Allāh.
225-314.
IF, nº 1187; Marín, nº 1283.

4.- Muḥammad b. Yaḥyà b. ᶜUmar b. Lubāba, al-Bawŷūn, Abū ᶜAbd Allāh.
m. 330.
IF, nº 1229; Marín, nº 1360.

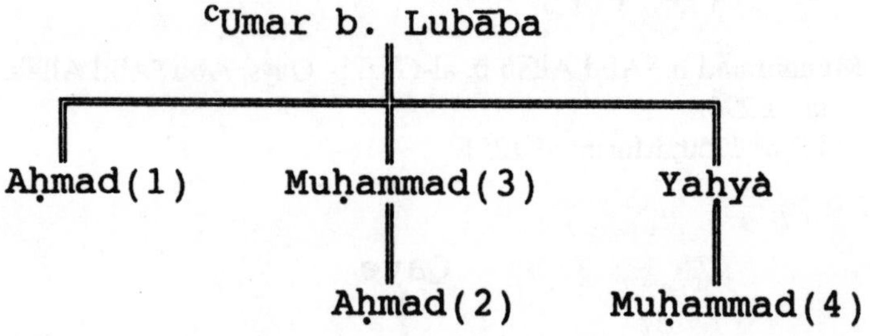


[35] *H.E.M.* IV, índices.

### Al-Layṯī

En el trabajo que Marín[36] ha dedicado a esta familia, también conocida como Banū Abī ᶜĪsà, se estudian con detalle todas las noticias referentes a ella. Las que aquí nos interesan son las siguientes: de origen beréber maṣmūda, el *dājil* fue Kaṯīr, el abuelo del prestigioso Yaḥyà b. Yaḥyà e hijo del que, al parecer, se convirtió al Islam, Wislās. Eran *mawlàs* de los Banū Layṯ, cuya *nisba* adoptaron, y residían en Córdoba.

1.- Aḥmad b. Yaḥyà b. Yaḥyà al-Layṯī.
m. 297 a los 47 años.
IF, nº 61; Marín, nº 210.

2.- Aḥmad b. Muḥammad b. Yaḥyà b. ᶜUbayd Allāh b. Yaḥyà b. Yaḥyà, Abū l-Qāsim.
IF, nº 162; Marín, nº 191.

3.- Isḥāq b. Yaḥyà b. Yaḥyà al-Layṯī, Abū Ismāᶜīl.
m. 261.
IF, nº 222; Marín, nº 243.

4.- ᶜAbd Allāh b. Yaḥyà b. Yaḥyà b. Yaḥyà al-Layṯī, Abū Muḥammad.
IF, nº 674; Marín, nº 847.

5.- ᶜUbayd Allāh b. Yaḥyà b. Yaḥyà al-Layṯī, Abū Marwān.
m. 298 (IH = nacido en el 217).
IF, nº 762; Marín, nº 896.

6.- Muḥammad b. ᶜAbd Allāh b. Yaḥyà b. Yaḥyà b. Yaḥyà al-Layṯī, Abū ᶜAbd Allāh.
284-339.
IF, nº 1251; Marín, nº 1262.

7.- Yaḥyà b. Yaḥyà b. Kaṯīr b. Wislās b. Šamlal b. Manqāyā, Abū Muḥammad.

---

[36] "Una familia de ulemas cordobeses: los Banū Abī ᶜĪsà", *Al-Qanṭara* VI (1985), 291-320.

m. 233 o 234 (IH = a los 82 años).
IF, nº 1554; Marín, nº 1576.

8.- Yaḥyà b. $^{c}$Ubayd Allāh b. Yaḥyà b. Yaḥyà al-Layṯī, Abū $^{c}$Abd Allāh.
m. 303.
IF, nº 1570; Marín, nº 1560.

9.- Yaḥyà b. Isḥāq b. Yaḥyà b. Yaḥyà al-Layṯī, Abū Ismā$^{c}$īl, al-Ruqay$^{c}$a.
m. 293 o 303.
IF, nº 1571; Marín, nº 1527.

10.-Yaḥyà b. $^{c}$Abd Allāh b. Yaḥyà b. Yaḥyà b. Yaḥyà al-Layṯī, Abū $^{c}$Īsà.
m. 367.
IF, nº 1595; Avila, nº 1072.

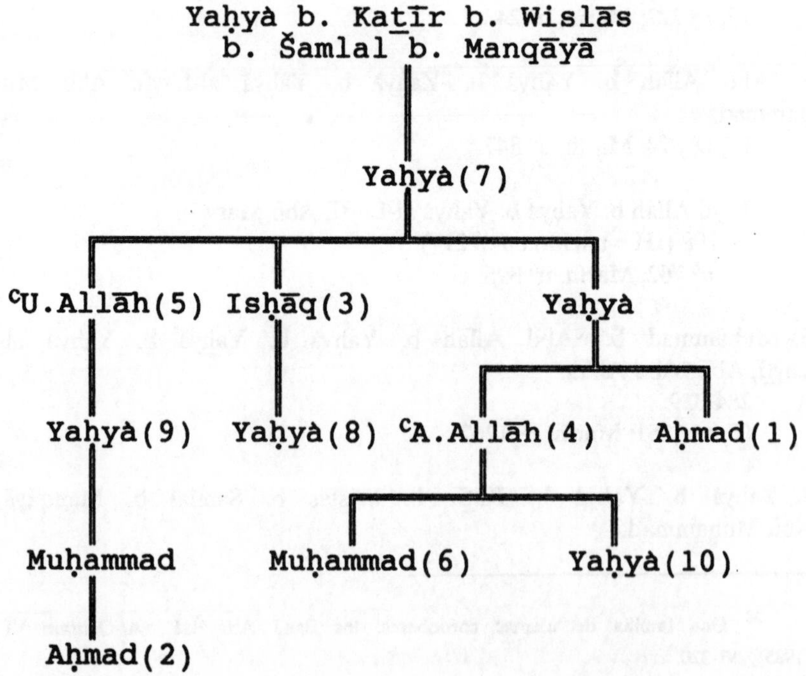

**Majlad**

Al igual que en el caso anterior, también la familia de Baqī b. Majlad cuenta con un estudio profundo[37]. Según declaraba el propio Baqī, eran *mawlàs* de una mujer de Jaén, aunque todos los miembros de la familia residieron en Córdoba. El único problema que se nos plantea es el de la identificación del padre de Baqī, Majlad, con un personaje llamado Majlad b. Yazīd o Zayd o $^{c}$Amr (Marín, nº 1371), identificación que nos parece muy dudosa, ya que este Majlad, cadí de *Rayya*, no es mencionado en las fuentes más antiguas como padre de Baqī y, de haberlo sido, los biógrafos no habrían dejado de señalar esa circunstancia.

1.- Aḥmad b. Baqī b. Majlad, Abū $^{c}$Abd Allāh.
m. 324 (IH = nacido en el 263; TM = en el 260).
IF, nº 103; Marín, nº 105.

2.- Baqī b. Majlad, Abū $^{c}$Abd al-Raḥmān.
201-276.
IF, nº 281; Marín, nº 315.

3.- $^{c}$Abd al-Raḥmān b. Aḥmad b. Baqī b. Majlad, Abū l-Ḥasan.
m. 366 a los 64 años.
IF, nº 796; Avila, nº 155.

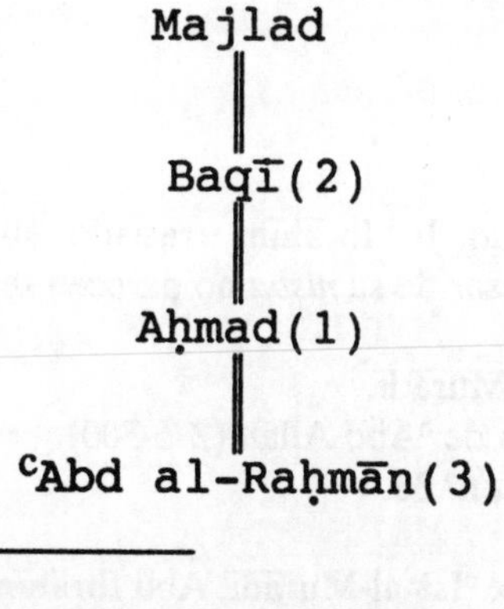


[37] M. Marín, "Baqī b. Majlad y la introducción del estudio del *ḥadīṯ* en al-Andalus", *Al-Qanṭara* I (1980), 165-208, en especial 172-176.

**Mudrik**

De Cabra. No poseemos noticias sobre su origen.

1.- Aḥmad b. Mudrik.
IF, nº 85; Marín, nº 193.

2.- ᶜUṯmān b. Muḥammad b. Aḥmad b. Mudrik.
m. 320.
IF, nº 891; Marín, nº 914.

3.- Muḥammad b. Aḥmad b. Mudrik.
IF, nº 1191; Marín, nº 1131.

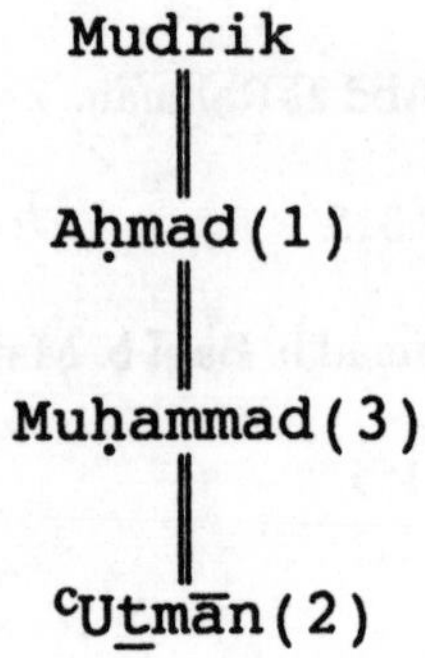


**Al-Murādī**

De Ecija, Isḥāq b. Ibrāhīm trasladó su residencia a Córdoba y allí falleció. A pesar de su *nisba* no parecen ser árabes.

1.- Ibrāhīm b. ᶜĪsà al-Murādī.
m. en el reinado de ᶜAbd Allāh (275-300).
IF, nº 14; Marín, nº 38.

2.- Isḥāq b. Ibrāhīm b. ᶜĪsà al-Murādī, Abū Ibrāhīm.
(m. +275) (vivo en época de ᶜAbd Allāh).
IF, nº 228; Marín, nº 232.

3.- Muḥammad b. Yacqūb b. cĪsà al-Murādī, Abū cAbd Allāh.
IF, nº 1221; Marín, nº 1364.

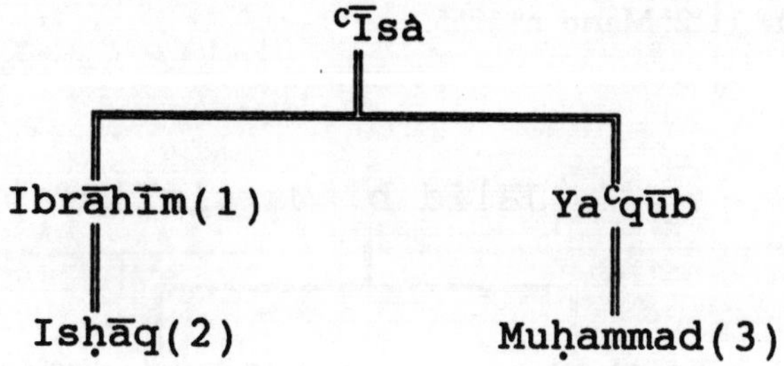


**Martinīl**

Es de nuevo Ibn Ḥāriṯ, en sus *Ajbār*, el que nos ofrece las noticias más completas sobre esta familia. Martinīl, así vocaliza con claridad en repetidas ocasiones, era un esclavo de cAbd al-Raḥmān I que anteriormente había pertenecido a Yūsuf al-Fihrī. Estaba al cuidado de un huerto que poseía el emir en el interior de la medina de Córdoba y que, tras su manumisión, debió serle entregado, pues en ese lugar se alzó más tarde la residencia de esta familia.

1.- Ibrāhīm b. Ḥusayn b. Jālid, Abū Isḥāq.
m. 249.
IF, nº 1; Marín, nº 18.

2.- Aḥmad b. cAbd Allāh [b. Muḥammad] b. Jālid, Abū cUmar.
m. ±278.
IF, nº 63; Marín, nº 143.

3.- cAbd Allāh b. Muḥammad b. Jālid b. Martinīl, Abū Muḥammad.
m. 256 (IH = a los 72 años).
IF, nº 633; Marín, nº 810.

4.- Muḥammad b. Jālid al-Ašaŷŷ, Ibn Martinīl, Abū cAbd Allāh.

m. 220 o 224 (IH y TM = a los 72 años).
IF, nº 1099; Marín, nº 1174.

5.- Muḥammad b. $^{c}$Abd Allāh b. Muḥammad b. J̄alid b. Martinīl.
m. 261.
IF, nº 1112; Marín, nº 1255.

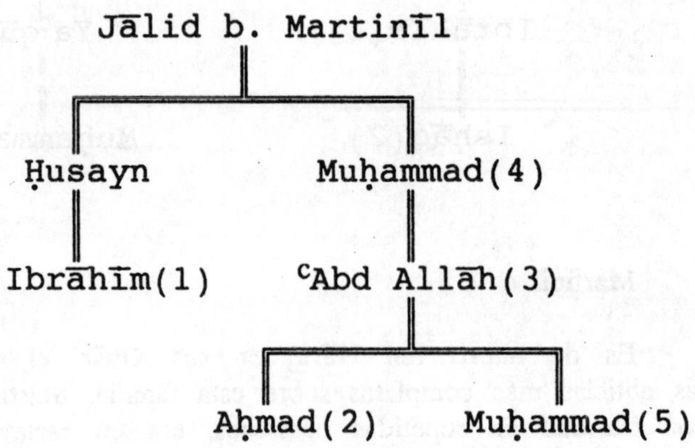


**Muzayn**

*Mawlàs* de una hija del califa $^{c}$Uṯmān, Ramla, se habían establecido en Toledo, de donde salió Yaḥyà b. Ibrāhīm con toda su familia cuando los toledanos apresaron a al-Ḥāriṯ b. Bazī$^{c}$, en el año 238[38]. En Córdoba estuvo residiendo algún tiempo en casa de un personaje llamado Yazīd b. Abī l-$^{c}$Aṭṭāf, hasta que, enterado el emir Muḥammad, le construyó una casa y le entregó tierras [39].

[38] M. I. Fierro, "Bazī$^{c}$, *mawlà* de $^{c}$Abd al-Raḥmān I, y sus descendientes", *Al-Qanṭara* VIII (1987), 111.

[39] Este relato es el que nos ha hecho no incluir en este apartado las noticias que dan otras fuentes sobre otros Banū Muzayn, awdíes y originarios de Ocsonoba, aunque Ibn al-Abbār (HS I, 88) y, siguiéndolo, Makkī (M2, n. 127) opinen que todos formaban parte de la misma familia. En efecto, los Banū Muzayn awdíes

1.- Ŷaᶜfar b. Yaḥyà b. Ibrāhīm b. Muzayn.
m. 291.
IF, nº 316; Marín, nº 352.

2.- Ḥasan b. Yaḥyà b. Ibrāhīm b. Muzayn.
m. a comienzos del reinado de ᶜAbd Allāh (275).
IF, nº 335; Marín, nº 403.

3.- Saᶜīd b. Yaḥyà b. Ibrāhīm b. Muzayn.
m. 273 o 276.
IF, nº 476; Marín, nº 575.

4.- Yaḥyà b. Ibrāhīm b. Muzayn, Abū Zakariyyā'.
m. 259.
IF, nº 1556; Marín, nº 1523.

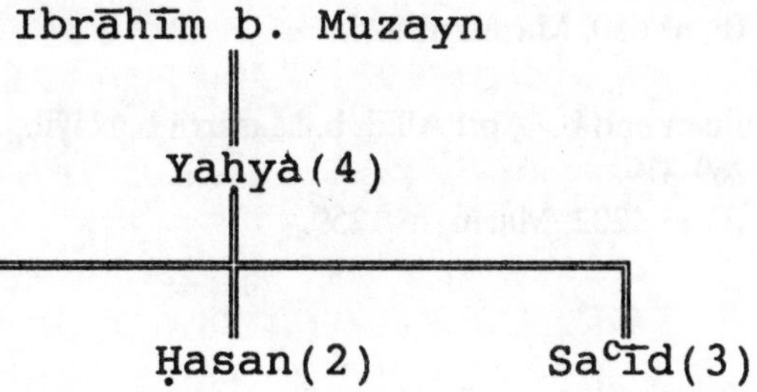


habían desempeñado importantes cargos públicos para los omeyas y residieron en Córdoba, donde deberían tener una residencia propia. En concreto, el supuesto padre de Yaḥyà b. Ibrāhīm había sido visir de al-Hakam I, que más tarde lo nombró gobernador de Toledo; tras dejar el cargo, volvió a Córdoba, donde residió hasta su muerte, acaecida en el 213. Para aceptar el parentesco entre este personaje y Yaḥyà b. Ibrāhīm habría que suponer que el padre dejó al hijo en Toledo cuando abandonó el cargo de gobernador, a pesar de que Yaḥyà debía ser en ese momento muy joven, y que cuando nuestro personaje emigró a Córdoba no encontró ningún familiar que lo alojara. En nuestra opinión, son dos familias distintas, sin la menor relación de parentesco entre ellas.

**Masarra**

Conocidos sobre todo por contar entre sus miembros al fundador de la doctrina masarrí[40], tenían un origen *mawlà*, aunque no está claro con quién habían establecido el vínculo de clientela, pues se habla de un beréber de Fez, de Abū Qurra al-Barbarī, de los Banū Hišām y de los omeyas. Habitaban en Córdoba. Ibn al-Faraḍī nos informa de la existencia de un hermano de ᶜAbd Allāh b. Masarra llamado Ibrāhīm, mayor que él y dedicado al comercio. No parece haber ningún parentesco entre estos Banū Masarra y otra familia del mismo nombre (Avila, nº 532 y nº 752) originaria de Toledo.

1.- Ibrāhīm b. ᶜAbd Allāh b. Masarra b. Naŷīḥ, Abū Isḥāq.
IF, nº 23; Marín, nº 35.

2.- ᶜAbd Allāh b. Masarra b. Naŷīḥ b. Marzūq, Abū Muḥammad.
m. 286.
IF, nº 650; Marín, nº 826.

3.- Muḥammad b. ᶜAbd Allāh b. Masarra b. Naŷīḥ, Abū ᶜAbd Allāh.
269-319.
IF, nº 1202; Marín, nº 1259.

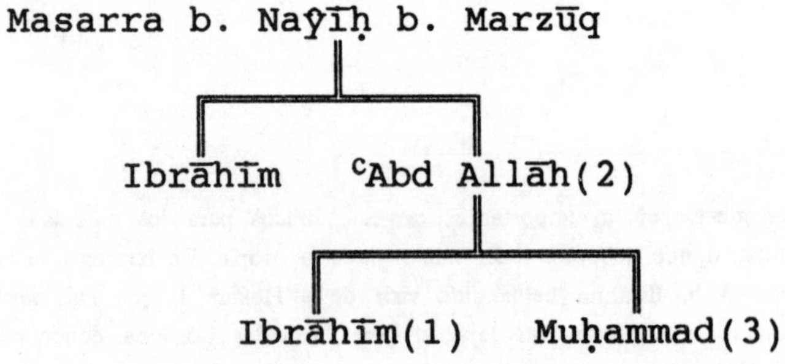


[40] Asín, *Abenmasarra y su escuela*, Madrid, 1914; Fierro, *La heterodoxia en al-Andalus*, Madrid, 1987, *index*.

**Miswar**

De origen oriental, ya que eran *mawlàs* de al-Faḍl b. al-$^{c}$Abbās b. $^{c}$Abd al-Muṭṭalib, compañero del Profeta, desconocemos en qué momento entraron en al-Andalus. Residían en Córdoba.

1.- Aḥmad b. Muḥammad b. Miswar b. $^{c}$Umar b. Muḥammad b. $^{c}$Alī b. Miswar b. Nāŷiya b. $^{c}$Abd Allāh b. Yassār.
m. 344.
IF, nº 121; Marín, nº 187.

2.- Muḥammad b. Miswar b. $^{c}$Umar b. Muḥammad b. $^{c}$Alī b. Miswar b. Nāŷiya b. $^{c}$Abd Allāh b. Yassār, Abū $^{c}$Abd Allāh.
m. 325 (IH = nacido en el 242).
IF, nº 1211; Marín, nº 1330.

3.- Muḥammad b. Aḥmad [b. Muḥammad] b. Miswar b. $^{c}$Umar b. Muḥammad b. $^{c}$Alī b. Miswar b. Nāŷiya b. $^{c}$Abd Allāh b. Yassār, Abū Bakr.
298-370.
IF, nº 1324; Avila, nº 698.

4.- Miswar b. Aḥmad [b. Muḥammad] b. Miswar, Abū Tammām.
[m. -370] (TM = falleció antes que su hermano Muḥammad).
IF, nº 1472; Marín, nº 1390.

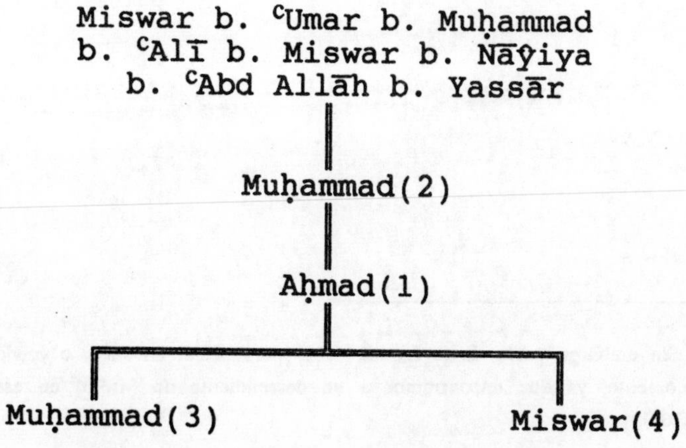

**Muᶜād̲**

Eran originarios de Jaén[41], aunque habitaban en Córdoba. No son mencionados por Ibn Ḥazm entre los šaᶜbāníes de al-Andalus, pero, fueran o no de estirpe árabe, eran indudablemente de origen oriental. Muḥammad b. ᶜUmar y Saᶜd b. Muᶜād̲ eran, además de primos en segundo grado, hijos de la misma madre.

1.- Ibrāhīm b. Aḥmad b. Muᶜād̲ al-Šaᶜbānī.
m. 302 o 303.
IF, nº 27; Marín, nº 11.

2.- Aḥmad b. Muᶜād̲.
m. -308 (antes que su hermano Saᶜd).
IF, nº 75; Marín, nº 196.

3.- Saᶜd b. Muᶜād̲ b. ᶜUt̲mān b. ᶜUt̲mān b. Ḥassān b. Yujāmir b. ᶜUbayd b. Muḥammad b. Afnān al-Šaᶜbānī, Abū ᶜAmr.
m. 308.
IF, nº 535; Marín, nº 519.

4.- Muḥammad b. ᶜUmar b. Yujāmir al-Maᶜāfirī, Abū ᶜUbayda.
m. 299 o 300.
IF, nº 1153; Marín, nº 1284.

---

[41] Sin embargo parte de la familia debió permanecer en Jaén, o volvió allí en algún momento, ya que encontramos a un descendiente de Muᶜād̲ en esa ciudad (IB, nº 1109).

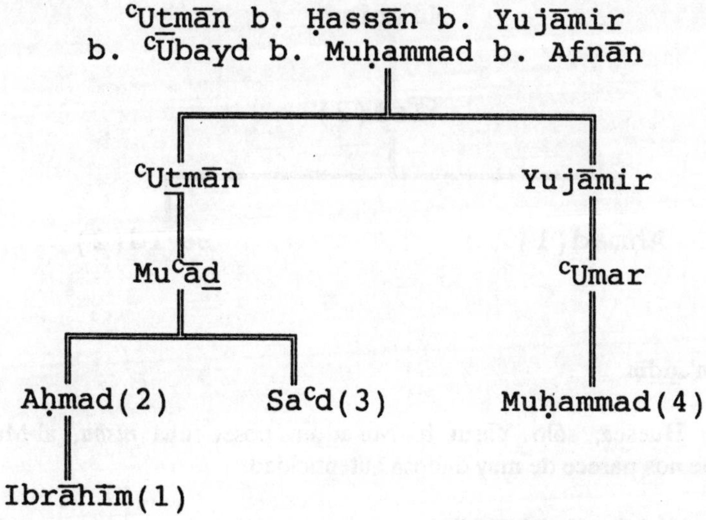


**Mukrim**

Esta familia cordobesa llevaba la *nisba* al-Gāfiqī, si bien lo más lógico es suponer que procedía de una relación de clientela o de la localidad de *Gāfiq*. Residían en Córdoba.

1.- Aḥmad b. $^{c}$Īsà b. Mukrim al-Gāfiqī, Abū $^{c}$Umar.
m. 373.
IF, nº 176; Avila, nº 248.

2.- Sa$^{c}$īd b. $^{c}$Īsà b. Mukrim al-Gāfiqī, Abū $^{c}$Uṯmān.
m. 378.
IF, nº 521; Avila, nº 941.

3.- $^{c}$Īsà b. Mukrim al-Gāfiqī, Abū l-Aṣbag.
m. 336.
IF, nº 981; Marín, nº 1004.

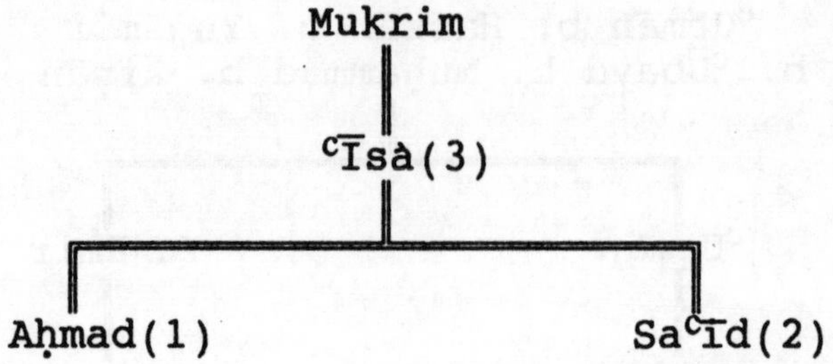


**Mu'aḏḏin**

De Huesca, sólo Yūsuf b. Mu'aḏḏin posee una *nisba*, al-Ma$^{c}$āfirī, que nos parece de muy dudosa autenticidad.

1.- Aḥmad b. Yūsuf b. Mu'aḏḏin.
m. 307.
IF, nº 74; Marín, nº 214.

2.- Muḥammad b. Yūsuf b. Mu'aḏḏin, Abū $^{c}$Abd Allāh.
m. 317.
IF, nº 1196; Marín, nº 1369.

3.- Yūsuf b. Mu'aḏḏin b. $^{c}$Ayšūn al-Ma$^{c}$āfirī, Abū $^{c}$Umar.
m. 309 a los 85 años.
IF, nº 1618; Marín, nº 1603.

4.- Yūnus b. Yūsuf b. Mu'aḏḏin.
m. 296.
IF, nº 1639; Marín, nº 1611.

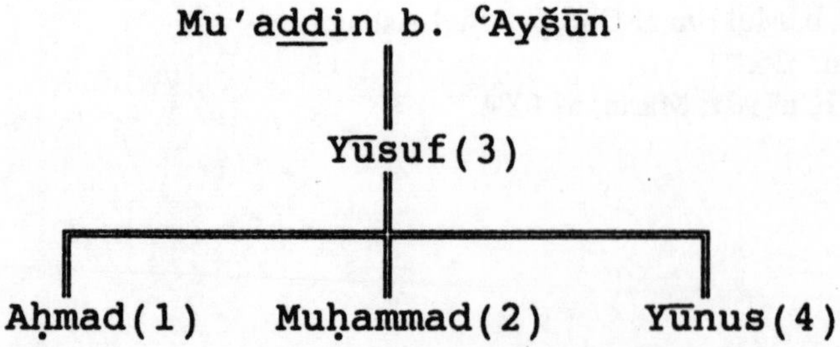

**Muwaṣṣal**

De Tudela, su cadena onomástica de cierta longitud permite suponerles un origen oriental, aunque se pueda poner en duda su estirpe aṣbaḥī.

1.- Aḥmad b. ʿĀmir b. Muwaṣṣal.
IF, nº 124.

2.- Ismāʿīl b. Muwaṣṣal b. Ismāʿīl, Abū l-Qāsim.
m. en el reinado de ʿAbd Allāh (275-300).
IF, nº 210; Marín, nº 260.

3.- ʿĀmir b. Muwaṣṣal b. Ismāʿīl b. ʿAbd Allāh b. Sulaymān b. Dāwūd b. Nāfiʿ al-Aṣbaḥī, Abū Marwān.
m. 291.
IF, nº 629; Marín, nº 660.

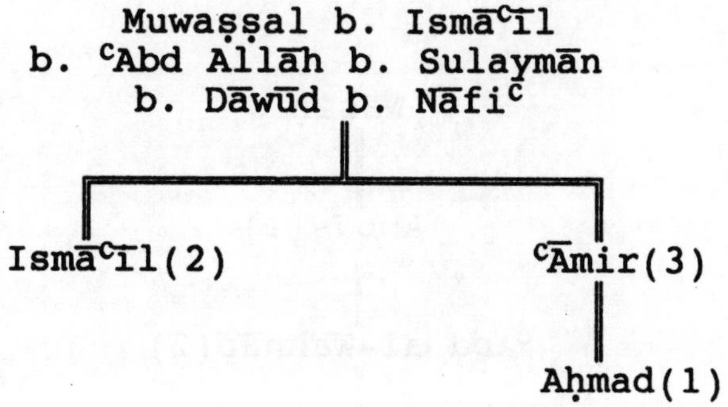


**Nāṣiḥ**

Beréberes maṣmūda, se habían establecido en Algeciras. En su estudio sobre ʿAbbās b. Nāṣiḥ[42], Terés afirma, citando a Ibn

[42] "ʿAbbās b. Nāṣiḥ poeta y cadí de Algeciras", *Études d'Orientalisme dédiées à la mémoire de Lévi-Provençal* I, 339-358; la cita en p. 340.

Sacīd: "Al parecer, su padre Nāṣiḥ había sido esclavo de una poderosa familia de Algeciras, la de Muzāḥim al-Ṯaqafī, y de aquí le vino, tanto a él como a sus descendientes, el apellido de Ṯaqafī con que también se les conoce".

1.- cAbbās b. Nāṣiḥ (b. Yaltīt al-Maṣmūdī) al-Ṯaqafī, Abū l-cAlā'.
IF, nº 879; Marín, nº 671.

2.- cAbd al-Wahhāb b. cAbbās b. Nāṣiḥ.
IF, nº 841; Marín, nº 884.

3.- cAbd al-Wahhāb b. Muḥammad b. cAbd al-Wahhāb b. cAbbās b. Nāṣiḥ.
m. 328.
IF, nº 842; Marín, nº 883.

4.- Muḥammad b. cAbd al-Wahhāb b. cAbbās b. Nāṣiḥ.
IF, nº 1208; Marín, nº 1269.

Nāṣiḥ
|
cAbbās(1)
|
cAbd al-Wahhāb(2)
|
Muḥammad(4)
|
cAbd al-Wahhāb(3)

**Naŷīḥ**

Según refiere Ibn Ḥāriṯ al biografiar a Ḥafṣ b. cAmr,

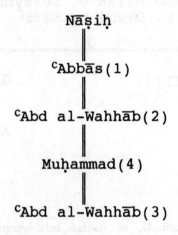

estos jawlāníes al llegar a al-Andalus se asentaron en una aldea que podría identificarse con Híjar, cortijada en la Vega de Granada. Fue el padre de ese personaje el que se trasladó a la capital de la cora de Elvira y allí permaneció su descendencia. De hacer caso a Ibn Ḥazm, que da en su *Ŷamhara*[43] un *nasab* algo distinto (Naŷīḥ b. Sālim b. Mūsá b. ᶜĪsà b. Hāni' b. Muslim b. Abī Muslim), serían parientes de ᶜUmar b. ᶜAbd al-Malik b. Sulaymān b. ᶜAbd al-Malik b. Mūsà b. Sālim (Ibn Ḥazm añade b. Mūsà b. ᶜĪsà) b. Hāni' b. Muslim b. Abī Muslim al-Jawlānī, de Córdoba, fallecido en el 356 (IF, nº 958, Avila, nº 1026).

1.- Ḥafṣ b. ᶜAmr b. Naŷīḥ al-Jawlānī, Abū ᶜUmar.
m. 313.
IF, nº 364; Marín, nº 416.

2.- ᶜAlī b. ᶜUmar b. Ḥafṣ b. ᶜAmr b. Naŷīḥ b. Sulaymān b. ᶜĪsà al-Jawlānī, Abū l-Ḥasan.
309-384.
IF, nº 928; Avila, nº 377.

3.- ᶜUmar b. Ḥafṣ b. ᶜAmr b. Naŷīḥ al-Jawlānī, Abū Ḥafṣ.
m. 348.
IF, nº 954; Marín, nº 947.

4.- Naŷīḥ b. Sulaymān (IF añade b. Yaḥyà) b. Naŷīḥ b. Sulaymān b. ᶜĪsà al-Jawlānī.
m. 276.
IF, nº 1494; Marín, nº 1462.

[43] "Linajes árabes", § 60.

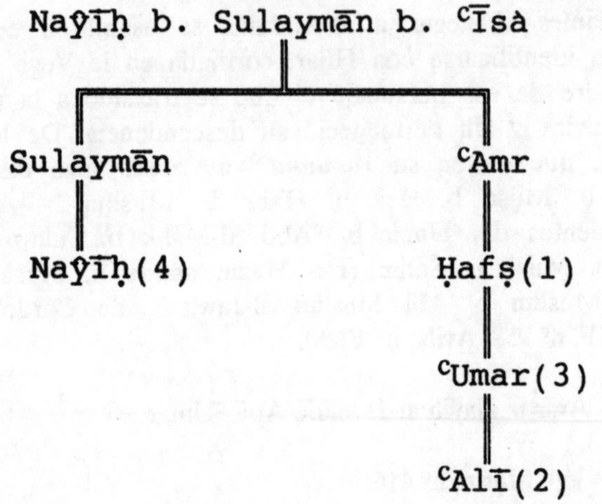


**Naŷīḥ**

Beréberes de Kuzna y asentados en *Faḥṣ al-Ballūṭ*, acabaron residiendo en Córdoba.

1.- ʿAbd al-Malik b. Mundir b. Saʿīd b. ʿAbd Allāh b. ʿAbd al-Raḥmān b. al-Qāsim b. ʿAbd Allāh b. Naŷīḥ, Abū Marwān.
328-368.
IF, nº 821; Avila, nº 138.

2.- Faḍl Allāh b. Saʿīd b. ʿAbd Allāh b. ʿAbd al-Raḥmān [b. al-Qāsim b. ʿAbd Allāh] b. Naŷīḥ al-Kuznī, Abū Saʿīd.
m. 335.
IF, nº 1045; Marín, nº 1042.

3.- Mundir b. Saʿīd b. ʿAbd Allāh b. ʿAbd al-Raḥmān b. Qāsim b. ʿAbd Allāh al-Ballūṭī al-Kuznī, Abū l-Ḥakam.
273-355.
IF, nº 1452; Avila, nº 866.

Sa$^{c}$īd b. $^{c}$Abd Allāh
b. $^{c}$Abd al-Raḥmān b. al-Qāsim
b. $^{c}$Abd Allāh b. Naŷīḥ

Faḍl Allāh(2) — Munḏir(3)

Munḏir(3) → $^{c}$Abd al-Malik(1)

**Našr**

No son mencionados por Ibn Ḥazm entre los gāfiqíes de al-Andalus, pero es indudable que esta familia de *Šaḏūna* procedía de Oriente, desde donde emigró a al-Andalus su antepasado al-Ḥāriṯ b. Sahl.

1.- $^{c}$Attāb b. Našr b. $^{c}$Abd al-Raḥīm b. Našr b. $^{c}$Abd al-Raḥīm b. al-Ḥāriṯ b. Sahl b. al-Waqqā$^{c}$ b. Quṭba b. $^{c}$Adnān b. Mu$^{c}$izz (/Ma$^{c}$add) b. Ŷuzayy al-Gāfiqī, Abū Ṯābit.
m. 297 o 298 a los 96 años.
IF, nº 885; Marín, nº 899.

2.- $^{c}$Attāb b. Hārūn b. $^{c}$Attāb b. Našr al-Gāfiqī, Abū Ayyūb.
311-381.
IF, nº 886; Avila, nº 403.

3.- Hārūn b. $^{c}$Attāb b. Našr b. $^{c}$Abd al-Raḥīm b. Našr b. $^{c}$Abd al-Raḥīm b. al-Ḥāriṯ b. Sahl b. al-Waqqā$^{c}$ b. Quṭba b. $^{c}$Adnān b. Mu$^{c}$izz (/Ma$^{c}$add) b. Ŷuzayy al-Gāfiqī, Abū Marwān.
m. 335.
IF, nº 1530; Marín, nº 1476.

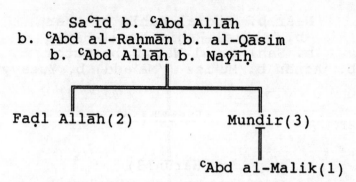

Našr b. $^{c}$Abd al-Raḥīm b. Našr
b. $^{c}$Abd al-Raḥīm b. al-Ḥāriṯ
b. Sahl b. al-Waqqā$^{c}$ b. Quṭbā
b. $^{c}$Adnān b. Mu$^{c}$izz (/Ma$^{c}$add) b. Ŷuzayy

$^{c}$Attāb(1)

Hārūn(3)

$^{c}$Attāb(2)

**Al-Naṣrī**

Ibn Ḥazm menciona la existencia en Ecija, ciudad donde residía esta familia, de naṣríes, en concreto la de Ibn al-Ṭaḥḥān, personaje fallecido en el 384 (IF, nº 219; Avila, nº 540). No parece haber ningún parentesco cercano entre nuestros naṣríes y este Ibn al-Ṭaḥḥān.

1.- Aḥmad b. Yūsuf b. Isḥāq b. Ibrāhīm, Abū l-Qāsim.
m. 372.
IF, nº 174; Avila, nº 357.

2.- Isḥāq b. Ibrāhīm b. $^{c}$Abd Allāh b. Ibrāhīm b. Muṭarrif al-Naṣrī, Abū Ibrāhīm.
m. 311 a los 64 años.
IF, nº 229; Marín, nº 231.

3.- Isḥāq b. Muḥammad b. Isḥāq b. Ibrāhīm [b. $^{c}$Abd Allāh b. Ibrāhīm] b. Muṭarrif al-Naṣrī, Abū Bakr.
m. 370.
IF, nº 234; Avila, nº 533.

4.- Muḥammad b. Isḥāq b. [Ibrāhīm b. $^{c}$Abd Allāh b. Ibrāhīm] b. Muṭarrif al-Naṣrī, Abū $^{c}$Abd Allāh.
m. 363.

IF, nº 1305; Avila, nº 754.

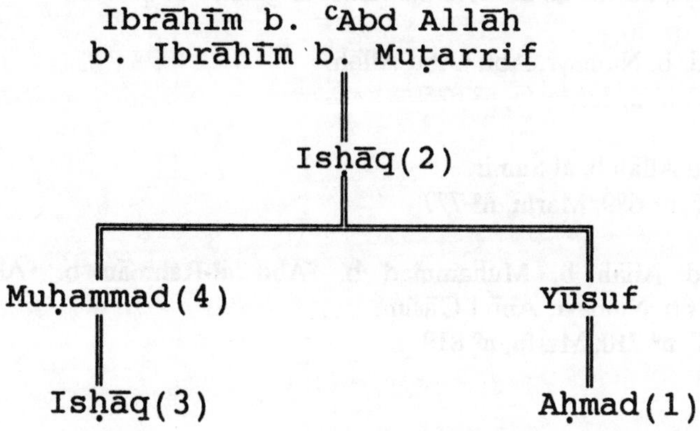


**Numayr**

Ibn al-Faraḍī recoge versiones discordantes sobre los orígenes de esta familia cordobesa. Parece seguro que se trataba de *mawlàs*, de los omeyas o de la familia de Sa$^c$īd b. al-$^c$Āṣī, pero existen dudas sobre su procedencia, pues para unos eran del Valle de los Pedroches *(Faḥṣ al-Ballūṭ)* y, según otros, orientales, tal vez de origen medinés, habiendo llegado Šamir b. Numayr a al-Andalus en época de Hišām I (172-180). Otro problema con el que nos encontramos es el de la identidad del $^c$Abd Allāh b. al-Šamir biografiado por Ibn al-Faraḍī. Sabemos de la existencia de un hijo de Šamir b. Numayr llamado $^c$Abd Allāh, renombrado poeta y astrólogo, estudiado por Terès[44], pero éste desarrolló su actividad en Córdoba, mientras que el citado en el *Ta'rīj* es considerado de Huesca. Unido esto a que Ibn al-Faraḍī, aunque no da la fecha de su fallecimiento, lo sitúa entre personajes muertos entre el 330 y el 350, mientras que el poeta cordobés debió fallecer a mediados del siglo anterior, nuestras dudas sobre la identidad de ambos se

---

[44] "Ibn al-Šamir, poeta-astrólogo en la corte de $^c$Abd al-Raḥmān II", *Al-Andalus* XXIV (1959), 449-463.

acrecientan. Sin embargo creemos que todo es debido a una confusión de Ibn al-Faraḍī, que habría mezclado los datos de $^{c}$Abd Allāh b. al-Šamir, al que califica de insigne poeta, con los de otro personaje, tal vez de nombre parecido, originario de Huesca.

1.- Šamir b. Numayr, Abū $^{c}$Abd Allāh.
IF, nº 593; Marín, nº 625.

2.- $^{c}$Abd Allāh b. al-Šamir.
IF, nº 689; Marín, nº 777.

3.- $^{c}$Abd Allāh b. Muḥammad b. $^{c}$Abd al-Raḥmān b. $^{c}$Abd Allāh b. Šamir b. Numayr, Abū l-Qāsim.
IF, nº 710; Marín, nº 818.

Numayr
|
Šamir
|
$^{c}$Abd Allāh
|
$^{c}$Abd al-Raḥmān
|
Muḥammad
|
$^{c}$Abd Allāh

**Hilāl**

La más numerosa de las aquí estudiadas -más aún si reparamos en que estaban emparentados por matrimonio con los Banū l-Šāma-, esta familia cordobesa se decía qaysí.

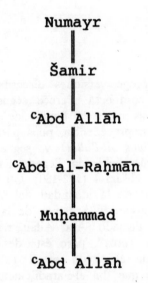

1.- Ibrāhīm b. Qāsim b. Hilāl b. Yazīd b. ᶜImrān (/Ṭāhir) al-Qaysī, Abū Isḥāq.
m. 282.
IF, nº 12; Marín, nº 40.

2.- Ibrāhīm b. Muḥammad b. Qāsim b. Hilāl.
m. 328.
IF, nº 31; Marín, nº 47.

3.- Aḥmad b. Yaḥyà b. Qāsim b. Hilāl, Abū ᶜUmar.
m. 316.
IF, nº 96; Marín, nº 209.

4.- Aḥmad b. Muḥammad b. Qāsim b. Hilāl.
m. 317.
IF, nº 97; Marín, nº 185.

5.- ᶜAbd Allāh b. Muḥammad b. Qāsim b. Hilāl, Abū Muḥammad.
m. 272 (todas las fuentes restantes = 292).
IF, nº 653; Marín, nº 823.

6.- ᶜAbd Allāh b. Muḥammad b. Aḥmad [b. Muḥammad] b. Qāsim b. Hilāl, Abū Muḥammad.
m.354.
IF, nº 703; Avila, nº 61.

7.- Qāsim b. Hilāl b. Yazīd (IF = Farqad) b. ᶜImrān (IF = ᶜUmar) (/Ṭāhir) al-Qaysī, Abū Muḥammad.
m. 231 o 237.
IF, nº 1046; Marín, nº 1075.

8.- Muḥammad b. Qāsim b. Hilāl, Abū ᶜAbd Allāh.
m. 291 o 293 (IH = 193 [*sic*] a los 87 años).
IF, nº 1140; Marín, nº 1311.

9.- Muḥammad b. Aḥmad b. Muḥammad b. Qāsim b. Hilāl b. Yazīd b. Ṭāhir (/ᶜImrān) al-Qaysī, Abū ᶜAbd Allāh.
m. 352.
IF, nº 1282; Avila, nº 696.

10.-Yaḥyà b. Qāsim b. Hilāl, Abū Zakariyyā'.
m. 272 o 278.
IF, nº 1563; Marín, nº 1564.

11.-Yaḥyà b. Muḥammad b. Aḥmad b. Muḥammad b. Qāsim b. Hilāl b. Yazīd b. Ṭāhir (/$^{c}$Imrān) al-Qaysī, Abū l-Qāsim.
m. 389.
IF, nº 1601; Avila, nº 1090.

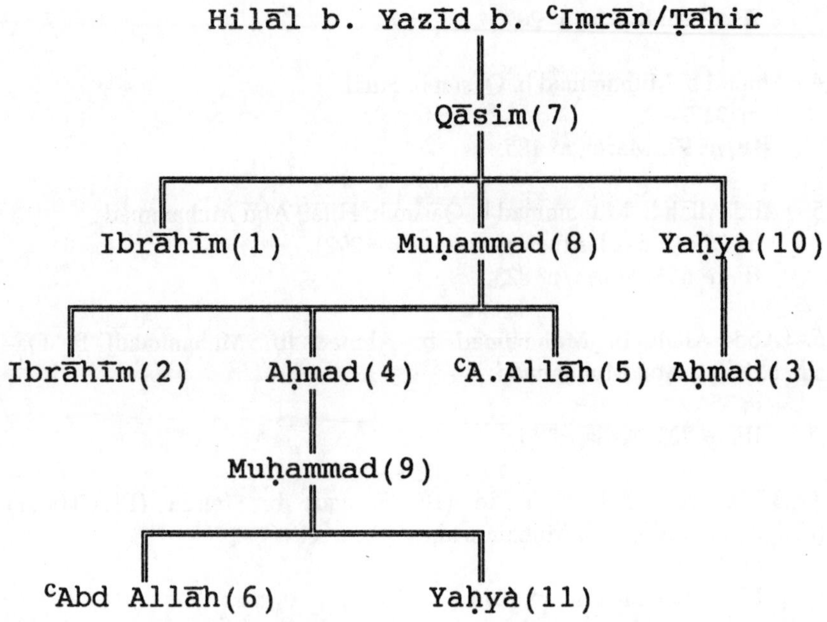


**Waḍḍāḥ**

Descendían de Bazī$^{c}$, un esclavo de $^{c}$Abd al-Raḥmān I que sería finalmente manumitido. En el estudio que Fierro ha dedicado a esta familia[45] puede encontrarse con más detalles la trayectoria de

45 "Bazī$^{c}$", art. cit. en n. 1.

ese personaje y de sus descendientes, habitantes todos ellos de Córdoba.

1.- Aḥmad b. Muḥammad b. Waḍḍāḥ.
m. en vida de su padre (-287).
IF, nº 68; Marín, nº 190.

2.- Muḥammad b. Muḥammad b. Waḍḍāḥ.
[-287] (IH = m. en vida de su padre).
IF, nº 1127; Marín, nº 1324.

3.- Muḥammad b. Waḍḍāḥ b. Bazī$^{c}$, Abū $^{c}$Abd Allāh.
199 o 200-287.
IF, nº 1134; Marín, nº 1351.

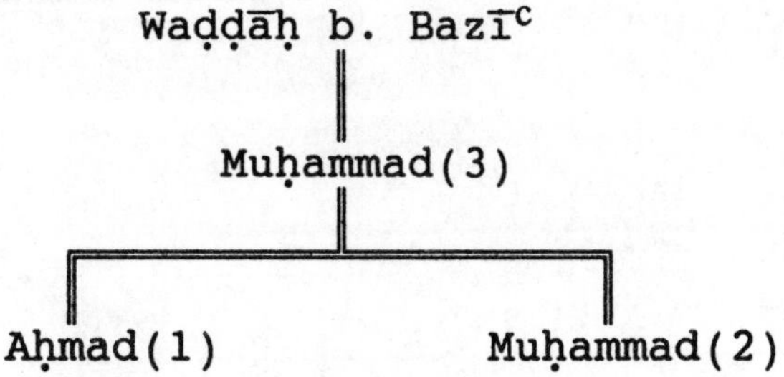

# LOS BANŪ AFLAḤ: UNA HIPOTETICA FAMILIA DE FUNCIONARIOS Y DE LETRADOS ANDALUCES *

**Mohamed MEOUAK**
Universidad de Lyon

Desde hace unos veinte años los estudios prosopográficos están conociendo un nuevo desarrollo. Basta fijarse en las grandes bibliografías para descubrir que afectan a varios campos de investigación del mundo arabo-musulmán[1]. Por eso, en este estudio, quisiéramos presentar las características esenciales de nuestra concepción de la prosopografía. El propósito no es tanto dar una definición "definitiva" como precisar las bases de una metodología prosopográfica utilizando un corpus de personajes identificados en las fuentes árabes.

Esta prospección se inspira en una investigación más amplia[2],

---

* Agradecemos a Armelle Véronique Jacquet su ayuda en la traducción al español.

[1] Existen varios estudios que han utilizado la metodología prosopográfica, incluso algunos que no lo han advertido y que, sin embargo, incluiremos en esta categoría. Citemos algunos: J. Bosch Vilá, "Los Banū Simmāk de Málaga y Granada", *M.E.A.H.* XI (1962), pp. 21-37; J. M. Fórneas, "Los Banū ᶜAṭiyya de Granada", *M.E.A.H.* XXV (1976), pp. 69-80; XXVI (1977), pp. 27-60; XXVII-XXVIII (1978-1979), pp. 59-77; E. Molina López, "Los Banū Ṣumādiḥ de Almería (s.XI) en el *Bayān* de Ibn ᶜIḏārī", *Andalucía Islámica* I (1980), pp. 123-140; M. Marín, "Baqī b. Majlad y la introducción del estudio del *ḥadīṯ* en al-Andalus", *Al-Qanṭara* I (1980), pp. 165-208; M. Marín, "Una familia de ulemas cordobeses: Los Banū Abī ᶜIsà", *Al-Qanṭara* VI (1985), pp. 291-320; R. Pinilla Melguizo, "Poetas cordobeses en la *Bugyat al-wuᶜāt* de al-Suyūṭī (1455-1505 de J.C.). Selección poética", *Andalucía Islámica* II-III (1981-1982), pp. 111-124; M. J. Viguera, "Los Jueces de Córdoba en la primera mitad del siglo XI (análisis de datos)", *Al-Qanṭara* V (1984), pp. 123-145.

[2] El título de nuestra tesis de Doctorado es el siguiente: *Estructuras políticas y administrativas del Estado andaluz desde la segunda mitad del siglo II/VIII hasta el fin del siglo IV/X: estudio prosopográfico y lingüístico*. Este tema, registrado en la Universidad A.L. Lumière - Lyon II, en 1984, se defenderá a finales de 1988.

consagrada a las principales familias de funcionarios administrativos y políticos en al-Andalus, desde la segunda mitad del siglo II/VIII hasta el fin del siglo IV/X. En efecto, hemos comprobado que los hombres que pertenecían a la categoría de oficiales gubernamentales representaron un papel fundamental en el mantenimiento y el desarrollo del poder hispano-omeya. Por lo tanto, esta parte de la sociedad de al-Andalus debe considerarse como una fuerza motora de la vida social y política. Además, hemos notado otra característica importante: estudiando la documentación árabe, hemos puesto de relieve que unos veinte *buyūtāt* arabo-orientales, de estirpe beréber y de grupos familiares de origen esclavo/eslavo se encontraban situados en la capa superior de las estructuras administrativas del Estado [3].

Hemos escogido el ejemplo de un grupo de personajes que llevaron el nombre epónimo de Aflaḥ; son veintitrés personas y ejercieron sus competencias en los dominios político-administrativo e intelectual, entendido en el sentido amplio de la palabra.

Antes de plantear el problema de su hipotético parentesco y de la constitución de una familia *stricto sensu*, veamos cómo se puede definir e ilustrar la palabra *prosopopeya*[4], usando los textos

---

[3] Aquí está la lista de los funcionarios estudiados en nuestra tesis: *buyūtāt* arabo-orientales: Banū Abī ᶜAbda, Banū Šuhayd, Banū Fuṭays, Banū Ḥudayr, Banū Basīl, Banū Ŷahwar, Banū ᶜAbd al-Ra'ūf, Banū Ṭumlus y Banū l-Rumāḥis. Linajes beréberes: Banū l-Zaŷŷālī, Banū l-Muṣḥafī, Banū l-Jarrūbī, Banū Yaᶜlà y Banū Ilyās. Familias de estirpe esclavo/eslavo: Banū Durrī, Banū Ṭarafa y Banū Aflaḥ. Además de estos linajes, hemos trabajado sobre los "Banū" Badr b. Aḥmad y unos cuarenta funcionarios de origen esclavo/eslavo. Este corpus de personalidades del Estado representa una compilación prosopográfica de 214 personajes, además de 93 que llevaron dichos nombres epónimos sin haber ejercido un cargo político y/o administrativo.

[4] Una definición posible de prosopopeya sería la del Littré: E. Littré, *Dictionnaire de langue française*, édition intégrale, Paris, Gallimard-Hachette, 1968, VI, pp. 545-546. He aquí la definición: «Tropo de retórica que presta acción y movimiento a cosas desprovistas de sensibilidad, que hace hablar a personas ausentes, presentes, cosas inertes y a veces a los muertos». Por otra parte, el *Grand Larousse de la langue française*, Paris, Larousse, 1976, V (O-PSI), p. 4706, define la prosopopeya de la manera siguiente: «personificación, acción de hacer hablar a un personaje en un

que hemos seleccionado. La técnica prosopográfica consiste, esencialmente, en constituir noticias individuales juntando datos biográficos muy diversos sobre personajes que tienen un lazo en común. Una vez establecida una lista cronológica de fichas individuales resultado del examen de un conjunto de documentos, tendremos que examinar, efectuando comparaciones, el grupo de noticias reunidas. Insistimos sobre la necesidad de estudiar un corpus exhaustivo de textos, único medio que permite establecer un balance y, luego, presentar deducciones sintéticas históricas, sociales, económicas y literarias fundadas, por otra parte, sobre informaciones mayores, sin olvidar en ciertos casos los detalles analíticos.

Los métodos prosopográficos han encontrado aplicaciones en diversos campos cronológicos y geográficos de la investigación histórica. La erudición ha puesto de relieve el vocablo *prosopopeya*; podemos citar unos estudios monumentales desde la Antigüedad hasta la Edad Media: *Prosopographia Imperii Romani* (PIR), *Prosopography of the Late Roman Empire* (PLRE) y *Prosopographia Regnorum Orbis Latini* (PROLA) [5].

En un artículo publicado en 1970, J. Sublet defendía, con razón, el expediente de la prosopografía árabe[6]. Pero se servía esencialmente del contenido de los diccionarios bio-bibliográficos que, como sabemos, ocupan un lugar de suma importancia en la historiografía arabo-musulmana. Sin embargo, pensamos que es necesario distinguir las investigaciones hechas a partir de los repertorios biográficos y las que se realizan con textos del tipo *jabar* y *ta'rīj*[7]. Ya hemos tenido la oportunidad de abordar el problema du-

relato; vocablo derivado de *prosopopoiein*, personificar, animar mediante la creación de personajes».

[5] En *Le médiéviste et l'ordinateur* 10 (Paris, automne 1983), pp. 1-2 y en cuanto a la prosopografía árabe: J. Sublet, pp. 4-7; A. Chastagnol, "La prosopographie, méthode de recherche sur l'histoire du Bas-Empire", *Annales E.S.C.* 4 (juillet-août 1970), p. 1230.

[6] J. Sublet, "La prosopographie arabe", *Annales E.S.C.* 4 (juillet-août 1970), pp. 1236-1239.

[7] A propósito de los datos factoriales de los tipos *jabar y ta'rīj*, véase las investigaciones de P. Chalmeta, "Historiografía medieval hispana: arábica", *Al-Andalus* XXXVII-2 (1972), pp. 353-404 y "Una historia discontinua e intemporal (*jabar*)",

rante una Mesa Redonda dedicada a la prosopografía y los métodos informáticos[8]. Volvemos a indicarlo para subrayar la necesidad de distinguir la documentación bio-bibliográfica de la que ilustran los anales y diversas crónicas. En efecto, estas últimas se diferencian mucho de la literatura biográfica. Veamos dos puntos. El primero, casi evidente, es que los repertorios nos dan noticias "construidas" de las que podemos sacar datos onomásticos, toponímicos, literarios y jurídicos. El segundo punto, al contrario, se funda sobre la construcción misma de una crónica. En efecto, debemos escoger las informaciones, una tras otra, a fin de reconstituir los *cursos honorum* y las carreras de los personajes estudiados.

Con este segundo ejemplo, desde luego, podemos definir uno de los fundamentos de la prosopografía. Sabemos que, ante todo, es el estudio de una población escogida o más bien «l'histoire à travers ses fantassins»[9]. No nos proponemos hacer el elogio de tal metodología o de tal otra que se interese por los textos analísticos en detrimento de los diccionarios bio-bibliográficos. Sin embargo, creemos que la literatura biográfica no puede considerarse como la única base pertinente de la investigación prosopográfica. Como confirmación de este aserto vemos, en las noticias, que los personajes están ya definidos y que -al reunir sus informaciones- el biógrafo ha cumplido ya una parte esencial del trabajo del prosopógrafo.

Al contrario, las crónicas y los anales exigen que se apunte cada detalle, incluso el menor, que desde luego es también información. En cuanto se interesa uno en la identificación de un personaje, descubre de inmediato que, de una fuente a otra, se le puede llamar de diversas maneras. Por lo tanto se impone claramente la

---

*Hispania* XXXIII (1973), pp. 23-75. Sobre estos dos artículos, proponemos una crítica en nuestra tesis, sobre todo a propósito de las fuentes utilizadas por Ibn Ḥayyān en el *Muqtabis* y por Ibn ᶜIḏārī en el *Bayān*. Véase también el análisis técnico del habla narrativa en el Islam clásico de ᶜA. al-Azmeh, "Histoire et narration dans l'historiographie arabe", *Annales E.S.C.* 2 (mars-avril 1986), pp. 411-431.

[8] M. Meouak, "Repertoire des fonctionnaires de l'Etat andalou aux IX$^{e}$ et X$^{e}$ siècles", *Actes de la Table Ronde Informatique et Prosopographie (Paris. 25-26/X/1984)*, Paris, C.N.R.S., 1985, p. 131-134.

[9] La expresión es de H.I. Marrou, citado por L. Fossier en *Le médiéviste et l'ordinateur* 10 (automne 1983), p. 1.

necesidad de situarlo cronológica y geográficamente en el relato que le atañe [10].

Frente a todas las incertidumbres inherentes a esta metodología, reconocemos el interés de los repertorios bio-bibliográficos en cuanto al fondo de informaciones mayores que representan. Sin embargo, un estudio completo de los tópicos (lugares comunes) queda por hacer. Tal trabajo permitiría fijar realmente el lugar propio de la literatura biográfica dentro del campo de la historiografía arabo-musulmana. Por otra parte, nos preguntamos si tales documentos son fuentes "vivas". Se puede dudar, y, si nos atreviésemos a proponer una clasificación, pertenecerían a la categoría de las fuentes "sistemáticas". ¿Por qué esta palabra? Basta considerar las razones que condujeron a Ibn al-Faraḍī y sus sucesores a compilar con orden tantas biografías de sabios y letrados. Su meta era dar a conocer, para el futuro, aquellas famosas cadenas de la transmisión del saber, junto a la situación biográfica de unos miles de personajes.

Para nosotros, los anales y las crónicas son una base pertinente para las investigaciones prosopográficas. Interesándose por una fuente, se puede hacer surgir los elementos constitutivos de la vida de los personajes o por lo menos, parte de ellos. Claro está que este trabajo de mosaico da una idea pertinente de la identidad del papel representado por nuestros "fantassins".

A fin de cuentas, la literatura biográfica representa un eslabón -importante desde luego- de la documentación prosopográfica, pero, en ningún caso puede ser un comienzo imprescindible; en cuanto a fuentes como las compilaciones de *ajbār*, de literatura y a diversas crónicas constituyen un material de documentación "en bruto". Por lo tanto, tenemos que desenvolver este material y descubrir los lazos que permiten unir los elementos biográficos de los diversos personajes escogidos dentro de la población estudiada.

---

[10] Son numerosos los ejemplos de la necesidad de situar cronológica y geográficamente a los personajes. Sólo abordamos el problema de la apelación de un funcionario en un texto usando su *ism ᶜalam* y/o su *šuhra* y/o su *kunya* y/o su *laqab* en otro texto. También se trata de unificar los datos que se refieren a un elemento onomástico dado y juntar las informaciones de las diversas fuentes de documentación.

**Biografías**

1.- AFLAḤ B. ᶜABD AL-RAḤMĀN III [11]

*Mawlà* del primer califa hispano-omeya, participó en la campaña de *Ṭurruš* en 309/921 desempeñando el papel de *ṣāḥib al-jayl*[12]. Un año después, fue destituido y tuvo que abandonar el cargo de jefe de la caballería[13]. Aquello sólo duró dos años y en 311/923 fue *ṣāḥib al-jayl* durante la campaña militar de *Šāṭ* (Jete)[14]. En 314/926 dirigió la caballería contra Sulaymān b. ᶜUmar b. Ḥafṣūn en *Munt Rūy* en la zona de Bobastro[15]. Durante este mismo período encontró al hijo de Ibn Ḥafṣūn y la plaza fuerte de aquel famoso rebelde cayó en manos del poder cordobés[16]. En 316/929 perdió nuevamente el cargo de *ṣāḥib al-jayl*[17]. Según el *Muqtabis* lo volvió a desempeñar luego y esta misma fuente, nos precisa que en 321/933, fecha de su muerte, Naŷda b. Ḥusayn lo sucedió en la *juṭṭat al-jayl* [18].

Este personaje que, desde luego, viene afiliado al califa al-Nāṣir mediante un sistema de filiación bien particular, tuvo la oportunidad de efectuar una peregrinación hacia los lugares santos[19]. Por lo tanto, se puede pensar que, además de otras preocupaciones, los jefes de las dinastías andaluzas, querían exaltar las cualidades de buen musulmán de los funcionarios de origen esclavo/eslavo.

A fin de cuentas, dándole el puesto social de Ibn ᶜAbd al-

---

[11] *Espagne musulmane au X^e^ siècle*, Paris, 1932, pp. 105-106; *Some aspects*, Leyde, 1965, p. 29; *Eslavos*, 1953, p. 10.

[12] M5, p. 172 (trad. p. 134); CA, p. 66 (trad., p. 137).

[13] BM, II, p. 183 (trad. p. 303).

[14] M5, p. 186 (trad. p. 144).

[15] M5, p. 204 (trad. p. 158); BM, II, p. 191 (trad. p. 317).

[16] M5, p. 206 (trad. p. 159).

[17] BM, II, p. 199 (trad. p. 329).

[18] M5, p. 330 (trad. p. 249).

[19] *Ensayo*, p. 7.

Raḥmān III[20] y de hombre libre/libertado, el vencedor de Ibn Ḥafṣūn esperaba, en cambio, tratar con un hombre fiel del todo al poder.

2.- ZIYĀD B. AFLAḤ

Ejerció su talento de oficial gubernamental representando el papel de *ṣāḥib al-jayl wa-l-ḥašam*. En efecto, ya en 360/971, salió del *bayt al-wuzarā'* con la caballería, a fin de reunirse con Galib, *al-qā'id al-aᶜlà*, ya en campaña contra los *Maŷūs*[21]. Antes, tuvo que acompañar a Durrī, *al-jalīfa al-fatà*, hacia la Bāb al-Sudda que también formaba parte de los movimientos del ejército califal[22]. Durante las agitaciones que opusieron los elementos tangerinos del ejército y las tropas regulares (*ṭawā'if al-ŷund*), tuvo la misión de apaciguar el tumulto en 361/972[23]. Algo más tarde en el Garb andaluz, hizo una *ṣā'ifa* contra los *Maŷūs*. Volvió en el otoño de 361/972[24]. En 363/971 a pesar de ser *ṣāḥib al-jayl wa-l-ḥašam*, lo encargaron de una operación policial. En efecto, tuvo que proceder al arresto de los hijos de Ibn al-Andalusī, Ŷaᶜfar y Yaḥyà, para que compareciesen ante la justicia a causa de un grave delito[25]. Un año después, mientras era todavía *ṣāḥib madīnat al-Zahrā'*, recibió la orden califal de poner en libertad a los hijos de Ibn al-Andalusī[26].

En 364/974, le encargaron la organización del ejército regular y de las tropas de *mamālīk* (*ṭabaqāt al-aŷnād wa-ṣunūf al-mamālīk*). Luego fue encargado de la *juṭṭat madīnat al-Zahrā'*, antes ocupada por su difunto hermano Muḥammad. En el *Muqtabis*, precisa el autor que Ziyād b. Aflaḥ ocupó varias funciones duran-

---

[20] *Histoire de l'Espagne musulmane*, Paris, 1953, III, p. 194.

[21] M7, p. 25 (trad. p. 49).

[22] M7, p. 26 (trad. p. 49).

[23] M7, p. 78 (trad. p. 101).

[24] M7, p. 92 (trad. p. 116).

[25] M7, p. 171 (trad. pp. 209-210).

[26] M7, p. 173 (trad. p. 211).

te aquel período[27]. En efecto, siendo gobernador de la región de Firrīš, simultáneamente dirigía la caballería y las tropas de mercenarios. Según el *Bayān*, era *mawlà* del califa al-Ḥakam II y partidario del grupo árabe *al-Hāšimiyya*. Además, Ŷaᶜfar b. ᶜUṯmān al-Muṣḥafī el *ḥāŷib* lo convocó durante el período de las conspiraciones surgidas con motivo de la sucesión del segundo califa hispano-omeya[28]. La documentación árabe precisa que actuaba como un fiel colaborador del *ḥāŷib*, sosteniéndolo eficazmente contra las acciones de los funcionarios eslavos. Por desempeñar varios cargos importantes, este personaje solía participar en las ceremonias oficiales y religiosas organizadas por el poder califal. Además de asistir a las recepciones de las embajadas extranjeras, lo vemos en todas las festividades entre 360 y 364/971 y 975[29]. Ahí lo encontramos con el cargo de *ṣāḥib al-jayl wa-l-ḥašam*.

### 3.- MUḤAMMAD B. AFLAḤ

Durante un largo período ejerció el cargo de *ṣāḥib madīnat al-Zahrā'*. Ya en 360/971, fue convocado para que recibiera al embajador cristiano Burrīl b. Šunyar. En el mismo año organizó la llegada de las gentes que el califa al-Ḥakam II aceptaba recibir[30]. Durante un conflicto con algunos cordobeses que se opusieron al califa se le encargó la misión de perseguirlos [31].

Ocupando el cargo de *ṣāḥib madīnat al-Zahrā'*, tuvo que conducir al acusado Yūsuf b. Hārūn al-Baṭalyawsī ante la *kursī l-šurṭa* por haber recitado unos versos maledicentes sobre al-Ḥakam II[32]. La función de gobernador civil de Madīnat al-Zahrā' puede compararse a un cargo de policía urbana con vocación represiva. En efecto, diversas veces tuvo que conducir acu-

---

[27] M7, p. 210 (trad. p. 250); J. Vallvé, "El zalmedina de Córdoba", *Al-Qanṭara* II (1981), p. 312.

[28] BM, II, p. 260 (trad. p. 432); *Histoire des musulmans d'Espagne*, Leyde, 1932, II, pp. 202, 223 y 224; *Histoire de l'Espagne musulmane*, Paris, 1950, II, pp. 217.

[29] M7, pp. 50, 94, 117, 119, 136, 182, 184, 198, 212 y 230 (trad. pp. 69, 117-118, 149, 152, 171, 221, 223, 239, 252 y 272).

[30] M7, pp. 32, 49 (trad. pp. 45, 68).

[31] M7, p. 73 (trad. p. 96); J. Vallvé, "El zalmedina", p. 309.

[32] M7, p. 75 (trad. p. 97); J. Vallvé, "El zalmedina", p. 309.

sados a la *šurṭa*[33]. Notemos, sin embargo, que sólo se ocupó del arresto de funcionarios o personajes de estirpe social elevada. Falleció en 364/975 y su hermano Ziyād le sucedió en Madīnat al-Zahrā' [34].

El *Nafḥ al-ṭīb* nos confirma que él y su hermano Ziyād eran hijos de Aflaḥ b. ᶜAbd al-Raḥmān III. Esta noticia nos indica que eran Banū Aflaḥ al-Nāṣirī[35]. Otros funcionarios al servicio del primer califa hispano-omeya recibieron el calificativo de *al-Nāṣirī*. Podemos dar el ejemplo del famoso *qā'id* Gālib b. ᶜAbd al-Raḥmān III, llamado a veces al-Nāṣirī[36]. Después, hemos notado los calificativos bajo al forma de *nisba*: al-Ḥakamī y al-Mustanṣirī[37]. Esto es una prueba de las precisas denominaciones que se solían atribuir a aquellos oficiales gubernamentales. Ambos tipos de apelativos permiten comprobar que aquellos hombres eran perfectamente identificados como funcionarios de la administración andaluza, por lo menos después de libertados.

4.- ᶜABD AL-RAḤMĀN B. MUḤAMMAD B. AFLAḤ

Hijo del *ṣāḥib al-jayl* Muḥammad b. Aflaḥ fue nombrado para la *juṭṭat al-ᶜarḍ* en 364/975 [38].

---

[33] M7, pp. 87, 103, 104, 117 y 197 (trad. pp. 110, 132, 133, 149 y 238).

[34] M7, p. 210 (trad. p. 250).

[35] NT (a), I, p. 338.

[36] Su nombre completo es el siguiente: Gālib b. ᶜAbd al-Raḥmān b. Muḥammad al-Nāṣirī y llevaba la *kunya* Abū Tammām. Sobre él tenenos muchos datos en la documentación hispano-árabe.

[37] Tenemos varios datos biográficos sobre cierto Fātin al-Ḥakamī, Abū l-Qāsim, que falleció en 379/989, en IA (a), nº 2524, p. 284; DT, V-2, nº 1006, p. 526 y M. al-Manūnī, "Ṯaqāfat al-Ṣaqāliba bi-l-Andalus", *Awraq* V-VI (1982-1983), p. 23. Así como Ŷawḏar al-fatà l-kabīr al-Ḥakamī en IA (c), I, nº 669, p. 253 y M. al-Manūnī, *art. cit.*, pp. 23-24 y también en las fuentes hispano-árabes. A propósito de la formación de los apellidos árabes originados por *nisbas*, L. Drozdik, "Inflectional Background of the Arabic Nisba Derivation", *Asian and African Studies* 11 (1975), pp. 119-138.

[38] M7, p. 210 (trad. p. 250)

5.- ᶜABD AL-MALIK B. MUḤAMMAD B. AFLAḤ

Como su hermano ᶜAbd al-Raḥmān, fue nombrado para la *juṭṭat al-ᶜarḍ* en 364/975 [39].

6.- HIŠĀM B. MUḤAMMAD B. AFLAḤ

También hijo de Muḥammad b. Aflaḥ, tuvo el cargo de la *juṭṭat al-ᶜarḍ*. Además, trabajó con su tío Ziyād b. Aflaḥ en Madīnat al-Zahrā' en 264/975 [40].

7.- ᶜĀMIR B. AFLAḤ

Según el *Naqṭ al-ᶜarūs*, sabemos que se casó con una hija de los ᶜĀmiríes [41].

8.- AFLAḤ AL-FATÀ

Durante la *fitna* del principio del siglo V/XI en Almería, este personaje combatió el poder de Ibn Rawīš e Ibn Ḥāmid. Más tarde, cuando en 405/1014, Jayrān al-fatà entró en Almería, tuvo conflictos con él. Sin embargo, al-ᶜUḏrī nos indica que lo mataron con sus dos hijos [42].

9.- ᶜABD AL-ᶜAZĪZ B. AFLAḤ AL-SULṬĀNĪ

Después de extender su poder hasta la zona oriental de al-Andalus (Tortosa-Valencia), mantuvo la independencia de Játiva hasta la llegada de Muŷāhid que conquistó la totalidad de la región de Denia [43].

---

[39] *Ibidem.*

[40] *Ibidem.*

[41] *Naqṭ al-ᶜarūs*, p. 161 (trad. p. 96).

[42] *Fragmentos geográfico-históricos de 'al-Masālik ilà ŷamīᶜ al-mamālik' de al-ᶜUḏrī*, ed. ᶜAᶜA. al-Ahwānī, Madrid, Publicaciones del Instituto de Estudios Islámicos, 1965, pp. 82, 83 (trad. parcial de M. Sánchez Martínez, "La cora de *Ilbīra* (Granada y Almería) en los siglos X y XI, según al-ᶜUḏrī (1003-1085)", *Cuadernos de Historia del Islam* VIII (1975-76), pp. 5-82; pp. 35, 46).

[43] AA, p. 226; *Historia musulmana de Valencia*, Valencia, 1969-1970, I, p. 152.

10.- AFLAḤ AL-WAṢĪF

Sólo sabemos que murió en 298/911. Sin embargo, no podemos situar su origen y al servicio de quién ejerció sus actividades [44].

11.- AFLAḤ B. ᶜARŪS

Era partidario y también aliado de Ibn Ḥafṣūn. Ya acabadas las campañas de la región de Monteleón, en 300/913, se sometió a la autoridad del califa ᶜAbd al-Raḥmān III. Había organizado una rebelión en su *ḥiṣn* de Bakūr y se convirtió en su *ṣāḥib* [45].

12.- AFLAḤ, ABŪ YAḤYÀ

*Mawlà* de Ibrāhīm b. Yūsuf, nació en Córdoba. Hizo la *riḥla* al *Mašriq*. Luego, en la Meca, siguió las clases de Abū Bakr Muḥammad b. al-Ḥusayn al-Āŷurrī y de otros letrados. En Egipto, fue alumno de Abū Bakr Jurūf, de al-Ḥasan b. Rašīq, de ᶜAbd al-Wāḥid b. Aḥmad b. Qutayba. Se interesó por el *ḥadīṯ* y escribió sobre dicha ciencia. Murió en 394/1003 y fue inhumado en el cementerio de Qurayš de Córdoba [46].

13.- AFLAḤ, ABŪ YAḤYÀ

Fue uno de los *mawālī* de ᶜAbd al-Raḥmān III y era de origen cordobés (*min ahl Qurṭuba*). En el *Mašriq*, en 307/919, hizo la *riḥla*. Luego siguió las clases de Abū Saᶜīd b. al-Aᶜrābī y de ᶜAbd Allāh b. Yaḥyà al-Àbarī al-Iṣbahānī. Volviendo de La Meca y pasando por Egipto, se quedó allí algún tiempo para escuchar las lecciones de Abū Bakr ᶜAbd al-Raḥmān b. Salmawiya y de otros letrados conocidos. Ibn al-Faraḍī nos indica un dato extraño: ¡los escritos de este personaje habrían desaparecido en el mar! Murió en 385/995 [47].

---

[44] BM, II, p. 148 (trad. p. 246).

[45] MS, pp. 63, 66 (trad. pp. 58, 60); CA, p. 36 (trad. p. 100); BM, II, p. 161 (trad. p. 268); *Histoire des musulmans d'Espagne*, Leyde, 1932, II, p. 100, nota 2.

[46] IF (c), I, nº 263, pp. 83-84.

[47] IF (c), I, nº 262, p. 82.

14.- MUḤAMMAD B. AFLAḤ, ABŪ ᶜABD ALLĀH

Nacido en *Baŷŷāna,* era un buen gramático (*al-naḥw*), conocía el *fiqh* y el *adab*. En Córdoba, siguió las lecciones de Aḥmad b. Saᶜīd, de Muḥammad b. Muᶜāwiya al-Qurašī, de Ismāᶜīl b. al-Qāsim al-Bagdādī, de Muḥammad b. ᶜUmar b. al-Qūṭiyya y de otros letrados. Murió en 385/995 a los 48 años de edad [48].

15.- JALAF B. AFLAḤ AL-UMAWĪ, ABŪ L-QĀSIM

Según la corta noticia que Ibn al-Abbār le dedicó, encontró a Abū ᶜAmr al-Muqri' en Denia [49].

16.- MANṢŪR B. AFLAḤ AL-QAYNĪ (AL-QAYSĪ?), ABŪ ᶜALĪ

Fue dirigido en sus estudios por Abū Muḥammad b. Gānim b. Walīd al-Adīb y se relacionó con Abū ᶜUṯmān Saᶜīd b. ᶜUṯmān al-Qazzāz al-Adīb y Abū ᶜAlī al-Bagdādī. Probablemente escribió libros de literatura y filología árabe [50].

17.- MUSLIM B. AḤMAD B. AFLAḤ, ABŪ BAKR

Fue gramático (*al-naḥwī*) y *adīb*, era de origen cordobés. Nació en 376/986 y murió en 433/1041. Fue inhumado en el cementerio de Umm Salama de la ciudad [51].

18.- YAḤYÀ B. MUḤAMMAD B. AFLAḤ AL-UMAWĪ

*Faqīh* y poeta especializado en prosodia (*adīb ᶜarūḍī),* era un andaluz conocido en el Garb al-Andalus [52].

19.- AFLAḤ B. ḤABĪB B. ᶜABD AL-MALIK AL-UMAWĪ, ABŪ YAḤYÀ

Nació en Córdoba, hizo la peregrinación al *Mašriq* en 324/935.

---

48 IF (c), II, nº 1371, pp. 98-99.

49 IA (c), I, nº 816, p. 299.

50 IB (c), II, nº 1362, p. 620.

51 IB (c), II, nº 1378, p. 626.

52 IZ, nº 342, p. 173.

Era el padre de Aḥmad b. Aflaḥ [53].

20.- AḤMAD B. AFLAḤ B. ḤABĪB B. ᶜABD AL-MALIK AL-UMAWĪ, ABŪ ᶜUMAR

Mawlà de un tal Ḥabīb, conocía bien el *ḥadīṯ*. También era *šāᶜir* y *adīb* [54].

21.- ᶜABD AL-RAḤMĀN B. MUḤAMMAD B. YŪNUS B. AFLAḤ, ABŪ L-ḤASAN

Era conocido bajo el nombre de al-Qalbaq y oriundo de Rayya. Era gramático (*al-naḥwī*) y *ᶜālim* en letras. Lo dirigió Abū ᶜUṯmān al-Aṣfar y Abū Tammām al-Qaṭīnī en sus estudios. Murió en Sevilla en 490/1096 [55].

22.- MUḤAMMAD B. YAḤYÀ B. JALAF B. ᶜABD AL-MALIK B. AFLAḤ AL-UMAWĪ, ABŪ BAKR

Nacido en Sevilla, destacó por ser un famoso *adīb*. También era conocido como gramático (*al-naḥwī*). Murió en 543/1148 después de la fitna [56].

23.- AḤMAD B. MUḤAMMAD B. YŪSUF B. ᶜABD ALLĀH B. AFLAḤ, ABŪ YAḤYÀ

*Mawlà* de cierto al-Nāṣir, era almuédano en Córdoba. Murió en 613/1216 y fue inhumado en la *Rawḍat al-Ṣulaḥā'*, situada al sur de la ciudad [57].

Una vez compilados los elementos biográficos, ¿cómo puede establecerse la genealogía de los personajes? A decir verdad, es difícil organizar el marco de los lazos familiares del grupo de personajes, ya que no hemos podido realizar todavía una investigación a fondo sobre el origen y la substancia semántica del *ism* Aflaḥ.

---

[53] IB (c), I, 274, p. 114.

[54] H (c), nº 195, p. 118; D, nº 379, p. 159; NT (a), IV, p. 11.

[55] IB (c), II, nº 737, p. 344.

[56] IA (c), II, nº 1297, p. 469.

[57] IA (BCh), nº 274, pp. 129-130.

Además, al-Ḏahabī en su *Muštabih* nos dice que esta palabra era usual[58]. Entonces, ¿por qué "crear" una hipotética familia sin datos fundamentales en cuanto al nombre mismo? Antes de contestar, veamos el contenido de las biografías.

A propósito de los personajes 1 a 6, podemos reconstruir la filiación. A partir de la "afiliación" de Aflaḥ a su "amo" ᶜAbd al-Raḥmān III, se percibe una relación específica de cliente-amo. En efecto, como otros funcionarios de origen esclavo/eslavo, Aflaḥ, después de libertado, perteneció probablemente a la clase de los *mawālī*. Cuando lo adoptó el califa, permaneció a su servicio. E. Lévi-Provençal abordó el tema de las relaciones ficticias con diversas observaciones a propósito de la expresión *ibn* (plural: *abnā'*)[59]. Sin desarrollarlas por tanto, podemos plantear el problema de la terminología relativa a ciertos oficiales del Estado andaluz ¿Cuál era el sentido exacto de las palabras *fatà*, *gulām*, *waṣīf*, *jādim* y *jaṣī* para los cronistas hispano-árabes?[60]. A menudo calificaban a tal o cual personaje de eunuco o castrado; ¡y, sin embargo, tenían hijos varones! Menudo problema: ¿Cómo puede explicarse la descendencia de un Durrī y de un Ṭarafa si en los textos se les califica de *abnā'* ᶜAbd al-Raḥmān III? Una de nuestras hipótesis sería considerar la posible existencia de una confusión en el vocabulario. Estos calificativos bien podrían significar solamente oficial administrativo encargado de servicios en la casa califal. En nuestra tesis de doctorado, esperamos demostrar que, en realidad, se trata de una serie de apelativos añadidos a los cargos administrativos indicados en la presentación de los personajes descritos en las fuentes árabes.

En cuanto a las biografías 7 a 11, nos parece difícil establecer

---

[58] *Al-Muštabih fī l-riŷāl: asmā' wa-ansāb*, 2 t., ed. ᶜA. M. al-Baŷāwī, El Cairo, 1962; I, p. 32.

[59] *Espagne musulmane au X^e siècle*, Paris, 1932, pp. 106-107, nota 10.

[60] Para entender el sentido de dichos vocablos, véase: R. Dozy, *Supplément*, 3^e édition, Leyde-Paris, 1967, II, pp. 241, 225, 810 y I, pp. 354-355 y 377 y D. Ayalon, "On the term k͟hādim in the sense of "eunuch" in the early muslim sources", *Arabica* XXXIII (1985), pp. 289-308 y "On the eunuchs in Islam", *Jerusalem Studies in Arabic and Islam* I (1979), pp. 67-124; A. Cheikh Moussa, "De la synonymie dans les sources arabes anciennes, le cas de ḫādim et ḫaṣiyy", *Arabica* XXXIII (1985), pp. 309-322.

el marco genealógico. ¿Tal vez se puedan entrever vínculos entre los personajes 8 y 9? Vemos, en efecto, que vivieron en la misma región y que los mismos acontecimientos políticos del siglo V/XI los unieron. Además, según al-ᶜUḏrī, al número 8 lo mataron con sus dos hijos: tal vez se tratara de los 7 y 9. Las biografías 10 y 11 son tan someras que no se puede sacar conclusión alguna. Además, el número 10 lleva el calificativo de al-Waṣīf, que es demasiado impreciso para permitir una identificación.

El grupo de biografías 12 a 23 nos indica letrados que llevaron el nombre de Aflaḥ. Para los 12 y 13 sólo encontramos un *ism*, por lo tanto, no podemos identificar un *ism ᶜalam* o una *šuhra* incompleta. Ambos llevan la *kunya* Abū Yaḥyà y su fecha de muerte deja suponer que se trata de dos personajes distintos.

Las biografías 15, 18, 19, 20 y 22 llevan la misma *nisba*, al-Umawī. Hemos de adentrarnos en el problema de las *nisba*s con prudencia, porque a veces un personaje lleva el apelativo de su antepasado. Entonces, es difícil decidir que se lo considera como un Umawī. Al contrario, gracias a nuestra documentación, podemos afirmar que el 19 fue el padre del 20.

En cuanto a las biografías 16, 17, 21 y 23, sólo sabemos que llevan el *ism* Aflaḥ en su *nasab*. Pero desde un punto genealógico es imposible situar la filiación de los personajes.

Tal vez el lector resulte algo desconcertado ante tan humilde investigación cuyas conclusiones sólo son hipótesis sobre la existencia o no de vínculos de filiación entre los personajes estudiados. Sin embargo, analizar este conjunto de datos biográficos nos ha parecido interesante por diversas razones.

Primero, queríamos insistir sobre las dificultades encontradas al identificar los personajes y al buscar sus posibles vínculos genealógicos. Por otra parte, queríamos recoger y poner al día un conjunto de informaciones biográficas sacadas de unas fuentes a la vez diversificadas y complementarias, a fin de entender y resolver los problemas planteados por la investigación prosopográfica cuyo interés depende de la calidad y de la riqueza de los textos escogidos.

En cuanto al investigador, debe ser prudente cuando se trata de apreciar hechos e informaciones prosopográficos. Siempre interviene, desde luego, el aspecto personal de la interpretación y además, el análisis de unos nuevos datos históricos, a cada momento, puede rematar o quebrantar el frágil edificio de la prosopografía.

**Bibliografía**

$^{c}$ABBĀDĪ, A. al-. *Los Eslavos en España. Ojeada sobre su origen, desarrollo y relación con el movimiento de la šu$^{c}$ūbiyya*, Madrid, Instituto Egipcio de Estudios Islámicos, 1953.

CHASTAGNOL, A. "La prosopographie, méthode de recherche sur l'histoire du Bas-Empire, *Annales E.S.C.*, Paris, nº 4, juillet-août 1970, p. 1229-1235.

DOZY, R. *Histoire des musulmans d'Espagne jusqu'à la conquête de l'Andalousie par les Almoravides*, nueva edición revisada y aumentada por E. Lévi-Provençal, 3 t., Leyde, E.J. Brill, 1932.

DOZY, R. *Supplément aux dictionnaires arabes*, 3ª edición. 2 t., Leyde-Paris, E.J. Brill-Maisonneuve, 1967.

FOSSIER, L. "La prosopographie. Les «fantassins de l'histoire» à l'honneur", *Le médiéviste et l'ordinateur*, Paris, nº 10, automne 1983, p. 1-2.

HUICI MIRANDA, A. *Historia musulmana de Valencia y su región*, 3 t., Valencia, 1969-1970.

IMAMUDDIN, S. M. *Some aspects of the socio-economic and cultural history of muslim Spain*, Leyde, E.J. Brill, 1965.

LEVI-PROVENÇAL, E. *L'Espagne musulmane au X$^{e}$ siècle: institutions et vie sociale*, Paris, Larose, 1932.

LEVI-PROVENÇAL, E. *Histoire de l'Espagne musulmane*, 3 t., Paris-Leyde, Maisonneuve-E.J. Brill, 1950-1953.

MAKKĪ, M. ᶜA. *Ensayo sobre las aportaciones orientales en la España musulmana y su influencia en la formación de la cultura hispano-árabe*, Madrid, Publicaciones del Instituto de Estudios Islámicos, 1968.

MANŪNĪ, M. al-. "Ṯaqāfat al-Ṣaqāliba bi-l-Andalus", *Awrāq*, Madrid, nº 5-6, 1981-1982, p. 21-29.

MEOUAK, M. "Repertoire des fonctionnaires de l'Etat andalou aux IX$^{e}$ et X$^{e}$ siècles, *Actes de la Table Ronde Informatique et Prosopographie (Paris, 25-26-X-1984)*, Paris, C.N.R.S., 1985, p. 131-134.

SUBLET, J. "La prosopographie arabe", *Annales E.S.C.*, Paris, nº 4, juillet-août 1970, p. 1236-1239.

# ONOMASTICA BENIMERIN:
# EL PROBLEMA DE LA LEGITIMIDAD

**Miguel Angel MANZANO**
C.S.I.C. - Madrid

Maya Shatzmiller, en su magnífico trabajo *L'historiographie mérinide. Ibn Khaldūn et ses contemporains*[1] afirma categóricamente: "Se puede definir el problema de la historia meriní mediante el término «anonimato»". Término que, como muy bien desarrolla luego, influye directamente en uno de los puntos básicos, más continuamente discutidos a la dinastía norteafricana: la legitimidad del poder.

Sabido es que esta corporación nómada que se arrogó el derecho de sustituir a los Almohades, carecía, como otras, de un pasado reconocido, de un origen de hondas raíces históricas que le permitiera llevar a cabo su labor de conquista y expansión por el Magreb sin toparse, una y otra vez, no sólo con problemas prácticos relativos a la administración o defensa de los territorios conquistados, sino también con planteamientos teóricos que le oponía la élite intelectual de la sociedad, o con un sentimiento popular insistentemente adverso[2].

Carentes de un original programa religioso que conllevara

---

[1] Leiden, E. J. Brill, 1982; p. 115 del capítulo dedicado a "Le problème du mythe des origines". Igualmente es importante tener en cuenta su "Le mythe d'origine berbère. Aspects historiographiques et sociaux". *R.O.M.M.* 35 (1983) pp. 145-56.

[2] A título de ejemplo, pueden citarse M. Shatzmiller, "Les premiers emirs mérinides et le milieu religieux de Fès", *Studia Islamica*, 43 (1976) pp. 109-18; y M. Kably, "Musāhama fī ta'rīj al-tamhīd li-ẓuhūr dawlat al-Saᶜdiyyīn", *Maŷallat Kulliyyat al-Ādāb wa-l-ᶜUlūm al-Insāniyya*, 3-4 (1978) pp. 7-59 y su espléndido trabajo, *Société, pouvoir et religion au Maroc à la fin du Moyen- Age*, París, 1986.

importantes reformas al estilo de Almorávides y Almohades[3], y titubeantes a la hora de emparentarse con la familia del Profeta -lo que les hubiera dado automáticamente el rango de jerifes[4]- los Benimerines, entre otras soluciones, prefirieron atribuirse un origen árabe y declararse oficialmente fervorosos defensores del Islam ortodoxo, contribuyendo a su difusión mediante la creación de *medersas*, practicando el *ŷihād* cuando lo creyeron necesario y contemporizando con las tendencias marabúticas y místicas de la época que les tocó vivir.

Partiendo de estos supuestos, la pregunta que ha motivado el presente trabajo es muy directa: ¿Pueden rastrearse, a partir de la onomástica de esta dinastía, determinados problemas relacionados con la legitimidad del poder? O, dicho de otra manera, ¿podría la onomástica contradecir los criterios de la legitimidad de esta dinastía?.

Si se espera una respuesta igualmente directa habría que responder negativamente puesto que el campo de la onomástica, fuera de sí mismo, no permite desarrollar conclusiones totales sobre otros campos, por mucha relación que éstos guarden con aquél. Ahora bien, si es importante tener presente la imagen que una dinastía gobernante tiene de sí misma, muy interesante habrá de parecernos estudiar los nombres y títulos que esa dinastía se da para sí, por si alguna conexión tuvieran con actitudes o hechos posteriores.

Teniendo presente estas ideas, he tomado como base de este trabajo la consulta de las fuentes que comprenden el período benimerín, para, a partir de ahí, establecer una nómina de personajes,

---

[3] Nuevamente hemos de citar a M. Shatzmiller quien, con poca razón, discute en parte esta idea tan repetida. Es fundamental su artículo "Islam de campagne et islam de ville. Le facteur religieux a l'avènement des mérinides", *Studia Islamica*, 51 (1980) pp. 123-36.

[4] En opininón de M. Kably ( ob. cit., p. 13) esto es lo que hicieron justamente los ᶜAbd al-Wādíes. Sin embargo, los Benimerines siempre fueron reacios a declararse descendendientes de Muḥammad, a pesar de que fuentes como la *Ḏajīra*, el *Qirṭās* o la *Rawḍa* los liguen a su familia al hacerlos descendientes de Muḍar. Cf. M. J. Viguera, *El Musnad: hechos memorables de Abū l-Ḥasan, sultán de los benimerines*, Madrid, 1977, p. 97.

cuyos nombres me he propuesto analizar. Estos personajes, evidentemente, pertenecen todos al tronco dinástico de la familia benimerín, esto es, son sultanes y príncipes, con su respectiva descendencia si la hubiere, y hacen un total de 202[5], de los cuales 165 son masculinos y los 37 restantes femeninos.

En un principio, tomé como fuente principal la *Rawḍat al-nisrīn fī ta'rīj dawlat Banī Marīn*[6] de Abū l-Walīd Ismāᶜīl Ibn al-Aḥmar. Fuente que, en cierto modo, podría considerarse un diccionario biográfico de sultanes benimerines[7], y que presenta dos ventajas importantes. En primer lugar, es una obra tardía que se ocupa de todos los sultanes, a diferencia de otras fuentes como *al-Ḏajīra al-saniyya* o *al-Rawḍ al-Qirṭās*[8] que sólo abordan los primeros momentos de la dinastía. En segundo lugar, y dado su carácter biográfico, se trata de una fuente que además de mencionar hechos más o menos significativos en la biografía de cada sultán, va citando ordenadamente los hijos y personajes que integran su *majzān*, todo lo cual permite una clasificación y estudio más rápidos. Con todo, ha sido imprescindible la consulta de las obras cita-

---

[5] En realidad serían algunos más puesto que, aunque no figuran en el cuadro genealógico sobre el que baso la comunicación, se han tenido en cuenta las esposas de ᶜAbd al-Ḥaqq y las madres de los sultanes benimerines a las que se aludirá en algún caso.

[6] Ed. de ᶜAbd al-Wahhāb b. Manṣūr, Rabat, 1962. Hay que contar además con dos trabajos imprescindibles: E. Lévi-Provençal, "Deux nouveaux manuscrits de la 'Rawḍat an-nisrīn' d'Ibn al-Aḥmar", *Journal Asiatique*, 203 (1923) pp. 219-55; y G. Marçais y G. Bouali, *Ibn al-Aḥmar. Histoire des Benî Merîn, rois de Fâs, intitulée: Rawḍat en-nisrîn (le jardin des Eglantines)*. París, 1917.

[7] Tal se desprende de la disposición de la obra que también dedica una parte a la dinastía ᶜabd al-wādí, contra la cual arremete. Ibn al-Aḥmar empieza dando el nombre, los títulos y fecha de la llegada al poder y muerte de cada sultán, relata algunos sucesos de su vida y va introduciendo, con mayor o menor regularidad, los siguientes epígrafes: *ṣifātuhu, awlāduhu, wuzarā'uhu, huŷŷābuhu, kuttābuhu* y *quḍātuhu*. Bajo los cinco últimos, enumera los personajes que componen el *majzān* del sultán biografiado.

[8] Ambas editadas por ᶜAbd al-Wahhāb b. Manṣūr en Rabat, en 1972 y 1973, respectivamente.

das, y de otras como la historia de Ibn Jaldūn[9], el *Musnad* de Ibn Marzūq[10], la *Ŷadwat al-Iqtibās*[11], o el tardío *Kitāb al-Istiqṣā'*[12].

Fruto de esta consulta, y tomando como modelo otros ya existentes[13], he podido realizar un cuadro genealógico de la dinastía benimerín bastante completo, si se tiene en cuenta, además de la premura con que se ha realizado este trabajo -que necesitará más de una revisión- el hecho de que la mayoría de los personajes que en él aparecen han sido registrados por las fuentes dada su menor o mayor relación con la vida política, criterio que podría excluir a otros que los cronistas consideraran menos significativos.

Se observará que este cuadro empieza fundamentalmente a partir del emir Abū Jālid Maḥyū y su hijo Abū Muḥammad ᶜAbd al-Ḥaqq, antepasado este último que los Benimerines consideran principal (tanto o más que aquél de quien toman su nombre, Marīn) porque fue el primer emir que tuvieron ya en territorios del Magreb occidental.

Hasta ese momento, la onomástica de la confederación benimerín, tal como lo demuestran sus genealogías, es principalmente beréber. Nombres como Urtāŷan, Tanāluft, Faŷūs (variantes Buŷūs, Yaḥūs) aparecen en el tronco cenete de esta familia que remonta su origen a un supuesto Barr b. Qays (b.) ᶜAylān b. Muḍar y se empeña en decirse árabe.

Coincide este período, según Bel con la intensa islamización de

---

9 *Histoire des Berbères et des dynasties musulmanes de l'Afrique septentrionale*. Trad. del Barón de Slane, Argel, 1852-56, 4 vols. Reimpr. París, 1978.

10 Trad. de M. J. Viguera, ob. cit.

11 De Ibn al-Qāḍī, ed. de ᶜAbd al-Wahhāb b. Manṣūr, Rabat, 1973, 2 vols.

12 De Aḥmad b. Jālid al-Nāṣiri al-Salawī, traducido al francés por I. Hamet en *Archives Marocaines*, 33 (1934).

13 Me refiero, sobre a todo, a la obra de R. Von Thoden, *Abū l-Ḥasan ᶜAlī. Merinidenpolitik zwischen Nordafrika und Spanien in den Jahren 710-752/1310-1351*, Freiburg im Breisgau, 1973, pp. 393-5.

los Benimerines, esto es, fines del siglo XII y principios del XIII[14], etapa de transición de una religión no musulmana al Islam, de berberización a arabización, que, en opinión del autor francés, se ve reflejada, de alguna manera en el nombre de Abū Jālid Maḥyū, cuya *kunya*, manifiestamente árabe contrasta con el *ism* *calam* deformación del latino Mayo[15], así transformado por los autores árabes en una forma que recordara más a su lengua.

Esta línea trazada ya por Bel, puede seguirse igualmente en los nombres árabes de los dos hermanos de este emir, Yaḥyà y Šucayb (también llamado Gānim), que contrastan de nuevo con los de sus hijos: de un lado, el ya citado emir Abū Muḥammad cAbd al-Ḥaqq, y de otro, Usnāf (variante Usnān) y Yaḥyātin[16], que revelan todavía formas beréberes. Es por este mismo camino, por el que vamos a intentar avanzar, deteniéndonos en algunas particularidades que han llamado nuestra atención.

Así por ejemplo, dentro de la onomástica femenina, encontramos nombres o *kunya-s* claramente araboislámicas, como es el caso de Fāṭima, cĀ'iša, Āmina, Amat al-cAzīz, Ḥafṣa, Sukayna, Sitt al-cArab, Umm al-Faraŷ, Umm al-Fatḥ, Umm Hāni', Umm al-cIzz, Umm Yacfar, pero también nombres como Bazzū, Taczūnt (variante Taczīnt), Urtaṭlīm (variante Urtaṭīm), Yandūza, Zannū y Zarrū[17] que hablan claramente de su carácter beréber o

---

[14] "Les premiers émirs mérinides et l'Islam", en *Melanges de Géographie et d'Orientalisme offerts à E. F. Gautier, professeur honoraire à la Faculté des Lettres d'Alger*, Tours, 1937, pp. 34-44, concretamente, p. 42. Por su parte, A. Khaneboubi, en su reciente trabajo *Les premiers sultans mérinides (1269-1331). Histoire politique et sociale*, Paris, 1987, confirma esta idea aunque cree que la conversión habría que fecharla en los siglos XI y XII, cuando los Almorávides llevaban el *ŷihad* contra los Bargawāṭa.

[15] A. Bel, ob. cit., pp. 35-6. Mayo sería un mes sagrado para los beréberes quienes darían este nombre a sus hijos de la misma manera que los musulmanes actuales dan a los suyos el nombre de Ramaḍān.

[16] Cf. p. 12 de la *Rawḍa*.

[17] Con respecto a este nombre, R. Von Thoden, ob. cit., p. 394, vocaliza Zarwā. Pero creemos que Lévi-Provençal, ob. cit., p. 228, n. 4, está más acertado cuando dice: "Le dernier nom de femme de cette liste est ortographié زرّوا. Je pense qu'on doit transcrire 'Zarrû' de préférence à 'Zarwâ', l'ālif qui suit le wāw

cuando menos poco árabe.

Es preciso añadir que en dos casos se nos presenta una forma curiosamente doble que aparece en los textos. Se trata de dos hijas del sultán Abū l-Ḥasan (731/1331-752/1351). Una de ellas lleva el nombre de Ḥaḍriyya según la variante que da la *Rawḍa*[18], pero es Tāḥaḍrīt, según el texto de Ibn Jaldūn[19]. La otra es Tāmū, nombre beréber que, de acuerdo con Georges Marçais[20] es el equivalente del árabe Fāṭima. Resulta muy interesante subrayar esto porque no es fácilmente explicable que un sultán que -si nos atenemos a la descripción que de él nos hace el *Musnad*- pasa por ser un modelo de musulmán, prefiera adoptar para su hija esta forma berberizada en lugar de valerse del hermoso nombre de la hija del Profeta.

Hechos más significativos se reflejan en la onomástica masculina. Tan pronto como el emir Maḥyū llega al poder aparece, por vez primera en los nombres benimerines, el uso de las *kunya-s*, rasgo tan característico del nombre árabe, y que va a ser tan importante para los cronistas y autores norteafricanos, quienes en muchas ocasiones, citan a los soberanos musulmanes sirviéndose de ellas y sin mencionar el correspondiente nombre propio [21].

Estas *kunya-s*, por lo demás, son bastante variadas a juzgar por el aspecto que presenta el cuadro. Aparecen en esquemas que se repiten poco, asociadas con algún nombre, tal es el caso de las secuencias Abū Zayyān Muḥammad, Abū Saᶜīd ᶜUṯmān, Abū

---

étant simplement ortographique (Cf. de même, dans tout le manuscrit, Hammū écrit حمّوا)".

[18] p. 25.

[19] *Berbères*, IV, p. 354. Es de hacer notar, sin embargo, que, según Lévi-Provençal, ob. cit., p. 228, el manuscrito de la *Rawḍa* que él encontró en Fez ofrece la misma variante que da Ibn Jaldūn.

[20] Ob. cit., p. 76, n. 2, donde nos dice: "Tâmoû est un des équivalents berbères du nom arabe Fâṭima. On trouve aussi Ṭâmoû (marocain), Ṭamoûm (tlemcien), Fatoum (algerois), etc."

[21] Cf. M. Max Van Berchem, "Titres califiens d'Occident à propos de quelques monnaies mérinides et ziyanides". Extracto del *Journal Asiatique* (Marzo-Abril de 1907) p. 11.

Yaḥyà Abū Bakr, Abū Sālim Ibrāhīm, Abū Mālik ᶜAbd al-Wāḥid, y son de carácter heterogéneo. Por ejemplo, se mantiene el esquema biblíco de Abū Yaᶜqūb Yūsuf y de Abū Yūsuf Yaᶜqūb en un caso; se da también la secuencia ᶜalawí de Abū l-Ḥasan ᶜAlī o el muy islámico y ya citado Abū Mālik ᶜAbd al-Wāḥid, pero en cambio no se dan las formas tan clásicas de Abū Muḥammad ᶜAbd Allāh y Abū ᶜAbd Allāh Muḥammad, tan gratas a las otras dos dinastías del Norte de Africa, Ḥafṣíes y ᶜAbd al-Wādíes.

Casos dignos de mención son los que revelan un uso metafórico de la *kunya*. A ejemplos como Abū l-Faḍl o Abū l-Gayṯ hay que añadir otros dos muy curiosos realmente. El primero de ellos es un hijo del sultán Abū Yūsuf Yaᶜqūb (656/1258-685/1286) que lleva el nombre completo de Abū l-Baqā' Yaᶜīš, esto es, "el padre de la permacencia (que) vive"[22], y el segundo y más conocido es el nombre del propio sultán Abū ᶜInān Fāris (749/1348-759/1358) cuyo significado sería algo así como "jinete, padre de las riendas".

Con todo, vuelven a aparecer rasgos beréberes hasta en esta parte del nombre, según puede deducirse del hecho de que un sobrino del sultán Abū l-Ḥasan, hijo de su hermano y rival Abū ᶜAlī ᶜUmar, porte una *kunya* tan interesante como Abū Ifullūsan[23] y un nombre tan islámico como ᶜAlī.

En tal caso, habría tal vez que suponer que se trata de una *kunya* con un cierto valor de *šuhra* o apodo -como ocurre en los casos de Abū Ḍarba, Abū Sitta o Abū Ṭarīq, que pueden localizarse en el cuadro -ya que según está documentada en el habla beréber del Mzab (zona de donde serían originarios los Benimeri-

---

[22] Recuerda claramente al que recogen y comentan L. Caetani y G. Gabrieli, Abū l-Baqā' Jālid, en *Onomasticon Arabicum*, Roma, 1915, vol. I, p. 111.

[23] R. Von Thoden, ob. cit., p. 394 y anteriores, escribe Abū Yanfillūsan. Pero Ibn Jaldūn da la versión que citamos. Cf. *Berbères*, I, p. 64, II, p. 121, III, p. 476 y IV, pp. 354-55, y la edición de Jalīl Šaḥāda, *Dīwān al-Mubtada' wa-l-jabar fī ta'rīj al-ᶜarab wa-l-barbar wa-man ᶜāṣarahum min ḏawī l-sulṭān al-akbar*, Beirut, 1401/1981, cuadro genealógico del vol. 7, p. 484, e índices.

nes), la palabra *ifullūsan* significaría "polluelos" [24].

Por lo que se refiere al apartado del *ism ᶜalam* hay varios aspectos muy interesantes para comentar. En primer lugar, y como en tantas otras épocas, el nombre de Muḥammad se revela como el más empleado (un 18,18% de los personajes), siguiéndole el de ᶜAbd Allāh (5,45%).

Se evidencian también nombres de compañeros del Profeta o de su propia familia como ᶜUṯmān (4,24%), ᶜUmar (3,63%), Abū Bakr (1,81%) o ᶜAlī (4,24%).

Al lado de ellos hay que registrar otros de tradición bíblico-coránica como Ibrāhīm (3,63%), Yaᶜqūb (3,03%), Sulaymān (2,42%), Idrīs (2,42%), Yūsuf (2,42%), ᶜĪsà (1,81%) o Mūsà (1,21%). Asimismo destaca el considerable porcentaje de nombres teóforos (14,54%).

Onomásticamente hablando tiene importancia señalar la escasa incidencia del nombre ᶜAbd al-Ḥaqq (3,03%). Escasa incidencia, queremos decir, si se tiene en cuenta que el emir que forjó la dinastía llevaba este nombre, relacionado directamente con otra corriente de legitimidad que pretendía ligar la dinastía que reinó en Fez con la de los Almorávides.

Efectivamente, tal como señala Maya Shatzmiller[25], algún intento historiográfico se realizó poniendo en contacto de algún modo la figura de Yūsuf b. Tāšufīn con la del gran antepasado benimerín; contacto cuya base principal la constituían tres puntos fundamentales: el desconocimiento de la lengua árabe por parte del almorávide y de los primeros sultanes benimerines, la aureola de

---

[24] Cf. J. Delheure, *Dictionaire Mozabite-Français*, París, 1984, p. 49, *sub FLS*. Cf. también, *Ali Bey. Viajes por Marruecos*, ed. de S. Barberá, Madrid, 1984, p. 321, donde, incluída en esas 126 entradas que Ali Bey recoge sobre el habla de los beréberes (o "árabes de las montañas" según sus propias palabras), se encuentra esta palabra, con el significado de 'gallina'. Transcribimos la n. 95 del editor: "*Ifullusen* es el plural de *afullus*, 'gallo' en tamazīġt y tašelḥīlt. En plural significa, también, al menos en el segundo dialecto 'gallos y gallinas' *(Baamrani)*".

[25] *L'Historiographie...*, pp. 117-8.

virtud y santidad con que las fuentes retratan a ambos personajes, y, finalmente y más importante, el hecho de que Yūsuf b. Tāšufīn, por su misión reformadora contra los Bargawāṭa, llevase el título de *amīr al-ḥaqq* que luego cambió por el de *amīr al-muslimīn* [26].

Que esta corriente historiográfica existió, puede verse ya en obras como la antigua *Naẓm al-sulūk*, *urŷūza* del poeta Abū Fāris al-Malzūzī, donde se nos dice que en el año 610/1213 llegaron al Occidente los Benimerines "a traves de desiertos y llanuras, a lomos de caballos y camellos, tal como, antes que ellos, hubieron entrado los *Mulaṯṯamūn*..."[27]. Motivos parecidos se encuentran en la *Ḏajīra*[28], el *Musnad*[29] y la *Rawḍa*[30], cuando nos dicen, más o menos, que el emir Muḥammad al-Aᶜḏar al-Mujaḍḍab[31] llegó a vencer a "los reyes de los *Lamtūna* en sus territorios de Bugía y la Qalᶜa", todo lo cual es un anacronismo más que evidente.

Que el nombre de ᶜAbd al-Ḥaqq gozara en la época benimerín de "una veneración especial"[32] no es algo que vayamos a cuestionar, porque habría que hacer recuentos sobre un mayor número de personajes de la vida intelectual, social y política del período en cuestión. No obstante, es llamativo que en el seno mismo de la dinastía, este nombre se prodigue tan poco.

Es interesante destacar los casos particulares de los nombres Idrīs y Raḥḥū. Es conocido que ᶜAbd Allāh, Idrīs y Raḥḥū fueron hijos del emir ᶜAbd al-Ḥaqq y de una mujer de los Banū

---

[26] Cf. Hussain Monés, "Les Almoravides", *R.I.E.I.*, 14 (1967-8) pp. 49-103, concretamente, p. 55.

[27] *Naẓm al-sulūk fī ḏikr al-anbiyā' wa-l-julafā' wa-l-mulūk*. Ed. ᶜAbd al-Wahhāb b. Manṣūr, Rabat, 1963, p. 68.

[28] p. 20.

[29] p. 98 de la trad. española.

[30] p. 13.

[31] "El de los cabellos teñidos".

[32] Son palabras de M. Shatzmiller, *L'Historiographie...*, p. 118.

ᶜAlī, jerifes ḥasaníes, llamada Sūṭ al-Nisā'[33]. Si echamos una rápida ojeada al cuadro, nos daremos cuenta de que los cuatro personajes que llevan el nombre de Idrīs son benimerines que están en la Península Ibérica, siendo así que en el Norte de Africa no aparece ningún sultán o príncipe con ese nombre. Es aventurado extraer consecuencias, pero no deja de ser curioso que una dinastía que tuvo realmente problemas con el culto a Idrīs, utilice tan poco este nombre que aparece sólo entre "los disidentes" del tronco dinástico.

La incidencia del nombre Raḥḥū es más pobre todavía. Igualmente, aparece sólo en dos ocasiones, entre los *guzā* o voluntarios que van a combatir en al-Andalus. Si damos crédito al autor del *Kitāb al-Istiqṣā'*, este nombre es el equivalente beréber del araboislámico ᶜAbd al-Raḥmān[34] que, de acuerdo con el cuadro, aparece en dos ocasiones como tal, y forma parte de una *kunya* en otra. El hecho de que la aparición de la forma araboislámica sea cronológicamente algo posterior a la de Raḥḥū, no nos permite asegurar que se trate de una autocorrección ligada a los factores legitimistas de la dinastía, pero, desde luego, se trata de un dato que nos llama poderosamente la atención, y que se relaciona con un caso semejante y de mayor difusión en la dinastía rival de los ᶜAbd al-Wādíes: el del nombre Ḥammū. Este antropónimo que nos aparece una sola vez como tal entre los benimerines andalusíes y en otra forma parte de una *kunya*, es empleado en la Argelia actual como un equivalente al nombre de Muḥammad[35], y suponemos que ya en la época que estudiamos tendría el mismo valor.

Como punto final a este apartado señalar nuestra sorpresa al descubrir, dentro del grupo de nombres de nimio porcentaje, la convivencia de formas, más o menos habituales, como Dā'ūd, al-

---

[33] Esta es la vocalización tradicionalmente aceptada. Cf. G. Marçais, ob. cit., p. 57 y *Berbères*, IV, p. 30. Pero tal vez cabría vocalizar este curioso nombre como *Sawṭ al-Nisā'*, "el azote de las mujeres", en cuyo caso se trataría más bien de una *suhra* o apodo.

[34] Cf. p. 24 de la trad. francesa.

[35] Cf. Martin Lings, *A Sufi Saint of the Twentieth Century. Shaikh Ahmad al-ᶜAlawi*. Londres, 1971, p. 51, n. 1.

Zubayr o Mas$^c$ūd, con otras como al-Qa$^c$qā$^c$[36], Ḥamāma o Mindīl, menos frecuentes dentro de la onomástica árabe.

Pervivencias beréberes se manifiestan también en las *šuhra-s* registradas en el cuadro. Hay tres casos curiosos que coinciden en los primeros momentos de la dinastía. El primero de ellos es el de $^c$Uṯmān b. $^c$Abd al-Ḥaqq, futuro emir Abū Sa$^c$īd $^c$Uṯmān, al que llamaban, según nos dice Ibn Jaldūn[37], "Adergal", esto es, "ciego"[38], antes de que fuera emir, pero al que después de llegar al poder, no se le vuelve a llamar así.

Igualmente, dos hijos del sultán Abū Yūsuf Ya$^c$qūb tienen *šuhra-s* claramente beréberes. Uno de ellos, $^c$Abd Allāh, aparece en la *Rawḍa* conocido por "An$^c$aŷab"[39] e Ibn Jaldūn nos dice que le llamaban "Ataŷub, Taŷub o Daŷub"[40], formas todas ellas berberizadas del adjetivo árabe $^c$*aŷīb*. El otro es Muhammad conocido, según afirma la *Rawḍa* [41], por "Aŷellid", es decir "rey" [42].

Junto a ellos, y dentro de este apartado, hay que situar también el interesante caso de un hijo del sultán Abū Ya$^c$qūb Yūsuf (686/1286-706/1307) que llevaba la *šuhra* por el nombre de su madre. Era $^c$Uṯman Ibn Qaḍīb, es decir, "el hijo de la fina rama"[43].

---

[36] Este es el nombre de uno de los hijos de Abū l-Ḥasan, poco conocido como bien señala R. Von Thoden (cf. ob. cit., p. 65), pero cuyas huellas pueden seguirse hasta en las fuentes cristianas de la época. (Por ejemplo, "Alicaca", en *El Poema de Alfonso XI*, ed. Yo Ten Cate en *Revista de Filología Española*, Madrid, 1956, Anejo 65, pp. 226-7). Se trata del mismo nombre que llevaba un contemporáneo de Muhammad, al-Qa$^c$qā$^c$ b. Šawr.

[37] *Berbères*, IV, p. 30.

[38] Cf. J. Delheure, ob. cit., p. 32 *sub* DRΓL, adərɣal.

[39] p. 18.

[40] *Berbères*, IV, p. 49. La *Ḏajīra*, p. 97, presenta la forma $^c$*Aŷab*.

[41] p. 18.

[42] Cf. J. Delheure, ob. cit., pp. 263-4, *sub* ŽLD, ažəllid. Cf. S. Barberá, ob. cit., p. 320, donde se cita esta palabra como "*Aglid*, sultán" y en la n. 63 de esa misma página se lee "*Agellid* en *Baamrani* (ref. rey)".

[43] *Berbères*, IV, p. 188. Hermano de éste último fue $^c$Alī Ibn Razīya, cuya *šuhra* nos sugiere una explicación parecida, que sin embargo no hemos encontrado.

Finalmente, habría que detenerse a analizar los *laqab-s* o títulos honoríficos, que ya han sido objeto de estudio con mayor anterioridad[44]. Evidentemente esta parte del nombre permite seguir algo mejor laiintencionalidad de los soberanos benimerines y sus pretensiones legitimistas. Claro es el ejemplo de Abū Yūsuf Yaᶜqūb, que empieza titulándose *Nāṣir al-dīn* y *al-Mu'ayyad bi-llāh*, para acabar llamándose *al-Qā'im bi-amr Allāh wa-l-Manṣūr bihi*. Y más claro si cabe es el hecho de que seis de los hijos del sultán Abū ᶜInān Fāris, ninguno de los cuales llegó a ser sultán, llevaran todos el nombre de Muḥammad y sobrenombres propios de los califas ᶜabbāsíes [45].

Todo ello responde a la necesidad de presentar a los Benimerines como "legítimos sucesores" de los califas orientales, según queda patente en las fuentes. Tal se deduce de la disposición de la ya mencionada *urǧūza* de al-Malzūzī, que pretende abarcar toda la historia musulmana, entendida como un *continuum islamicum*, desde Adán hasta los sultanes de Fez. Y lo mismo sucede cuando Ibn Baṭṭūṭa, en sus *Viajes*, al mencionar al sultán Abū ᶜInān, le llama *Ibn mawālīnā al-a'imma al-muhtadīn al-julafā' al-rašīdīn*[46]. O, hasta de forma anecdótica, cuando Ibn al-Aḥmar, como base de su prosa rimada en el prólogo de la *Rawḍa*, se sirve de una serie de participios que recuerdan los *laqab-s* de los califas orientales [47].

La intencionalidad es más que evidente y queda reflejada también en los títulos de *amīr al-mu'minīn, amīr al-muslimīn* o *jalīfa* que aparecen con cierta regularidad en las fuentes y con no pocas vacilaciones. Así por ejemplo, la *Rawḍa* llama *amīr al-mu'minīn* a Abū Yūsuf Yaᶜqūb y *amīr al-muslimīn* a Abū ᶜInān Fāris, cuando se sabe que fueron justamente lo contrario[48].

---

[44] Remitimos nuevamente al trabajo de Van Berchem. Cf. n. 21.

[45] *Rawḍa*, p. 28.

[46] Cf. C. Defremery y B. R. Sanguinetti, *Voyages d'Ibn Battūta*, Paris, 1969, 4 vols., I, p. 4.

[47] p. 7.

[48] Ibid., pp. 17 y 27. Cf. también la *Ḏajīra*, pp. 97-8, que presenta la misma ambigüedad al referirse a Abū Yūsuf con los dos títulos, *amīr al-muslimīn* y *amīr al-mu'minīn*.

El autor de la *Ḏajīra*, por su parte, al establecer la disposición de los capítulos que va a tratar en su obra, afirma que el décimo va a tratar sobre *al-imām al-sacīd al-jalīfa al-cādil al-rašīd amīr al-muslimīn* Abū Sacīd cUṯmān b. Yacqūb [49].

Para terminar, y dentro de este apartado de títulos y sobrenombres, señalar un par de datos que consideramos importantes. El primero alude al caso de uno de los Banū cAbd Allāh, benimerines de al-Andalus, hijo de cUṯmān b. Abī l-cUlà, que se llamaba Sulṭān[50]. Actualmente éste es un nombre más o menos corriente entre los arabomusulmanes, pero resulta curioso que aparezca ya registrado en el siglo XIV.

El segundo dato hace referencia a la distinción que la *Rawḍa* hace cuando se refiere a las madres de los sultanes benimerines. Además de expresiones que nos son conocidas o habituales como *al-ḥurra*, *Umm walad* o el bello *al-ḥiŷāb al-cālī* (el velo excelso) hay una que se repite en cuatro ocasiones: *muwallada carabiyya*[51], con la que volvemos al principio de la presente comunicación. Según el *Lisān al-carab*[52] este término se refiere tanto a hombres como a mujeres que no son árabes puros, esto es, cuyo *nasab* no es totalmente árabe.

Aunque la nobleza y el linaje de una persona viene dada por el padre, independientemente de la condición de la madre, es sorprendente esta denominación. Y lo es porque Ibn al-Aḥmar, cronis-

---

[49] p. 12.

[50] Cf. R. Von Thoden, ob. cit., p. 258. Allí se menciona un documento del Archivo de la Corona de Aragón, de 1 *raŷab* de 736/14 de Febrero de 1336 donde este personaje "...pide autorizacion para ir a la Corte de Aragón". El documento en cuestión puede verse íntegramente en M. Alarcón y Santón, y R. García de Linares, *Los documentos árabes diplomáticos del Archivo de la Corona de Aragón*, Madrid-Granada, 1940, doc. nº 47, pp. 94-6.

[51] Tal es el caso de la madre de Abū l-Rabīc Sulaymān, Zayyāna; de Abū Zayyān Muḥammad b. Abī cInān, Gazzāla; de Abū cUmar Tāšufīn b. Abī l-Ḥasan, Maymūna; y de Abū Zayyān Muḥammad b. Abī cAbd al-Raḥmān, Fiḍḍa, las cuatro así denominadas. Cf. pp. 23, 29, 31 y 32.

[52] De Ibn Manẓūr, ed. Bulaq, 1882-90, 20 vols., vols. 13- 14, p. 485 y vols. 9-10, p. 94.

ta oficial de una dinastía que se vio obligada a forzar sus linajes atribuyéndose un falso origen árabe, se permite "enjuiciar" el *nasab* de otras personas mediante criterios semejantes a éste, como si la dinastía que él defiende quedase libre de toda sospecha, cuando sabemos que esto no fue así. El problema de la legitimidad nos volvería, por tanto, a quedar por encima.

Relación de nombres, *kunya-s* y *laqab-s* honoríficos masculinos que figuran en el cuadro y número de veces que aparecen en él:

al-ᶜAbbās (3)

ᶜAbd Allāh (9)

ᶜAbd al-ᶜAzīz (2)

ᶜAbd al-Ḥalīm (1)

ᶜAbd al-Ḥaqq (5)

ᶜAbd al-Karīm (1)

ᶜAbd al-Mu'min (1)

ᶜAbd al-Raḥmān (2)

ᶜAbd al-Wāḥid (3)

Abū Bakr (3)

al-ᶜĀfiya (1)

Aḥmad (3)

ᶜAlī (7)

ᶜĀmir (4)

ᶜAskar (1)

Dā'ūd (1)

Fāris (2)

Ḥamāma (1)

Ḥammū (1)

al-Ḥasan (2)

Ibrāhīm (6)

Idrīs (4)

ᶜĪsà (3)

Maḥyū (1)

(al-)Manṣūr (5)

Masᶜūd (2)

Mindīl (1)

Muḥammad (32)

Mūsà (2)

al-Nāṣir (2)

al-Qaᶜqāᶜ (1)

Raḥḥū (2)

Šuᶜayb (Gānim) (1)

Sulaymān (4)

Sulṭān (1)

Tāsufīn (2)

$^{c}$Umar (6)

Uṯmān (7)

Usnāf (Usnān) (1)

Ŷadīm (1)

Yaḥyà (3)

Yaḥyātin (1)

Ya$^{c}$īš (1)

Ya$^{c}$là (1)

Ya$^{c}$qūb (5)

Yūsuf (4)

Zayyān (1)

al-Zubayr (1)

Citados sólo por la *kunya* (10)

Abū l-$^{c}$Abbās (1)

Abū $^{c}$Abd Allāh (1)

Abū $^{c}$Abd al-Raḥmān (1)

Abū $^{c}$Alī (3)

Abū $^{c}$Āmir (3)

Abū l-Baqā' (1)

Abū Ḍarba (1)

Abū l-Faḍl (2)

Abū Fāris (3)

Abū Gālib (1)

Abū l-Gayṯ (1)

Abū Ḥafṣ (1)

Abū Ḥammū (1)

Abū Ifullūsan (1)

Abū $^{c}$Inān (1)

Abū $^{c}$Iyād (1)

Abū Jālid (1)

Abū Mālik (2)

Abū Mu$^{c}$arraf (1)

Abū Muḥammad (1)

Abū Muẓahhir (1)

Abū l-Rabī$^{c}$ (1)

Abū Sa$^{c}$īd (5)

Abū Sālim (2)

Abū Sitta (1)

Abū Ṭārīq (1)

Abū l-ᶜUlà (1)

Abū ᶜUmar (1)

Abū Yaḥyà (3)

Abū Yaᶜqūb (1)

Abū Yūsuf (1)

Abū Zayyān (7)

al-Mahdī bi-llāh (1)

al-Manṣūr bi-llāh (2)

al-Masᶜūd bi-llāh (1)

al-Mu'ayyad bi-llāh (1)

al-Mustaᶜīn bi-llāh (1)

al-Mustanṣir bi-llāh (6)

al-Muᶜtamid ᶜalà Allāh (1)

al-Muᶜtaṣim bi-llāh (1)

al-Mutawakkil ᶜalà Allāh (3)

Nāṣir al-dīn (o su variante al-Nāṣir li-dīn Allāh) (2)

al-Qā'im bi-amr Allāh (1)

al-Saᶜīd (bi-faḍl Allāh) (3)

al-Wāṯiq bi-llāh (1)

Relación de nombres y *kunya-s* femeninas que figuran en el cuadro y número de veces que aparecen en él:

ᶜĀ'iša (3)

Amat al-ᶜAzīz (1)

Āmina (1)

Bazzū (1)

Fāṭima (3)

Ḥaḍriyya (Tāḥaḍrīt) (1)

Ḥafṣa (1)

Maymūna (1)

Rīma (1)

Ruqayya (1)

Ṣafya (Ṣafwa) (1)

Samā (1)

Sitt al-ᶜArab (2)

Sukayna (1)

Sūna (2)

Tāmū (1)

Ta$^{c}$zūnt (Ta$^{c}$zīnt) (1)

Umm al-Faraŷ (2)

Umm al-Fatḥ (1)

Umm Hāni' (1)

Umm al-$^{c}$Izz (1)

Umm Ya$^{c}$far (1)

Urtaṭlīm (Urtaṭīm) (1)

Yāmina (1)

Yandūza (1)

al-Zahrā' (1)

Zannū (1)

Zarrū (1)

Zaynab (1)

# ESTUDIOS SOBRE ANTROPONIMIA ARABE: BIBLIOGRAFIA Y BALANCE

**Manuela MARIN**
C.S.I.C. - Madrid

## I. Contenido

La relación bibliográfica que presento agrupa 210 referencias a trabajos sobre antroponimia árabe-islámica. Se han dejado deliberadamente fuera de ella las referencias a fuentes árabes sobre onomástica y antroponimia, que deberán ser objeto de un estudio propio. No se ha buscado ninguna delimitación temporal ni geográfica, pero sí se ha prescindido de los trabajos relacionados con la antroponimia turca, salvo alguna contada excepción.

No puede hablarse de originalidad cuando se trata de trabajos bibliográficos; en el tema que nos ocupa ahora, he contado con dos aportaciones previas de gran importancia: los trabajos de los profesores Samsó (167) y Fórneas (68), en los que puede hallarse una información muy completa para el ámbito andalusí. Por otra parte, se han despojado los volúmenes de *Index Islamicus* aparecidos hasta la fecha, lo que se añade a las informaciones que por mi parte he ido recogiendo en los últimos años. Como es lógico, no pretendo haber realizado una labor exhaustiva, cosa siempre difícil en las recopilaciones bibliográficas y más aún en un campo que vive actualmente un proceso de reactivación.

La selección de títulos no siempre ha sido fácil. En efecto, la información onomástica aparece, como es sabido, en estudios y obras de carácter muy diverso; por ello se han incluído algunas obras dedicadas a genealogías, o repertorios epigráficos que, sin ser propiamente estudios antroponímicos, suministran una información fundamental. Estos títulos podrían ampliarse mucho más, pero ello habría desequilibrado el resultado final, por lo que me he limitado a aquéllos que pueden ofrecer un carácter indicativo de las posibilidades que contienen este tipo de obras. Algo semejante pude decirse de otros temas que no he desarrollado en profundidad. El caso más notorio es el de la antroponimia sobre mudéjares y moriscos. Se requeriría una bibliografía que incluyese los muy abundantes trabajos sobre repartimientos, cartas de población, documentación de archivos, etc., y que puede consultarse en los repertorios de Samsó y Fórneas, o en el reciente trabajo de Labarta sobre los moriscos valencianos. Por tanto, y lo mismo que en el caso anterior, sólo he incluido alguna referencia indicativa de este tipo de trabajos.

## II. Análisis

El resultado final, por tanto, intenta limitarse a los estudios dedicados, en sus diferentes aspectos, al sistema antroponímico árabe-islámico. Un examen de los temas tratados en esta bibliografía puede ser interesante para aquéllos que se ocupan de estas cuestiones y sobre todo, creo, para quienes se acercan a ellas por primera vez.

### 1. CUESTIONES GENERALES

Empezaré por los trabajos de tipo general, de lectura y consulta obligada muchos de ellos, por lo que no es necesario detenerse en este punto más que brevemente. Además del trabajo pionero de Garcin de Tassy (78), la obra de Caetani-Gabrieli (35) sigue siendo la referencia inexcusable para cualquier estudio onomástico. Recientes trabajos de conjunto son los de Beeston (20) y Wild (206), éste último con una útil aunque breve bibliografía. Hay que señalar también las aportaciones de al-Karmī (97) y al-Sāmarrā'ī (163) y diversos artículos sobre cuestiones generales (100, 118, 156, 169, 170, 177, 178), entre los que destacaré dos trabajos publicados en *C.O.A.*, uno de ellos por F. Malti-Douglas (118) sobre la interrelación entre los diversos elementos de la cadena onomástica y el segundo por A. Scarabel (169) que presenta un interesante análisis de la antroponimia tribal. De los artículos publicados, hasta ahora, en *E.I.*$^2$ sobre estos temas (29, 90, 203) el mejor es, sin duda, el debido a C.E. Bosworth (un trabajo magistral sobre *laqab*).

Podrían incluirse asimismo, en este primer apartado, las publicaciones informativas acerca del Proyecto Internacional Onomasticon Arabicum (26, 120, 183, 184).

## 2. ELEMENTOS DEL NOMBRE

Cada uno de los elementos de la cadena onomástica es estudiado en varios de los trabajos generales que acabo de mencionar. Me referiré aquí a diversos estudios especializados en cada uno de estos elementos.

### 2.1. *Ism ᶜalam*

Sobre el nombre: 14, 15, 27, 30, 32, 33, 38, 42, 52, 75, 78, 86, 87, 90, 96, 100, 103, 104, 105, 118, 124, 133, 136, 162, 164, 168, 171, 178, 188, 198, 199.

Sobre formas gramaticales del nombre: 5, 6, 37, 87, 98.

Sobre nombres concretos: 31, 43, 61, 62, 63, 65, 66, 81, 82, 86, 91, 93, 96, 101, 111, 114, 121, 135, 136, 137, 144, 165, 166, 201, 210.

Contamos, a través de estos estudios, con un conocimiento bastante amplio de la antroponimia árabe primitiva (30, 105, 162, 178). El significado de algunos grupos de nombres es objeto de la atención de Najla (133) y, de un modo especial, de Nöldeke (136), que examina grupos de nombres referidos a animales, a componentes de la unidad familiar o a partes del cuerpo. Los nombres de origen judío que aparecen en el Corán han sido estudiados por Horovitz (86) y los hipocorísticos en *-ūn* por García Gómez (75) y Kuentz (103). Ayalon (14, 15) y Sauvaget (136) han estudiado el *ism ᶜalam* de los mamelucos y Kakuk (96) los nombres turcos (todos ellos de origen árabe) que pueden encontrarse en fuentes húngaras. Hay pocos estudios sobre la frecuencia de utilización de determinados nombres en épocas concretas; aunque pueden hacérsele algunas reservas, el trabajo de Bulliet (32) sobre la conversión al Islam es fundamental en este sentido. Hay que añadir, a esta referencia, otros trabajos parciales: el de R. Traini (188) sobre los zaydíes, que cubre un período muy amplio (122-1200 H.), el de Labarta para los moriscos valencianos (104) y el mío propio sobre el período que va de la conquista de al-Andalus a 350/961 (124). Algunos autores se han ocupado del significado social que supone el uso de determinados nombres (27, 33); para ello, aunque redactado con criterios más acumulativos que científicos, es útil la consulta del libro de Vroonen (199) sobre Egipto. Más referencias sobre estos temas se encontrarán en el apartado 6.

En cuanto a nombres concretos, los nombres árabes que más han llamado hasta ahora la atención de los estudiosos son los de Muḥammad (43, 65, 66, 82, 84, 95, 171) e Imru' l-Qays (61, 63, 111, 137). También contamos con trabajos sobre nombres de origen judío (86, 91) o nombres cristianos como Aṣlān y Yannah (165, 166). En general este tipo de estudios se dedican a nombres o denominaciones (como "sarracenos" o "coptos") cuyo origen se presta a discusión o cuya rareza o significado poco usual ha provocado la curiosidad del investigador (31, 121, 136, 144). Las dificultades o dudas en la lectura de algunos nombres han producido asimismo notas eruditas sobre nombres como el ya citado de Imru' l-Qays, o el de Ibn Baṭṭūṭa.

Aunque no se trate de un estudio sobre *ism ᶜalam*, puede mencionarse también aquí -a falta de otro lugar más adecuado- el trabajo de Levi della Vida (108) sobre la obra de Muḥammad b. Ḥabīb acerca de los poetas que usaron matronímicos; me parece importante señalar la existencia de este tipo de filiación, del que también conocemos ejemplos en al-Andalus.

2.2. *Kunya*

(46, 49, 80, 88, 101, 118, 124, 134, 181, 202, 203, 207)

Volvemos a encontrarnos, en este apartado, con algunos de los títulos ya citados; con todo, la *kunya* es uno de los elementos onomásticos más estudiados, quizá debido a la diversidad de funciones que puede asumir, y a su papel destacado dentro del sistema de denominación personal en la cultura árabe. Habría que destacar los estudios de carácter general de Goldziher y Spitaler (80 y 181), así como el capítulo III del libro de R. Dagorn (46). Al-Ḥusaynī ha recogido las *kunya*s de los mamelucos baḥríes de Egipto y Siria a través de la numismática (88). Un trabajo que, a pesar de su carácter escasamente analítico, no deja de tener utilidad, es el de Naimur-Rahman; el autor establece en él un índice de *kunya*s mencionadas por los lexicógrafos árabes, aunque no se trata de *kunya*s antroponímicas, sino de expresiones que se inician con *Umm/Abū/Aj*, etc. y sirven para referirse a innumerables fenómenos, animales, plantas, etc. El problema de la función de la *kunya* en relación con otros elementos del nombre puede verse (además, naturalmente, de Caetani-Gabrieli) en 118 y 124.

### 2.3. *Nisba*

(11, 14, 15, 64, 86, 151, 152, 153, 163, 200, 209)

La *nisba* como elemento onomástico ha sido objeto de varios estudios, en la mayoría de los cuales se dejan de lado las posibles implicaciones de sus diversos usos. Unicamente A. Arioli (11) ha analizado la diferencia que existe entre *nisba*s determinadas e indeterminadas. Contamos por otra parte con algunos trabajos parciales sobre *nisba*s usadas por los mamelucos (14, 15), *nisba*s libanesas (163) o egipcias (200), además de notas acerca de la correcta vocalización de algunas (64, 85). El estudio de las *nisba*s geográficas de los funcionarios cairotas del siglo XV es la base de dos trabajos de Carl Petry (152, 153).

### 2.4. *Laqab*

(9, 14, 15, 16, 17, 18, 19, 23, 25, 29, 50, 60, 78, 88, 102, 110, 117, 118, 119, 143)

En este apartado he agrupado referencias tanto a *laqab* propiamente dicho como a toda clase de títulos honoríficos, apodos, etc. Vuelvo a mencionar, inevitablemente, el artículo de Bosworth en *E.I.*[2] (29), junto al trabajo de Garcin de Tassy (78) y, por supuesto, el de Barbier de Meynard (18); más reciente es el de Ḥasan al-Bāšā (19). Los títulos honoríficos más estudiados han sido los de los califas ᶜabbāsíes (110, 143) y los mamelucos (14, 15, 16, 17, 168); algunas dinastías occidentales son analizadas desde este punto de vista por Van Berchem (25). Varios estudios se dedican a los nombres o *laqab* compuestos con elementos como *dīn*, *dawla* o *mulk* (23, 50, 102, 118). En cuanto a aspectos parciales, pueden señalarse los *laqab* de ciegos estudiados por Malti-Douglas (119), o los apodos y apellidos marroquíes y malteses (154, 60). Dos trabajos de un interés particular son, en primer lugar, el de Goitein (79) sobre los "apellidos" procedentes de motes -no siempre halagadores para quien los llevaba- y registrados en los documentos de la Geniza, y el de Balog (16), que analiza invocaciones religiosas con un claro sentido de título honorífico jerarquizado entre los funcionarios egipcios.

### 2.5. *Onomástica femenina*

No es éste uno de los campos más cultivados dentro de la antroponimia: a los estudios clásicos de Gratzl (83) y Ringel (158) -basado este último en fuentes poéticas- podemos añadir el de Ben ᶜAbd Allāh (21) sobre el Magrib, y algunos más recientes (3, 123). En otros trabajos de alcance más amplio, como el de Labarta para los moriscos valencianos, se encuentra un capítulo dedicado a mujeres; del mismo modo, obras como *Aᶜlām al-nisā'* de ᶜU. R. Kaḥḥāla (Damasco, 1959) suministran una valiosa información sobre la antroponimia femenina.

## 3. NOMINAS ANTROPONIMICAS

(13, 24, 35, 39, 47, 54, 105, 106, 122, 208)

Los índices onomásticos en las ediciones científicas de textos árabes clásicos proporcionan una de las más valiosos fuentes de información para el interesado en estos temas. Desgraciadamente, estos índices se limitan normalmente a una ordenación por *ism ᶜalam* que no sólo dificulta en muchos casos la localización de personajes, sino que hace prácticamente imposible su utilización para los otros elementos de la cadena onomástica. Señalaré la excepción -que esperamos sea seguida en el futuro- de los índices de M.L. Avila en su reciente trabajo sobre la sociedad musulmana en al-Andalus al final del califato.

Junto a estos índices, han de señalarse repertorios útiles para el investigador, ya que agrupan nóminas antroponímicas de diferentes características. Junto al nunca terminado índice del *Onomasticon* de Caetani-Gabrieli (continuado en los trabajos, hasta ahora parciales, del Proyecto Internacional Onomasticon Arabicum, p. ej. 47), disponemos del magnífico repertorio realizado por Caskel (30) sobre la *Ŷamhara* de al-Kalbī; las tablas genealógicas establecidas por Wüstenfeld (209) son también de utilidad en este sentido.

## 4. ONOMASTICA REGIONAL E HISTORICA

Entiendo por onomástica regional los estudios dedicados a la antroponimia de un país árabe-islámico. Como ya señalé al principio, he dejado fuera de esta relación los trabajos relacionados con los nombres turcos, sobre los cuales, por otra parte, los investigadores soviéticos han realizado en los últimos tiempos una aportación muy considerable.

En cuanto a los países árabes propiamente dichos, existe una serie de estudios consagrados a la antroponimia contemporánea: hay trabajos sobre Africa del Norte (71), Mauritania (139), Marruecos (94, 154), Argelia (145-148, 180, 185), Túnez (22, 27, 129), Libia (2), Egipto (113, 199), Palestina (53), Siria (112), Omán (140, 141, 142) y la India (70). Hay que añadir a éstos algunos estudios sobre Malta (34, 204, 205) que pertenecen, sin embargo, a un ámbito temporal más antiguo, lo mismo que ocurre con Sicilia (46, 149). Un caso aparte es el del Yemen, estudiado sobre todo a partir de autores como al-Hamdānī, tanto por Y. Abdallah (1) como por el *qāḍī* Ismā<sup>c</sup>īl al-Akwa<sup>c</sup> (5-8).

Entre los estudios dedicados a períodos históricos concretos, volvemos a encontrar una notable predominancia del Egipto mameluco (14, 15, 17, 88, 152, 153, 168); muy escasas son las referencias a otros períodos (16, 143: <sup>c</sup>abbāsíes; 144: salŷūqíes; 106: siglo XVI en el Magrib; 25: meriníes).

Es aquí donde debemos destacar la existencia de una notable cantidad de estudios dedicados a la antroponimia de al-Andalus. Bien es verdad que la onomástica geográfica -la toponimia- ha sido hasta ahora mucho más favorecida por los arabistas españoles; aun así, y advirtiendo que he incluído algunas referencias generales sobre antroponimia hispánica, se supera ampliamente el número de trabajos dedicados a otras regiones y épocas del mundo islámico: 4, 12, 13, 28, 36, 40, 41, 42, 44, 45, 48, 51, 55, 56, 57, 58, 59, 67, 69, 72, 73, 74, 75, 76, 77, 82, 89, 92, 104, 107, 109, 115, 116, 122, 123, 124, 125, 126, 127, 128, 130, 131, 132, 138, 150, 151, 155, 157, 159, 161, 172-75, 179, 186, 187, 189-97.

Aunque un cierto número de estos trabajos no son exclusivamente de carácter antroponímico, hay que tener en cuenta que esta relación podría ampliarse mucho más de haberse incluído muchos otros estudios sobre mudéjares y moriscos en los que se presta atención especial a la antroponimia, como los dedicados a Repartimientos. En conjunto, por tanto, puede decirse que la producción española sobre la onomástica de su pasado árabe sólo es menor que la ya aludida de los investigadores soviéticos sobre la antroponimia turca.

## 5. ONOMASTICA FAMILIAR

(28, 31, 36, 56, 57, 67, 69, 92, 125, 126, 172-75, 186, 187, 189, 191, 208)

He incluído aquí una serie de trabajos que suministran una información interesante para los estudiosos de estos temas, aunque no sea la antroponimia el objetivo principal de sus autores: me refiero a estudios sobre familias concretas -y, a veces, sobre la denominación o "apellido" de estas familias. Los cuadros genealógicos que suelen acompañar a este tipo de estudios, o la relación de los miembros de cada familia permiten precisar la permanencia o no de determinados nombres y apelativos en los núcleos familiares, o aspectos como el proceso de islamización de la nomenclatura familiar.

## 6. SOCIOLOGIA DE LA ANTROPONIMIA

(10, 27, 32, 33, 99, 164, 176, 182)

Finalmente, me referiré a uno de los aspectos menos estudiados y, al menos en mi opinión, de mayor interés: el estudio sociológico de los sistemas de denominación personal.

Esta orientación suele limitarse a trabajos sobre antroponimia contemporánea, debido principalmente al hecho de que sólo en nuestra época se ha podido disponer de un material cuantitativamente suficiente, a través de los registros civiles, de muy reciente creación en los países árabes.

Sin embargo, la obra de Bulliet es una clara demostración de que es posible utilizar materiales de épocas mucho más antiguas para intentar extraer conclusiones que no sean exclusivamente filológicas. Se trata, desde luego, de un terreno con muchas limitaciones, puesto que las fuentes que existen a nuestro alcance no se refieren sino a grupos sociales muy concretos, pero la realización de un mayor número de trabajos de este tipo, con una perspectiva más histórica y social, es una necesidad evidente en el campo de la antroponimia árabe.

## III. Conclusiones

La antroponimia no ha pasado de ser, hasta ahora, una muy accesoria "ciencia auxiliar" de los estudios árabes. Como tal, puede describirse como un instrumento sumamente utilitario, al que hay que recurrir, sobre todo, para dilucidar casos de lecturas difíciles en textos árabes. Ha sido, por tanto, una cuestión de interés secundario para los historiadores, y de la que se han ocupado sobre todo los lingüistas. En el caso concreto de al-Andalus, es evidente el predominio de los trabajos que se ocupan de nombres de origen romance, o de la pervivencia de apellidos de origen árabe. Pero si bien no es posible abandonar este tipo de estudios, ya que forman la base indispensable sobre la cual debe sustentarse cualquier trabajo de onomástica, es necesario también -tal como sucede en el ámbito de la toponimia- dotar de un contenido más amplio a una disciplina cuyas relaciones con otros aspectos de la civilización islámica no hace falta subrayar. Necesitaríamos además de repertorios onomásticos dedicados a más países y más épocas de los que hasta el momento se han realizado, así como de muchos más estudios parciales que nos permitan empezar a establecer puntos de comparación, de contacto y de evolución.

## IV. Bibliografía


1. ABDALLAH, Y. *Die Personennamen in al-Hamdānī's al-Iklīl und ihre Parallelen in den altsüdarabischen Inschriften*. Tübingen, 1975.

2. AGOSTINI, E., "Indagini onomastiche ed etniche in Libia", *A.I.O.N.*, 3 (1945), 167-178.

3. AGUILAR, V.,"Mujeres de la *Takmila* de Ibn al-Abbār en un manuscrito de Rabat", *E.O.B.A.* I, 413-18.

4. AGUILAR, V., MANZANO, M.A. y ROMERO,C., "Biografías de andalusíes en las obras de Yāqūt e Ibn Jallikān: *Iršād al-arīb, Muᶜŷam al-buldān* y *Wafayāt al-aᶜyān*", *E.O.B.A.* I, 235-279.

5. AKWAᶜ, I. al-, "Afᶜūl", *M.M.M.ᶜA*, XXI (1975), 117-141.

6. ——— "Al-Afᶜūl wa-mā ŷā'a ᶜalà wazni-hi min asmā' al-aᶜlām wa-l-qabā'il wa-l-buldān fī l-Yaman", *M.M.L.ᶜA.D.* LXI (1986), 305-347.

7. ——— "Al-Kunà wa-l-alqāb wa-l-asmā' ᶜinda l-ᶜarab wa-mā nfaradat bi-hi al-Yaman", *M.M.L.ᶜA.D.*, LIII (1978), 395-410.

8. ——— "Ṭā'ifa min awzān asmā' al-qabā'il wa-l-buldān fī l-Yaman", *M.M.L.ᶜA.D.*, LXII 1987), 251-304.

9. ᶜĀNĪ, S. M. al-, *Muᶜŷam alqāb al-šuᶜarā'*. Naŷaf, 1971.

10. ANTOUN, R.T., "On the Significance of Names in an Arab Village", *Ethnology*, 8 (1968), 158-70.

11. ARIOLI, A., "*Nisba* determinata e indeterminata: annnotazioni per l'*Onomasticon Arabicum*". *Studi in onore di Francesco Gabrieli nel suo ottantesimo compleanno*, I (Roma, 1984), 19-27.

12. AVILA, M.L., "El método historiográfico de Ibn al-Abbār", *E.O.B.A.* I, 555-583.

13. *La sociedad hispanomusulmana al final del califato (Aproximación a un estudio demográfico)*. Madrid, 1985.

14. AYALON, D., "The eunuchs in the mamluk sultanate", *Studies in memory of Gaston Wiet* (Jerusalem, 1977), 267-95.

15. "Names, titles and *nisbas* of the Mamlūks", en Ayalon, D., *The Mamlūk Military Society* (London, 1979), IV.

16. BALOG, P., "Pious invocations probably used as titles of office or as honorific titles in Umayyad and $^{c}$Abbasid times", *Studies in Memory of Gaston Wiet* (Jerusalem, 1977), 61-68.

17. "Unusual honorific title on a Mamlūk coin", *Jhb. Num. Geldgesch.*, 28-9 (1978-79), 135-138.

18. BARBIER DE MEYNARD, A.C., "Surnoms et sobriquets dans la littérature arabe", *J.A.*, IX (1907), 173-244 y 365-428; X (1907), 55-118 y 193-273.

19. BĀŠĀ, Ḥ. al-, *Al-Alqāb al-islāmīya fī l-ta'rīj wa-l-waṯā'iq wa-l-āṯār*. Al-Qāhira, 1957.

20. BEESTON, A.F.L., "Background topics: The Evolution of the Arabic Language; the Arabic Script; Arabic Metrics; Arabic Nomenclature; The Arabic Book", *The Cambridge History of Arabic Literature*, I (Cambridge, 1983), 1-26.

21. BEN$^{c}$ABD ALLĀH, $^{c}$A. $^{c}$A., "Mu$^{c}$ŷam a$^{c}$lām al-nisā' bi-l-Magrib al-Aqṣà", *Al-Lisān al-$^{c}$Arabī,* 7/1 (1970), 320-7.

22. BEN ACHOUR, M.A., "Quelques notes sur l'onomastique tunisienne à l'époque husaynite pre-coloniale (XVIII-XIX$^{e}$ siècles)", *C.O.A.*, 1979, 21-36.

23. BERCHEM, M. v., "Eine arabische Inschrift aus dem Ostjordanlände mit historischen Erlänterungen", *Z.D.P.V.*, XVI (1897), 84-105.

24. *Matériaux pour un Corpus Inscriptionum Arabicarum*. Cairo, 1903.

25. "Titres califiens d'Occident. A propos de quelques monnaies mérinides et ziyanides", *J.A.*, IX (1907), 245-335.

26. BONEBAKKER, S. y HAYES, J., "The Onomasticon Arabicum", *M.E.S.A. Bulletin*, 20 (1986), 13-21.

27. BORRMANS, M., "Prénoms arabes et changement social en Tunisie", *I.B.L.A.*, 121 (1968), 97-112.

28. BOSCH VILA, J., "Los Banū Simāk de Málaga y Granada. Una familia de cadíes", *M.E.A.H.*, XI/1 (1962), 21-37.

29. BOSWORTH, C.E., "Laḳab", *E.I.*², *s.v.*

30. BRAU, H.H., "Die altnordarabischen kultischen Personennamen", *W.Z.K.M.*, 32 (1925), 31-59 y 85-115.

31. BRINNER, W.M., "The Banū Ṣaṣrā", *Arabica*, VI (1960), 167-195.

32. BULLIET, R.W., *Conversion to Islam in the Medieval Period. An Essay in Quantitative History*. Cambridge, 1979.

33. "First Names and Political Change in Modern Turkey", *I.J.M.E.S.*, IX (1978), 484-95.

34. BUXTON, L.H.D., "Personal and Place Names in Malta", *Man*, 21 (1921), 146-7.

35. CAETANI, L. y GABRIELI, G., *Onomasticon Arabicum*. Roma, 1915.

36. CALERO, M.I., "Una familia ceutí en la Granada de los siglos XIV y XV: los Banū l-Šarīf al-Ḥasanī", *Al-Qanṭara*, VII (1987), 53-105.

37. CANARD, M., "La forme arabe *faᶜāli*", *A.I.E.O.*, I (1934-5), 5-72.

38. CARTER, M.G., "The use of proper names as a testing device in Sibawayhi's Kitāb", *Historiographia Linguistica*, 8 (1981),

345-356.

39. CASKEL, W., *Ǧamharat an-nasab. Das genealogische Werk des Hišām ibn Muḥammad al-Kalbī.* Leiden, 1966.

40. CODERA, F., "Apodos o sobrenombres de moros españoles". *Mélanges H. Derenbourg* (Paris, 1909), 322-334.

41. *Importancia de las fuentes árabes para conocer el estado del vocabulario en las lenguas o dialectos españoles desde el siglo VIII al XII*. Madrid, 1910.

42. *Títulos y nombres propios en las monedas arábigo-españolas*. Madrid, 1878.

43. COLIN, G.S., "Note sur l'origine du nom de Mahomet", *Hespéris*, 5 (1925), 129.

44. CORTESAO, A., *Onomástico medieval portugués*. Lisboa, 1912.

45. CUNHA SERRA, P., *Contribuiçao topo-antroponimica para o estudo do povoamento do Noroeste peninsular*. Lisboa, 1967.

46. DAGORN, R., *La geste d'Ismael d'après l'onomastique et la tradition arabes*. Genève, 1981.

47. DE SIMONE, A., *Spoglio antroponimico delle giaride* (ǧarā'id) *arabo-greche dei Diplomi editi da Salvatore Cusa*. Roma, 1979.

48. DIEZ MELCON, G., *Apellidos castellano-leoneses. Siglos IX al XIII*. Granada, 1957.

49. DIETRICH, A., "Das Kunya-Wörterbuch des Muslim b. al-Ḥaǧǧāǧ", *Festschrift W. Caskel* (Leiden, 1968), 4352.

50. "Zu den mit *ad-dīn* zusammengesetzten islamischen Personennamen", *Z.D.M.G.*, 110 (1960), 43-54.

51. DUNCAN, R.M., "Apellidos surgidos de los Documentos lingüísticos de Castilla", *Folia Humanistica*, II (1964), 665-80 y 761-71.

52. EBIED, R.Y. y YOUNG, M.J.L., "A Note on Muslim Name-giving According to the Day of the Week", *Arabica*, 24 (1977), 326-8.

53. ELIASSAF, N. "Names' Survey in the Population Administration: State of Israel", *Names*, 29 (1981), 273-84.

54. FELIPE, E. de y RODRIGUEZ, F., "La producción intelectual mālikī a través de *al-Dībāŷ al-mudhab* de Ibn Farḥūn", *E.O.B.A.* I, 419-527.

55. FERNANDEZ SERRANO, F., "De "Re" onomástica: Mozárabe, un apellido del Alto Aragón", *Genealogías Mozárabes*, I (Toledo, 1981), 91-98.

56. FIERRO, M.I., "Bazīᶜ, *mawlà* de ᶜAbd al-Raḥmān I, y sus descendientes", *Al-Qanṭara*, VIII (1987) 99-118.

57. "Los Banū ᶜĀṣim al-Ṯaqafī, antepasados de Ibn al-Zubayr", *Al-Qanṭara*, VII (1986), 53-84.

58. "Muᶜāwiya b. Ṣāliḥ al-Ḥaḍramī al-Ḥimṣī: historia y leyenda", *E.O.B.A.* I, 281-411.

59. FIERRO, M.I. y ZANON, J., "Andalusíes en dos obras de al-Ḏahabī: *Siyar aᶜlām al-nubalā'* y *Taḏkirat al-Ḥuffāẓ*", *E.O.B.A.* I, 183-233.

60. FIORINI, S., "A Survey of Maltese nicknames, I: the Nicknames of Naxxar, 1832", *Journal of Maltese Studies*, 16 (1832), 62-93.

61. FISCHER, A., "Amra'alqais oder Imra'alqais?", *Z.S.*, I (1922), 196-9.

62. "Baṭṭūṭa, nicht Baṭūṭa", *Z.D.M.G.*, 72 (1918), 289.

63. "Imra'alqais (Die arabischen Vorschlagvokale und das alif al-wasl).- Die Nabatäer und ihre Sprache.- Der Gottesname Il (El, Il, Ill) u.a.). Eine Erwiderung", *Islamica*, I (1925), 1-40, 365-389.

64. "Al-Maqdisī und al-Muqaddasī", *Z.D.M.G.*, 60 (1906), 404-410.

65. "Muḥammad und Aḥmad. Die Namen der arabischen Propheten", *Berichte über die Verhandlungen der Sächsischen Akademie der Wissenschaften zu Leipzig*, 1932.

66. "Vergöttlichung und Tabuisierung der Namen Muḥammad's bei den Muslimen", en Hartmann,R. y Scheel, H. (eds), *Beiträge zur Arabistik, Semitistik und Islamwissenschaft* (Leipzig, 1944), 307-339.

67. FORNEAS, J.M., "Los Banū ᶜAṭiyya de Granada", *M.E.A.H.* XXV (1976), 69-80; XXVII-XXVIII (1978-79), 59-77.

68. "Elementos para una bibliografía lingüística básica sobre al-Andalus", *Actas de las Jornadas de Cultura Arabe e Islámica 1978* (Madrid, 1981), 45-107.

69. "Sobre los Banū Ḥawt Allāh (=Ḥawtella) y algunos fenómenos fonéticos del árabe levantino", *Al-Andalus*, 32 (1967), 445-58.

70. GABORIEAU, M., "L'onomastique moderne chez les musulmans du sous-continent indien", *C.O.A.*, 1982-84, 9-50.

71. GALAND, R., "Afrique du Nord: toponymie et anthroponymie", *Rev. Int. Onomastique*, 17 (1965), 127-145.

72. GARCIA DOMINGUES, J.D., "Antropónimos árabes na *Crónica dos reis de Portugal*", *Primer Congreso de Estudios Arabes e Islámicos, Córdoba 1962* (Madrid, 1964), 321-49.

73. GARCIA GOMEZ, E., "D.W.N.K.Y.R. = Doñeguero", *Al-Andalus*, XIX (1954), 225-227.

74. "Dulce, mártir mozárabe de comienzos del siglo X", *Al-Andalus*, XIX (1954), 451-4.

75. "Hipocorísticos árabes y patronímicos hispánicos", *Arabica*, I (1954), 129-135.

76. "Sobre la identificación del rey Búcar en el Cantar del Mio Cid", *Studi Giorgio Levi della Vida* (Roma, 1956), I, 371-7.

77. GARCIA GOMEZ, E. y MENENDEZ PIDAL, R., "Sobre la etimología del nombre del bastardo Mudarra", *Al-Andalus*, 16 (1951), 87-98.

78. GARCIN DE TASSY, J., "Mémoire sur les noms propres et les titres musulmans", *J.A.*, III (1854). 422-510.

79. GOITEIN, S.D., "Nicknames as family names", *J.A.O.S.*, 90 (1970), 517-24.

80. GOLDZIHER, I.,"La kunya selon la loi musulmane", *Arabica*, VII (1960), 114-5.

81. GRAF, G., "Zur Etymologie des Namens Kopten", *O.L.*, 12 (1909), 342-3.

82. GRANJA, F.de la, "A propósito del nombre Muḥammad y sus variantes en Occidente", *Al-Andalus*, 33 (1968), 231-40.

83. GRATZL, E., *Die altarabischen Frauennamen*. Leipzig, 1906.

84. GRIMME,H., "Der Name Muḥammad", *Z.S.*, 6 (1928), 24-26.

85. HARTMANN, M., "Sulamī oder Sullamī ?", *O.L.*, 15 (1912), 127-9.

86. HOROVITZ, J., *Jewish Proper Names and Derivatives in the Koran*. Hildesheim, 1964.

87. HUMBERT, G., "Remarques sur le nom propre dans le *Kitāb* de Sībawayh", *C.O.A.*, 1982-84, 73-83.

88. ḤUSAYNĪ, M.B. al-, "Al-Kunà wa-l-alqāb ʿalà nuqūd al-mamālik al-baḥrīya wa-l-burŷīya fī Miṣr wa-l-Šām", *Al-Mawrid* IV/1 (1975), 55-104.

89. IBN TĀWĪT, M., "Muḥammad ibn Alma Mala", *Al-Andalus*, XIX (1954), 455-6.

90. *ISM, E.I.*², *s.v.*

91. IVANOW, W., "Noms bibliques dans la mythologie ismaélienne", *J.A.*, CCXXXVI (1948), 249-55.

92. JIMENEZ MATA, M.C., "Unas referencias en torno a dos *balawíes* de *Labassa* (La Peza)", *A.I.*, 2-3 (1981-82), 107-10.

93. JOMIER, J., "Le nom divin "al-Raḥmān" dans le Coran", *Mélanges Louis Massignon* (Damasco, 1957), 361-81.

94. JUNGFER y MARTINEZ PAJARES, *Estudio sobre apellidos y nombres de lugar hispano-marroquíes*. Madrid, 1918.

95. JURJI, E.J., "Pre-Islamic use of the name Muhammad", *M.W.*, 26 (1936), 389-91.

96. KAKUK, Z., "Antroponymes turcs mahométans", en Kaldy-Nagy, G. (ed.), *The Muslim East. Studies in honour of J.Germanus* (Budapest, 1974), 161-173.

97. KARMĪ, S. al-, "Al-Iᶜlām bi-maᶜānī l-aᶜlām", *M.M.ᶜI.-ᶜA.D.*, 1 (1969), 289-297, 321-28, 353-8.

98. KHEMIRI, T., "Die Formen *faᶜūl* und *faᶜᶜūl*. Ein Beitrag zur arabischen Namenkunde", *Islam*, 26 (1942). 159-60.

99. KHURI, F.I., "Classification, Meaning and Usage of Arabic Status and Kinship Terms", en al-Qāḍī, W.(ed.), *Studia Arabica et Islamica. Fetschrift for Ihsan ᶜAbbās* (Beirut, 1981), 277-91.

100. KISTER, M.J., "Call yourselves by graceful names", *Lectures in Memory of Professor Martin M. Plessner* (Jerusalem, 1975).

101. KOHLBERG, E., "Abū Turāb (discussion of the name)", *B.S.O.A.S.*, 41 (1978), 347-52.

102. KRAMERS, J.H., "Les noms musulmans composés avec *dīn*", *Act. Or.*, 5 (1927), 53-67.

103. KUENTZ, Ch., "Deux points d'onomastique arabe", *Quatrième*

*Congrès International de Sciences Onomastiques* (Uppsala, 1954), 328-30.

104. LABARTA, A., *La onomástica de los moriscos valencianos*. Madrid, 1987.

105. LANKASTER HARDING, G., *An Index and Concordance of Pre-Islamic Arabian Names and Inscriptions*. Toronto, 1971.

106. LA VERONNE, Ch., "Nombres y apellidos musulmanes o judíos de la región de Tremecén y Orán en la primera mitad del siglo XVI", *M.E.A.H.*, 26 (1977), 83-101.

107. LEITE DE VASCONCELOS, J., *Antroponimia portuguesa*. Lisboa, 1928.

108. LEVI DELLA VIDA, G., "Muḥammad ibn Ḥabīb's *Matronymics of poets*", *J.A.O.S.*, 62 1942), 156-70.

109. LEVI-PROVENÇAL, E., *Inscriptions arabes d'Espagne*. Leyde, 1931.

110. LEWIS, B., "The Regnal Titles of the First Abbasid Caliphs", *Dr. Zakir Husain Presentation Volume* (New Delhi, 1968), 13-22.

111. LITTMAN, E., "Amra'alqais und Imra'alqais", *Z.S.*, 2 (1924), 99-100.

112. "Beduinen- und Drusen-Namen an dem Ḥawrān Gebiet", *Nachr. Akad. Wis. Göttingen, Phil. Wist. Kl.*, 1921, 1-20.

113. "Eigennamen der heutigen Agypter", *Studi orientalistici in onore di Giorgio Levi della Vida*, II (Roma, 1956), 81-93.

114. LOEVENTHAL, I., "The Name ᶜĪsà", *M.W.*, I (1911), 265-82.

115. LOPEZ MORILLAS, C., "Los bereberes zanāta en la historia y la leyenda", *Al-Andalus*, XLII (1977), 301-22.

116. LOSA, A., "Moçarabes em território portugues nos séculos X e XI: contribuiçao para o estudo da antroponimia no Liber teramento-

rum de Lorvao". *Islao e Arabismo na Peninsula Ibérica. Actas do XI Congresso da U.E.A.I.* (Evora, 1986), 273-89.

117. LYALL, C.J., "Sibawaihi or Sibuyah", *J.R.A.S.*, 1912, 749-51.

118. MALTI-DOUGLAS, F., "The Interrelationship of Onomastic Elements: *isms*, *dīn*-names and *kunyas* in the ninth Century A.H.", *C.O.A.*, 1981, 27-55.

119. "Pour une rethorique onomastique. Les noms des aveugles chez aṣ-Ṣafadī", *C.O.A.*, 1981, 27-55.

120. MALTI-DOUGLAS, F. y FOURCADE, G., *The Treatment by Computer of Medieval Arabic Biographical Data: An Introduction and Guide to the Onomasticon Arabicum*. Paris, 1976.

121. MARIN, M., "Le nom Ḥanaš dans l'onomastique arabe", *C.O.A.*, 1982-84, 51-55.

122. "Nómina de sabios de al-Andalus (93-350/711-961)", *E.O.B.A.* I, 23-182.

123. "Notas sobre onomástica y denominaciones femeninas en al-Andalus (siglos VIII-XI)". *Homenaje al prof. Darío Cabanelas Rodríguez*, I (Granada, 1987), 37-52.

124. "Onomástica árabe en al-Andalus: *ism* *ᶜalam* y *kunya*", *Al-Qanṭara*, IV (1983), 131-149.

125. "Una familia de ulemas cordobeses: los Banū Abī ᶜĪsà", *Al-Qanṭara*, VI (1985), 131-149.

126. MARTINEZ CAVIRO, B., "En torno al linaje de los Gudiel", *Genealogías mozárabes*, I (Toledo, 1981), 81-90.

127. MARTINEZ RUIZ, J., "Antroponimia morisca granadina en el siglo XVI y su interés para la onomástica hispánica", *XI Congr. Int. Ling. y Filol. Románicas*, IV (Madrid, 1968), 1935-57.

128. "Visita a todas las casas del Albaicín en el año 1569 (Antroponimia, etnología y lingüística)", *C.A.*, 15-17 (1979-81), 255-

98; 18 (1982) 239-273; 19-20 (1983-84), 247-283; 22 (1986), 101-135.

129. MARTY, P., "Folklore tunisien. L'onomastique des noms propres de personne", *R.E.I.*, 10 (1936), 363-434.

130. MASIA, A., "Contribución al conocimiento del censo de la población musulmana: los moros residentes en Cataluña según los fogajes de 1491, 1497 y 151", *Tamuda*, 3 (1955), 282-290.

131. MATEU, F., "Nómina de los musulmanes de las montañas de Coll de Rates del Reino de Valencia en 1409", *Al-Andalus*, VI (1942), 299-335.

132. MORLEY, S.G., "Arabic Nomenclature in the Characters of Lope de Vega's Plays", *Univ. of California Publications in Semitic Philology*, XI (1951), 339-43.

133. NAJLA, R., *Garā'ib al-luga al-ᶜarabīya*. Beirut, 1960 (pp. 90-97).

134. NAIMUR-RAHMAN, M., "The Kunya-Names in Arabic", *Allahabad University Studies*, 5 (1929), 341-442; 6 (1930) 751-883.

135. NESTLE, E., "Sarazenen", *O.L.*, 15(1912), 206-7.

136. NOELDEKE, T., *Beiträge zur semitischen Sprachwissenschaft*. Strassburg, 1904 (pp. 73-123).

137. "Parerga. i. Imrialqais. ii. Rad Afrīs". *Z.S.* 2 (1983), 181-207.

138. OCAÑA JIMENEZ, M., "Arquitectos y mano de obra en la construcción de la gran mezquita de Occidente". *C.A.*, 22 (1986), 55-85.

139. OMAN, G., "Les noms propres arabes en Mauritanie. Matériaux pour l'étude de l'anthroponymie arabe", *S.M.*, XV (1983), 181-207.

140. "Personal Names in the Capital Area of the Sultanate of Oman. Materials for the Study of Arabicv Anthroponymy", *C.O.A.*, 1981, 95-113.

141. "Personal Names in the Southern Region (Ẓufār) of the Sultanate of Oman", *O.M.*, LX (1980), 181-195.

142. "Personal Names on the Regional Areas of the Sultanate of Oman", *A.I.O.N.*, XLII 1982), 527-564.

143. OMAR, F., "A Note on the Laqabs (i.e. epithet) of the Early ᶜAbbasid Caliphs", *Abbasiyyat* (Bagdad, 1976), 141-7.

144. ORY, S., "De quelques personnages portant le nom de Kumuštakīn ă l'époque salgūqide", *R.E.I.*, XXV (1967), 119-134.

145. PARZYMIES, A., "Adaptation phonétique des noms de famille turcs à la langue parlée d'Algérie", *Africana Bull.*, 26 (1977), 87-102.

146. *Anthroponymie algérienne: noms de famille modernes d'origine turque*. Varsovia, 1985.

147. "Noms de famille en Algérie contemporaine", *Africana Bull.*, 23 (1975), 125-137.

148. "Noms de personnes en Algérie", *F.O.*, 20 (1979), 107-118.

149. PELLEGRINI, G.B., "Nomi arabi in fonti bizantine di Sicilia", Byzantino-Sicula II. *Miscellanea di scritti in memoria di G. Rossi Taibbi* (Palermo, 1975), 409-423.

150. PERES, H., "Les éléments ethniques de l'Espagne musulmane et la langue arabe au Ve/XIe siècle", Etudes *d'orientalisme dédiées à la mémoire d'E.Lévi-Provençal*, II (Paris, 1962), 717-731.

151. PEREZ LAZARO, J., "Alteraciones fonéticas en *nisba*-s andalusíes", *E.O.B.A.* I, 529-554.

152. PETRY, C., "Geographic Origins of Dīwān Officials in Cairo during the Fifteenth Century", *J.E.S.H.O.*, XXI (1978), 165-184.

153. PETRY, C. y MENDENHALL, S., "Geographic Origins of the Civil Judiciary Officials of Cairo in the Fifteenth Century", *J.E.S.H.O.*, XXI (1978), 52-74.

154. PIANEL, G., "Sobriquets marocains", *Hespéris*, XXXVII (1950), 443-459.

155. PIEL, J.M., "Come nasceu o nome da freguesia de Mafamude", *R.P.H.*, V (1951), 283-286.

156. POLLOCK, F., "Moslem Names", Law Quart. *Rev.*, 35 (1919), p.289.

157. RIERA, M.M., *Prosopografia dels ᶜulamā' i del fuqahā' de les illes orientals d'al-Andalus*. Palma de Mallorca, 1985.

158. RINGEL, H., *Die Frauennamen in der arabisch-islamischen Liebesdichtung*. Leipzig, 1938.

159. RODRIGUEZ MARQUINA, J., "Linajes mozárabes de Toledo en los siglos XII y XIII", *Genealogías mozárabes*, I (Toledo, 1981), 11-64.

160. ROSTAING, Ch., "Toponymie et anthroponymie «sarrasines» en Provence et dans la vallée du Rhône", *Rev. Int. Onomastique*, 28 (1976), 1-19.

161. RUBIERA, M.J., "El significado del nombre de los Banū Ašqilūla", *Al-Andalus*, 31 (1966), 377-8.

162. RYCKMANS, G., *Les noms propres sud-semitiques*. Louvain, 1934.

163. SALATI, M., "Le *nisbe* geografiche del *Kitāb amal al-āmil fī ḏikr ᶜulamā' ǧabal ᶜĀmil*", *C.O.A.*, 1982-84, 57-63.

164. SĀMARRĀ'Ī, I. al-, *Al-Aᶜlām al-ᶜarabīya. Dirāsa lugawīya iǧtimāᶜīya*. Bagdad, 1964.

165. SAMIR, KH. "Aṣlān dans l'onomastique arabe", *C.O.A.*, 1981, 9-26.

166. ——— "Yannah dans l'onomastique arabe copte", *O.C.P.*, 45 (1979), 166-170.

167. SAMSO, J., "Los estudios sobre el dialecto andalusí, la onomástica hispano-árabe y los arabismos en las lenguas peninsulares desde 1950", *I.H.E.*, XVI (1970), XI-XLVII.

168. SAUVAGET, J., "Noms et surnoms des Mamelouks", *J.A.*, CCXXXVIII (1950), 31-58.

169. SCARABEL, A., "Osservazioni sull'onomastica araba pre- e protoislamica", *C.O.A.*, 1981, 81-93.

170. SCARCIA-AMORETTI, B., "Informazioni di tipo onomastico nel *Kitāb al-naqḍ* (XII sec.)", *C.O.A.*, 1982-84, 65-72.

171. SCHIMMEL, A., *And Muhammad is his Messenger*. Chapel Hill, 1985 (pp. 105-122).

172. SECO DE LUCENA, L., "Alamines y Venegas, cortesanos de los naṣríes", *M.E.A.H.*, X (1961), 127-142.

173. "Los Banū ᶜĀṣim, intelectuales y políticos granadinos del siglo X", *M.E.A.H.*, II (1953), 5-15.

174. "Cortesanos naṣríes del siglo XV: las familias de Ibn ᶜAbd al-Barr e Ibn Kumāša", *M.E.A.H.*, VII (1958), 19-28.

175. "La familia de Muḥammad X el Cojo, rey de Granada", *Al-Andalus* XI (1946) 379-387.

176. SEHSUVAROGLU, B.N., "Des transformations et des formes adoptées, à cause du respect religieux, par les noms islamiques, chez les Turcs", *Quatrième Congrès Int. de Sciences Onomastiques, Uppsala 1952* (Uppsala, 1954), 486-7.

177. SELLHEIM, R., "Familiennamen im islamischen Mittelalter: eine Skizze", *O.S.*, 33-35 (1984-86), 375-84.

178. SENFFT, J., *Beiträge zur frühislamischen Personennamenkunde*, Berlin, 1942.

179. SIMONET, F.J., *Glosario de voces ibéricas y latinas usadas entre los mozárabes*. Madrid, 1888.

180. SOCIN, A., "Die arabischen Eigennamen in Algier", *Z.D.M.G.*, 53 (1899), 471-500.

181. SPITALER, A., "Beiträge zur Kenntnis der *kunya*-Namengebung", *Fetschrift W. Caskel* (Leiden, 1968), 336-350.

182. STOWASSER-FREYER, B., "Formen des geselligen Umgangs und Eigentümlichkeiten des Sprachgebrauchs in der frühislamischen Gesellschaft Arabiens (nach Ibn Sa^c^d und Buḫārī)", *Der Islam*, 38 (1962) 51-105 y 42 (1965), 25-57, 179-234.

183. SUBLET, J., "L'Onomasticon Arabicum: répertoire, mis en mémoire d'ordinateur, des personnages identifiés dans les sources arabes (Etat actuel)", *L'Arabisant*, 18-19 (1981-82), 30-46.

184. "La prosopographie arabe", *Annales E.S.C.*, XXV (1970), 1236-39.

185. "Noms de guerre, Algérie 1954-1962", *Actas del XII Congreso de la U.E.A.I. Málaga 1984* (Madrid, 1986), 687-696.

186. TERES, E., "Dos familias marwāníes en al-Andalus", *Al-Andalus* XXXV (1970), 93-117.

187. "Linajes árabes en al-Andalus según la *Ŷamhara* de Ibn Ḥazm", *Al-Andalus*, XXII (1957), 55-111 y 337-376.

188. TRAINI, R., *Sources biographiques des Zaydites*. Paris, 1977.

189. UREÑA, R., "Familias de jurisconsultos. Los Banimajlad de Córdoba". *Homenaje a don Francisco Codera* (Zaragoza, 1904), 251-258.

190. VALY MAMEDE, S., "Onomastica Islámico-portuguesa", *B.M.S.L.P.*, XIX (1968) 329-322.

191. VALLVE, J., "Sobre demografía y sociedad en al-Andalus", *Al-Andalus*, XLII (1977), 323-340.

192. VELOZO, F.J., "Mais alguns nomes antigos de muçulmanos portugueses", *B.M.S.L.P.*, XIX (1968), 397-8.

193. "Nomes de muçulmanos portugueses", *B.M.S.L.P.*, XX (1969), 95-6.

194. VENY, J., "El cognom Gamundí/Gamundi, germanisme o arabisme", *Estudis Univ. Catalans*, 24 (1980), 583-595.

195. VERNET, J., "Antropónimos árabes conservados en apellidos del Levante español", *Oriens*, XVI (1963), 145-151.

196. "Antropónimos de etimología árabe en el Levante español: ensayo metodológico", *R.I.E.I.*, XI-XII (1963-64).

197. "Antropónimos musulmanes en los actuales partidos judiciales de Falset y Gandesa". *Homenaje a J. Vicens Vives*, I (Barcelona, 1965), 123-6.

198. VILLEGAS, M., "¿Qué es más legal, Yamila o Djamila?", *R.V.*, 4 (1981). 125-8.

199. VROONEN, E., *Les noms de personnes en Orient et spécialement en Egypte. Noms musulmans, noms chrétiens, noms israélites*. Le Caire, 1946.

200. VYCICHL, W. "Bau und Ursprung der ägyptischen Nisbe", *W.Z.K.M.*, 46 (1939), 189-194.

201. WANSBROUGH, J., "Gentilics and appellatives: notes on Aḥābīš Qurayš", *B.S.O.A.S.*, 49 (1986), 203-210.

202. WENSINCK, A.J., "Some Semitic Rites of Mourning and Religion", *Verh. Ak. Wet. Amsterdam*, n.s., XVIII/I, 26.

203. WENSINCK, A.J. y PELLAT, Ch., "Kunya", *E.I.*$^2$, *s.v.*

204. WETTINGER, G., "The Distribution of Surnames in Malta in 1419 and the 1480s", *J.M.S.*, 5 (1968), 25-48.

205. "The Place-Names and the Personal Nomenclature of Gozo, 1372-1600", *Oriental Studies presented to B.S.J.Isserlin* (eds. R.Y. Ebied and M.J.L. Young) (Leiden, 1980), 173-198.

206. WILD, S., "Arabische Eigennamen", *Grundriss der arabischen Philologie*, I (ed. W. Fischer) (Wiesbaden, 1982), 154-164.

207. WILENSKY, M., "Le nom d'Aboû-l-Walīd", *R.E.J.*, 92 (1932) 55-58.

208. WUESTENFELD, F., *Genealogische Tabellen der arabischen Stämme und Familien*. Göttingen, 1852-3.

209. ZAMĀMA, ᶜA., "Al-Maqrī wa-l-Maqqarī", *M.M.L.ᶜA.D.*, 46 (1971) 99-104.

210. ZIMMERN, H., "Nazoräer (Nazarener)", *Z.D.M.G.*, 74 (1920) 429-438.

SIGLAS

*A.I.* Andalucía Islámica.

*A.I.E.O.* Annales de l'Institut d'Études Orientales, Alger.

*A.I.O.N.* Annali Istituto Orientale, Napoli.

*B.M.S.L.P.* Boletim Mensual da Sociedade de Lingua Portuguesa, Lisboa.

*B.S.O.A.S.* Bulletin of the School of Oriental and African Studies.

*C.A.* Cuadernos de la Alhambra.

*C.O.A.* Cahiers d'Onomastique Arabe.

*E.O.B.A., I.* Estudios Onomástico-biográficos de al-Andalus (Madrid, 1988).

*F.O.* Folia Orientalia.

*I.B.L.A.* Institut de Belles Lettres Arabes.

*I.H.E.* Indice Histórico Español.

*I.J.M.E.S.* International Journal of Middle Eastern Studies.

*J.A.* Journal Asiatique.

*J.A.O.S.* Journal of the American Oriental Society.

*J.E.S.H.O.* Journal of the Economic and Social History of the Orient.

*J.M.S.* Journal of Maltese Studies.

*J.R.A.S.* Journal of the Royal Asiatic Society.

*M.E.A.H.* Miscelánea de Estudios Arabes y Hebraicos.

*M.M.$^{c}$I.$^{c}$A.D.* Maŷallat al-Ma$^{c}$had al-$^{c}$Ilmī al-$^{c}$Arabī. Damasco.

*M.M.L.$^{c}$A.D.* Maŷallat Maŷma$^{c}$ al-Luga al-$^{c}$Arabīya. Damasco.

*M.M.M.$^{c}$A.* Maŷallat Ma$^{c}$had al-Majṭūṭāt al-$^{c}$Arabīya.

*M.W.* The Muslim World.

*O.C.P.* Orientalia Christiana Periodica.

*O.L.* Orientalistische Literaturzeitung.

*O.S.* Orientalia Suecana.

*R.E.I.* Revue des Etudes Islamiques.

*R.E.J.* Revue des Etudes Juives.

*R.I.E.I.* Revista del Instituto de Estudios Islámicos.

*R.P.H.* Revista Portuguesa de Historia.

*R.V.* Revue des Langues. Orán.

*S.M.* Studi Magrebini.

*W.Z.K.M.* Wiener Zeitschrift für die Kunde des Morgenlandes.

*Z.D.M.G.* Zeitschrift der deutschen morgenländischen Gesellschaft.

*Z.D.P.V.* Zeitschrift der deutschen Palästina-Vereins.

*Z.S.* Zeitschrift für Semitistik und verwandte Gebiete.

# LA ANTROPONIMIA ARABE EN GRAFIA LATINA COMO FUENTE LINGÜISTICA

**Ana LABARTA**
Universidad de Córdoba

Hace ya algunos años me ocupé de la antroponimia de los moriscos valencianos, utilizando el material que podía extraerse de los archivos inquisitoriales. El resultado fue un trabajo que se ha publicado hace poco con el título de *Onomástica morisca valenciana*[1] del que dí un avance en las III Jornadas de Cultura Arabe e Islámica[2]. No voy a repetir lo que dije entonces, sino precisamente a desarrollar un aspecto que apunté y que creo merece mayor atención: la utilidad de la antroponimia para la lingüística.

Señalaba allí la conveniencia de recoger y clasificar el material antroponímico hispanoárabe, dedicando estudios a las diversas zonas y épocas, basados en fuentes que aporten una muestra amplia, de modo que podamos llegar, por lo menos, a una perspectiva global sobre el tema en nuestra Península, con comparaciones sincrónicas y diacrónicas.

Tal trabajo no tiene sólo un interés intrínseco, sino que trasciende, aportando datos a otras ciencias sociales. Así, la curva de porcentajes de los nombres "típicamente musulmanes" mostraría, según Bulliet, las oleadas de conversión y las fases sucesivas de mayor o menor fervor religioso -espontáneo o impuesto, según circunstancias históricas bien conocidas-. La presencia o ausencia de ciertos tipos de nombres puede reflejar, para determinadas épocas, hasta qué punto se sentía en al-Andalus la influencia de las modas exteriores. Un análisis diacrónico de la distribución espacial de las

---

[1] Madrid, CSIC, 1987.

[2] "Aproximación a la antroponimia de los moriscos valencianos", Madrid, mayo 1983.

*nisbas* tribales, así como el estudio de las *nisbas* toponímicas puede mostrar la movilidad de la población dentro de la Península, inmigraciones y emigraciones, en periodos y por motivos, de nuevo, históricamente bien conocidos. Los apodos que indican cargos y oficios tienen interés como reflejo de las estructuras sociales, etc. Son tan sólo unos cuantos ejemplos, entre muchos, del fruto que puede obtenerse del estudio de dicho material.

Las obras escritas en árabe literal (libros de biografías, crónicas...) permiten todo ese tipo de enfoques, pero -salvo en rarísimas ocasiones- la onomástica allí recogida no tiene ninguna utilidad lingüística. Por el contrario, las formas antroponímicas registradas en alfabeto latino pueden utilizarse, con la debida prudencia, como fuente secundaria de información sobre el dialecto hispanoárabe.

En efecto, la onomástica escrita en árabe se ajusta a un sistema gráfico *fonológico*; cada nombre tiene prevista su forma ortográfica correcta, y ésa será la que se escriba, al margen de su pronunciación real. La onomástica árabe reflejada en caracteres latinos tiende a mostrar, por el contrario, la realidad *fonética*, es decir, los nombres tal como se oían.

**Premisas metodológicas**

Utilizaré como base de ejemplo la onomástica morisca valenciana, por ser la que mejor conozco, pero evidentemente lo que voy a decir es válido -y debería realizarse igualmente- para otras zonas y épocas.

Este material antroponímico, una vez recogido y clasificado, es susceptible de ser analizado desde el punto de vista lingüístico; constituye una fuente complementaria para el estudio del dialecto hispanoárabe en la zona valenciana en la segunda mitad del siglo XVI y, de modo más limitado y marginal, puede aportar algún dato de interés también sobre la situación del castellano y el catalán en la época y sobre interferencias arabo-romances.

De modo general, dicho trabajo queda reducido, por el propio carácter de la fuente, al estudio de la fonología y de los esquemas nominales.

El reflejo de la lengua árabe por la grafía latina plantea una problemática muy especial: debe interpretarse cada término teniendo en cuenta que se trata de un elemento codificado en un sistema, que pasa por una fase acústica, y es descodificado según otro sistema, distinto. Un mismo rasgo puede ser interpretado de diferente modo en cada uno de los dos sistemas: oposiciones neutralizadas en uno, no lo están en el otro; lo que en uno son alófonos, en el otro constituyen dos o más fonemas, y a la inversa.

La descodificación por parte del escriba cristiano lleva implicados diversos factores: su desconocimiento del sistema fonológico, los esquemas y la tradición gráfica del árabe supondría su completa libertad para reproducir lo que oye y tal como lo oye. Pero esto no ocurre así. Los sonidos percibidos son interpretados, en primer lugar, según las distribuciones fonológicas del romance, y los fonemas inexistentes en éste se adaptan, fijándose tan sólo parte de sus rasgos articulatorios: modo, punto, sonoridad...

En el momento de plasmarlos mediante la grafía latina, el escriba sufre, además, la influencia de los hábitos ortográficos de su propio idioma, la presión de los morfemas y sufijos habituales, a los que tiende a asimilar los sonidos árabes -aun cuando los perciba correctamente como distintos- en un intento, posiblemente inconsciente, de evitar grafías anómalas en romance.

Hay que tener en cuenta, además, que en la zona valenciana coexisten en el siglo XVI el castellano y el catalán, con sus estructuras fonológicas y morfológicas y sus hábitos ortográficos distintos. Y no hay que olvidar tampoco la posibilidad de "ultracorrecciones" por parte del escriba, en especial en el terreno de las sibilantes que, como es sabido, en esa época estaban confundiéndose.

Las vacilaciones y las grafías múltiples que pueden encontrarse para cada fonema árabe no muestran, a menudo, rasgos del árabe dialectal, sino la dificultad por parte del escriba para identificar y reproducir correctamente mediante grafemas latinos unos sonidos que no distinguía en romance.

Sólo teniendo en cuenta todos estos factores puede esperarse obtener alguna información fiable sobre el dialecto árabe valenciano. Al tratarse de una fuente secundaria, los resultados deberán ser contrastados cuidadosamente con los que proporcionan las fuentes directas antes de sacar ninguna conclusión.

Para realizar esa comparación contamos con las descripciones del dialecto arábigovalenciano realizadas a partir de fuentes árabes por Carmen Barceló y por mí [3].

En realidad, mi intención no es la de utilizar la antroponimia que aparezca transcrita en fuentes cristianas para extraer conclusiones sobre el dialecto hispanoárabe: para eso contamos con suficiente documentación árabe de primera mano.

Como ya he dicho, la antroponimia en caracteres latinos (y lo mismo sucedería con la toponimia o los préstamos léxicos) es una fuente *secundaria*, y por tanto sólo puede abordarse su análisis lingüístico *después* de haber elaborado una descripción lo más detallada posible -a partir de documentos árabes- de la variante dialectal que nos interese.

Cuando la conozcamos bien, podremos interpretar correctamente lo que indican las distintas grafías, que a veces es lo contrario de lo que parece a primera vista.

Quisiera, pues, poner en guardia sobre lo resbaladizo del material, que necesita siempre de un apoyo previo, y en lo peligroso que resultaría extraer conclusiones de tipo lingüístico utilizándolo como si se tratara de fuentes primarias.

**Algunos ejemplos de análisis**

Tras esta llamada a la prudencia -y en lingüística toda prudencia es poca- me gustaría analizar algunos casos utilizando los datos recogidos en *La onomástica de los moriscos valencianos*.

Por ejemplo, si nos fijamos en los nombres propios masculinos,

---

[3] C. Barceló, *Minorías islámicas en el País Valenciano*, Madrid-Valencia, 1984, cap. 4; A. Labarta, "Algunos aspectos del dialecto árabe valenciano en el siglo XVI a la luz del fondo de documentos del AHN", *Actas de las II Jornadas de Cultura Arabe e Islámica (1980)*, Madrid, 1985, pp.281-315.

observaremos que Aḥmad y Sa$^{c}$d (y sus diminutivos) y algún otro nombre se han escrito en grafía latina unas veces con >d< final y otras con >t<. Sumando los casos de una y otra, llegamos a 507 con >d< y 459 con >t<, lo cual supone una distribución casi mitad y mitad, pues los aciertos son el 52% y los fallos el 47%.

¿Cómo interpretar un índice de error tan alto en la elección del grafema? ¿Se ensordecería la /d/ final en el habla morisca valenciana, pronunciándose como [t] ?

Frente a ello, los ejemplos escritos en grafía árabe por los propios moriscos presentan siempre correctamente *dāl*, sin que se hallen confusiones.

Creo que el fenómeno reflejado en dichos ejemplos no corresponde al árabe sino al catalán: la oposición sorda≠sonora en posición final estaba ya neutralizada, dando lugar a las consiguientes vacilaciones y grafías opcionales que se han mantenido hasta la adopción normativa de la grafía sorda en tiempos modernos.

Al no poder determinar el escriba la sonoridad del fonema final de los nombres árabes por los mismos procedimientos morfofonéticos que aplicaba a las palabras catalanas, la elección de uno u otro grafema quedaba supeditada a su mejor o peor oído. Además no hay que descartar la preferencia por las terminaciones {-et} y {-at} bajo presión de los morfemas catalanes de diminutivo y participio pasivo, respectivamente, que por ello resultan fonética y gráficamente más familiares.

Creo demostrado, en consecuencia, que los ejemplos terminados en >d< reflejan la pronunciación árabe real, mientras que los terminados en >t< están mostrando fenómenos del romance.

Si en fin de palabra se neutraliza en catalán la oposición sonora≠sorda, ello afecta no sólo a d≠t, sino también a otras parejas como g≠k y b≠p; z≠s y en cierto modo š≠ŷ.

De la segunda pareja no hay casos en árabe, ya que éste no posee un fonema oclusivo palatal que se oponga a /k/ por la sonoridad; y nada definitivo puede decirse sobre *gayn* final que, a su vez, carece de correspondiente sordo, a partir de un único ejemplo:

el apellido *Sebec*, para el que propuse el étimo /ṣabbāg/.

En cuanto al fonema árabe /b/ en posición final (los casos recogidos no son muchos) se ha representado mediante tres grafemas latinos: el que corresponde a la oclusiva bilabial sonora >b< (en Hatab y Joayb, Joaybe, Joaybet); el de su pareja sorda >p< (en Ayup, Jacop, Gualip, Galip, Atap, Mochip) y el de la fricativa labiodental sorda >f< (en Abif, Aviff y Ataf).

En dichos ejemplos podríamos ver la misma tendencia a escribir el grafema correspondiente al fonema sordo que analizábamos a propósito de d≠t y deducir, por tanto, que la pronunciación real era [b] y que >p< refleja la neutralización de la sonoridad en posición final en catalán; pero quedaría por explicar la presencia de las formas con >f<.

No deja de llamar la atención el paralelismo entre esas tres grafías y la afirmación de al-Ani, quien señala (p.31) que en posición final /b/ se halla en variación libre -sonora o sorda, tensa o floja-, lo cual abonaría la hipótesis de que se trataba de tres alófonos reales [4].

En cualquier caso, el estudio de al-Ani, que está basado en espectrogramas y radiografías y pretende medir el árabe moderno standard sólo se aduce a título comparativo. La coincidencia de nuestros datos con los de dicho trabajo podrá resultar sugerente, pero, por desgracia, nunca será probatoria.

Otro aspecto de interés es el del vocalismo. Mientras la grafía árabe prevé tan sólo tres timbres fonológicos (aunque con dos cantidades cada uno), la grafía latina no marca la cantidad pero ofrece cinco posibles timbres. De este modo, los nombres transcritos a este alfabeto nos permiten entrever los alófonos del árabe.

Evidentemente, hay que analizar cada fonema teniendo en cuenta si se halla en sílaba abierta o cerrada, tónica o átona (y en este caso pre- o post- tónica), para estudiar la influencia que ejerce sobre él el entorno consonántico.

---

[4] Al-Ani, Salman H., *Arabic Phonology*, La Haya, 1970.

Si nos fijamos, por ejemplo, en los reflejos gráficos >u< / >o< del fonema /u/ árabe en sílaba abierta y pretónica:

| >u< | | >o< | |
|---|---|---|---|
| - | | Borayham | 35 |
| - | | Mochip | 1 |
| - | | Moquedin | 1 |
| Mureyme | 1 | Morayma | 11 |
| Zurayca | 1 | Zoraica | 1 |
| Zuayra | 2 | Zohayra | 89 |
| - | | Zoor | 8 |
| - | | Çoayad | 58 |
| Çuleyman | 8 | - | |
| Nuzeyha | 203 | - | |
| Nugeyme | 4 | Nojaymet | 1 |
| Xumeyça | 103 | Xomayça | 1 |
| Futey | 96 | Fotayma | 10 |
| Hucey | 24 | Hocen | 2 |

veremos que se ha escrito casi sistemáticamente >o< tras /b/, /m/, /z/, /s/ mientras que, tras las otras consonantes atestiguadas (/n/, /š/, /f/, /ḥ/) se ha escrito >u< y ello parece mostrar que /u/ poseía dos alófonos ([o] y [u]) condicionados por la consonante precedente. Nos faltan en la muestra ejemplos de /u/ tras buena parte de las consonantes, y por ello las conclusiones resultan muy incompletas.

Más complejo es el caso del diptongo /ay/.

En posición pretónica parece percibirse siempre como [ai̯], sea cual sea la consonante que le preceda. (Ayxona (2), Ayxux (2); Maymon (2), Maimon, Maymó (10), Maymonet, Obaydal (107), Obaidal (3), Ovaidar, Hobaydal (15), Hovaydal, Baydal (2); Mayar, Xaytanet, Ahiçaret, Caizona, Vorayamet, Fayro, Fayron, Fairon, Çaidet, Çaydet, Jaydon, Çaydon, Mahimon, Maymona, Maymonet, Maymoneta, Payet, Boayçar, Bohayçar, Alahizar, Alaiçar, Alaiçara, Alayçar, Alayzar, Ayçar, Lahiçar, Lahiçara, Layçar, Alcayat, Çobaydeta, Maymad, Maymet, Maymat, Çayan, Baidalet, Baydal, Baydalet, Baydalos, Obaydal, Solaytan, Zolaytan, "Xayron", "Taybet" etc.).

En posición tónica

* en sílaba terminal, seguida de Ø, se percibe como [ei̯] en los pocos ejemplos recogidos (Futey, Huçey, Huzey, Ocey).

* en sílaba terminal, seguido de K, se percibe también como [ei̯] (Zeyt, Uçeyt, Huseyt, Huceyt, Buçeyt, Huneym, Ubeyt, Humeyt; Homeyt, Zuveyr, Zuveir, Zubeyr, Hubey(d), Buçeyt, Huseyt, Huzey(d), Ocey, Zubeit, Zubey(d)), excepto en una serie de ejemplos precedidos de $^{c}$*ayn* (Bolaix, Bolax, Bollaix, Volax, Bolache, Bolahix, Ays, Aix, Joay, Joayb, Joaybe) o de *ḥā'* (Bolhay, Bolay).

De ello se desprende que en posición tónica se sentía la influencia del entorno consonántico, sólo que no poseemos más que dos ejemplos de las consonantes que condicionaban el alófono [ai̯]. Hubiera sido un error generalizar, a partir de esta muestra parcial, concluyendo que "casi siempre" en esta posición se percibía como [ei̯].

En posición tónica no terminal parece haber influencia de la consonante precedente:

| | | | | | |
|---|---|---|---|---|---|
| ṭ | ay | 18 | ey | - | Fotayma (15); Taybo, Fotaya, Fotaytas. |
| q | ay | 1 | ey | - | "Lucayma". |
| $^{c}$ | ay | 59 | ey | - | Ço$^{c}$ay(y)ad (56); Coayda, Cuay(y)ida, Joaybet. |
| ḥ | ay | 91 | ey | 1 | Cohayrie; Zuhayra (90) ≠ Zuéyra (1). |
| f | ay | 4 | ey | - | Cofayfa, Coffayfi, Cufayf, Cafayfe. |
| r | ay | 46 | ey | 5 | Zuráyca (2), Boráyam (35), Foráyrayg, Morayma (8) ≠ Tureyque, Moreyma (4). |
| s | ay | 3 | ey | 47 | Çayçat (3) ≠ Ceyçef (39), Ceyçan, Huceye, "Ceyça", Ceçeyfa, Hoçeyçena, Huçeyçan, Uceyça, Huçeya. |
| ŷ | ay | 5 | ey | 79 | Nugéyme (79) ≠ Nuxáyma (5). |
| z | ay | 2 | ey | 207 | Uzéyza (4), Nuzeyha (203); Uceydi ≠ Cayda, Caida. |
| l | ay | 3 | ey | 10 | Culéyman (8), Uleylex, Leyle; Soleyle ≠ Culayla, Colayle, Colalla. |
| b | ay | - | ey | 1 | Obeyda. |
| m | ay | 251 | ey | 102 | Omáymad (249) y Chumáyçet (2) ≠ Xuméyça (102) plantea una problemática especial. |

*****

Todo lo que se ha comentado hasta aquí presupone que estamos trabajando con formas antroponímicas de las que conocemos el antecedente árabe correcto. Parece inútil insistir en que no podrán utilizarse para un análisis lingüístico aquellos nombres o apellidos de origen oscuro o dudoso. Y a este respecto quisiera referirme, antes de terminar, a un punto que me preocupa desde hace bastantes años y sobre el que vengo recogiendo material: se trata de la etimología del linaje de ilustres caballeros de Granada conocidos por nuestra literatura como Zegríes o Cegríes.

Para este apellido se postula un étimo /t̲agrí/ ("fronterizo")[5]. Ahora bien, el sonido [θ] no existe en castellano hasta el siglo XVII; por ello todos los arabismos que contenían el fonema árabe *t̲ā'*, al pasar a nuestra lengua, lo han hecho con /t/ (y /t̲agrí/ entre ellos, dando "tagarí" y "tagarino").

Los arabismos actuales con [θ], como "aceite", son el resultado de la evolución moderna de formas con [ŝ] o [ż] procedentes de /s/, /z/, o /ṣ/ árabes.

Las únicas excepciones serían "Cegrí", "azumbre" y "celemín".

Personalmente, creo que no se trata de excepciones, sino de etimologías erróneas. También creo que no basta con estar en desacuerdo con los étimos que se venían postulando; que además de rebatirlos hay que proponer alternativas. Y como aquí estamos tratando de antroponimia, me ocuparé sólo del nombre "Cegrí".

Ya he dicho que la hipótesis de que este apellido venga de /t̲agrí/ topa con un primer obstáculo fonético de consideración; pero sería además un rarísimo doblete del arabismo normal "tagarino".

Si acudimos a las fuentes documentales, históricas y literarias, encontraremos formas emparentadas con el nombre que nos ocupa. En ellas éste actúa como *ism,* por ejemplo en la "mezquita de Zeqri" citada por el *Repartimiento de Mallorca*[6]; actúa como ele-

---

5 Steiger 1932, 122-3; Corominas *DCECH* I, 440-1; II, 19-20.

6 Ed. Bofarull, p. 128-9.

mento de un *nasab* en el Abenzegrí que menciona el *Repartimiento de Almería*[7] y aparece muy frecuentemente como elemento de una *kunya* (Abuzegri, Aboçecri, Abozecri, Açecri, Abū Zakrī, Abzicri, Abzecri).

Desde un análisis onomástico, parece claro que un elemento que funciona como *ism* y puede a la vez integrarse en un *nasab* y una *kunya* será un *ism* *ᶜalam*, muy difícilmente una *nisba*.

Parece claro también, tras los ejemplos aducidos, que ese *ism* es Zakarīyā'.

Quedaría por explicar el paso de Zakarīyā' a Zakrí o Zicrí.

Aunque en un contrato egipcio de trabajo del 887 aparece un tal Yaḥyà b. Zakrī[8], es en Marruecos donde esta forma resulta habitual, tanto en la onomástica como en la toponimia. Colin aludía al tema en época almohade[9] e indicaba (traduzco) que «el nombre Zakarīyā', con terminación "femenina" debía chocar como nombre masculino; se masculinizó suprimiéndole la terminación; de ahí **Zakari*, luego Zəkri. Este nombre es corriente todavía en Marruecos en la antigua *kunya* Bū Zəkri, atestiguada en la España del siglo XII» y remite al *Dīwān* de Ibn Quzmān (fº 89, *v.* 1.4) donde consta *Abū Zakrī* aunque, sorprendentemente, tanto García Gómez como Corriente han cambiado esta *kunya* -sin que se sepa por qué- por la de Abī Bakrí (zéjel 133, último verso).

A la amabilidad de José Pérez Lázaro -que ha estudiado la obra de Ibn Hišām- debo el conocimiento de un pasaje que viene a confirmar la hipótesis de Colin (Escorial, ms. 4b f. 26 r.). Señala Ibn Hišām que existen cuatro formas para Zakariyyā': con *madda*, sin *madda*, Zakariyy (con *tašdīd*) y Zakrī, con *fatḥa* y *yā'* de prolongación; y hace notar que entre sus contemporáneos era habitual la pronunciación incorrecta "Zikrī", con *kasra* en la *zāy*.

---

[7] Ed. C. Segura.

[8] J. David-Weill, "Contrat de travail au pair", en *Etudes Lévi-Provençal* II (Paris, 1962), 513.

[9] G.S. Colin, «Sur l'arabe marocain de l'epoque almohade», *Hespéris* X (1930), 114.

Creo que puede proponerse casi con certeza que esa forma *Zikrí* es el étimo al que corresponde el arabismo "Zegrí", y así no se alteran ni las leyes fonéticas ni la onomástica musulmana. Espero, de todos modos, dedicar al tema un estudio más amplio y pormenorizado.

Con este ejemplo, que muestra cómo una falsa etimología puede apoyar teorías erróneas, queda patente, como decía al principio, la extrema cautela con que hay que operar al utilizar la antroponimia como fuente de información lingüística.

# LA ONOMASTICA ANDALUSI DE *MADĪNAT MAYŪRQA* A TRAVES DEL *LLIBRE DEL REPARTIMENT*

**Mª Magdalena RIERA FRAU**
Museu de Mallorca

La fuente utilizada para el presente estudio ha sido el *Llibre del Repartiment* (Repartimiento) de la isla de Mallorca[1], concretamente la división de la porción de la ciudad que correspondió al rey Jaime I de Aragón tras la conquista de Mallorca en 627/1229.

Se desconoce la forma en que fue realizado el inventario de las tierras y edificios a repartir como botín de guerra, aunque parece evidente la colaboración de los musulmanes mallorquines para la identificación toponímica de los lugares.

En el caso de la *madīna*, los nombres de los propietarios o habitantes de los diferentes edificios y parcelas aparecen con una doble funcionalidad, bien indicando simplemente el nombre de la propiedad repartida, bien utilizándolos como hitos urbanos para definir unas calles, sin nombre, que van de propiedad a propiedad.

Generalmente no se utilizan nombres completos, sino una de sus partes. Aunque existen diferencias cuantitativas no parece existir una tendencia mayoritaria hacia la utilización de una parte determinada para la identificación del individuo.

---

[1] De entre todas las ediciones existentes hemos utilizado la realizada por R. Soto del Códice Catalán que se conserva en el Archivo del Reino de Mallorca: *Còdex Català del Llibre del Repartiment de Mallorca.* Edició a cura de Ricard Soto Company. Conselleria d'Educació i Cultura del Govern Balear. Palma de Mallorca, 1984.

En el 34.67% de los casos se le identifica por una parte del *nasab*. Generalmente es suficiente uno solo de sus términos para identificar a un individuo y sólo en casos aislados es seguido por un segundo término, por una *kunya* o por una *nisba*.

Las preferencias por la *kunya* se dan en un 16.13% de los casos. Es más frecuente que vaya seguida por otras partes del nombre, fenómeno que se da en siete de los veinte casos consignados. En un solo caso la *kunya* se sitúa después del *nasab*.

Estos porcentajes podrían modificarse si se considera que algunas *kunyas* pasan a cumplir la función de *ism* *ᶜalam*, principalmente en los casos de Abū Bakr, Abū ᶜAbd Allāh, Abū Ibrāhīm, etc.

La identificación por el *ism ᶜalam*, sin contar los que derivan de una *kunya*, se da en un 26.62% de los casos.

El reducido número de *ism ᶜalam* utilizados hace necesaria la incorporación de otras partes del nombre en 26 de los 34 casos, en 20 de éstos las preferencias se inclinan por un término del *nasab*.

La *nisba* se utiliza en un 17.74% de los casos. Puede seguir a otras partes del nombre, pero en casi un 70% de los casos se utiliza sin otro complemento.

***Ism ᶜalam***

Consideramos en este apartado a los *ism ᶜalam* cuando no forman parte de un *nasab*. Se trata por tanto de los nombres de los habitantes de la *madīna* en el momento de la conquista. A cada uno de ellos siguen sus formas catalanizadas y la referencia de su localización en el Códice Catalán del Repartimiento de Mallorca [2].

ᶜAbd al-ᶜAzīz: Abdoladiz (80r).
ᶜAbd al-Malik: Abdolmele (79v).
ᶜAbd al-Qazz: Abdelcazes (76v).

---

[2] En todos los casos los nombres se inician con la letra "D", correspondiente a la preposición "de" asimilada al nombre.

Aḥmad/ᶜAbd al-Aḥmad: Abdalmet (80v), Ahmat (80v), Asmeth (81r), Azmet (44v-45r) y Hamet (81v).
al-Ḥakam: Alquem (79v).
al-Ḥaŷŷ: Alhag (76r).
ᶜAlī: Ali (42v), Cali (80v).
Ḥasan: Hazen (79r).
Maymūn: Maymo (74r).
Mūsà: Musa (79v).
Qāsim: Cazem (79r).
Yaḥyà: Jabia (81r), (81v), Jafia (42v), (79r), Jahia (42r), (74r), Jahie (40v).
Yūsuf: Iusef (74r), Jusef (42r), (74r), (74v), Jusuf (43v).

Destaca en primer lugar que tan sólo cinco nombres (Aḥmad, ᶜAlī, Yaḥyà, Yūsuf, ᶜUmar) cubren un 70.59% del total.

Existe una serie de nombres de clara tradición islámica (Muḥammad, Aḥmad, ᶜAbd Allāh, Ḥasan, ᶜAlī) que son progresivamente aceptados en las comunidades musulmanas. En el caso de al-Andalus, Bulliet[3] señala 1204 como el año de mayor popularidad de estos nombres.

En el caso de *Madīnat Mayūrqa* los nombres mayoritarios (a excepción de Aḥmad) no pertenecen a este grupo. Resulta incluso más chocante que no exista un solo individuo llamado Muḥammad y uno sólo Ḥasan.

La alta frecuencia de utilización de los nombres Yaḥyà y Yūsuf puede explicarse por la influencia de la dinastía autóctona de los Banū Gāniya. Este grupo almorávide desciende por línea femenina de los Banū Tāšfīn y en su *nasab* son comunes los *ism ᶜalam* Yaḥyà y Yuṣuf[4].

Sin embargo, no hemos encontrado explicación alguna de la utilización del *ism ᶜalam* ᶜUmar, que es el que aparece en más ocasiones.

---

[3] R. W. Bulliet, *Conversion to Islam in the Medieval Period. An essay in quantitative History.* Harvard University Press. England, 1979.

[4] G. Roselló Bordoy, *L'Islam a les Illes Balears*, Daedalus, Palma de Mallorca, 1968.

***Nasab***

La párticula de unión entre los términos del *nasab*, "ibn", presenta las formas: Aban, Abe, Aben, Abin, Abn, Abna, Aven, Avin, Ben, Bez, Ebin, y Une.

Forman parte del *nasab* la siguiente serie de nombres:

$^{c}$Abbād: Adez (45r).
$^{c}$Abd al-$^{c}$Azīz: Abdelaaziz (43r).
Aḥmad: Anrat (44v).
$^{c}$Ā'iša: Aixa (74r).
$^{c}$Alī: Ali (44r).
$^{c}$Ayyām: Aiem (77r).
Barbar: Barbar, Barba (41r), (43r), (79v), (82v).
Bašīr: Benxir (79r).
Bassām: Basen (81r).
Buḥayr: Rupair (44v).
Dīnār: Dinar (41r), (82r).
Ḥamdīn: Hamden (81r).
Ḥāriṯ: Hariz (43r).
al-Ḥasan: Alhacen (81v), Hacem (41r), Hazo (80r).
Hilāl: Felel (79v-80r), Filel, (81v), Hilel (40v).
Ḥusayn: Haceim (43v).
$^{c}$Inān: Henen (79r).
Isḥāq: Yzzach (42v).
Jalīfa: Halifa (74v), (75r).
Ma$^{c}$arī: Mari (74r), (80v), (81v), (82r), Marin (40r).
Marwān: Maroan (41v), (74r), (74v).
Maymūn: Maymo (74r).
Mugīṯ, Mu$^{c}$ŷib: Mugeith (81r).
Muḥammad: Mahomet (81v), Mahometh (40v).
al-Mu$^{c}$izz: Almaiz (79r).
Mūsà: Musa (76r).
Nāṣir: Nazar (42r), (74r), (74v).
Rašīd: Raxip (81r), Rexit (41r).
√Sb: Chabei (80r).
Šākir: Xequar (79r), Xequer (77r), Xequir (44v-45r).
Tahil (?): Tohel (80v).
Ṭalḥa: Talha (79v), (80r).
Ṭayyib: Tayp(74v).

Ṭufayl: Tofeil (74r).
ᶜUbayd: Hobeit (81v).
ᶜUbayd Allah: Obeid Alla (42r), (74r), (74v).
ᶜUmayr: Humayr (44r), (44v).
Warqa: Nuarca (42v).
Wast: Graxt (80r).
Yaḥyà: Agia (42v).
Yamīn: Jamin (78v).
al-Ŷazzār: Algizar (77r).
Yūsuf: Jucet (42r), (74r).
Zabīb, Zabība (?): Xebib (79r), Zabiba (43v).
√Zmr: Zambra (43v).
al-Zaq: Zaq (43r).
Zayd: Zeit (42r).
Ziyunar: Cionar (43r).

Al contrario de lo sucedido con los *ism ᶜalam*, se observa aquí una gran diversidad de nombres que prácticamente no se repiten. Concretamente, en los casos de Hilāl, Barbar, Ḥasan y Muḥammad podría incluso tratarse del nombre de un solo individuo en cada caso.

Sin embargo, lo reiterado de su utilización se debe a causas distintas:

- Hilāl, Ḥasan, Muḥammad. En estos tres casos la repetición se debe a que su propiedad es reiteradamente utilizada como hito urbano, apareciendo más de una vez como punto de referencia.
- Barbar. Bajo este nombre se acumulan cosas muy diversas, dando nombre a una casa, un horno, una calle y un barrio. Creemos aquí posible que el *Repartiment* se refiera más a una comunidad que a un individuo. Sin embargo, en ese caso debería aparecer la partícula "Banū", que, catalanizada, da "Bani" o "Bini", en lugar de la partícula "Ibn" ("Aben"). Por ahora la única equivalencia que hemos encontrado es "beréber", en contraposición a "árabe", término que aparece como *nisba*.
- Šākir. Seguramente se trata de un nombre de una cualidad de un individuo, es adoptado por tres personajes distintos en su *nasab*. Por otra parte, entre los *ᶜulamā'* mallorquines se encuentra un Abū Šākir Ḥāmid ibn Ḥāmid, nacido en Mallorca en 560/1164. No es posible por el momento establecer

ninguna relación entre todos estos individuos.

En el resto de los casos los nombres aparecen una sola vez. Los que ha sido posible localizar pertenecen a los siguientes grupos:

- Nombres del Profeta[5]: ᶜAbd Allāh, ᶜAbd al-ᶜAzīz, Aḥmad, Bašīr, Ḥamdīn, Muḥammad, Muᶜŷib y Nāṣir.
- Nombres de personas relacionadas con el Profeta y primeros califas: ᶜĀ'iša, ᶜAlī, al-Ḥasan, Ḥusayn, Marwān, ᶜUmayr.
- Nombres de tradición bíblica: Isḥāq, Mūsà, Yaḥyà, Yūsuf.

Otra serie de nombres tienen orígenes diversos:

- Nombres de objetos o cualidades: Hilāl, Ṭalḥa, Ṭayyib, Yamīn.
- *Nisbas* introducidas en el *nasab*: al-Qazz, al-Ŷazzār.

Se observa desde el primer momento que por lo que se refiere a los *ism ᶜalam* incluidos en los *nasab* el panorama es muy distinto. Aunque pueden tener adscripciones cronológicas muy diversas y no pueden ofrecerse frecuencias de utilización, sí se observa la aparición mayoritaria de nombres tradicionalmente asignados.

***Kunya***

En el estudio de las *kunyas* cabe la diferenciación entre las que realmente indican una filiación y las que se han convertido por el uso en *ism alam*, como el caso muy frecuente de Abū Bakr.

Se localizan los siguientes casos:

Abū ᶜAbd Allāh: Aboabdille (41r).
Abū l-ᶜAbbās: Abolaebez (41v), (71r), (74r).
Abū l-Aqat: Abolacat (76).
Abū ᶜAlī: Aboayl (1v), (71r), (74r).
Abū l-Azat: Abolazat (76v).
Abū Bakr: Abubecre (42), (44r), Abulbecre (44), Bubaquer (80r).
Abū Ibrāhīm: Abohaembron (74v), Abobrahim (80r).

---

[5] M. de Epalza, "Los nombres del Profeta en la teología musulmana", *Miscelánea Comillas* 33 (1975).

Abū ᶜImrān: Abombran (42r).
Abū Isḥāq: Abozach (41r).
Abū Jalaf: Abiahalaf (81r).
Abū Marwān: Abnabimaroan (42v).
Abū Šayj: Abuchec (79v).
Abū ᶜUmar: Aboner (75r).
Abū Zarᶜ: Abozaro (41v).
Abū Zayd: Abuzait (71r), (74), Abzeid (44).

La partícula "Abū" adopta las formas Abia, Abna, Abo, Abu, Abul y Bu.

En un caso parece que se utiliza una forma latinizada. El término Darpatriuzef (74r) tal vez pueda dividirse en "dār" ("casa"), "patri" ("padre") y "Iusef" (Yūsuf), en este caso "patri" sería el equivalente a la forma árabe "Abū" normalmente utilizada. Si exceptuamos los nombres anteriormente analizados aparecen Aqat, Azat y Zarᶜ.

***Nisba***

Pueden dividirse en los siguientes grupos:

Designación por cargo u oficio:

- al-ᶜAṭṭār: Alaatar (41v), Alatar (79r) (perfumista).
- al-Bayṭār: Albettar (42v) (veterinario).
- al-Faḥḥām: Alimfazam (80v) (carbonero).
- al-Faqīh: Alfaquim (78v).
- al-Farrān: Alfarran (41r) (panadero).
- al-Gazzāl: Algacel (76r) (hilandero).
- al-Ḥayyām: Alfagemos (75v) (barbero).
- al-Muḥtasib: Almutaçeb (79v).
- al-Qāḍī: Alcadi (42v).
- al-Qā'id: Alcayd (42v).
- al-Qazz: Alcaz (44v), Elcaces (76) (pelaire).
- al-Ŷazzār: Algizar (77r) (carnicero).
- al-Zammār: Azamariz (77v) (flautista).

En un solo caso el oficio se constata en su equivalente latino: Abū Bakr Carpenteiro.

Designación por origen geográfico:

- al-Dānī: Atdeni (81r) (*Dāniya*).
- al-Sabtī: Acepti (81r), (82v) (*Sabta*).
- al-Šilbī: Abxilbi (43v) (*Šilb*).
- al-Sūsī: Azuci (81r) (*Sūsa*).
- al-Tagrī: Azergari (82r) (*al-Tagr al-aᶜlà*).

Designación por origen étnico:

- al-ᶜArab: Alaarab (41r).
- al-Maᶜādī: Almaadi (44v).

Designación por cualidades personales:

al-Qalīl: Algelel (81v) (pequeño).

El estudio de los cargos u oficios presenta un marco bastante amplio. Aunque se tiene ya una relación de los *ᶜulamā'* y los *fuqahā'* de las Islas[6] se constata también la presencia en la ciudad de un al-Muḥtasib. Así como la residencia del *qāḍī* y del *qā'id* se sitúan en la Almudayna o Alcazaba de *Madīnat Mayūrqa*, la residencia del *muḥtasib* se sitúa en un punto bastante alejado de la misma.

El resto de las profesiones ligadas al medio urbano se refieren a servicios y a la transformación de productos para su inmediata comercialización. Se ven representadas al menos dos fases del proceso de transformación y comercialización de las materias primas textiles.

En cuanto a los orígenes geográficos resulta nuevo en el ámbito de las Islas Baleares poder establecer una relación con *Sūsa*, ya que no aparecía ni en las *nisbas* conocidas hasta ahora ni en los itinerarios de los viajeros mallorquines [7].

Los orígenes étnicos aportan como novedad la aparición del

---

[6] M. M. Riera Frau, "Prosopografia dels ᶜulamā' i els fuqahā' de les Illes Orientals d'al-Andalus", *Quaderns de Ca la Gran Cristiana* 6 (1985).

[7] *idem*

grupo Maᶜād, gran grupo ᶜAdnān que engloba diferentes tribus de las que en Mallorca se había localizado ya a las tribus Tamīm, Qurayš, Majzūm, ᶜAbd al-Dār y Qays ᶜAylān [8].

La *nisba* al-Yanāwī, no citado anteriormente, merece una mención especial. En *Šarq al-Andalus* ha sido identificada bajo la forma al-jināwī y al parecer deriva de la palabra *janāwa*, arabización de la beréber *ignāwen* ("negro"). En la misma isla de Mallorca se encontraba el *ŷuz'* de Jijnau-Byṭra, el primero de estos dos términos derivaría de la misma raíz [9].

Finalmente, cabe señalar la utilización del *laqab* al-Amīr (Alamir, 42r, 74r, 74v), resulta extraño que entre los personajes conocidos del último momento islámico en Mallorca no figure nadie con tal título[10]. El nombre completo del individuo es Ibn Nāṣir al-Amīr y por el momento la única explicación plausible es que se trate del mismo califa almohade.

**Conclusiones**

El estudio de una fuente como el *Llibre del Repartiment de Mallorca* plantea una serie de problemas para el estudio de la onomástica andalusí.

Frente al resto este caso ofrece una peculiaridad manifiesta, siempre prima la forma o parte excepcional del nombre de un individuo frente a la reiteración, la definición de la individualidad frente a los presupuestos religiosos o consuetudinarios.

Observamos en este caso la ruptura de muchos de los rígidos esquemas de formación del nombre musulmán, imperando la libertad de elección del individuo o de la comunidad que lo rodea.

Además cabe añadir en este caso otro factor distorsionante del esquema tradicional, el incremento de la popularidad de los nombres de origen bíblico. Este fenómeno debe relacionarse o bien

---

[8] *idem*

[9] M. Barceló, "Sobre Mayūrqa", *Quaderns de Ca la Gran Cristiana* 2 (1984).

[10] Roselló Bordoy, *op. cit.*; Riera Frau, *op. cit.*

con una importante aportación de población almorávide (Ṣinhāŷa) o bien por una asimilación de los nombres de la dinastía gobernante (Banū Gāniya). En todo caso, sería prueba de una fuerte implantación almorávide en el medio urbano.

# LA OBRA BIOGRAFICA DE JĀLID B. SA^cD

**María Luisa AVILA**
C.S.I.C. - Granada

En mi intento por hacer un estudio global de los diccionarios biográficos andalusíes y sobre todo pensando en un estudio historiográfico de éstos, he ido recogiendo títulos de obras perdidas y citas de autores cuyas obras desconocemos. De los despojos sistemáticos realizados hasta ahora, nos viene a la mente el nombre de Jālid b. Sa^cd como uno de los pioneros del género en al-Andalus. Si realmente queremos hacer un estudio de los orígenes de la literatura biográfica en al-Andalus, encontraremos con toda seguridad autores anteriores e incluso contemporáneos suyos. Sin embargo he decidido por ahora centrarme en la figura de Jālid, por ser profusamente citado en los dos diccionarios biográficos más antiguos que conocemos de los que versan sobre esta parte del occidente islámico: *Ajbār al-fuqahā' wa-l-muḥaddiṯīn* de Ibn Ḥāriṯ al-Jušanī[1] y *Ta'rīj ^culamā' al-Andalus* de Ibn al-Faraḍī[2]. La obra *Quḍāt Qurṭuba* del mismo al-Jušanī, es igualmente antigua y contiene muchas citas de Jālid, pero la hemos descartado para este trabajo por limitarse a una sola categoría de personajes, los jueces. Es citado menos frecuentemente por al-Ḥumaydī en su *Ŷaḏwa* y en la obra de ^cIyad, *Tartīb al-Madārik*, que tan útil es para reconstruir obras anteriores, aparece mencionado pocas veces en comparación con las fuentes antes referidas; desconozco su utilización en el otro gran diccionario biográfico andalusí: la *Ṣila* de Ibn Baškuwāl[3]. Otro repertorio más tardío, pero con gran cantidad de información sobre las fuentes utilizadas, la *Takmila* de Ibn

---

[1] Ms. 6916 de la Biblioteca Real de Rabat. Todas las referencias a esta obra se basan en la numeración de la edición provisional preparada por L. Molina y por mí.

[2] Utilizo la edición Codera, abreviada en referencias como IF, conforme al índice de siglas que aparece al comienzo de este volumen.

[3] Actualmente se encuentran trabajando sobre esta obra H. de Felipe y N. Torres.

al-Abbār no utiliza la obra de J̱ālid. Más adelante volveremos sobre este punto.

Sería interesante contrastar la información sobre un mismo personaje a través de todas estas obras, pero dada la abundancia de citas de J̱ālid, el tabajo se alargaría en demasía. El análisis textual es cosa harto complicada, incluso disponiendo de la inestimable ayuda de un ordenador. Por ello hemos dejado de lado parte de la información recogida y hemos decidido centrarnos en el *Ta'rīj* de Ibn al-Faraḏī, aunque a veces nos apoyemos en Ibn Ḥāriṯ, más cercano en el tiempo a nuestro autor.

A la hora de analizar una obra de tipo biográfico, al menos las obras biográficas árabes, es imprescindible estudiar cuatro puntos básicos:

- personalidad de los biografiados, es decir si se trata de poetas, *kuttāb*, ulemas en general, etc.
- época que abarca.
- entorno geográfico de los personajes.
- estructura y contenido de las biografías.

En este artículo pretendemos aproximarnos a todos estos puntos de la obra de J̱ālid b. Saᶜd.

El método seguido ha sido extraer del *Ta'rīj ᶜulamā' al-Andalus* todas las biografías en las que J̱ālid aparece citado como fuente: doscientas setenta y nueve, de un total de mil seiscientas cincuenta[4]. Al final de este artículo incluimos un apéndice con la relación de biografías estudiadas. Partiendo de este material hemos recogido para cada biografía los siguientes datos:

- número de biografía y nombre del biografiado, sólo a título indicativo y para buscar en otras fuentes cuando ha sido necesario.
- lugares de nacimiento, origen, residencia o muerte del biografiado.
- fechas de nacimiento y muerte del mismo.
- información proporcionada por J̱ālid al autor: clase de datos suministrados, cantidad, etc.

---

[4] Sobre el número de biografías de las diferentes ediciones existentes, v. en este mismo volumen L. Molina, "Familias andalusíes. Los datos del *Ta'rīj ᶜulamā' al-Andalus* de Ibn al-Faraḏī", nota 8.

- comparación de dicha información con la recogida en los *Ajbār* sobre el mismo personaje.
- fuentes anteriores en las que se basa Jālid.
- fuentes posteriores a través de las que transmite su información.
- otras fuentes utilizadas por Ibn al-Faraḍī.
- otros datos de interés.

Estos son más o menos los campos de nuestra pequeña base de datos, que como puede apreciarse, nos permitirán acercarnos a los puntos anteriormente señalados como objetivo. De todos ellos nos ocuparemos en las páginas siguientes, exceptuando el primero, ya que no es necesario subrayar que la obra de Ibn al-Faraḍī -y también la de Jālid- está consagrada a ulemas en general, estudiosos del saber islámico. Creo que esto basta para definirlos, si bien un estudio pormenorizado de las actividades desempeñadas por cada uno de ellos nos permitiría profundizar más en las disciplinas cultivadas en cada época. Sería interesante, antes de pasar a este estudio, enmarcar la figura de Jālid dentro del contexto cultural de su tiempo, viendo su biografía, obras y maestros.

**Biografía de Jālid b. Saᶜd**

Natural de Córdoba, Abū l-Qāsim Jālid b. Saᶜd[5] es uno de los biógrafos andalusíes más tempranos: muere en el 352/963 con más de sesenta años.

Destacó en la ciencia del *ḥadīṯ*, siendo muy elogiado por su discípulo Ismāᶜīl b. Isḥāq[6] y por Abū Muḥammad al-Bāŷī[7].

---

[5] Biografía en; IF, nº 398; H, nº 409; D, nº 695; SD, XVI, 18-20 (6); TH, III, 919, (877); YM, IV, 325; Pons, *Ensayo*, nº 29. Cito conforme al índice de siglas que aparece al principio de este volumen, que es una ampliación del ya aparecido en los anteriores *Estudios onomático-biográficos de al-Andalus*, I, editados por M. Marín, Madrid, 1988. Me han sido de gran utilidad los trabajos de Fierro y Zanón, y Aguilar, Manzano y Romero, publicados en dicha obra. A lo largo de este artículo citaré abreviadamente como Marín el trabajo de M. Marín, "Nómina de sabios de al-Andalus", contenido en los mencionados *E.O.B.A.*, I, 23-182.

[6] Biografía en IF, nº 221; TM, VI, 298-299; DM, I, 290-291; Pons, *Ensayo*, nº 54; Kaḥḥāla, II, 261.

También Muḥammad b. Rifāᶜa[8] resalta las aptitudes de J̄ālid para el estudio de las tradiciones, diciendo que había aprendido de memoria veinte ḥadīṯes con sólo oírlos una vez. El propio al-Ḥakam -según versión de algún discípulo de J̄ālid- llegó a decir: «si los orientales se enorgullecen de Yaḥyà b. Maᶜīn, nosotros tenemos a J̄ālid b. Saᶜd». Sin embargo, tal comparación tal vez fuera exagerada y debida más que nada a la ausencia de figuras en una época en la que los estudios del ḥadīṯ no atravesaban un momento de esplendor en al-Andalus. Tal parece desprenderse del relato de Ibn al-Faraḍī: «Pregunté al cadí Abū ᶜAbd Allāh Muḥammad b. Aḥmad b. Yaḥyà: "¿Realmente ocupaba en la ciencia del ḥadīṯ el lugar en que lo coloca Ismāᶜīl?" y me respondió: "Era un tuerto entre ciegos"». Tal afirmación es lo suficientemente elocuente como para no necesitar explicación, pese a lo cual, Ibn al-Faraḍī apostilla «es decir, era el mejor de su tiempo cuando no había entre nuestros destacados *riŷāl* quien sobresaliera en el conocimiento del ḥadīṯ» [9].

Murió J̄ālid de repente, cuando sobrepasaba los sesenta años, la víspera del sábado 5 de ḏū l-ḥiŷŷa del año 352/963, y fue enterrado en el cementerio de Muᶜta [10].

## Obras

La obra de J̄ālid no ha llegado hasta nosotros, pero sí se nos han conservado dos de sus títulos. El *Kitāb manāqib al-nās wa-maḥāsini-hā* lo cita Ibn al-Faraḍī en la biografía de Saᶜīd b.

---

[7] V. IF, nº 742; H, nº 529; TM, VII, 34-37; Ibn Jayr, *Fahrasa*, p. 425; D, nº 879; Ḏahabī, *ᶜIbar*, III, 7; TH, III, 1004-1005; Majlūf, *Ṭabaqāt al-mālikiyya*, nº 245.

[8] IF, nº 1339.

[9] Es precisamente el momento en que empieza a desarrollarse en al-Andalus. Véase la problemática que esto suscitó en M. Marín, "Baqi b. Majlad y la introducción del estudio del *ḥadīṯ* en al-Andalus", *Al-Qanṭara*, I (1980), 165-208. Sobre la personalidad y obra de otro personaje que contribuyó grandemente a la difusión del *ḥadīṯ*, v. Muḥammad b. Waḍḍāḥ al-Qurṭubī, *Kitāb al-bidaᶜ (Tratado contra las innovaciones)*, nueva ed., trad., estudio e índices por Mª Isabel Fierro, Madrid, 1988.

[10] V. noticias sobre este cementerio en L. Torres Balbás, "Cementerios hispanomusulmanes", *Al-Andalus*, XXII (1957)-1, 149-177.

Ŷābir[11] y rebate las afirmaciones de Jālid sobre este personaje, tildado de *kaḏḏāb*. Esta información es transmitida oralmente a Ismāᶜīl (*qāla lī Jālid b. Saᶜd: ḏakartu fī kitābī Manāqib al-nās wa-maḥāsini-hā*), quien a su vez la transmite a nuestro autor (*ajbara-nī Ismāᶜīl qāla*). No poseemos más noticias sobre esta obra, ni nos consta que fuera utilizada por Ibn al-Faraḍī.

Respecto a la otra obra cuyo título conocemos, *Kitāb fī riŷāl al-Andalus*, sabemos que fue escrita para al-Mustanṣir muy probablemente cuando aún era príncipe heredero -téngase en cuenta que al-Ḥakam no accede al califato hasta el 350/961 y que Jālid muere en el 352/963-. Esta obra es la utilizada por Ibn al-Faraḍī en todas las citas atribuidas a Jālid, que nuestro autor conoció a través del ejemplar que poseía su maestro, el cadí Ismāᶜīl b. Isḥāq, según afirma en el prólogo del *Ta'rīj ᶜulamā' al-Andalus*, donde llama a la obra de Jālid con el nombre genérico de *ta'rīj*[12]. Aunque tenemos noticias de obras de tipo biográfico sobre determinadas categorías de personajes *-a'imma, kuttāb, šuᶜarā'-* de autores anteriores a Jālid que mueren a comienzos del s.IV/X[13], podemos afirmar, mientras no conozcamos más obras hoy por hoy perdidas, que con Jālid b. Saᶜd se asienta definitivamente el género biográfico en al-Andalus y es el punto de partida de obras posteriores. Muestra de ello es la extensa utilización de su obra en los repertorios mencionados: los *Ajbār al-fuqahā' wa-l-muḥaddiṯīn* de Ibn Ḥāriṯ al-Jušanī y el *Ta'rīj ᶜulamā' al-Andalus* de Ibn al-Faraḍī. Utilizaremos ambas como base para este estudio sobre la obra de Jālid b. Saᶜd.

La importancia del cadí Ismāᶜīl b. Isḥāq, conocido por Ibn al-Ṭaḥḥān, dentro de la literatura biográfica es debida a su influencia en la obra de Ibn al-Faraḍī. Ya hemos visto que fue quien le transmitió la obra de Jālid y observamos a través de las citas recogidas en el *Ta'rīj*[14] que no se limitó a dictarle o mos-

---

[11] IF, nº 494

[12] IF, p. 6.

[13] Recogidas por Viguera en "La 'Historia de alfaquíes y jueces' de Aḥmad b. ᶜAbd al-Barr", *R.I.E.E.I*, XXIII (1986-86), 49-61.

[14] Ismāᶜīl aparece citado junto a Jālid en las siguientes biografías: 262, 328, 650, 672, 679, 776, 887, 936, 1281, 1405, 1406, 1409, 1559, 1648.

trarle el libro, sino que añadió muchos comentarios. No podemos descartar como nexo de unión entre ambos autores su relación con la ciudad de Ecija, en la que el primero estudió y sobre cuyos personajes escribió su *Kitāb fī riŷāl ahl Istiŷa*, y de la que el segundo era oriundo -su abuelo había nacido allí-. Ismā<sup>c</sup>īl, que vivió entre 305/917 y 384/994, se formó con los principales maestros de su tiempo, entre los que él mismo destaca a Jālid b. Sa<sup>c</sup>d y a Ḥassān b. <sup>c</sup>Abd Allāh al-Istiŷī[15]. Ambos debieron condicionar su producción literaria, que abarcó todos los géneros, aunque cultivó con mayor intensidad el *ḥadīṯ* y la historia.

## Maestros

1.- Sa<sup>c</sup>īd b. <sup>c</sup>Uṯmān al-A<sup>c</sup>nāqī[16].
2.- Ṭāhir b. <sup>c</sup>Abd al-<sup>c</sup>Azīz[17].
3.- <sup>c</sup>Abd Allāh b. Abī l-Walīd[18].
4.- Muḥammad b. <sup>c</sup>Umar b. Lubāba[19].
5.- Abū <sup>c</sup>Ubayda[20].
6.- <sup>c</sup>Umar b. Ḥafṣ[21].
7.- Aslam b. <sup>c</sup>Abd al-<sup>c</sup>Azīz[22].
8.- Aḥmad b. Jālid[23].
9.- <sup>c</sup>Uṯmān b. <sup>c</sup>Abd al-Raḥmān[24].

---

[15] Marín, nº 393.

[16] Marín, nº 555; H(B), nº 474.

[17] Marín, nº 648; H(B), nº 518.

[18] Marín, nº 805; H(B), nº 526 y 567.

[19] Marín, nº 1283; H(B), nº110.

[20] No sabemos de quién se trata, pues hay varios ulemas de esta época con la misma *kunya*. Muslim b. Aḥmad b. Abī <sup>c</sup>Ubayda (IF, 1418) muere en 295/907-908, fecha demasiado temprana para que Jālid pudiera estudiar con él; tal vez transmitiera de él después de muerto, sin haberlo conocido personalmente. Ocurre lo mismo con Muḥammad b. <sup>c</sup>Umar b. Yujāmir (Marín, nº 1284), de quien se dan varias fechas de muerte, la más antigua en el 299/911-12 y la más tardía en el 313/915, aunque éste tiene a su favor el ser citado por Jālid. Menos importante sería Waqqās b. Muḥammad b. Ziyād (IF, nº 1525), cuya fecha de muerte desconocemos.

[21] Probablemente sea Marín, nº 948; H(B), nº 686.

[22] Marín, nº 248; H(B), nº 22.

[23] Marín, nº 116; H(B), nº 205.

[24] Marín, nº 911.

10.- Aḥmad b. Baqī[25].
11.- Muḥammad b. Qāsim[26].
12.- Muḥammad b. ᶜAbd Allāh b. Qāsim[27].
13.- Muḥammad b. Miswar[28].
14.- Muḥammad b. ᶜAbd al-Malik b. Ayman[29].
15.- ᶜAbd Allāh b. Yūnus[30].
16.- Al-Ḥasan b. Saᶜd[31].
17.- Aḥmad b. Ziyād[32].
18.- Muḥammad b. Ibrāhīm b Ḥayyūn al-Ḥiŷārī[33].
19.- Muḥammad b. Fuṭays al-Ilbīrī[34].
20.- Muḥammad b. ᶜAbd Allāh b. al-Qawn[35].
21.- ᶜUṯmān b. ᶜAbd al-Raḥmān b. Abī Zayd[36].
22.- Muḥammad b. al-Walīd b. Muḥammad[37].
23.- Aḥmad b. ᶜAmr b. Manṣūr[38].

Esta relación de maestros recogida de Ibn al-Faraḍī y de al-Ḥumaydī no hay que verla como una mera relación de nombres, ya que aparte de la importancia que pudieran tener en la formación jurídico-religiosa de Jālid estos hombres cuyo prestigio conocemos todos los que de una u otra forma nos ocupamos de la historia cultural de la época, algunos influyen directamente en la obra biográfica de Jālid. Así, al-Aᶜnāqī, Aslam b. ᶜAbd al-ᶜAzīz, Muḥammad b. ᶜUmar b. Lubāba, Aḥmad b. Jālid, Muḥammad b. Fuṭays y ᶜAbd Allāh b. Abī l-Walīd aparecen en el *Ta'rīj* como infor-

[25] Marín, nº 105.
[26] Marín, nº 1310; H(B), nº 134.
[27] Marín, nº 1252; H(B), nº 80.
[28] Marín, nº 1330; H(B), nº 141.
[29] Marín, nº 1265; H(B), nº 80.
[30] Marín, nº 853; H(B), nº 572.
[31] Marín, nº 397.
[32] Marín, nº 123; H(B), nº 210.
[33] Marín, nº 1103; H(B), nº 15.
[34] Marín, nº 1303; H(B), nº 129.
[35] Conocido como Ibn al-Qawq en Marín, nº 1231.
[36] Marín, nº 911; H(B), nº 703.
[37] Marín, nº 1353; H(B), nº 153.
[38] Marín, nº 158; H(B), nº 238.

madores de J̄alid[39]. A éstos habría que añadir a Abū Muḥammad ᶜAbd Allāh b. J̄alid como fuente de nuestro autor[40]. También aparecen en los *Ajbār* en su calidad de transmisores orales de información sobre muchos individuos a los que conocieron personalmente, sin que por ello haya que descartar la existencia de algún corpus biográfico redactado por alguno de ellos. No tenemos constancia de que lo hicieran y lo más que podemos obtener de Ibn al-Faraḍī es que llame a Ibn Lubāba *ḥāfiẓ li-ajbār al-Andalus*[41] o que diga de Muḥammad b. Miswar en relación a Yaḥyà b. ᶜUmar que *ḥakà ᶜan-hu ḥikāyāt*[42]. Ibn Ayman es otro al que se relaciona con la historia ya que en Bagdad escuchó a Aḥmad b. Zuhayr b. Baḥr un *Kitāb al-Ta'rīj* [43].

### Ambito cronológico

Respecto al período que abarca la obra de J̄alid, es difícil determinarlo con exactitud. Si nos atenemos a las biografías seleccionadas, de las cuales ciento treinta y nueve aparecen sin fecha alguna, vemos que el personaje que muere en fecha más temprana lo hace en el año 210/825 (nº 471). Le siguen tres más fallecidos en 220/835 (nº1082), 231/845-46 o 237/851-52 (nº1046) y 246/860-61 o 247/861-62 (nº887C), pero no es hasta el 252/866-67, es decir a mediados del siglo III/IX, cuando encontramos una continuidad en los fallecidos por año, que van sucediéndose hasta el 331/942-43 (nº1230), última fecha de muerte encontrada. Alrededor de esa fecha pudo concluir J̄alid su obra, aunque es posible que de los personajes no situados cronológicamente haya alguno que falleciera en fecha posterior.

Por otra parte, si recurrimos a la obra de Ibn Ḥārit̲, podemos matizar más las afirmaciones anteriores. En esta obra encontramos la biografía de Muᶜāwiya b. Ṣāliḥ (nº 231), del que se

---

39 nº 475 (al-Aᶜnāqī); nº 936 (Aslam); nº 999, 1281, 1406, 1529, 403, 1139 (Ibn Lubāba); nº 1406 (Aḥmad b. J̄alid); nº 780, 941 (Ibn Fuṭays); nº 1119 (Ibn Abī l-Walīd).

40 nº 1407.

41 IF, nº 1187

42 IF, nº 1211.

43 IF, nº 1228.

dice, tomándolo de una obra titulada *Ajbār ᶜulamā' Ḥimṣ*, que falleció en el 158/774-5[44]. En la biografía de Muḥammad b. Qāsim b. Hilāl (IH, nº 148) se afirma que murió en el año 193/808-9 a la edad de 87 años. También en fecha temprana fallece Ziyād b. ᶜAbd al-Raḥmān (IH, nº 104), para cuya biografía Ibn Ḥāriṯ utiliza varias fuentes, aunque, precisamente, la fecha de muerte la toma de Jālid, quien a su vez, recoge dos versiones: 193/808-9 y 194/809-10. Tras estos tres casos aislados, las fechas de muerte se suceden con cierta continuidad a partir del año 221/836 y hasta el 330/941-42. Volvemos a encontrar a un fallecido en el 331/942-43, ᶜAbd Allāh b. Muḥammad al-Ziyādī, natural de Guadalajara, cuya biografía está tomada íntegramente de Jālid; aparte de éste, que como vemos no es el mismo que el recogido en Ibn al-Faraḍī con idéntica fecha de muerte, tenemos en Ibn Ḥāriṯ dos biografías, la de Ḥassān b. ᶜAbd Allāh b. Ḥassān al-Umawī (nº 76) y la de al-Ḥasan b. Salmūn (nº 71), que fallecen en 334/945-6 y 335/946-47 respectivamente. Ambas informaciones parecen haber sido tomadas por escrito, pues se cita a la fuente con un aséptico *qāla*, mientras que las transmisiones orales se detectan no sólo por el *qāla lī*, sino por la forma de expresión y el contexto. Esto nos llevaría a retrasar la fecha de redacción de la obra de Jālid por lo menos hasta el 335/946-47, si no más tarde. Sorprende sin embargo que no recoja más biografías de estas fechas, que el vivió ya en plena madurez, a no ser que, como apuntábamos al comienzo de este apartado, los personajes sin fecha fueran precisamente los últimos en fallecer.

En resumen, podemos decir que el grueso de la obra de Jālid se centra en los personajes fallecidos entre 220/835 y 330/941-42, si bien incluye algunas destacadas figuras de época anterior y otras cuantas biografías posteriores.

---

[44] Las discrepancias sobre la fecha de muerte de Ibn Ṣāliḥ son analizadas por M. I. Fierro en "Muᶜāwiya b. Ṣāliḥ al-Ḥaḍramī al-Ḥimṣī: historia y leyenda", *E.O.B.A.*, I, 281-410. En dicho artículo se recogen tres versiones sobre la fecha de muerte, la iraquí, la andalusí y la sirio-egipcia, pero no se menciona esta obra, a cuyo autor habrá que identificar.

**Ambito geográfico**

Este es un punto interesante que conviene analizar, pues hubo al comienzo del género biográfico en al-Andalus, algunas obras biográficas locales, tal vez, porque en aquel entonces escribir la historia de una ciudad consistía muy a menudo en recopilar las biografías de sus personajes más destacados[45]. Así, por ejemplo, Ibn Saᶜdān compuso una obra sobre ulemas de Rayya, o eso es lo que podemos deducir del análisis de las biografías de personajes de Rayya contenidas en obras posteriores. El propio Ibn al-Faraḏī pretendía escribir una historia de las ciudades de al-Andalus que contuviera *ajbār* y *ḥikāyāt*, si bien no le fue posible y se limitó a componer su *Ta'rīj ᶜulamā' al-Andalus*.

Si repasamos todas aquellas biografías del *Ta'rīj* en las que Jālid es utilizado como fuente, encontraremos cosas curiosas acerca de la procedencia de los personajes. Prescindiendo del alto porcentaje de cordobeses -ciento trece de doscientos setenta y siete recogidos-, cosa natural por ser Córdoba capital del califato y capital cultural de al-Andalus y por la naturaleza cordobesa tanto de Jālid como de Ibn al-Faraḏī -con el leve matiz de que este último era cordobés de adopción-, podemos destacar algunos datos que nos han llamado la atención sobre el origen de estos ulemas.

Antes hemos de aclarar que, salvo en trece ocasiones, se dice de todos ellos que eran de algún lugar con la expresión *min ahl*, siendo raro que se nos aclare algo más sobre su origen o el de su familia (*min aṣl*), cosa que únicamente ocurre en dos de los trece casos reseñados anteriormente. En alguna ocasión se especifica que vivió en determinada localidad y normalmente, cuando lo hace, el lugar de residencia es Córdoba y en varios casos, desconociendo otros datos sobre su origen. Tenemos también poca información sobre el sitio en que murieron y de los diez casos recogidos es porque fallecieron en oriente o debieron trasladarse de su lugar de origen a Córdoba (IF, nº 948, 1164), Madrid (IF, nº 1281) o Mallorca (IF, nº 692).

---

[45] Sobre las primeras obras locales y más concretamente sobre las de Elvira, v. M. Marín, "Ibn Al-Ḫaṭīb, Historiador de la época Omeya en Al-Andalus", *Revue de la Faculté des Lettres de Tetouan*, 2 (1987), p. 21.

Una vez hecha esta aclaración, pasemos a analizar los datos y estos son:

| | | | |
|---|---|---|---|
| De | Córdoba | 114 | biografiados |
| | Toledo | 22 | |
| | Jaén | 17 | |
| | Guadalajara | 16 | |
| | Firrīš | 15 | |
| | Zaragoza | 15 | |
| | Algeciras | 14 | |
| | Cabra | 13 | |
| | Carmona | 5 | |
| | Elvira | 5 | |
| | Otros | 43 | |

Estos números a primera vista carecen de interés. Es lógico que el mayor número de ulemas se concentre en Córdoba, como también es razonable pensar que una ciudad de la importancia de Toledo sea la siguiente en cuanto a producción de sabios. Más chocante resulta que Firrīš, Algeciras y Cabra estén a la misma altura que Zaragoza, pues no existen datos en otras fuentes que nos permitan asegurar un florecimiento de dichas ciudades en esta época. Y a la vista de estos datos lo más que podemos afirmar es que J̄alid prestó en su obra una relativa atención a la gente de las marcas (Toledo, Guadalajara, Zaragoza).

FIRRĪŠ

Yendo más allá de las informaciones proporcionadas por las biografías que constituyen la base de este estudio y comprobando los índices de lugar de IF vemos con respecto a Firrīš, por ejemplo, que todas las biografías de personajes de Firrīš, tienen como fuente a J̄alid, excepto dos:

- nº 1019.- Ġānim b. Mantīl.
- nº 484.- Sa^cīd b. ^cUṯmān al-A^cnāqī.

Al primero de ellos lo menciona Ismā^cīl b. Isḥāq, que como hemos apuntado anteriormente es el que transmite a Ibn al-Faraḍī las informaciones procedentes de J̄alid, con lo cual es muy probable que la fuente más remota de esta biografía sea nuestro autor, aunque en este caso no aparezca citado como tal. El segundo, natural de Córdoba, tenía en Firrīš parientes a los que visitaba todos los años para abastecerse de alimentos y en uno de esos viajes murió allí. En este caso Ibn al-Faraḍī ha preferido recoger la información de Aḥmad, aunque es probable que fuera citado también por Jālid, ya que fue maestro suyo.

GUADALAJARA

De los veintidós personajes de Guadalajara que aparecen en IF, dieciséis son mencionados por Jālid; los otros seis son:
- nº 40.- Ibrāhīm b. Lubb, Abū Isḥāq: no se cita fuente alguna, pero sabemos que transmitió de Muḥammad b. Qāsim, quien también fue maestro de Jālid.
- nº 479.- Saᶜīd b. Masᶜada: la fuente para esta biografía es Muḥammad b. Aḥmad; no podemos descartar que Jālid lo citara, puesto que es hermano del nº 1063.
- nº 915.- ᶜAlī b. al-Hasan.
- nº 1296.- Muḥammad b. Fatḥ.
- nº 1516.- Wahb b. Masarra b. Mufarriŷ b. Ḥakam al-Tamīmī, Abū l-Ḥazm: tampoco se cita fuente para esta biografía. Murió en el 346/957, es decir, pertenecía a la misma generación que Jālid y quizá por eso éste no lo incluyera en su obra.
- nº 1521.- Abū Wahb b. Muḥammad b. Abī Nujayla: la fuentes citadas para esta biografía son Ibn Masarra y Muḥammad b. Aḥmad.

Vemos pues que algunas de estas biografías pueden tener relación con Jālid; en otros casos es posible que nuestro autor sea la fuente utilizada a pesar de no ser citado.

CABRA

De los quince de Cabra (o de la cora), trece tienen como fuente a Jālid y sólo en los dos casos siguientes no se dice nada del texto que sirvió de base a la biografía:
- nº 733.- ᶜAbd Allāh b. Jālid b. Hāšim: transmitió de Muḥammad b. Fuṭays, que fue maestro de Jālid.
- nº 734.- ᶜAbd Allāh b. ᶜAmrūs Abī Yūsuf, Abū Muḥammad.

ALGECIRAS

También es curiosa la relativa abundancia de algecireños. Comprobando una vez más los índices de IF vemos que eran *min ahl al-Ŷazīra* todos los recogidos que tienen como fuente a Jālid además de los cuatro siguientes:

- nº 126.- Aḥmad b. ᶜĪsà al-Maᶜāfirī: la fuente utilizada es Ibn Ḥāriṯ, sin embargo no lo hemos encontrado en la obra de éste, aunque no podemos descartar que estuviera incluido en los folios del manuscrito perdidos.Tal vez pueda ser identificado con el nº 208 de Marín, Aḥmad b. Yaḥyà b. Sulaymān b. ᶜĪsà b. ᶜĀṣim.
- nº 658.- ᶜAbd Allāh b. Ḥakam al-Layṯī: no se cita ninguna fuente.
- nº 841.- ᶜAbd al-Wahhāb b. ᶜAbbās b. Nāṣiḥ: no se menciona ninguna fuente, pero es abuelo del nº 1208, al que sí cita Jālid.
- nº 879.- ᶜAbbās b. Nāṣiḥ: se cita como fuente a Muḥammad b. Aḥmad y en la biografía se habla también de su hijo ᶜAbd al-Wahhāb y de su nieto Muḥammad (nº 1208), éste último mencionado por nuestro autor.

Aparte de los cuatro anteriores, encontramos *min ahl al-Ŷazīra al-Jaḍrā'* a:

- nº 530.- Saᶜīd b. ᶜUṯmān Ibn al-Jazzāz: este personaje murió aproximadamente en el año 390/999-1000, con lo cual es imposible que fuera citado por Jālid.
- nº 1583.- Yaḥyà b. Abī Ṣūfa (Ṣarma): la fuente utilizada es Muḥammad b. al-Ḥasan.

CARMONA

Son cinco los naturales de Carmona, si incluimos a Muḥammad b. Raḥīq (IF, nº 1160; IH, nº 163), al que Ibn Ḥāriṯ menciona como de Carmona. Aparte de estos Ibn al-Faraḍī incluye a otros cuatro personajes de dicha localidad, aunque algunos vivieron en Córdoba, todos ellos de la misma familia, los Banū Butrī [46]:

- nº 402.- Jaṭṭāb b. Maslama b. Muḥammad b. Saᶜīd b. Butrī, m. 372/982-83.
- nº 684.- ᶜAbd Allāh b. Mahdī b. ᶜAbd Allāh b. Butrī, n. 284/897-98: la fuente citada es Ismāᶜīl.
- nº 790.- ᶜAbd al-Raḥmān b. Maslama b. Saᶜīd b. Butrī, 303-338/915-949: la fuente citada es su hermano al-Jaṭṭāb b. Maslama.
- nº 1253.- Muḥammad b. Maslama b. Saᶜīd b. Butrī, 290-339 ó

[46] V. L. Molina, "Familias andalusíes", pp. 32-34.

340/902-950-51: también en este caso la fuente empleada es su hermano al-Jaṯṯāb.

Tal vez estos personajes sean demasiado tardíos para entrar en la obra de Jālid.

Aparte de las localidades mencionadas quizá merezca la pena contar también a Jaén como lugar de origen de los sabios que Ibn Saᶜd recogió en su obra. Son diecinueve las biografías de giennenses en las que éste aparece citado de treinta y dos que contiene el *Ta'rīj*. De las trece restantes, cuatro están basadas en Muḥammad b. Aḥmad, tres en Ibn Ḥāriṯ y dos de los biografiados murieron en fechas posteriores a Jālid (nº 1365 y 1707); otra de las biografías puede tener alguna relación con nuestro autor ya que es la de un hijo de ᶜUmar b. Ḥafṣ, maestro de Jālid.

El número de biografiados de Zaragoza basado en Jālid es alto -quince-, pero no demasiado si contabilizamos un total de veintisiete zaragozanos. Otras localidades superan en número a las aquí analizadas, aunque en relación al total apenas si tienen importancia; por ejemplo, en las treinta y siete biografías de gente de Sidonia, Jālid sólo es citado como fuente siete veces.

**Contenido y estructura**

Ya hemos dicho con anterioridad que de las mil seiscientas cuarenta y nueve biografías del *Ta'rīj ᶜulamā' al-Andalus*, doscientas setenta y siete están inspiradas directa o indirectamente en la obra de Jālid b. Saᶜd. Estas biografías suelen ser escuetas y parcas en información, sin recrearse en epítetos o descripciones de los personajes. Por lo general la información no ocupa más de cuatro líneas. Estableciendo varias categorías según su extensión física, podemos decir que al menos ciento ochenta son extremadamente breves, llegando en algunos casos a mencionar sólo la cadena onomástica y alguna virtud del biografiado, o simplemente a decir que se interesó por la ciencia. Podemos considerar breves, pero no tanto como las anteriores, unas cincuenta y una. En veintinueve casos la información aumenta un poco y pensamos que en otros diez es bastante, teniendo en cuenta el estilo conciso de Ibn al-Faraḍī. Sólo de siete podemos afirmar que son más o menos largas y hay dos que superan con mucho la extensión normal de una biografía. Es curioso, pero también en Ibn Ḥāriṯ las biografías tomadas de

Jālid son muy breves y en caso de aparecer citado como fuente en un relato largo, las noticias tomadas de él son datos muy concretos o fechas. Hemos buscado en Ibn Ḥārit estas doscientas setenta y nueve biografías selecionadas, pues pensamos que una comparación de textos puede ser esclarecedora, pero no hemos realizado la operación inversa: buscar en Ibn al-Faraḍī aquellos personajes de Ibn Ḥāriṯ para los que el autor utilizó a Jālid. No sé si la decisión de realizar este trabajo sobre el *Ta'rīj* habrá sido acertada, pues Ibn Ḥāriṯ recoge doscientas once citas de Jālid en quinientas veintiséis biografías conservadas; el empleo de este material hubiera supuesto duplicar el trabajo, para llegar a los mismos resultados. Me he limitado pues, a contrastar las biografías de Ibn al-Faraḍī con los datos proporcionados por Ibn Ḥāriṯ. Tal vez la operación contraria hubiera supuesto descubrir biografías de Ibn al-Faraḍī basadas en Jālid, aunque éste no aparezca citado como fuente. Opino sin embargo que hubiéramos llegado a las mismas conclusiones de tipo general.

Antes de hablar de las diferencias entre una y otra obra veamos el contenido de las biografías de Ibn al-Faraḍī, aunque hemos de aclarar que, al utilizar otras fuentes, no todas las informaciones proceden de Jālid. Es normal en estas biografías que tras el nombre y el lugar, se mencione a los maestros del biografiado. Si hizo la *riḥla*, se constata, así como también los maestros orientales de los que transmitió. Tras esto suelen citarse las disciplinas cultivadas y las actividades ejercidas, entendiendo por tales, actividades de tipo cultural y jurídico-religioso, a las que hay que añadir cargos desempeñados en caso de que existan. Por último se deja constancia de la fecha de muerte, cuando se conoce. En lugar variable dentro de la biografía aparece el interés del biografiado por la ciencia o las virtudes que poseía. Aparte de estos datos es poco frecuente encontrar otro tipo de información, salvo las relaciones de parentesco con otro ulema conocido; en algún caso aporta informaciones poco corrientes como la alusión a ᶜAmr b. ᶜAbd Allāh b. Labīb (nº 936) como primer mawlà que fue nombrado cadí; de otros afirma que no estaba en su sano juicio; a veces menciona no sólo a los maestros de los personajes biografiados, sino también las obras que transmitieron (ej. nº 156, 445, 877, 1579) o las que introdujeron en al-Andalus procedentes de oriente (ej. nº 1572).

Hemos hablado de la información que se recoge en estas biografías en las que Jālid b. Saᶜd es citado como fuente; tenemos que advertir que también se cita a otros autores y que en ocasiones es difícil discernir cuál de ellos es el que aporta una determinada noticia. Solamente cuando aparece *dice Jālid* ante una frase, sabemos con certeza que esa información procede de él. Esto sólo ocurre en el caso de noticias muy concretas como puede ser la fecha de muerte, o cuando dicha noticia es distinta de la procedente de otra fuente. Más común resulta encontrar la expresión *lo menciona Jālid* al final de una biografía, de lo que se desprende que dicha biografía está tomada de nuestro autor. Esto ocurre en ciento setenta y cinco casos.

Para redactar estas biografías Ibn al-Faraḍī utiliza alrededor de veinte fuentes más que completan la obra de Jālid. Alguno de estos supuestos autores, no puede considerarse como tal, ya que a veces quien proporciona la información sobre determinada persona es un familiar suyo, y no se puede deducir de ello la existencia de una obra biográfica, histórica o de otro tipo.

De todos estos autores hay que destacar cinco, a los que se atribuye una mayor cantidad de citas.

1. Muḥammad IBN ḤĀRIṮ AL-JUŠANĪ. La obra utilizada por Ibn al-Faraḍī junto a las informaciones de Jālid en treinta y cuatro ocasiones es la ya mencionada *Ajbār al-fuqahā'*.

2. Aḥmad b. Muḥammad IBN ᶜABD AL-BARR[47]. Citado siempre como Aḥmad en veinticinco ocasiones, escribió una obra sobre alfaquíes de Córdoba que llega a Ibn al-Faraḍī a través de Muḥammad b. Rifāᶜa[48].

3. Abū Saᶜīd IBN YŪNUS[49]. Citado unas veces como Abū Saᶜīd y otras como Ibn Yūnus, su *kitāb*, es decir, su *Ta'rīj fī*

[47] Sobre este autor como fuente de Ibn al-Faraḍī, v. M. L. Avila-M. Marín, "Le *Ta'rīḫ ᶜulamā al-Andalus* d'Ibn al-Faraḍī: étude et informatisation", *Cahiers d'Onomastique Arabe*, IV (en prensa), y un estudio más amplio sobre su obra en M. J. Viguera, "La Historia de alfaquíes y jueces".

[48] IF, nº 1337.

[49] Analizado como fuente de Ibn al-Faraḍī en Avila-Marín, "Le *Ta'rīḫ ᶜulamā*", y con más profundidad por Mª Isabel Fierro en "Ibn Yūnus, fuente de Ibn al-Faraḍī", *Homenaje al Prof. Darío Cabanelas Rodríguez, con motivo de su LXX aniversario*, Granada, 1987, 297-313.

*ahl Miṣr wa-l-Magrib* es empleado catorce veces por nuestro autor para aportar más luz a la información tomada de Jālid.

4. Muḥammad b. Aḥmad b. Muḥammad b. Yaḥyà, más conocido por IBN MUFARRIŶ[50]. Compuso un *Kitāb Mujtaṣar* para al-Ḥakam II, obra utilizada por Ibn al-Faraḍī, como él mismo afirma en su prólogo y que es citada como *kitāb* en nueve ocasiones.

5. AL-RĀZĪ. Sólo en seis de las doscientas setenta y ocho ocasiones estudiadas aparece este autor como fuente. Creemos que se trata de Aḥmad b. Muḥammad b. Mūsà al-Rāzī y que la obra empleada sería su *Historia* [51].

Otra cuestión sería saber si, como es habitual en las fuentes árabes, los textos anteriores se copian literalmente, o si sirven únicamente de base sobre la que construir una biografía. Para aclarar esto puede servirnos la obra de Ibn Ḥāriṯ. De nuestro primitivo fichero, compuesto por doscientas setenta y nueve biografías-recordemos, aquellas de IF en las que es citado Jālid- encontramos ciento treinta y tres biografías en los *Ajbār al-fuqahā'*. Al igual que ocurría con el *Ta'rīj*, vemos que en la mayoría de los casos son extremadamente breves y concisas. En 113 biografías se dice que el texto está tomado de Jālid. Comprobando los textos de una y otra obra vemos que son prácticamente idénticos, si bien en algunos casos aparecen variantes que no alteran el significado. Se puede decir que Ibn al-Faraḍī omite algunos adjetivos, frases o informaciones más importantes. No es lo mismo decir que era únicamente piadoso en lugar de piadoso y virtuoso, que omitir, por ejemplo que determinado personaje era cadí de Priego (IF, nº 1448 = IH, nº 245).

Sólo en quince casos apreciamos que las biografías son diferentes en ambas obras. Puede deberse a que Ibn Ḥāriṯ e Ibn al-Faraḍī utilicen distintas fuentes, aunque se basen en Jālid para un dato concreto.

---

[50] IF, nº 1358; H, nº 10; D, nº 14. Citado también en Avila-Marín, "Le *Ta'rīḫ ᶜulamā*".

[51] V. sobre esto "Le *Ta'rīḫ ᶜulamā*", artículo donde se recogen citas más completas de los trabajos de Pons, E. Lévi-Provençal, D. Catalán y Mª S. de Andrés, C. Sánchez Albornoz, y L. Molina sobre este autor.

Tal vez la mayor cantidad de información contenida en los *Ajbār* se deba a la contemporaneidad o proximidad en el tiempo entre biografiados y fuentes. La obra de Ibn Ḥāriṯ se acaba a mediados del siglo IV/X, mientras que Ibn al-Faraḍī recoge personajes de al menos una generación posterior. Para el caso que nos ocupa, apreciamos en los *Ajbār* que Jālid toma muchas informaciones de Muḥammad b. ᶜUmar b. Lubāba, de al-Aᶜnāqī, de Muḥammad b. ᶜAbd al-Malik b. Ayman, de Ibn Fuṭays, etc., todos ellos maestros suyos, que le transmiten una información de primera mano sobre personas que ellos conocieron. En otros casos, aporta conocimientos personales y se aprecia su intención de ponerse en contacto con quien mejor y más directamente conociera al biografiado. En más de una ocasión dice haber preguntado por determinado personaje en determinado lugar, sin encontrar nadie que lo conociera.

Quizá el deseo de suministrar nuevas biografías con datos de toda credibilidad por estar cronológicamente más cerca del autor, hace que las biografías de épocas anteriores, aquellas que Ibn Ḥāriṯ recoge fielmente de Jālid, sean resumidas, o más bien recortadas por Ibn al-Faraḍī, más interesado en los ulemas de su tiempo.

## Utilización de Jālid en obras posteriores

Es difícil hacer una valoración de la influencia que pudo tener Jālid b. Saᶜd en obras posteriores a las de Ibn al-Faraḍī, en parte por la escasez de repertorios andalusíes o que versen sobre al-Andalus conservados. Sí podemos, sin embargo, detenernos en los más importantes:

### ŶAḎWAT AL-MUQTABIS

Para redactar estas líneas hemos utilizado la última edición aparecida de la obra de al-Ḥumaydī, preparada por al-Abyārī[52], ya que es la única que a través de sus índices nos permite acceder al tipo de información que necesitamos: las citas de Jālid b. Saᶜd a lo largo de la obra.

---

[52] Cairo-Beirut, 1403/1983; 2 v. Véase la reseña de A. C. López y López en *Al-Qanṭara*, IX (en prensa).

El número de estas citas es de treinta y dos[53], si prescindimos de la biografía del propio Jālid, pero en ninguna de ellas se cita a Jālid como informador. En muchos casos se limita a decir que transmitió del biografiado (*rawà ᶜan-hu*), ya que dieciocho de estos personajes fueron maestros suyos[54] y aparecen recogidos en el apartado correspondiente. Hay que señalar la existencia de dos biografías de un mismo maestro, las nº 526 y 527 en las que aparecen ᶜAbd Allāh b. Muḥammad b. Abī l-Walīd y ᶜAbd Allāh b. Abī l-Walīd. Como en otros casos al-Ḥumaydī advierte el error existente en las fuentes que utiliza, señalando que al personaje se le da el *nasab* de su abuelo; no obstante repite la biografía con concordancia de datos. También se dice que transmitió de Muḥammad b. ᶜUmar b. Yūsuf b. ᶜĀmir al-Andalusī (H(B), nº 109).

El resto de las veces en que Jālid es mencionado en la obra de al-Ḥumaydī, aparece como eslabón de una cadena de transmisión, exceptuando un único caso: en la biografía nº 766 se dice que Qāsim b. Muḥammad b. Qāsim b. ᶜAslūn estudió con Jālid.

De lo expuesto parece desprenderse que al-Ḥumaydī no utilizó la obra de Jālid directamente y si lo hizo a través de otra fuente, no dejó constancia de ello.

TARTĪB AL-MADĀRIK

La utilización de Jālid en los *Madārik* es ínfima, sobre todo si la comparamos con el uso que hace de otras fuentes como Ibn al-Faraḍī o Ibn Ḥāriṯ. Tan sólo en doce ocasiones[55] se menciona a nuestro autor, cosa que no nos debe extrañar dada la mayor cobertura tanto cronológica como geográfica de la obra de ᶜIyāḍ. En dos de los casos su nombre aparece como Jālid b. Saᶜīd (VI, 139 y 159) y en otro, en lo que se ve un error del editor, como Jālid b. Saᶜdān (V, 247).

---

[53] H, nº 15, 63, 80. 98, 109, 110, 129, 134, 141, 152, 153, 205, 206, 210, 238, 259, 292, 319, 323, 474, 518, 523, 526, 567, 572, 601, 678, 686, 703, 766, 805, 900.

[54] Para evitar repeticiones, las referencias de H aparecen separadas de las incluidas en Marín, en la nota correspondiente a cada maestro.

[55] TM, III, 344; IV, 130, 256, 268, 455; V, 166, 167, 172, 215, 247; VI, 135, 159.

No creemos sin embargo que ᶜIyāḍ utilizara la obra de Jālid, sino más bien que estas citas son las mismas que aparecen en el *Ta'rīj ᶜulamā' al-Andalus*, profusamente empleado como fuente en el *Tartīb*, aunque solamente una vez lo especifique con la frase *qāla Ibn al-Faraḍī qāla Jālid*. En otras ocasiones menciona bien a Jālid exclusivamente, bien a ambos como informantes de distintas noticias, pero casi siempre las informaciones sobre un individuo biografiado coinciden más o menos literalmente con las correspondientes de Ibn al-Faraḍī sobre el mismo personaje. Esto resulta más claro no en las biografías basadas casi por completo en Jālid, sino en aquellas más largas que sólo atribuyen a nuestro autor uno o dos datos. Tal es el caso de Muḥammad b. Walīd b. Muḥammad b. ᶜAbd Allāh b. ᶜUbayd (IF, 1178; TM, V, 167) en cuya biografía, tanto en una obra como en otra, encontramos la opinión de Jālid sobre este personaje al que tilda de *kaḏḏāb* y del que dice que la gente transmitió de él. El hecho de que en una biografía más amplia tanto ᶜIyāḍ como Ibn al-Faraḍī coincidan en tomar de Jālid, no ya el mismo dato, sino una opinión sobre la personalidad del biografiado, apunta más hacia una copia por parte del primero de la biografía redactada por el segundo.

Parece, pues, claro que ᶜIyāḍ no utilizó directamente la obra de Jālid. Sólo existe un dato que nos haga dudar de ésto. Como fuentes de la biografía de Aḥmad b. Muṭarrif b. ᶜAbd al-Raḥmān b. Qāsim b. ᶜAlqama Ibn al-Maššāṭ (TM, V, 135) se citan en el *Tartīb* a Ibn al-Faraḍī, Jālid e Ibn Ḥāriṯ, entre otras. Al parecer la única contribución de Jālid es afirmar que el personaje en cuestión era tuŷībí, en contradicción con la opinión de Ibn al-Faraḍī sobre su ascendencia azdí. Pues bien, aunque en el *Ta'rīj* aparece su biografía (nº 141), no se cita a Jālid como fuente ni se refiere al origen tuŷībí del personaje. Que la cita esté tomada de los *Ajbār* hay que descartarlo, no porque no aparezca en la copia conservada de estos, sino porque la fecha del individuo, 352/963-64, lo elimina como posible biografiado en otras copias. Dado que en dicha biografía ᶜIyāḍ menciona a varios miembros de la misma familia, podríamos pensar que el dato está tomado de otro lugar. Sí se basa Ibn al-Faraḍī en Jālid para redactar la biografía de Muṭarrif (nº 1436), padre de este Aḥmad, aunque este dato -que era tuŷībí- se omita. Lo mismo ocurre en los *Ajbār* (nº 239).

Aunque no hayamos podido aclarar este último punto, cuya solución hubiera podido confirmar o echar por tierra nuestra teoría, creo que, por todos los datos antes señalados, hay que seguir apoyando ésta.

KITĀB AL-ṢILA

Respecto a la *Ṣila* de Ibn Baškuwāl, sólo puedo decir que no ha sido utilizada para este trabajo. En la edición con índices, la de la Bibliotheca Arabico-Hispana, no existe un índice de fuentes y en el de obras citadas en el texto no aparece Jālid b. Saᶜd. Un estudio detallado con un vaciado previo de todas las fuentes de la *Ṣila*, está siendo realizado, como indicábamos al comienzo de este artículo, por H. de Felipe y N. Torres. La aparición de su trabajo aportará nuevos datos para la historiografía andalusí y al estudio de los repertorios biográficos, ya que Ibn Baškuwāl, por la época en que vivió, utiliza fuentes diferentes a las del *Ta'rīj*, que sólo aparecen en obras más tardías. No obstante, creo que no es aventurado afirmar que la utilización de la obra de Jālid en la *Ṣila* es mínima, por no decir nula.

TAKMILAT AL-ṢILA

Lo mismo puede decirse de la *Takmila* de Ibn al-Abbār. En la edición de el Cairo, no aparece Jālid como fuente. Haría falta revisar las otras partes de la obra, pero su ausencia en la mencionada edición y en la relación de fuentes que el autor incluye en su prefacio [56] nos han hecho desistir de este propósito.

## Conclusiones

A modo de recapitulación, recogemos en este apartado los aspectos más importantes sobre la obra de Jālid b. Saᶜd, desarrollados a lo largo de estas páginas.

1. Jālid escribió una obra biográfica, *Kitāb fī riŷāl al-Andalus*, uno de cuyos ejemplares fue utilizado directamente por Ibn

[56] Traducido con identificación de las fuentes por A. Bel y M. Ben Cheneb, "La préface d'Ibn al-Abbâr à sa Takmila-t-essila (texte arabe et traduction française)", *Revue Africaine*, 64 (1928), 306-335.

Ḥāriṯ como fuente para sus *Ajbār al-fuqahā' wa-l-muḥaddiṯīn*. Otra copia poseía Ismāᶜīl b. Isḥāq, que fue la que empleó Ibn al-Faraḍī para redactar su historia de los ulemas andalusíes.

2. Dicha obra incluía biografías de ulemas, abarcando todas las categorías: jueces, ascetas, estudiosos, poetas, etc.

3. La fecha de muerte de los individuos biografiados se sitúa entre los años 220/835 y 330/941-42, salvo excepciones; es decir cubre desde finales del siglo II/VIII hasta principios del IV/X.

4. Dichos individuos proceden de todo al-Andalus, resaltando Córdoba como principal ciudad en cuanto a número de ulemas. Por detrás de ésta destacan en afluencia de sabios las ciudades de las marcas: Toledo, Guadalajara y Zaragoza. Junto a ellas y casi en plano de igualdad encontramos ciudades como Firrīš, Algeciras o Cabra, lo que las sitúa como lugares culturalmente destacados en esa época.

5. No sabemos si la obra de Jālid contendría largas descripciones o si recogería historias sobre la vida cultural andalusí, pero a juzgar por el uso que de su obra hicieron otros autores, suponemos que las biografías eran breves y recogían datos muy concretos como lugar de procedencia, maestros, *riḥla*, disciplinas cultivadas, fecha de muerte, etc.

6. Jālid, a su vez, utilizó varias fuentes, entre las que cabe destacar a sus maestros Ibn Lubāba, Ibn Ayman, al-Aᶜnāqī, Aḥmad b. Jālid, Aslam b. ᶜAbd al-ᶜAzīz, Muḥammad b. Fuṭays y ᶜAbd Allāh b. Abī l-Walīd.

7. Al-Ḥumaydī, Ibn Baškuwāl e Ibn al-Abbār no utilizaron la obra de Jālid lo que indica que debió perderse en el siglo IV/X o principios del V/XI y a partir de esas fechas apenas si se usó, aunque el autor fue conocido a través de la obra de Ibn al-Faraḍī, como demuestran las citas que aparecen en el *Tartīb al-madārik*.

**Citas de Jālid en el *Ta'rīj ᶜulamā' al-Andalus***

nº 3, 4, 18, 26, 27, 28, 30, 31, 32, 34, 51, 57, 64, 65, 66, 68, 70, 73, 76, 80, 84, 85, 86, 88, 91, 95, 96, 97, 98, 112, 114, 116, 129, 156, 208, 209, 216, 222, 223, 227, 240, 244, 246, 252, 262, 269, 275, 276, 282, 285, 300, 307, 327, 328, 365, 366, 371, 391, 401, 403, 404, 410, 418, 438, 439, 440, 441, 445, 446, 458, 460, 471, 475, 476, 483, 490, 494, 501, 534, 536, 542, 550, 552, 554, 559, 562, 587, 588, 590, 591, 597, 598, 602, 623, 627, 636, 639, 642, 643, 644, 646, 650, 652,

654, 655, 656, 659, 660, 663, 665, 672, 673, 679, 692, 694, 695, 698, 716, 718, 720, 761, 775, 776, 780, 784, 785, 788, 817, 842, 843, 858, 876, 882, 887, 890, 891, 912, 914, 936, 941, 942, 946, 948, 955, 956, 964, 976, 977, 999, 1007, 1008, 1015, 1023, 1024, 1025, 1028, 1029, 1031, 1032, 1043, 1046, 1047, 1049, 1051, 1056, 1061, 1063, 1066, 1082, 1096, 1102, 1106, 1113, 1114, 1115, 1116, 1118, 1119, 11245, 1125, 1126, 1127, 1129, 1135, 1136, 1137, 1142, 1143, 1144, 1149, 1152, 1153, 1157, 1160, 1161, 1164, 1166, 1176, 1178, 1180, 1183, 1184, 1186, 1188, 1189, 1190, 1191, 1192, 1206, 1208, 1209, 1225, 1230, 1234, 1242, 1248, 1250, 1252, 1256, 1261, 1263, 1276, 1277, 1278, 1281, 1295, 1405, 1406, 1407, 1408, 1409, 1414, 1419, 1429, 1436, 1437, 1445, 1448, 1450, 1455, 1471, 1477, 1478, 1494, 1506, 1513, 1517, 1523, 1526, 1529, 1535, 1546, 1553, 1555, 1558, 1559, 1560, 1561, 1563, 1565, 1569, 1570, 1572, 1573, 1574, 1575, 1576, 1579, 1587, 1588, 1622, 1624, 1638, 1648.

# LAS FUENTES DE IBN FARḤŪN EN LAS BIOGRAFIAS DE ALFAQUIES DE AL-ANDALUS

**Elena de Felipe**
**Fernando Rodríguez**
C.S.I.C. - Madrid

Ibn Farḥūn, que vivió en Medina en la segunda mitad del siglo XIV[1], recopiló en *al-Dībāŷ al-mud̲hab*[2] las biografías de 630 mālikíes de todo el mundo islámico desde el propio Mālik b. Anas hasta su época. Con tan amplios límites cronológicos y geográficos cabe suponer la variedad de las fuentes consultadas por Ibn Farḥūn para componer su obra.

El presente trabajo pretende delimitar qué obras fueron utilizadas por el autor para las biografías de andalusíes incluídas en el *Dībāŷ*. Casi la mitad de los personajes incluídos en este diccionario, concretamente 315, son de origen andalusí. Tan significativa cifra no hace sino indicar el conocido hecho de la importancia que tuvo la escuela mālikí en el occidente musulmán.

El propio Ibn Farḥūn incluye al final del *Dībāŷ* una lista de obras que reconoce haber empleado como fuentes, lista a la que

---

[1] Para la biografía de Ibn Farḥūn, cf.: Badr al-dīn al-Qarawī, *Tawšīᶜ al-Dībāŷ wa-ḥilyat al-ibtihāŷ*, Beirut, 1983, p. 45; Muḥammad b. Muḥammad Majlūf, *Šaŷarat al-nūr al-zakiyya fī ṭabaqāt al-Mālikiyya*, El Cairo, 1350/1931, p. 222; Aḥmad Bāba, *Nayl al-ibtihāŷ bi-taṭrīz al-Dībāŷ*, apéndice al margen de *al-Dībāŷ al-mud̲hab*, Beirut, s.a., p. 30; Ibn Ḥaŷar, *al-Durar al-kāmina*, El Cairo, s.a., I, p. 49; *GAL*, II, p. 175; U. R. Kaḥḥāla, *Muᶜŷam al-mu'allifīn: tarāŷim muṣannifī l-kutub al-ᶜarabiyya*, Damasco, 1957, I, p. 68; J. F. P. Hopkins, "Ibn Farḥūn", *EI*[2], III, p. 786.

[2] Hemos manejado la edición del doctor Muḥammad al-Aḥmadī Abū l-Nūr, 2 vols., El Cairo, 1972. Existe además la edición, con apéndice del *Nayl al-ibtihāŷ* de Aḥmad Bābā, de Beirut, s.a.

nos hemos atenido para la realización de este trabajo. De entre ellas hemos comprobado que fueron utilizadas para las biografías de andalusíes las siguientes:

*Mujtaṣar al-Madārik* de Abū ᶜAbd Allāh Muḥammad b. Rašīq al-Andalusī.

*Ijtiṣār al-Madārik* de Abū ᶜAbd Allāh b. Ḥammād al-Sabtī.

*Ta'rīj Miṣr* de Quṭb al-dīn b. ᶜAbd al-Nūr.

*Kitāb al-Ṣila* de Ibn Baškuwāl.

*Kitāb al-Takmila* de Ibn al-Abbār.

*Ṣilat al-Ṣila* de Ibn al-Zubayr.

*Wafayāt al-aᶜyān* de Ibn Jallikān.

*Al-Iḥāṭa fī ajbār Garnāṭa* de Ibn al-Jaṭīb.

*Al-Ḏayl wa-l-takmila* de al-Marrākušī.

La lista incluye otras fuentes como el *Kitāb al-ᶜibar* de al-Ḏahabī y las palabras de Abū l-ᶜAbbās al-Lablī incluídas en la *Mašyaja* de al-Tuŷībī[3] que no hemos podido consultar pero que

[3] Su nombre completo es Aḥmad b. Yūsuf b. ᶜAlī b. Yūsuf Abū Ŷaᶜfar, Abū l-ᶜAbbās al-Fihrī, al-Lablī (m. 691). Sobre este maestro de al-Tuŷībī v. DM. I, 253; al-Suyūṭī, *Bugyat al-wuᶜāt*, ed. de Muḥammad Abū l-Faḍl Ibrāhīm, El Cairo, 1964, I, p. 402.; al-ᶜAbdarī, *Riḥla*, ed. de Aḥmad b. Ŷaddū, Argel, s.a., p. 38; Ibn al-Qāḍī, *Durrat al-ḥiŷāl*, ed. Muḥammad al-Aḥmadī, El Cairo, 1970, I, p. 38; y Muḥammad b. Muḥammad Majlūf, *Šaŷarat al-Nūr*, El Cairo, 1931, I, p. 198, fuentes en las que aparece citado con la *kunya* Abū Ŷaᶜfar. En cambio en al-Gubrīnī, *ᶜUnwān al-dirāya*, Argel, 1910, p. 211; y NT (a), II, p. 208, aparece citado como Abū Ŷaᶜfar y Abū l-ᶜAbbās. Obra de este autor es el *fihrist* cuyo manuscrito se encuentra en la Garret Collection (Yahuda Section) n. 4126, fol. 107 b-131 b y es descrito por R. Mach en el *Catalogue of Arabic Manuscripts (Yahuda Section) in the Garret Collection (Princeton University Library)*, Princeton, 1977, n.

suponemos fueron utilizadas por Ibn Farḥūn para estas biografías.

Se puede observar la curiosa ausencia del *Tartīb al-madārik* del Qāḍī ᶜIyāḍ, apareciendo por el contrario dos resúmenes de esta obra: *Mujtaṣar al-Madārik* de Abū ᶜAbd Allāh Muḥammad b. Rašīq al-Andalusī, e *Ijtiṣār al-Madārik* de Abū ᶜAbd Allāh b. Ḥammād al-Sabtī[4]. Por tanto, nos ha sido imposible realizar el trabajo con la fuente directa empleada por Ibn Farḥūn, utilizando para ese fin el *Tartīb al-madārik*. Es necesario tener en cuenta este dato en todo momento ya que todas aquellas omisiones y añadidos que observemos en la biografía son susceptibles de pertenecer a los autores de los resúmenes anteriormente citados y no necesariamente al autor del *Dībāŷ*. Estos *mujtaṣar* son, sin lugar a dudas, la fuente de la que Ibn Farḥūn ha tomado mayor cantidad de información ya que de 265 personajes cuya fuente hemos localizado, la nada despreciable cantidad de 107 biografías han sido tomadas de esta obra del Qāḍī ᶜIyāḍ.

Refiriéndonos concretamente al tratamiento que hace Ibn Farḥūn de las biografías hay que decir que en la mayoría de los casos las resume. No poseía un sistema determinado a la hora de elaborar sus biografías, sino que seguía, normalmente, el esquema de las obras que copiaba. La misma carencia de método se puede apreciar en su forma de resumir. Cuando se trata de biografías muy cortas, las copia casi literalmente, abreviando por contra aquellas

---

42. En él aparece mencionado como Abū l-ᶜAbbās. Para otras referencias a este personaje v. Riḍā ᶜAbd al-Ŷalīl al-Ṭayyār, *al-Dirāsāt al-lugawiyya fī l-Andalus*, Bagdad, 1980, p. 131; Kaḥḥāla, op. cit. II, p. 212; Muḥammad al-Ṭāhir Ibn ᶜĀšūr, "Tuḥfat al-maŷd al-ṣarīḥ fī šarḥ kitāb al-Fasīḥ", *Maŷallat al-maŷmaᶜ al-ᶜilmī l-ᶜarabī*, XXXVIII (1982), pp. 199-206; J. M. Fórneas, "El *Barnāmaŷ* de al-Wādī Āšī", *Al-Andalus*, XXXVIII (1973), p. 29; A. Ramos, "Estudio de la transmisión de las obras de *fiqh* contenidas en el *Barnāmaŷ* de at-Tuŷībī", *Al-Qanṭara*, VII (1986), p. 118, y *GAL*, SI, p. 967.

[4] De Muḥammad b. Rašīq al-Andalusī no hemos encontrado ninguna referencia. Para Ibn Ḥammād al-Sabtī v. M. Talbi, *Biographies Aghlabides extraites des Madārik du Cadi ᶜIyāḍ*, Túnez, 1968, p. 41. M. Talbi lo identifica con Abū ᶜAbd Allāh Muḥammad b. Ḥamāduh al-Andalusī al-Sabtī cuyo *mujtaṣar* se llama *Bugyat al-ṭālib wa-dalīl al-rāgib*. Según Talbi, el manuscrito de esta obra aparece descrito en *RIMA*, vol.II, fasc. II, dec. 1957, p. 19, pero esta referencia es errónea.

de mayor extensión. La síntesis de estas últimas se realiza igualmente sin criterio fijo alguno, aunque de forma general podemos concluir que conforme avanza la redacción omite mayor número de datos, de tal forma que los párrafos iniciales se mantienen tal cual están en la fuente original.

Entre los datos que omite con mayor frecuencia podemos destacar: anécdotas de la vida de los biografiados, poesías obra de los mismos, epítetos y expresiones de alabanza, otras fechas que no son la de nacimiento o muerte y nombres de maestros. Otro tipo de información como el de las cadenas onomásticas, es normalmente respetado, aunque en este caso también podemos encontrar variaciones y omisiones que muchas veces son achacables a una mala lectura de la fuente por Ibn Farḥūn, o por los autores de los *mujtaṣar* ya mencionados, por lo que se refiere al *Tartīb al-madārik*. Por ejemplo, en el caso de la biografía de Saᶜīd b. Ḥamīd que en el *Tartīb al-madārik* aparece como Saᶜīd b. Jumayr[5], o en el caso de Muḥammad b. ᶜUmar b. Saᶜd b. ᶜAyšūn que en el *Tartīb al-madārik* se menciona como Muḥammad b. ᶜAmr b. Saᶜd.

Lo expuesto hasta aquí a propósito del *Tartīb al-madārik* se puede hacer extensivo al tratamiento del resto de las fuentes.

La segunda fuente más utilizada por Ibn Farḥūn es *al-Ḏayl wa-l-takmila* de al-Marrākušī de la que toma 48 biografías. Con respecto a esta obra existe un caso muy significativo que ejemplifica la manera que nuestro autor tenía de tratar sus fuentes. Se trata de las biografías de Aḥmad b. Aḥmad al-Azdī y de Aḥmad b. Aḥmad al-Azdī conocido por Ibn al-Qaṣīr. Ambos personajes son distintos y como tal aparecen biografiados en la *Takmila*, en la *Ṣila* y en la *Bugya*. Sin embargo, al-Marrākušī se confunde al redactar su *Ḏayl* y bajo el epígrafe de Ibn al-Qaṣīr coloca la biografía del otro personaje citado, sin duda debido a la semejanza de los nombres. Poco después repite de nuevo la mención de Ibn al-Qaṣīr acertando esta vez con la biografía auténtica que es la que recogen el resto de las fuentes. Ibn Farḥūn, copiando del *Ḏayl*, no repara en esta confusión y reproduce el error cometido

---

[5] Para las referencias de este personaje y de los citados a lo largo de esta introducción, v. lista de biografiados.

por al-Marrākušī. Este caso demuestra que el método del jurista medinés consistía en la copia alternativa de las fuentes sin cotejarlas entre sí, excepto en unos pocos casos muy concretos.

Con respecto a los biografiados que Ibn Farḥūn toma de la *Iḥāṭa* de Ibn al-Jaṭīb su número es de 43. La fecha de muerte de estos personajes es mucho más cercana en el tiempo a la de Ibn Farḥūn, hasta el punto de que algunos de ellos fueron contemporáneos suyos y en el momento de composición del *Dībāŷ* aún no habían muerto. Esta circunstancia explica el hecho de que hayamos encontrado en el *Dībāŷ* información que Ibn al-Jaṭīb no recoge, información referida la mayoría de las veces a la lista de maestros, como es el caso de Aḥmad b. Ibrāhīm b. al-Zubayr.

Hemos consultado la edición de la *Iḥāṭa* de El Cairo de 1973. Guiándonos sólo por ella y sin haber consultado los manuscritos existentes, creemos que no sería aventurado concluir que la versión de la *Iḥāṭa* que utilizó Ibn Farḥūn fue, si no la de El Escorial, una muy parecida. Esto se deduce porque en la mayoría de los casos en que el editor de la *Iḥāṭa* constata una variación en la lectura de los manuscritos, Ibn Farḥūn se inclina casi sistemáticamente por la versión que corresponde al manuscrito de El Escorial.

En cuanto a la *Ṣilat al-Ṣila* de Ibn al-Zubayr[6] sólo hemos podido constatar un caso del que podamos afirmar con certeza que es la fuente de Ibn Farḥūn: se trata de Yaḥyà b. ᶜAbd Allāh b. ᶜĪsà. Sin embargo, y tomando como referencia la *Ṣila* de Ibn Baškuwāl y las alusiones del propio *Dībāŷ*, es posible deducir que en otras biografías la fuente es también la obra de Ibn al-Zubayr. Así ocurre por ejemplo, con Aḥmad b. ᶜAbd al-Raḥmān b. ᶜAbd al-Qāhir; al comienzo de su biografía Ibn Farḥūn atribuye a Ibn al-Zubayr una frase que en realidad ya aparece en la *Ṣila* de Ibn Baškuwāl. Como queda dicho el autor del *Dībāŷ* no suele cotejar sus fuentes, de forma que no supo que esa frase correspondía en realidad a Ibn Baškuwāl.

---

[6] Hay un fragmento de la obra editado por Levi-Provençal, Rabat, 1938, donde sólo hemos podido localizar un biografiado.

Del mismo modo hay biografías del *Dībāŷ* que son muy semejantes a las correspondientes de la *Ṣila* pero en las que Ibn Farḥūn añade información. En estos casos es posible suponer que nuestro autor está copiando de la *Ṣilat al-Ṣila* donde se encontraría a modo de complemento de la *Ṣila* esa información suplementaria que aparece en el *Dībāŷ*.

El número de biografías que han sido localizadas en la *Ṣila* de Ibn Baškuwāl es de 27, pero, partiendo de lo anteriormente expuesto, podemos suponer que algunas de estas biografías llegaron a Ibn Farḥūn a través de la *Ṣilat al-Ṣila* de Ibn al-Zubayr y no por medio de la obra de Ibn Baškuwāl de forma directa. Así, aunque la información contenida en el *Dībāŷ* concuerda con la correspondiente en la *Ṣila*, Ibn Farḥūn añade ciertos datos, como variantes en la fecha de muerte y otros nombres de maestros. Tenemos que señalar el curioso caso de Jalaf b. Aḥmad b. Baṭṭāl en el que Ibn Farḥūn confunde la fecha que se menciona en la *Ṣila* como año en el que le fue concedida la *iŷāza* a este personaje con la fecha de muerte.

Entre las obras mencionadas por Ibn Farḥūn como utilizadas por él, se encuentra la *Takmila* de Ibn al-Abbār, fuente en la que hemos localizado 5 biografías. Como ya se ha expuesto, el sistema de copia de Ibn Farḥūn no le permitía en muchos casos reparar en errores o matices. Esto lo podemos observar claramente en el caso de Muḥammad b. Saᶜīd b. Aḥmad, biografía que Ibn Farḥūn toma de Ibn al-Abbār y copia sin reparos incluso un expresión como: "*samiᶜtu Abā l-Rabīᶜ b. Sallām yaqūl*".

Un caso curioso es el de la biografía de Aḥmad b. Maᶜadd al-Uqlīšī al-Iskandarī muerto en 551. La fuente que utilizó Ibn Farḥūn es el *Ta'rīj Miṣr* de Quṭb al-dīn ᶜAbd al-Karīm b. ᶜAbd al-Nūr Abū ᶜAlī al-Ḥalabī al-Miṣrī, muerto en el 735/1334, cuya biografía se puede encontrar en *al-Durar al-kāmina* de Ibn Ḥaŷar al-ᶜAsqalānī[7]. Su *Historia de Egipto*, repertorio biográfico de personajes de este país, de cuyo autógrafo al-Sajāwī

[7] *al-Durar*, III, 12.

decía poseer más de 10 volúmenes[8], es una de las fuentes usadas por Ibn Farḥūn. La biografía del citado personaje es la única de la que se puede establecer con seguridad que procede del *Ta'rīj Miṣr*, pues el propio Ibn Farḥūn así lo reconoce en este caso concreto.

Lo mismo ocurre en la biografía de Ayyūb b. Sulaymān b. Ṣāliḥ en la que Ibn Farḥūn se refiere explícitamente a la fuente de la que extrae esta noticia: *al-Aḥkām al-kubrà* de Ibn Sahl[9], obra que aparece citada en la ya mencionada lista de fuentes del *Dībāŷ*.

Las *Wafayāt al-aᶜyān* de Ibn Jallikān sólo son fuente total o parcial de tres biografías aparte de algunas referencias incluidas en personajes que suponen una excepción dentro del sistema de redacción de Ibn Farḥūn. Aunque ya se ha dicho que, en general, nuestro autor sólo copiaba de una obra a la vez, hemos encontrado 13 casos en los que compone sus biografías partiendo de dos o más fuentes. De ellos en 7 ocasiones emplea la *Ṣila* de Ibn Baškuwāl y el *Tartīb al-madārik* del Qāḍī ᶜIyāḍ. En el resto de los casos utiliza: la *Ṣila* y las *Wafayāt*; la *Takmila* y las *Wafayāt*; el *Tartīb al-madārik* y las *Wafayāt*; la *Iḥāṭa* y el *Tartīb al-madārik*; las *Wafayāt*, la *Ṣila* y la *Ḏajīra* de Ibn Bassām, y el *Tartīb al-madārik* y el *Ta'rīj* de Ibn al-Faraḍī. En la mayoría de estos casos el propio autor advierte qué fuente está empleando en cada momento, hecho que no suele repetirse en el resto de las biografías.

En el *Ta'rīj ᶜulamā' al-Andalus* hemos localizado 14 biografías. Suponemos por varias razones que Ibn Farḥūn no consultó de forma directa la obra de Ibn al-Faraḍī. Por una parte, de ser Ibn al-Faraḍī la fuente directa del *Dībāŷ*, esto supondría que Ibn Farḥūn habría cambiado su sistema de tratamiento de fuentes,

---

[8] V. *F/ān*, trad. F. Rosenthal, *A history of muslim historiography*, Leiden, E.J. Brill, 1968, p. 478.

[9] V. *Documentos sobre medicina árabe medieval y su papel al servicio de la justicia en la España musulmana extraídos del manuscrito de 'Al-Ahkam al-Kubra' del Cadi Abu-l-Asbag Isa Ibn Sahl*. Ed. de Muhammad Abdel-Wahhab Khallaf, El Cairo, 1982, donde Ayyūb b. Sulaymān aparece citado en las pp. 23 y 67.

utilizando el *Ta'rīj* de forma diferente al resto de las obras. Por otra parte, el propio autor excluye este título de la lista de autores consultados. Es evidente que Ibn al-Faraḍī es la fuente indirecta de muchas biografías del *Dībāŷ*. El hecho de que hayamos señalado el *Ta'rīj ᶜulamā' al-Andalus* como fuente de estas 14 biografías es debido a que no hemos encontrado la fuente directa de Ibn Farḥūn, es decir, el paso intermedio entre Ibn al-Faraḍī y el *Dībāŷ*.

En la lista que sigue hemos incluído tan solo los personajes cuya fuente hemos localizado, o deducido razonablemente, según hemos explicado en la presente introducción. En cada personaje se especifica su nombre completo (*ism*, *nasab*, *kunya*, *šuhra* y *nisba*), su fecha de muerte y su referencia al tomo y página del *Dībāŷ* en que aparece. Debajo citamos la fuente, el tomo y la página. A las siglas de obras que se especificaban en el primer volumen de los *E.O.B.A.*, hemos añadido cuatro: IZ corresponde a la *Ṣilat al-Ṣila* de Ibn al-Zubayr, DY a la *D̲ajīra* de Ibn Bassām, AK a *al-Aḥkām al-kubrà* de Ibn Sahl, y QD al *Ta'rīj Miṣr* de Quṭb al-dīn. Las fuentes que no hemos podido cotejar van seguidas del signo #.

**Lista de biografiados**

1.- Abān b. ᶜĪsà b. Dīnār; Abū l-Qāsim; 262; I-304.
TM. IV, 259.

2.- ᶜAbd al-Aᶜlà b. ᶜAbd al-Raḥmān; Abū Wahb; Qurṭubī; 361; II-54.
TM. IV, 245.

3.- ᶜAbd al-Aᶜlà b. Muᶜallà; Abū l-Muᶜallà; al-Jawlānī, Ilbīrī; +288; II-55.
TM. V, 225.

4.- ᶜAbd Allāh b. Abī Aḥmad b. Muḥammad b. Munajjal b. Zayd; Abū Muḥammad; al-Gāfiqī; 731; I-444.
IG. III, 411.

5.- ᶜAbd Allāh b. Abī Zamanīn b. Muḥammad b. ᶜAbd al-Raḥmān b. Muḥammad b. ᶜAbd Allāh b. Abī Zamanīn; Abū Jālid; al-Marī; 544; I-446.
IG. III, 412.

6.- ᶜAbd Allāh b. Aḥmad b. Saᶜīd b. Yarbūᶜ b. Sulaymān; Abū Muḥammad; 522; I-442.
IB(c). I, 282.

7.- ᶜAbd Allāh b. Ayyūb; Abū Muḥammad; Ibn Ḥurūŷ; al-Anṣārī; 562; I-444.
IG. III, 405.

8.- ᶜAbd Allāh b. Ibrāhīm Abū Muḥammad; al-Aṣīlī; 392; I-433.
TM. VII, 135.

9.- ᶜAbd Allāh [ᶜUbayd Allāh] b. Mālik, Muḥammad b. ᶜAbd Allāh; Abū Marwān; Qurṭubī; 460; I-439.
TM. VIII, 136.

10.- cAbd Allāh b. Muḥammad b. cAbd Allāh b. Abī Dulaym; Abū Muḥammad; Qurṭubī; 351; II-441.
TM. VI, 150.

11.- cAbd Allāh b. Muḥammad b. Jālid b. Martanīl; Abū Muḥammad; Qurṭubī; 256; I-440.
TM. IV, 239.

12.- cAbd Allāh b. Muḥammad b. al-Qāsim b. Ḥazm; Abū Muḥammad; 383; I-452.
IF. I, 204.

13.- cAbd Allāh b. Muḥammad b. al-Sīd; Abū Muḥammad; al-Naḥwī; 521; I-441.
IB (c). I, 282.

14.- cAbd Allāh b. Muḥammad b. Yūsuf b. al-Faraḍī; Abū l-Walīd; al-Qurṭubī; 403; I-452.
IB (c). I, 246.

15.- cAbd Allāh b. Sacīd; Abū Muḥammad; al-Šayj; al-Šantiŷālī; 436; I-438.
TM. VIII, 36.

16.- cAbd Allāh b. al-Šaqqāq b. Sacīd b. Muḥammad; Abū Muḥammad; al-Qurṭubī; 426; I-437.
TM. V, 295.

17.- cAbd Allāh b. Sulaymān b. Dāwūd b. cUmar b. Ḥawṭ Allāh; Abū Muḥammad; al-Anṣārī, al-Ḥāriṯī; 612; I-447.
IG. III, 416.

18.- cAbd Allāh b. Yaḥyà b. Daḥūn; 431; I-438.
TM. V, 296.

19.- cAbd al-Ḥaqq b. Gālib b. cAbd al-Raḥmān b. cAbd al-Ra'ūf b. Tammām b. cAṭiyya b. Jālid b. cAṭiyya b. Jālid b. Jufāf b. Aslam b. Mukrim; Ibn cAbd al-Ra'ūf; al-Muḥāribī; 546; II-57.
IG. III, 539.

20.- ᶜAbd al-Malik b. Aḥmad b. Muḥammad b. ᶜAbd al-Malik b. al-Aṣbag; Abū Marwān; al-Qurašī; 436; II-18.
IB (c). I, 342.

21.- ᶜAbd al-Malik b. al-ᶜĀṣī b. Muḥammad b. Bakr; Abū Marwān; Saᶜdī, Qurṭubī; 303; II-15.
TM. VI, 144.

22.- ᶜAbd al-Malik b. Ḥabīb b. Sulaymān b. Hārūn b. Gnāhma (?) b. ᶜAbbās b. Marwān ; Abū Marwān; al-Sulamī; 238; II-8.
TM. IV, 122.

23.- ᶜAbd al-Malik b. al-Ḥasan b. Zurayq b. ᶜAbd Allāh b. Abī Rafīᶜ; Abū Marwān; Zūnān; 232; II-19.
TM. IV, 110.

24.- ᶜAbd al-Malik b. Masarra b. Faraŷ; Abū Marwān; al-Yaḥṣubī; 552; II-18.
IB (c). I, 348.

25.- ᶜAbd al-Malik b. Sarrāŷ b. ᶜAbd Allāh; Abū Marwān; 489; II-17.
TM. VIII, 141.

26.- ᶜAbd al-Munᶜim b. Muḥammad b. ᶜAbd al-Raḥīm b. Muḥammad; Abū ᶜAbd Allāh; Ibn al-Faras; al-Jazraŷī; 599; II-133.
DT. V, 58.

27.- ᶜAbd al-Raḥmān b. Abī Muḥammad b. ᶜAbd Allāh b. Aḥmad Abī ᶜUmar b. Aṣbag Abī l-Ḥasan b. Ḥusayn b. Saᶜdūn b. Riḍwān b. Futūḥ; Abū l-Qāsim, Abū Saᶜīd, Abū l-Ḥasan; al-Suhaylī; 581; I-480.
WJ. III, 143.

28.- ᶜAbd al-Raḥmān b. Aḥmad b. Muḥammad; Ibn al-Qaṣīr; Garnāṭī; 576; I-486.
IG. III, 482.

29.- ᶜAbd al-Raḥmān b. Aḥmad b. Saᶜīd b. Muḥammad b. Bašīr; Abū l-Muṭarrif; Ibn al-Ḥaṣṣār; 422; I-475.
IB (c). I, 313.

30.- cAbd al-Raḥmān b. Dīnār; Abū Zayd; 227; I-473.
TM. IV, 104.

31.- cAbd al-Raḥmān b. Ibrāhīm b. cĪsà b. Yaḥyà b. Burayd; Abū Zayd, Abū Yazīd; Ibn Tārik al-Faras; 259; I-469.
TM. IV, 257.

32.- cAbd al-Raḥmān b. cĪsà b. Muḥammad; Abū l-Muṭarrif; Ibn Madāriȳ; 363; I-474.
TM. VII, 27.

33.- cAbd al-Raḥmān b. Marwān b. cAbd al-Raḥmān; Abū l-Muṭarrif; al-Qanāzicī, Qurṭubī; 413; I-485.
TM. VII, 290.

34.- cAbd al-Raḥmān b. Muḥammad b. cAttāb; Abū Muḥammad; 520; I-479.
IB (c). I,332.

35.- cAbd al-Raḥmān b. Muḥammad b. cĪsà b. Fuṭays; Abū l-Muṭarrif; 402; I-470.
IB (c). I, 298.

36.- cAbd al-Raḥmān b. Mūsà; Abū Mūsà; al-Hawwārī; 258; I-471.
TM. III, 343.

37.- cAbd al-Wadūd b. Sulaymān; Qurṭubī; -255; II-55.
TM. IV, 262.

38.- cAbd al-Wāḥid b. Muḥammad b. cAlī b. Abī l-Saddād; al-Mālaqī; 705; II-63.
IG. III, 553.

- Abū l-Barakāt al-Balafīqī: 203.
- Abū l-Walīd al-Bāȳī: 246.

39.- Aḥmad b. cAbd Allāh b. Aḥmad b. Jīra; Abū Ŷacfar; Balansī; -799; I-203.
DT. I, 134.

40.- Aḥmad b. ᶜAbd Allāh b. al-Ḥasan; Abū Bakr; Ḥamīd; al-Anṣārī; 652; I-203.
DT. I, 138.

41.- Aḥmad b. ᶜAbd Allāh b, Jamīs; Abū Ŷaᶜfar; al-Azdī, Balansī; 547; I-205.
DT. I, 143.

42.- Aḥmad b. ᶜAbd Allāh b. Muḥammad b. ᶜAlī; Abū ᶜUmar; Ibn al-Bāŷī; al-Lajmī, al-Išbīlī; 396; I-234.
IB (c). I, 16.

43.- Aḥmad b. ᶜAbd al-ᶜAzīz b. Muḥammad; Abū l-ᶜAbbās; Ibn al-Aṣfar; 564; I-216.
DT. I, 244.

44.- Aḥmad b. ᶜAbd al-Ḥaqq b. Muḥammad b. ᶜAbd al-Ḥaqq; Abū Ŷaᶜfar; Ibn ᶜAbd al-Ḥaqq; al-Ŷadalī; 765; I-186.
IG. I, 180.

45.- Aḥmad b. ᶜAbd al-Malik; Abū ᶜUmar; Ibn al-Makwī; al-Išbīlī; 401; I-176.
TM. VII, 123.

46.- Aḥmad b. ᶜAbd al-Raḥīm; al-Qurṭubī; -799; I-215.
DT. I, 235.

47.- Aḥmad b. ᶜAbd al-Raḥmān b. ᶜAbd al-Qāhir; Abū ᶜUmar; 379; I-193.
IZ. #

48.- Aḥmad b. ᶜAbd al-Raḥmān b. Fihr; Abū ᶜUmar; Marī, al-Sulamī; -799; I-208.
DT. I, 209.

49.- Aḥmad b. ᶜAbd al-Raḥmān b. ᶜĪsà b. Idrīs; Abū Ŷaᶜfar, Abū l-ᶜAbbās; al-Tuŷībī, Mursī; 563; I-207.
DT. I, 207.

50.- Aḥmad b. ᶜAbd al-Raḥmān b. Muḥammad b. Maḍā' b. Muḥammad b. ᶜUmayr; Abū Ŷaᶜfar, Abū l-ᶜAbbās, Abū

l-Qāsim; al-Lajmī, al-Qurṭubī, al-Ŷayyānī; 592; I-208.
DT. I, 212.

51.- Aḥmad b. ᶜAbd al-Raḥmān b. Muḥammad b. al-Ṣaqr; Abū l-ᶜAbbās; al-Anṣārī, al-Jazraŷī; 569; I-211.
DT. I, 223.

52.- Aḥmad b. ᶜAbd al-Samad; Abū ᶜUbayda, Abū Ŷaᶜfar; al-Anṣārī, al-Jazraŷī, Qurṭubī; 582; I-215.
DT. I, 239.

53.- Aḥmad b. Abī Muḥammad b. Hārūn b. Aḥmad; Abū ᶜUmar; Ibn ᶜĀt; al-Nafzī, Šāṭibī; +609; I-231.
DT. I, 556.

54.- Aḥmad b. ᶜAfīf; Abū ᶜUmar; Qurṭubī; 410; I-175.
TM. VIII, 8.

55.- Aḥmad b. Aḥmad b. ᶜAbd Allāh b. Ṣadaqa; Abū Ŷaᶜfar; al-Sulamī; 559; I-197.
DT. V, 26.

56.- Aḥmad b. Aḥmad b. Aḥmad b. Muḥammad; Ibn al-Qaṣīr; al-Azdī; -580; I-197.
DT. I, 25.

57.- Aḥmad b. Aḥmad b. Muḥammad; Abū l-Ḥasan; Ibn al-Qaṣīr; al-Azdī; 531; I-198.
DT. I, 27.

58.- Aḥmad b. ᶜAlī b. Aḥmad b. al-Bāganī; Abū l-ᶜAbbās; 401; I-174.
TM. VII, 198.
IB (c). I, 87.

59.- Aḥmad b. ᶜAlī b. Aḥmad b. Jalaf; Abū Ŷaᶜfar; Ibn al-Bāḏiš; al-Anṣārī; 540; I-190.
IG. I, 194.

60.- Aḥmad b. ᶜAtīq b. al-Ḥasan b. Ziyād b. Ŷurḥ, Abū Ŷaᶜfar, Abū l-ᶜAbbās; Balansī, Marwī, al-Ḏahabī; 601; I-217.
DT. I, 279.

61.- Aḥmad b. Baqī b. Majlad; Abū ᶜAbd Allāh; 324; I-170.
TM. V, 200.

62.- Aḥmad b. Bašīr; Abū l-ᶜAbbās; al-Garnāṭī; +477; I-199.
DT. I, 75.

63.- Aḥmad b. Bašīr b. Muḥammad b. Ismāᶜīl; Abū ᶜUmar; Ibn al-Agbas; Qurṭubī; 328; I-157.
TM. V, 210.

64.- Aḥmad b. Bayṭar, ᶜAbd Allāh b. Bayṭar; al-Qurṭubī; 303; I-155.
TM. V, 163.

65.- Aḥmad b. Duḥaym b. Jalīl; Abū ᶜUmar; Qurṭubī; 338; I-171.
TM. VI, 120.

66.- Aḥmad b. Ḥakam; Abū ᶜUmar; Ibn al-Labbān; al-ᶜĀmilī; +360; I-178.
IB (c). I, 22.

67.- Aḥmad b. al-Ḥasan b. Abī l-Ajṭal; Abū Ŷaᶜfar; Ṭulayṭulī; -799; I-199.
DT. I, 91.

68.- Aḥmad b. Ḥasan b. Sulaymān; Balansī; 547; I-200.
DT. I, 91.

69.- Aḥmad b. al-Ḥusayn b. ᶜAlī; Abū Ŷaᶜfar; Ibn al-Zayyāt, al-Jaṭīb, al-Zayyāt; al-Kalāᶜī; 728; I-195.
IG. I, 287.

70.- Aḥmad b. al-Ḥusayn b. ᶜUmar; Abū l-Maŷid; al-Ḥaḍramī, al-Murādī, Garnāṭī; 651; I-200.
DT. I, 94.

71.- Aḥmad b. Ibrāhīm b. Aḥmad; Abū l-Qāsim; al-Mursī; 514; I-198.
DT. I, 36.

72.- Aḥmad b. Ibrāhīm b. Aḥmad b. Ṣafwān; Abū Ŷaᶜfar; Ibn Ṣafwān; 773; I-193.
IG. I, 221.

73.- Aḥmad b. Ibrāhīm b. Rizqūn; al-Išbīlī; -799; I-199.
DT. I, 39.

74.- Aḥmad b. Ibrāhīm b. al-Zubayr b. Muḥammad b. Ibrāhīm b. al-Zubayr; Abū Ŷaᶜfar; al-Ṯaqafī; 708; I-188.
IG. I, 188.

75.- Aḥmad b. Jalaf b. Waṣūl; Turŷālī; -799; I-201.
DT. I, 109.

76.- Aḥmad b. Jālid b. Wahb b. Jālid; Abū Bakr; +330; I-154.
TM. V, 162.

77.- Aḥmad b. Jālid b. Yazīd b. Muḥammad b. Sālim b. Sulaymān; Abū ᶜAmr; Ibn al-Ŷayyāb; Qurṭubī; 322; I-159.
TM. V, 174.

78.- Aḥmad b. al-Layṯ; Abū ᶜUmar; al-Ansarī, Qurṭubī; +401; I-220.
DT. I, 362.

79.- Aḥmad b. Maᶜadd; Abū l-ᶜAbbās; al-Tuŷībī, al-Iskandarī, al-Uqlīšī; 551; I-246.
QD. #

80.- Aḥmad b. Marwān; Ibn al-Ruṣāfī; 286; I-151.
IF. I, 25.

81.- Aḥmad b. Masᶜūd Abī l-Jaṣṣāl b. Faraŷ b. Jalṣa Abī l-Jaṣṣāl; Šaqūrī, al-Gāfiqī; -799; I-230.
DT. I, 541.

82.- Aḥmad b. Mugīṯ; Abū Ŷaᶜfar; 459; I-182.
TM. VIII, 145.

83.- Aḥmad b. Muḥammad b. ᶜAbd Allāh b. Yaḥyà b. Ŷuzayy; Abū Ŷaᶜfar; -776; I-188.
IG. I, 157.

84.- Aḥmad b. Muḥammad b. ᶜAbd al-Barr b. Yaḥyà; Abū ᶜAbd al-Malik; Qurṭubī; 338; I-171.
TM. VI, 121.

85.- Aḥmad b. Muḥammad b. ᶜAbd al-Raḥmān; Abū l-ᶜAbbās; al-Anṣārī, al-Šariqī; #500; I-224.
DT. I, 461.

86.- Aḥmad b. Muḥammad b. ᶜAbd al-Raḥmān; Abū l-ᶜAbbās; Ibn T̲amāra; al-Ḥaŷarī, Balansī; +503; I-224.
DT. I, 461.

87.- Aḥmad b. Muḥammad b. ᶜAbd al-Raḥmān b. Jalīl b. Māsawayh b. Ḥamd b. al-Anṣārī b. al-Ḥaddād; +467; I-223.
DT. I, 451.

88.- Aḥmad b. Muḥammad b. Abī ᶜAbd Allāh b. Abī ᶜĪsà; Abū ᶜUmar; al-Maᶜāfirī, al-Ṭalamankī; 429; I-178.
TM. VIII, 32.

89.- Aḥmad b. Muḥammad b. Aḥmad b. ᶜAbd Allāh b. Rušd Qurṭubī; +482; I-198.
DT. I, 28.

90.- Aḥmad b. Muḥammad b. Aḥmad b. ᶜAbd al-Raḥmān b. Masᶜada; Abū Ŷaᶜfar; al-ᶜĀmirī; 699; I-183.
IG. I, 162.

91.- Aḥmad b. Muḥammad b. Aḥmad b. Muḥammad b. Aḥmad b. Aḥmad b. Rušd; Abū l-Qāsim; Qurṭubī; 622; I-221.
DT. I, 375.

92.- Aḥmad b. Muḥammad b. ᶜAlī; Abū Ŷaᶜfar; al-Malīlūṭ (?); al-Anṣārī, Ŷayyānī; 627; I-226.
DT. I, 469.

93.- Aḥmad b. Muḥammad b. ᶜAlī b. Muḥammad b. Masᶜada; Abū Ŷaᶜfar; al-ᶜĀmirī, Garnāṭī; 539; I-225.
DT. I, 468.

94.- Aḥmad b. Muḥammad b. ᶜAŷlān; +240; I-168/ II-362.
TM. IV, 465.

95.- Aḥmad b. Muḥammad b. Gālib; Abū l-Walīd; 301; I-155.
IF. I, 26.

96.- Aḥmad b. Muḥammad b. ᶜĪsà b. Hilāl; Abū ᶜUmar; Ibn al-Qaṭṭān; Qurṭubī; 460; I-181.
TM. VIII, 135.

97.- Aḥmad b. Muḥammad b. Jalaf; Abū l-Qāsim; al-Ḥawfī, Išbīlī; 588; I-221.
DT. I, 414.

98.- Aḥmad b. Muḥammad b. Mufarriŷ Abī l-Jalīl; Abū l-ᶜAbbās, Abū Ŷaᶜfar; al-ᶜAššāb, Ibn al-Rūmiyya; 637; I-191.
IG. I, 207.

99.- Aḥmad b. Muḥammad b. Muḥammad Abī l-Qāsim b. Muḥammad b. Bayṭar; Abū Ŷaᶜfar; Ibn al-Ḥāŷŷ; al-Tuŷībī, Qurṭubī; 614; I-229.
DT. I, 484.

100.- Aḥmad b. Muḥammad b. Muḥammad b. Saᶜīd; Abū l-ᶜAbbās; Ibn al-Ŷarawī; al-Anṣārī, Wādī Āšī; 562; I-228.
DT. I, 481.

101.- Aḥmad b. Muḥammad b. Rizq; Abū Ŷaᶜfar; al-Umawī, Qurṭubī; 477; I-182.
TM. VIII, 181.

102.- Aḥmad b. Muḥammad b. Samāᶜ; Abū Ŷaᶜfar; al-Anṣārī, al-Qīyāṭī; 610; I-222.
DT. I, 434.

103.- Aḥmad b. Muḥammad b. Sayyid Abī-hi; Abū l-Qāsim; al-Zuhrī, Išbīlī, Baṭalyawsī; 567; I-222.
DT. I, 436.

104.- Aḥmad b. Muḥammad b. ᶜUmar b. Muḥammad b. Wāŷib;

Abū l-Ḥasan, Abū ᶜAlī; Qaysī, Balansī; 637; I-228.
DT. I, 473.

105.- Aḥmad b. Muḥammad b. ᶜUmar b. Wāŷib ; Abū l-Jaṭṭāb; 614; I-226.
DT. I, 470.

106.- Aḥmad b. Muḥammad b. ᶜUmar b. Yūsuf b. Idrīs b. ᶜAbd Allāh b. Ward; Abū l-Qāsim; Ibn Ward; al-Tamīmī; 540; I-185.
IG. I, 169.

107.- Aḥmad b. Muḥammad b. Ziyād b. ᶜAbd al-Raḥmān b. Šabṭūn; Abū l-Qāsim; al-Ḥabīb; al-Lajmī; 312; I-156.
TM. V, 189.

108.- Aḥmad b. Mundir b. Ŷahwar; Abū l-ᶜAbbās; Išbīlī; 615; I-230.
DT. I, 551.

109.- Aḥmad b. Sulaymān b. Abī l-Rabīᶜ; Ilbīrī; 287; I-146.
IF. I, 26.

110.- Aḥmad b. Ṭāhir b. ᶜĪsà b. Ruṣayṣ; al-Dānī, al-Šāriqī; 532; I-201.
DT. I, 129.

111.- Aḥmad b. Ṭalḥa b. Muḥammad Abī Bakr b. Aḥmad b. Ṭāhir; Abū Ŷaᶜfar; al-Muḥāribī; 539; I-203.
DT. I, 132.

112.- Aḥmad b. ᶜUmar b. Ibrāhīm b. ᶜUmar; Abū l-ᶜAbbās; Ibn Muzayyin, Ḍiyā' al-dīn; al-Anṣārī, al-Andalusī, al-Qurṭubī; 626; I-240.
DT. I, 348.

113.- Aḥmad b. Ŷaᶜfar; Abū Isḥāq; al-Aš'irī, al-Zuhrī; 435; I-253.
IB (c). I, 96.

114.- ᶜAlī b. Aḥmad b. al-Ḥasan; Abū l-Ḥasan; al-Madḥiŷī; 746; II-109.
IG. IV, 88.

115.- cAlī b. Aḥmad b. Jalaf b. Muḥammad; Abū l-Ḥasan; al-Bāḏiš; al-Anṣārī; 528; II-107.
IG. IV, 100.

116.- cAlī b. Aḥmad b. Muḥammad b. Yūsuf b. Marwān b. cUmar; Abū l-Ḥasan; al-Gassānī; 609; II-118.
IG. IV, 181.

117.- cAlī b. cAlī b. Aḥmad b. Sulaymān; Abū l-Ḥasan; al-Nafzī, Asṭī; +613; II-117.
DT. V, 269.

118.- cAlī b. Ibrāhīm b. cAlī b. Ibrāhīm ; Ibn al-Qaffāṣ; al-Ŷuḏāmī; 632; II-115.
IG. IV, 174.

119.- cAlī b. cĪsà b. cUbayd; al-Tuŷībī, al-Ṭulayṭulī; +233; II-96.
TM. VI, 171.

120.- cAlī b. Ismācīl; Abū l-Ḥasan; Ibn Sīda; 460; II-106.
IB (c). II, 396.

121.- cAlī b. Jalaf b. Baṭṭāl; Abū l-Ḥasan; Ibn al-Laŷŷām; al-Bakrī; 449; II-105.
IB (c). II, 394.

122.- cAlī b. Muḥammad b. Ibrāhīm b. cAbd al-Raḥmān b. al-Ḍaḥḥāk; Abū l-Ḥasan; al-Fazārī; 557; II-115.
IG. IV, 175.

123.- cAlī b. Muḥammad b. Sulaymān b. cAlī b. Sulaymān; Abū l-Ḥasan; Ibn al-Ŷayyāb; 749; II-111.
IG. IV, 125.

124.- cAlī b. Mūsà b. cAbd al-Malik b. Sacīd b. Jalaf b. Sacīd; Ibn Sacīd; Garnāṭī, Qalcī; 685; II-112.
IG. IV, 152.

125.- cAlī b. Ṣāliḥ b. al-Ascad Abī l-Layṯ b. al-Faraŷ b. Yūsuf; Ibn cIzz al-nās; Ṭurṭūšī; 566; II-119.
DT. V, 219.

126.- ᶜAlī b. Sulaymān; Abū l-Ḥasan; al-Zahrāwī; 431; II-117.
IB (c). II, 392.

127.- Aṣbag b. al-Faraŷ b. al-Fāris; Abū l-Qāsim; al-Ṭā'ī, Qurṭubī; 399; I-302.
TM. VII, 159.
IB (c). I, 108.

128.- Aṣbag b. Jalīl; Abū l-Qāsim; Qurṭubī; 273; I-301.
TM. IV, 200.

- al-Aṣīlī: 8.

129.- Aslam b. ᶜAbd al-ᶜAzīz; Abū l-Ŷaᶜd; al-Mālikī; al-Umawī, al-Andalusī; 319; I-308.
TM. V, 194.

130.- Ayyūb b. Sulaymān b. Ṣāliḥ b. Hišām; Abū Ṣāliḥ; al-Maᶜāfirī, al-Qurṭubī; 301; I-303.
AK. #

- al-Balafīqī: 203.

131.- Dāwūd b. Ŷaᶜfar; Ibn al-Ṣagīr, Ibn Abī l-Saᶜīd; Qurṭubī; + 171; I-359.
TM. III, 346.

132.- Faḍl b. Salama b. Ŷarīr b. Munajjal; Abū Salama; al-Ŷuhanī, al-Baŷŷānī; 319; II-137.
TM. V, 221.

133.- Faraŷ b. Qāsim b. Lubb; Abū Saᶜīd; al-Andalusī; -799; II-139.
TM. VI, 126.

134.- al-Gāzī b. Qays; Abū Muḥammad; Umawī; 199; II-136.
TM. III, 114.

135.- Ḥasan b. ᶜAbd Allāh b. Maḏḥiŷ b. Muḥammad b. ᶜAbd Allāh b. Bišr; Abū l-Qāsim; al-Zubaydī, Išbīlī; 318; I-326.
TM. V, 235.

136.- al-Ḥasan b. $^{c}$Umar b. al-Ḥasan b. $^{c}$Umar; Abū l-Qāsim; al-Išbīlī; 512; I-329.
IB (c). I, 137.

137.- Hāšim b. Jālid; al-Anṣārī, Ilbīrī; 300; II-348.
IF. II, 38.

138.- Ḥātim b. Muḥammad b. $^{c}$Abd al-Raḥmān; Abū l-Qāsim; Ibn al-Ṭarābulusī; al-Tamīmī, al-Qurṭubī; 469; I-345.
IB (c). I, 154.

139.- al-Ḥusayn b. Muḥammad b. Aḥmad; Abū $^{c}$Alī; al-Gassānī, al-Ŷayyānī, Qurṭubī; 496; I-332.
TM. VIII, 191.

- Ibn $^{c}$Abd al-Barr: 262.
- Ibn $^{c}$Abd al-Ra'ūf: 19.
- Ibn Abī Zamanīn: 162.
- Ibn $^{c}$Afīf: 54.
- Ibn al-$^{c}$Arabī: 164.
- Ibn $^{c}$Attāb: 34.
- Ibn Baškuwāl: 151.
- Ibn al-Faraḍī: 14.
- Ibn al-Makwī: 45.
- Ibn al-Qaṣīr: 57.
- Ibn al-Qūṭiyya: 215.
- Ibn Rušd: 180.
- Ibn Rušd al-Ḥafīd: 177.
- Ibn Sahl: 146.
- Ibn Sa$^{c}$īd: 124.
- Ibn Salmūn: 243.
- Ibn al-Sīd: 13.
- Ibn Sīda: 120.
- Ibn Ṭārik al-Faras: 31.
- Ibn al-Zubayr: 74.

140.- Ibrāhīm b. Aḥmad b. $^{c}$Abd al-Raḥmān; Abū Isḥāq; Ḥankāliš; al-Anṣārī; -799; I-271.
IZ. #

141.- Ibrāhīm b. $^{c}$Aŷannas; Ibn Asbāṭ; al-Kalā$^{c}$ī, al-Ziyādī,

al-Andalusī; 275; I-277.
TM. IV, 471.

142.- Ibrāhīm b. Ḥusayn b. Jālid b. Martanīl; Abū Isḥāq; +240; I-259.
TM. IV, 242.

143.- Ibrāhīm b. Muḥammad b. Bāz; Abū Isḥāq; Ibn al-Qazzāz; Qurṭubī; 274; I-260.
TM. IV, 443.

144.- Ibrāhīm b. Muḥammad b. Ibrāhīm b. ᶜUbaydīs b. Maḥmūd; Abū Isḥāq; al-Nafzī, al-Garnāṭī; +562; I-276.
IG. I, 367.

145.- ᶜĪsà b. Dīnār; Abū Muḥammad; 212; II-64.
TM. IV, 105.

146.- ᶜĪsà b. Sahl b. ᶜAbd Allāh; Abū l-Aṣbag; al-Asadī; 486; II-70.
TM. VIII, 182.

147.- Isḥāq b. Ibrāhīm b. Masarra; Abū Ibrāhīm; al-Tuŷībī, al-Ṭulayṭulī; 352; I-296.
TM. VI, 126.

148.- Ismāᶜīl b. Isḥāq b. Ibrāhīm; Abū l-Qāsim; Ibn al-Ṭaḥḥān; al-Qaysī, al-Miṣrī, Qurṭubī; 384; I-290.
TM. VI, 298.

149.- ᶜIyāḍ b. Muḥammad b. ᶜIyāḍ b. Mūsà; Abū l-Faḍl; 630; II-52.
IG. IV, 221.

150.- Jalaf; al-Bīrbalī, al-Barbalī; al-Balansī; 443; I-352.
TM. VIII, 164.
IB (c). I, 166.

151.- Jalaf b. ᶜAbd al-Malik b. Masᶜūd b. Mūsà b. Baškuwāl; Abū l-Qāsim; Ibn Baškuwāl; al-Anṣārī; 578; I-353.
WJ. II, 240.
IA. I, 54.

152.- Jalaf b. Aḥmad b. Baṭṭāl; Abū l-Qāsim; al-Bakrī; 454; I-356.
IB (c). I-167.

153.- Jalaf b. Aḥmad b. Jalaf; Abū Bakr; al-Rahūnī, Ṭulayṭulī; +386; I-351.
TM. VIII, 49.

154.- Jalaf b. Aḥmad b. al-Jiḍr b. Abī al-ᶜĀfiya; Abū l-Qāsim; 745; I-356.
IG. I, 502.

155.- Jalaf b. al-Qāsim b. Sahl, Sahlūn b. Muḥammad b. Yūnus; Abū l-Qāsim; Ibn al-Dabbāŷ; al-Azdī, al-Qurṭubī; 393; I-355.
IF. I, 118.

156.- Jalaf b. Saᶜīd b. Aḥmad b. Muḥammad; al-Azdī, al-Išbīlī; -463; I-351.
TM. VIII, 43.

- al-Magāmī: 264.

157.- Makkī b. Abī Ṭālib b. Muḥammad b. Mujtār; Abū Muḥammad; al-Qaysī; 437; II-342.
TM. VIII, 13.

158.- Muhallab b. Aḥmad b. Usayd b. Ṣufra; al-Tamīmī; 433; II-346.
TM. VIII, 35.

159.- Muḥammad; Abū Bakr; al-Ḥaṣṣār; al-Qabrī, al-Tuŷībī, Qurṭubī; 400; II-234.
TM. VII, 188.

160.- Muḥammad b. Abān b. ᶜĪsà b. Muḥammad b. ᶜAbd al-Raḥmān b. Dīnār; +346; II-219.
TM. VI, 300.

161.- Muḥammad b. ᶜAbd Allāh b. ᶜAyšūb; Abū ᶜAbd Allāh; al-Ṭulayṭulī; 341; II-204.
TM. VI, 174.

162.- Muḥammad b. ᶜAbd Allāh b. ᶜĪsà b. Abī Zamanīn; Abū ᶜAbd Allāh; al-Murrī, Ilbīrī; 399; II-232.
IG. III, 172.
TM. VII, 183.

163.- Muḥammad b. ᶜAbd Allāh b. Jīra; Abū l-Walīd; al-Andalusī, al-Qurṭubī; 551; II-315.
IB (c). II, 560.

164.- Muḥammad b. ᶜAbd Allāh b. Muḥammad b. ᶜAbd Allāh b. Muḥammad; Abū Bakr; Ibn al-ᶜArabī; al-Maᶜāfirī; 543; II-252.
IB (c). II, 558.
WJ. IV, 296.

165.- Muḥammad b. ᶜAbd Allāh b. Saᶜīd b. ᶜĀbid; Abū ᶜAbd Allāh; al-Maᶜāfirī, al-Qurṭubī; 439; II-324.
IB (c). II, 502.

166.- Muḥammad b. ᶜAbd Allāh b. Yaḥyà b. ᶜAbd Allāh b. Faraŷ; Abū Bakr; al-Fihrī; 586; II-286.
IG. III, 89.

167.- Muḥammad b. ᶜAbd Allāh b. Yaḥyà b. Yaḥyà b. Yaḥyà; Abū ᶜĪsà; 339; II-224.
TM. VI, 96.

168.- Muḥammad b. ᶜAbd al-Malik b. Ayman; Abū ᶜAbd Allāh; al-Qurṭubī; 330; II-313.
IF. I, 347.

169.- Muḥammad b. ᶜAbd al-Raḥīm; Abū ᶜAbd Allāh; Ibn al-Faras; al-Anṣārī, al-Jazraŷī; 567; II-261.
IA. I, 227.

170.- Muḥammad b. ᶜAbd al-Raḥmān b. ᶜAbd al-Salām; Abū ᶜAbd Allāh; Gassānī; 619; II-303.
DT. VI, 348.

171.- Muḥammad b. Abī ᶜAbd Allāh b. Muḥammad b. Saᶜīd b. Aḥmad b. Saᶜīd b. Zarqūn; Abū l-Ḥasan; al-Anṣārī,

al-Išbīlī; 621; II-260.
IA. I, 329.

172.- Muḥammad, Aḥmad b. Aḥmad, ᶜAbd Allāh b. ᶜAbd Allāh; al-Lu'lu'ī; al-Umawī; 350; II-201.
TM. VI, 110.

173.- Muḥammad b. Aḥmad b. ᶜAbd al-ᶜAzīz b. ᶜUtba b. Ŷamīl b. ᶜUtba b. Abī Sufyān; Abū ᶜAbd Allāh; al-ᶜUtbī, Qurṭubī; 255; II-176.
TM. IV, 252.

174.- Muḥammad b. Aḥmad b. Asīd b. Abī Ṣufra; -420; II-227.
TM. VIII, 36.

175.- Muḥammad b. Aḥmad b. Badr; Abū ᶜAbd Allāh; al-Ṣadafī; 447; II-256.
IB (c). II, 505.

176.- Muḥammad b. Aḥmad b. Dāwūd b. Mūsà b. Mālik; Abū ᶜAbd Allāh; Ibn al-Kammād; al-Makkī, al-Lajmī; 712; II-279.
IG. III, 60.

177.- Muḥammad b. Aḥmad b. Muḥammad b. Aḥmad b. Aḥmad b. Rušd; Abū l-Walīd; Ibn Rušd, al-Ḥafīd; 595; II-257.
IA. I, 269.

178.- Muḥammad b. Aḥmad b. Muḥammad b. ᶜAlī; Abū l-Ḥakam; 749; II-281 (%).
IG. III, 64.

179.- Muḥammad b. Aḥmad b. Muḥammad b. ᶜAlī; Abū l-Qāsim; Ibn Ḥafīd al-Amīn; al-Gassānī; 741; II-280.
IG. II, 64.

180.- Muḥammad b. Aḥmad b. Muḥammad b. Rušd; Abū l-Walīd; Qurṭubī; 520; II-248.
IB (c). II, 546.

181.- Muḥammad b. Aḥmad b. Muḥammad b. Mufarriŷ; Abū Bakr,

Abū ᶜAbd Allāh; al-Qāḍī; al-Funta'awrī, al-Umawī, al-Andalusī; 380; II-307, II-314.
IF. I, 384.

182.- Muḥammad b. ᶜAlī b. Muḥammad b. Aḥmad b. al-Fajjār; Abū Bakr; al-Ŷuḏāmī, Arkušī, Šarīšī; 723; II-288.
IG. III, 91.

183.- Muḥammad b. Asbāṭ b. Ḥakam; Abū ᶜAbd Allāh; al-Majzūmī, Qurṭubī; 279; II-223.
TM. IV, 426.

184.- Muḥammad b. ᶜAttāb; Abū ᶜAbd Allāh; Qurṭubī; 462; II-241.
TM. VIII, 131.

185.- Muḥammad b. Aŷlān; al-Azdī, Saraqusṭī; +240; II-178.
TM. IV, 274.

186.- Muḥammad b. Baṭṭāl b. Wahb b. ᶜAbd al-Aᶜlà; Abū ᶜAbd Allāh; al-Tamīmī; 366; II-315.
IF. I, 370.

187.- Muḥammad b. Faraŷ; Abū ᶜAbd Allāh; 497; II-242.
TM. VIII, 180.

188.- Muḥammad b. Fuṭays b. Wāṣil; Abū ᶜAbd Allāh; al-Gāfiqī, Ilbīrī; 319; II-191.
TM. V, 191.

189.- Muḥammad b. Gālib; Abū ᶜAbd Allāh; Ibn al-Ṣaffār; 296; II-227.
TM. V, 158.

190.- Muḥammad b. Ḥakīm b. Muḥammad b. Aḥmad b. Bāq; Abū Ŷaᶜfar; al-Ŷuḏāmī; 538; II-283.
IG. III, 72.

191.- Muḥammad b. Ḥasan b. ᶜAbd Allāh b. Maḏḥiŷ; Abū Bakr; al-Zubaydī, Išbīlī; 379; II-219.
TM. VII, 37.

192.- Muḥammad b. Ḥasan b. Muḥammad b. ᶜAbd Allāh b. Jalaf; Abū ᶜAbd Allāh; Ibn al-Ḥaŷŷ, Ibn Ṣāḥib al-ṣalā; al-Anṣārī; 609; II-284.
IG. III, 74.

193.- Muḥammad b. Ibrāhīm b. Muḥammad b. Ibrāhīm b. al-Faraŷ; Ibn al-Dabbāg; al-Awsī, al-Išbīlī; 668; II-282.
IG. III, 68.

194.- Muḥammad b. Ibrāhīm b. Mūsà b. ᶜAbd al-Salām; Abū ᶜAbd Allāh; Ibn Šaqq al-Layl; al-Anṣārī; 455; II-263.
IB (c). II, 511.

195.- Muḥammad b. Isḥāq b. Munḏir b. Muḥammad b. Ibrāhīm b. Muḥammad b. al-Salīm b. Ŷaᶜfar Abī ᶜIkrima; Abū Bakr; 367; II-214.
TM. VI, 260.

196.- Muḥammad b. ᶜIyāḍ b. Muḥammad b. ᶜIyāḍ b. Mūsà; Abū ᶜAbd Allāh; al-Yaḥṣubī; 655; II-266.
IG. II, 226.

197.- Muḥammad b. ᶜIyāḍ b. Mūsà b. ᶜIyāḍ b. ᶜAmrūn b. Mūsà b. ᶜIyāḍ; Abū ᶜAbd Allāh; al-Yaḥṣubī; 575; II-266.
IG. II, 229.

198.- Muḥammad b. Jalaf b. Mūsà; Abū ᶜAbd Allāh; al-Awsī; 537; II-302.
DT. VI, 193.

199.- Muḥammad b. Jalaf b. Saᶜīd; Abū ᶜAbd Allāh; Ibn al-Murābiṭ; al-Murrī; +480; II-240.
TM. VIII, 184.

200.- Muḥammad b. Jālid b. Martanīl; al-Ašaŷŷ; Qurṭubī; 220; II-163.
TM. IV, 117.

201.- Muḥammad b. Miswār b. ᶜUmar; Qurṭubī; 325; II-312.
IF. I, 342.

202.- Muḥammad b. Muᶜāwiya b. ᶜAbd al-Raḥmān b. Abī Bakr; Ibn al-Aḥmar; al-Umawī, al-Marwānī, al-Qurṭubī; 358; II-304.
IF. I, 362.

203.- Muḥammad b. Muḥammad, Ibrāhīm b. Ibrāhīm, Muḥammad b. Muḥammad, Ibrāhīm b. Ḥizb Allāh b. ᶜĀmir b. Saᶜd al-Jayr b. ᶜAyyāš Abī ᶜAyšūn b. Maḥmūd; Abū l-Barakāt; Ibn al-Ḥāŷŷ; al-Balafīqī, al-Marwī; 771; II-269.
IG. II, 143.

204.- Muḥammad b. Muḥammad b. Idrīs b. Mālik b. ᶜAbd al-Wāḥid; Abū Bakr; al-Qalalawsī; 707; II-285.
IG. III, 75.

205.- Muḥammad b. Muḥammad b. Walīd; Abū ᶜAbd Allāh; al-Umawī; 309; II-221.
TM. V, 166.
IF. II, 331.

206.- Muḥammad b. Rabbāḥ b. Ṣāᶜid; Abū ᶜAbd Allāh; al-Umawī, Ṭulayṭulī; +342; II-205.
TM. VI, 177.

207.- Muḥammad b. Sābiq, Muḥammad b. ᶜAbd Allāh b. Sābiq; al-Umawī, Ilbīrī; 308; II-192.
TM. V, 220.

208.- Muḥammad b. Saᶜīd; Abū ᶜAbd Allāh; al-Muwaṯṯiq, Ibn al-Mawwāz; Qurṭubī; 275; II-222.
TM. IV, 52.

209.- Muḥammad b. Saᶜīd b. Aḥmad b. Saᶜīd; Abū ᶜAbd Allāh; Ibn Zarqūn; al-Anṣārī; 586; II-259.
IA. II, 256.

210.- Muḥammad b. Saᶜīd b. ᶜAlī b. Yūsuf; Abū ᶜAbd Allāh; Ibn al-Ṭarrāz; al-Anṣārī; 645; II-277.
IG. III, 41.

211.- Muḥammad b. Saᶜīd b. al-Sarī; Abū ᶜAbd Allāh; al-Qurṭu-

bī, al-Umawī; 443; II-311.
IB (c). II, 364.

212.- Muḥammad b. Sulaymān b. Jalīfa; Abū ᶜAbd Allāh; 500; II-243.
TM. VIII, 187.

213.- Muḥammad b. Sulaymān b. Muḥammad b. Talīd; Abū ᶜAbd Allāh; al-Maᶜāfirī; 295; II-223.
TM. IV, 472.

214.- Muḥmmad b. ᶜUbayd Allāh b. al-Walīd b. Muḥammad; Abū Bakr; al-Muᶜiṯī, al-Qurašī; 367; II-225.
TM. VII, 96.

215.- Muḥammad b. ᶜUmar b. ᶜAbd al-ᶜAzīz b. Ibrāhīm b. ᶜĪsà b. Muzāhim; Abū Bakr; Ibn al-Qūṭiyya; 367; II-217.
TM. VI, 296.

216.- Muḥammad b. ᶜUmar b. Lubāba; Abū ᶜAbd Allāh; al-Qurṭubī; 314; II-189.
TM. V, 153.

217.- Muḥammad b. ᶜUmar b. Saᶜd b. ᶜAyšūn; +340; II-205.
TM. VI, 174.

218.- Muḥammad b. ᶜUmar b. Yūsuf b. Baškuwāl; Abū ᶜAbd Allāh; Ibn al-Fajjār; 419; II-235.
TM. VII, 286.

219.- Muḥammad b. Waḍḍāḥ b. Bazīᶜ; Abū ᶜAbd Allāh; Qurṭubī; 287; II-179.
TM. IV, 435.

220.- Muḥammad b. Yabqà b. Zarb; Abū Bakr; Qurṭubī; 381; II-230.
TM. VII, 114.

221.- Muḥammad b. Yaḥyà b. Lubāba; Abū ᶜAbd Allāh; al-Baryūn; 336; II-200.
IF. I,348.

222.- Muḥammad b. Yaḥyà b. Muḥammad b. al-Ḥaḏḏā'; Abū $^{c}$Abd Allāh; al-Tamīmī; 410; II-237.
TM. VIII, 5.

223.- Muḥammad b. Yūsuf b. Maṭrūḥ b. $^{c}$Abd al-Malik b. Bakr b. Wā'il; Abū $^{c}$Abd Allāh; al-A$^{c}$raŷ; Qurṭubī; 271; II-221.
TM. IV, 248.

224.- Muḥammad b. Yūsuf b. Su$^{c}$āda; Abū $^{c}$Abd Allāh; 565; II-262.
IA. I, 223.

225.- Mūsà b. Aḥmad, Muḥammad b. Sa$^{c}$d; Abū Muḥammad; al-Watad; al-Yaḥṣubī, Qurṭubī; 377; II-338.
TM. VII, 158.

226.- Muṭarrif b. $^{c}$Abd al-Raḥmān b. Ibrāhīm; Abū Sa$^{c}$īd; Qurṭubī; 282; II-342.
IF. II, 10.

- al-Qanāzi$^{c}$ī: 33.

227.- Qar$^{c}$ūs, $^{c}$Ubayd b. al-$^{c}$Abbās, Manṣūr b. Qar$^{c}$ūs, Muḥammad b. Ḥamīd, Yūsuf; Abū l-Faḍl, Abū Muḥammad; al-Ṯaqafī; 220; II-154.
TM. III, 325.

228.- Qāsim b. Aḥmad b. Muḥammad b. $^{c}$Uṯmān; Ibn Arfa$^{c}$ ra'si-hi; al-Tuŷībī, Ṭulayṭulī; 393; II-148.
IF. I, 302.

229.- Qāsim b. Aḥmad b. Ŷaḥdar; Ṭulayṭulī; 311; II-147.
TM. V, 230.

230.- Qāsim b. Aṣbag b. Muḥammad b. Yūsuf b. Nāsiḥ b. $^{c}$Aṭā'; Abū Muḥammad; al-Bayyānī, Qurṭubī; 340; II-145.
TM. V, 180.

231.- Qāsim b. Asbāṭ b. Ḥakam; 275; II-223 (%).
TM. IV, 426.

232.- Qāsim b. Fīrruh b. Jalaf Abī l-Qāsim b. Aḥmad; Abū Muḥammad; al-Ru$^{c}$aynī, al-Šāṭibī; 590; II-149.
WJ. IV, 71.

233.- Qāsim b. Jalaf b. $^{c}$Abd Allāh b. Ŷubayr; al-Ŷubayrī, Ṭurṭūšī; 371; II-151.
TM. VII, 5.

234.- Qāsim b. Muḥammad b. Qāsim b. Muḥammad b. Yasār; Abū Muḥammad; Qurṭubī; 276; II-143.
TM. IV, 446.

235.- Qāsim b. Ṯābit b. Ḥazm; Abū Muḥammad; 302; II-147.
TM. V, 248.

236.- Razīn b. Mu$^{c}$āwiya b. $^{c}$Ammār; Abū l-Ḥasan; al-$^{c}$Abdarī, al-Andalusī, Saraqusṭī; 525; I-366.
IB (c). I, 366.

- Šabṭūn: 265.

237.- Šabṭūn b. $^{c}$Abd Allāh; al-Anṣārī, al-Ṭulayṭulī; 212; I-401.
TM. III, 344.

238.- Sa$^{c}$d b. Mu$^{c}$āḏ b. $^{c}$Uṯmān; 308; I-395.
TM. V, 165.

239.- Sahl b. Muḥammad b. Sahl b. Mālik; Abū l-Ḥasan; al-Azdī; 639; I-395.
IG. IV, 277.

240.- Sa$^{c}$īd b. Fahlūn b. Sa$^{c}$īd; Abū $^{c}$Uṯmān; 340; I-391.
TM. V, 223.

241.- Sa$^{c}$īd, Ḥamīd b. Ḥamīd, Marwān b. $^{c}$Abd al-Raḥmān, Sālim; Abū $^{c}$Uṯmān, Abū Zayd; Qurṭubī; 331; I-391.
TM. V, 162.

242.- Sa$^{c}$īd b. $^{c}$Uṯmān b. Sulaymān b. Muḥammad; al-A$^{c}$nāqī, al-$^{c}$Anāqī; al-Tuŷībī, Qurṭubī; 305; I-390.
TM. V, 169.

243.- Salmūn b. ᶜAlī b. ᶜAbd Allāh b. Salmūn; Abū l-Qāsim; al-Kinānī; -776; I-397.
IG. IV, 309.

244.- Sulaymān b. Baṭṭāl; Abū Ayyūb; al-Mutalammis; Baṭalyawsī; 402; I-376.
TM. VIII, 29.
IB (c). I, 194.

245.- Sulaymān b. Bīṭīr b. Sulaymān b. Bīṭīr b. Rabīᶜ; Abū Ayyūb; al-Kalbī, Qurṭubī; 404; I-376.
TM. VIII, 15.
IB (c). I, 193.

246.- Sulaymān b. Jalaf b. Saᶜd b. Ayyūb b. Wāriṯ; Abū l-Walīd; al-Bāŷī; 474; I-377.
WJ. II, 408.
IB (c). I, 197.
DY. I-2, 94.

247.- Ṯābit b. Ḥazm b. ᶜAbd al-Raḥmān b. Muṭarrif b. Sulaymān b. Yaḥyà; Abū l-Qāsim; al-ᶜAwfī, al-Saraqusṭī; 313; I-319.
TM. V, 248.

- al-Ṭalamankī: 88.

248.- Ṭalḥa b. Aḥmad b. ᶜAbd Allāh b. Gālib b. Tammām b. ᶜAṭiyya; Abū l-Ḥasan; -799; I-406.
DT. IV, 160.

- al-Ṭulayṭulī: 119.

249.- ᶜUmar b. Muḥammad b. ᶜAbd Allāh; al-Šalawbīn; al-Azdī; 645; II-78.
WJ. III, 451.

250.- ᶜUqayl b. ᶜAṭiyya b. Ŷaᶜfar Abī Aḥmad b. Muḥammad b. ᶜAṭiyya; Abū l-Maŷd; al-Quḍāᶜī; 608; II-135.
IG. IV, 231.

251.- ᶜUṯmān b. Abī Bakr; Ibn al-Ḍābiṭ; al-Ṣafadī, al-Safāqusī; +440; II-85.
IB (c). II, 387.

252.- ᶜUṯmān b. ᶜĪsà; Abū Bakr; Ibn Rāfiᶜ ra'si-hi; al-Tuŷībī; -799; II-84.
IB (c). II, 385.

253.- ᶜUṯmān b. Saᶜīd b. ᶜUṯmān; Abū ᶜAmr; Ibn al-Ṣayrafī; al-Umawī; 444; II-84.
IB (c). II, 385.

254.- Wahb b. Masarra b. Mufarriŷ b. Ḥakīm; Abū l-Ḥazm; al-Tamīmī, al-Ḥiŷāzī; +286; II-350.
TM. VI, 164.

255.- Ŷahḥāf b. Yumn; Abū Ŷaᶜfar; 327; I-324.
TM. VI, 78.

256.- Yaḥyà b. ᶜAbd Allāh b. ᶜĪsà b. Sulaymān; Abū Bakr; al-Bagīl; al-Hamdānī; +570; II-360.
IZ., 183.

257.- Yaḥyà b. Isḥāq b. Yaḥyà b. Aḥmad b. Yaḥyà; Abū Ismāᶜīl; al-Ruqayᶜa; 303; II-357.
TM. V, 160.

258.- Yaḥyà b. Muḥammad b. ᶜAŷlān; +240; II-362.
TM. IV, 465.

259.- Yaḥyà b. Muḥammad b. Ḥusayn; Abū Bakr; al-Gassānī, al-Qulayᶜī; 442; II-359.
TM. VIII, 160.
IB (c). II, 631.

260.- Yaḥyà b. Yaḥyà b. Kaṯīr b. Wislās; Abū Muḥammad; 239; II-352.
TM. III, 379.
WJ. VI, 143.

261.- Yūnus b. ᶜAbd Allāh b. Muḥammad b. Mugīṯ; Abū l-

Walīd; Ibn al-Qaṣṣār; Qurṭubī; 429; II-374.
TM. VIII, 15.

262.- Yūsuf b. ᶜAbd al-Barr Abī Muḥammad b. ᶜAbd Allāh b. Muḥammad b. ᶜAbd al-Barr; Abū ᶜUmar; al-Namarī; 463; II-367.
TM. VIII, 127.
IB (c). II, 640.

263.- Yūsuf b. Mūsà b. Sulaymān b. Fatḥ; Abū l-Ḥaŷŷāŷ; al-Ŷuḏāmī; -799; II-371.
IG. IV, 377.

264.- Yūsuf b. Yaḥyà b. Yūsuf b. Muḥammad; Abū ᶜUmar; al-Magāmī, al-Andalusī; 288; II-365.
TM. IV, 430.

265.- Ziyād b. ᶜAbd al-Raḥmān; Abū ᶜAbd Allāh; Šabṭūn; Qurṭubī; 194; I-370.
TM. III, 116.

- al-Zubaydī: 191.7

# FUENTES DE IBN JALLIKĀN EN LAS BIOGRAFIAS DE LOS PERSONAJES ANDALUSIES DE LAS *WAFAYĀT AL-AᶜYĀN*

**Victoria AGUILAR**
C.S.I.C. - Madrid

Poco puede decirse que no se sepa de este conocidísimo biógrafo oriental[1]. Abū l-ᶜAbbās Aḥmad b. Muhammad b. Ibrāhīm, Šams al-Dīn, al-Barmāqī, al-Irbilī, al-Šāfiᶜī, nació en Irbil en el 608/1211 y murió en Damasco el 26 de *raŷab* del 681/1282. Su monumental diccionario biográfico, *Wafayāt al-aᶜyān wa-anbā' abnā' al-zamān*[2], está compuesto por biografías de personajes ilustres de las que están excluídos, como explica el propio autor en su introducción a la obra, los compañeros del Profeta, los *tābiᶜūn* y los califas *rāšidūn*. La novedad que Ibn Jallikān introduce en el género biográfico radica en incluir en su obra a todo tipo de personajes relevantes, sean reyes, poetas, jurisconsultos, tradicionistas, etc., frente a los planteamientos más rígidos de otros biografos anteriores [3].

En las WJ hay 855 biografías, a las que hay que añadir otras 397 engarzadas con las principales, en las que aparecen, al menos, las fechas de nacimiento y muerte de estos personajes. De estas biografías, hay 65 que corresponden a personajes andalusíes, bien

---

[1] Para una información más amplia ver: J. W. Fück, *Ibn Khallikān*, *EI* [2], III, 856-7. Kaḥḥāla, *Muᶜŷam al-mu'allifīn: tarāŷim muṣannifī l-kutub al-ᶜarabiyya*, Damasco, 1957, II, 59-60. Humut Fahndrich, "The Wafayāt al-aᶜyān of Ibn Khallikān: a new approach", *J.A.I.S.*, 93 (1973), pp. 432-445. Podemos encontrar un estudio del biógrafo y su obra en el vol. VII de la ed. de Iḥsān ᶜAbbās y en la introducción a la traducción inglesa de Slane.

[2] Ed. Iḥsān ᶜAbbās, Beirut, 1971-72, 7 vols. más uno de índices. Traducción inglesa del Baron de Slane, *Ibn Khallikan's Biographical Dictionary*, París, 1843, 4 vols.

[3] Khalīdī, "Islamic Biographical dictionaries: A preliminary assessment", *The Muslim World*, 63 (1973), pp. 53-65.

sea por nacimiento, origen o residencia, más 23 engarzadas dentro de las anteriores, lo que hace un total de 85 biografías de personajes andalusíes. Buena parte de estos personajes lleva la *nisba* andalusī o al-andalusī, *nisba* añadida por Ibn Jallikān en el caso de los personajes originarios de al-Andalus [4].

Ibn Jallikān es muy preciso y sistemático a la hora de presentar los datos de sus biografiados. En primer lugar, recoge la cadena onomástica, lo más completa posible, a la que sigue la biografía del personaje, incluyendo anécdotas, narraciones acerca de su vida y poemas o fragmentos de sus obras; tras lo cual, y siempre al final de la biografía, señala la fecha de nacimiento y muerte, así como las distintas variaciones que haya podido encontrar de ésta. En algunos casos, se detiene a comprobar la fecha exacta del fallecimiento, mientras que, cuando no está seguro de una fecha deja constancia de ello[5]. Por último, Ibn Jallikān aclara las vocalizaciones dudosas de los nombres propios, *nisba*s, *šuhra*s y topónimos que aparecen en la biografía, encuadrándolos geográficamente.

A continuación, presentaré una lista numerada con las biografías andalusíes que aparecen en las WJ, a la cual me remitiré en las posteriores referencias a personajes concretos dentro de este artículo [6].

---

[4] Hay 32 personajes que llevan esta nisba, porcentaje bastante elevado, lo cual resulta lógico, por otra parte, ya que estos sabios serían conocidos como andalusī entre sus colegas de Oriente.

[5] No hay que olvidar que las WJ son un obituario y, como tal, el dato más importante de esta obra son, sin duda, las noticias sobre la muerte y enterramiento de cada personaje; noticias en las que se detiene con frecuencia. Es el caso del número 77 en el que dice: "Murió en *raŷab* del año 234 y su tumba está en el cementerio de Ibn ᶜAyyāš a las afueras de Córdoba, donde se hacen rogativas para obtener lluvia. Dijo además Abū ᶜAbd Allāh al-Ḥumaydī en el libro la *Ŷaḏwa* que su muerte sucedió cuando quedaban 8 días del mencionado mes y, por su parte, Abū l-Walīd Ibn al-Faraḍī añadió en su *Ta'rīj* que murió en el año 333, aunque algunos creen que fue en *raŷab* del año 334, y sólo Dios conoce la fecha verdadera"; o el número 60, en el que menciona la fecha que le da Ibn Šaddād: 608, y la que le da Ibn Baškuwāl, aceptando como válida la de éste último: 520.

[6] Ha aparecido una relación de las biografías andalusíes en *Estudios Onomástico-biográficos de al-Andalus* (ed. por M. Marín), V. Aguilar, M. A. Manzano y C. Romero, "Biografías andalusíes en las obras de Yāqūt e Ibn Jallikān: *Iršād al-*

1.- Abū $^{c}$Amr $^{c}$Abbās b. Muḥammad, al-Mu$^{c}$taḍid bi-llāh
WJ, V, 23 (686<205>)

2.- Abū Bakr $^{c}$Abd Allāh b. Aḥmad b. Gālib
WJ, I, 139 (57<4>)

3.- Abū Muḥammad $^{c}$Abd Allāh b. $^{c}$Alī b. $^{c}$Abd Allāh al-Rušāṭī
WJ, III, 106 (352)

4.- Abū Muḥammad $^{c}$Abd Allāh b. $^{c}$Alī b. Isḥāq, Malik Mayūrqa
WJ, VII, 19 (829<367>)

5.- Abū Muḥammad $^{c}$Abd Allāh b. Muḥammad b. Sāra al-Šantarīnī
WJ, III, 93 (346)

6.- Abū Muḥammad $^{c}$Abd Allāh b. Muḥammad b. al-Sīd al-Baṭalyawsī
WJ, III, 96 (347)

7.- Abū l-Walīd $^{c}$Abd Allāh b. Muḥammad b. Yūsuf, Ibn al-Faraḍī
WJ, III, 105 (351)

8.- Abū Muḥammad $^{c}$Abd Allāh b. al-Amīr Ya$^{c}$qūb b. Yūsuf
WJ, VII, 16 (829<359>)

9.- $^{c}$Abd al-$^{c}$Azīz b. Aḥmad b. Sayyid b. Muqallis al-Qaysī
WJ, III, 193 (387)

10.- Abū Marwān $^{c}$Abd al-Malik b. Mas$^{c}$ūd
WJ, II, 240 (217<34>)

---

*arīb, Mu$^{c}$ŷam al-buldān* y *Wafayāt al-a$^{c}$yān*", pp. 235-79, pero para que sea más fácil encontrar a los personajes doy la siguiente lista numerada, extraída de la mencionada anteriormente, a la cual me referiré a partir de ahora cuando haga referencia a algún personaje. En esta lista sólo he recogido la parte principal de la cadena onomástica, el apelativo por el que era conocido el biografiado y la referencia en las WJ. Algún personaje andalusí incluído en las WJ con su fecha de muerte no está recogido aquí por no aparecer con su numeración correspondiente dentro de la edición consultada. Es el caso de Ibn Hišām al-Lajmī del que se dice su fecha de muerte en la biografía de Ibn Durayd (WJ, IV, 324).

11.- Abū Marwān ᶜAbd al-Malik b. Abī l-ᶜAlā' Zuhr b. Abī Marwān
WJ, IV, 436 (672<199>)

12.- Abū l-Qāsim ᶜAbd al-Raḥmān b. al-Jaṭīb al-Suhaylī
WJ, III, 143 (371)

13.- Abū Muḥammad ᶜAbd al-Ŷabbār b. Abī Bakr b. Ḥamdīs al-Ṣiqillī
WJ, III, 212 (396)

14.- Abū Bakr Ibn Abī l-Walīd b. ᶜAbd Allāh
WJ. I, 139 (57<5>)

15.- Abū l-Walīd Aḥmad b. ᶜAbd Allāh b. Aḥmad, Ibn Zaydūn
WJ, I, 139 (57)

16.- Abū ᶜĀmir Aḥmad b. Abī Marwān ᶜAbd al-Malik, Ibn Šuhayd
WJ, I, 116 (48)

17.- Abū Ŷaᶜfar Aḥmad b. al-Ḥusayn b. Jalaf
WJ, VII, 132 (845<387>)

18.- Abū Ŷaᶜfar Aḥmad b. Muḥammad,Ibn al-Abbār, al-Jawlānī
WJ, I, 141 (58)

19.- Abū ᶜUmar Aḥmad b. Muḥammad b. ᶜAbd Rabbihi alQurṭubī
WJ, I, 110 (46)

20.- Abū ᶜUmar Aḥmad b. Muḥammad b. al-ᶜĀṣī, Ibn Darrāŷ
WJ, I, 135 (56)

21.- Abū l-ᶜAbbās Aḥmad b. Muḥammad b. Mūsà, Ibn al-ᶜArīf
WJ, I, 168 (68)

22.- Abū ᶜUmar Aḥmad b. Saᶜīd b.Ḥazm al-Ṣadafī al-Muntiŷīlī
WJ, VIII, 328 (448<118>)

23.- Abū l-Ḥasan ᶜAlī b. ᶜAbd al-Ganī al-Muqri' al-Ḥuṣrī
WJ, III, 331 (450)

24.- Abū Muḥammad ᶜAlī b. Aḥmad b. Saᶜīd, Ibn Ḥazm, al-Ẓāhirī
WJ, III, 325 (448)

25.- $^{c}$Alī b. Isḥāq Ibn Gāniya al-Mayūrqī al-Ṣinhāŷī
WJ, VII, 18 (829 <366>)

26.- Abū l-Ḥasan $^{c}$Alī b. Ismā$^{c}$īl, Ibn Sīda, al-Mursī al-Lugawī
WJ, III, 330 (449)

27.- Abū l-Ḥasan $^{c}$Alī b. Muḥammad b. $^{c}$Alī, Ibn Jarūf, al-Išbīlī
WJ, III, 335 (451)

28.- Abū l-Qāsim $^{c}$Alī b. Ŷa$^{c}$far b. $^{c}$Alī, Ibn al-Qaṭṭā$^{c}$,
WJ, III, 323 (447) [7]

29.- Abū Rāfi$^{c}$ al-Faḍl b. $^{c}$Alī b. Aḥmad
WJ, III, 329 (448 <119>)

30.- Abū Naṣr al-Fatḥ b. Muḥammad b. $^{c}$Ubayd Allāh, Ibn Jāqān
WJ, IV, 23 (525)

31.- Abū Marwān Ḥayyān b. Jalaf b. Ḥusayn, Ibn Ḥayyān
WJ, II, 218 (210)

32.- Abū $^{c}$Alī al-Ḥusayn b. Muḥammad b. Aḥmad al-Ŷayyānī
WJ, II, 180 (195)

33.- Abū Isḥāq Ibrāhīm b. Abī l-Fataḥ b. $^{c}$Abd Allāh, Ibn Jafāŷa
WJ, I, 57 (17)

34.- Abū l-Qāsim Ibrāhīm b. Muḥammad, Ibn al-Iflīlī
WJ, I, 51 (14)

35.- Abū Isḥāq Ibrāhīm b. Yūsuf b. Ibrāhīm, Ibn Qurqūl
WJ, I, 62 (19)

36.- Abū l-$^{c}$Ulā Idrīs b. al-Amīr Ya$^{c}$qūb b. Yūsuf

---

[7] Este autor, fuente de Ibn Jallikān, no había sido recogido dentro de las "Biografías andalusíes..."; he creído conveniente incluirlo aquí porque, aunque nace en Sicilia y muere en Fustat, fue discípulo de Ibn $^{c}$Abd al-Barr y ministro de Almanzor, lo que hace suponer, a pesar de que Ibn Jallikān no lo diga expresamente, que vivió en al-Andalus.

WJ, VII, 16 (829<361>)

37.- Abū l-Ṭāhir Ismā$^{c}$īl b. Jalaf b. Sa$^{c}$īd al-Muqri’
WJ, I, 233 (97)

38.- Abū $^{c}$Alī Ismā$^{c}$īl b. al-Qāsim b. $^{c}$Ayḏūn al-Qālī al-Bagdādī
WJ, I, 226 (95)

39.- Abū l-Faḍl $^{c}$Iyāḍ b. Mūsà b. $^{c}$Iyāḍ al-Qāḍī al-Sabtī
WJ, III, 483 (511)

40.- Abū l-Qāsim Jalaf b. $^{c}$Abd al-Malik b. Mas$^{c}$ūd b. Baškuwāl
WJ, II, 240 (217)

41.- Abū Muḥammad Makkī b. Abī Ṭālib Muḥammad al-Muqri’
WJ, V, 274 (737)

42.- Ma$^{c}$n b. Muḥammad b. Aḥmad
WJ, V, 40 (687<208>)

43.- Abū l-Qāsim Muḥammad b. $^{c}$Abbād, al-Mu$^{c}$tamid $^{c}$alà llāh
WJ, V, 21 (686)

44.- Abū Bakr Muḥammad b. $^{c}$Abd Allāh b. Muḥammad, Ibn al-$^{c}$Arabī
WJ, IV, 296 (626)

45.- Abū Bakr Muḥammad b. Abī Marwān $^{c}$Abd al-Malik al-Iyādī
WJ, IV, 434 (672)

46.- Abū $^{c}$Abd Allāh Muḥammad b. Aḥmad b. Ibrāhīm al-Qurašī
WJ, IV, (632)

47.- Abū Bakr Muḥammad b. $^{c}$Ammār, Ḏū l-wizāratayn, al-Šā$^{c}$ir
WJ, IV, 425 (669)

48.- Abū Bakr Muḥammad b. Bāŷŷah, Ibn al-Ṣā’ig, al-Tuŷībī
WJ, IV, 429 (670)

49.- Abū $^{c}$Abd Allāh Muḥammad b. Abī Naṣr Futūḥ al-Ḥumaydī
WJ, IV, 282 (616)

50.- Abū $^{c}$Abd Allāh Muḥammad b. Gālib, al-Raffā', al-Ruṣāfī
WJ, IV, 432 (671)

51.- Abū l-Qāsim Muḥammad b. Hāni' al-Šā$^{c}$ir al-Azdī
WJ, IV, 421 (668)

52.- Abū Bakr Muḥammad b. al-Ḥasan b. $^{c}$Abd Allāh al-Zubaydī
WJ, IV, 372 (651)

53.- Abū Bakr Muḥammad b. $^{c}$Isà b. Muḥammad, Ibn Labbāna
WJ, V, 39 (686<206>)

54.- Abū l-Qāsim Muḥammad b. Ismā$^{c}$īl b. Qurayš, al-Mu'ayyad
WJ, V, 22 (686<204>)

55.- Abū Yaḥyà Muḥammad b. Ma$^{c}$n, al-Mu$^{c}$taṣim, Ibn al-Ṣumādiḥ
WJ, V, 39 (687)

56.- Abū Bakr Muḥammad b. Marwān b. Zuhr
WJ, IV, 437 (672<200>)

57.- Abū $^{c}$Abd Allāh Muḥammad b. Sa$^{c}$d b. Muḥammad, Ibn Mardanīš
WJ, VII, 131 (845<386>)

58.- Abū Bakr Muḥammad b. Ṭufayl
WJ, VII, 134 (845<388>)

59.- Abū Bakr Muḥammad b. $^{c}$Umar, Ibn al-Qūṭiyya
WJ, IV, 368 (650)

60.- Abū Bakr Muḥammad b. al-Walīd, Ibn Abī Randaqa, al-Faqīh
WJ, IV, 262 (605)

61.- Abū $^{c}$Abd Allāh Muḥammad b. Ya$^{c}$qūb b. Yūsuf, al-Nāṣir
WJ, VII, 15 (825<357>)

62.- Abū $^{c}$Abd al-Raḥmān Mūsà b. Nuṣayr
WJ, V, 318 (748)

63.- Abū l-$^{c}$Arab Muṣ$^{c}$ab b. Muḥammad b. Abī l-Furāt al-Ṣiqillī
WJ, III, 334 (450<121>)

64.- Abū Muḥammad al-Qāsim b. Fīrruh al-Muqri' al-Šāṭibī
WJ, IV, 71 (537)

65.- Abū l-cAlā' Ṣācid b. al-Ḥasan b. cĪsà al-Bagdādī
WJ, II, 488 (301)

66.- Abū l-Walīd Sulaymān b. Jalaf b. Sacd al-Bāŷī
WJ, II, 408 (275)

67.- Abū Gālib Tammām b. Gālib b. cAmr, Ibn al-Bannā', al-Tayyānī
WJ, I, 300 (124)

68.- Abū l-Ḥakam cUbayd Allāh b. al-Muẓaffar al-Magribī
WJ, III, 123 (359)

69.- Abū l-Jaṭṭāb cUmar b. al-Ḥasan b. cAlī, Ibn Diḥya
WJ, III, 448 (497)

70.- Abū cAlī cUmar b. Muḥammad b. cUmar al-Šalūbīnī
WJ, III, 451 (498)

71.- Abū l-Ṣalt Umayya b. cAbd al-cAzīz b. Abī l-Ṣalt al-Dānī
WJ, I, 243 (104)

72.- Abū Yazīd Waṯīma b. Mūsà b. al-Furāt al-Fasawī al-Ajbārī
WJ, VI, 12 (769)

73.- Abū cAlī Ŷacfar b. cAlī b. Aḥmad al-Andalusī
WJ, I, 360 (137)

74.- Abū Bakr Yaḥyà b. cAbd al-Ŷalīl b. cAbd al-Raḥmān
WJ, VII, 13 (829<356>)

75.- Abū Bakr Yaḥyà b. Muḥammad, Ibn Baqī, al-Qurṭubī
WJ, VI, 202 (803)

76.- Abū Bakr Yaḥyà b. Sacdūn b. Tammām, Sābiq al-Dīn, al-Qurṭubī
WJ, VI, 171 (796)

77.- Abū Muḥammad Yaḥyà b. Yaḥyà b. Kaṯīr al-Layṯī
WJ, VI, 143 (792)

78.- Abū Yūsuf Ya^c^qūb b. Abī Ya^c^qūb Yūsuf, al-Manṣūr
WJ, VII, 3 (829)

79.- Abū ^c^Umar Yūsuf b. ^c^Abd Allāh b. Muḥammad, Ibn ^c^Abd al-Barr
WJ, VII, 66 (837)

80.- Abū Ya^c^qūb Yūsuf b. ^c^Abd al-Mu'min al-Qaysī
WJ, VII, 130 (845)

81.- Abū ^c^Umar Yūsuf b. Hārūn al-Ramādī al-Qurṭubī
WJ, VII, 225 (848)

82.- Abū l-Ḥaŷŷāŷ Yūsuf b. Muḥammad b. Ibrāhīm al-Bayyāsī
WJ, VII, 238 (851)

83.- Abū l-Ḥaŷŷāŷ Yūsuf b. Sulaymān b. ^c^Īsà al-Šantamarī
WJ, VII, 81 (841)

84.- Abū Ya^c^qūb Yūsuf b. Tāšufīn al-Lamtūnī
WJ, VII, 112 (844)

85.- Abū l-^c^Alā' Zuhr b. Abī Marwān ^c^Abd al-Malik
WJ, IV, 436 (672<198>)

Ibn Jallikān menciona varias obras dentro de las WJ como fuentes de sus biografías andalusíes; en algunos casos, éstas son de procedencia andalusí, pero también aprovecha las noticias que recoge de las fuentes orientales que le sirven para la confección general de la obra. Citaré las fuentes por orden de importancia, comenzando por las andalusíes y siguiendo con las orientales, teniendo en cuenta el número de veces que son mencionadas por Ibn Jallikān [8].

---

[8] Las expresiones que normalmente utiliza para indicar sus fuentes son: *ḏakara-hu fulān* -2, 5, 9, 16, 18, 20, 22, 23, 31, 33, 37, 39, 43, 47, 54, 56, 57, 60, 62, 68, 71, 72, 75, 76, 77, 81, 84- o *qāla fulān (^c^an)* -12, 13, 17, 24, 30, 40, 41, 45, 49, 55, 62, 63, 65-, o *qāla fulān fī kitābi-hi fī ḥaqqi-hi* -1, 15, 23, 43, 45-, *ḥakà fulān ^c^an* -67-...etc. En algunos casos indica que pasa a otra fuente o que acaba la cita literal diciendo: *intahà kalāmu-hu* -39, 44, 45, 55, 78-. También introduce datos personales con la expresión: *qultu anā*.

- La primera fuente es la *Ṣila* de Ibn Baškuwāl[9], que Ibn Jallikān cita en 11 ocasiones -2, 7, 23, 24, 31, 37, 39, 43, 44, 60 y 81-, además de otras 14 biografías copiadas prácticamente en su totalidad de la *Ṣila*, aunque en ellas no se mencione ninguna fuente -3, 6, 7, 9, 21, 26, 32, 34, 41, 49, 58, 66, 79 y 83-. Esta obra es la fuente principal de Ibn Jallikān en sus biografías andalusíes; cuando copia de aquí, lo hace literalmente, limitándose a resumir la información y omitiendo las noticias que no le interesan. Es posible que la copia que utilizó fuera diferente o más ampliada de la que tenemos actualmente, cosa que ya nota el editor de las WJ, porque en algún caso -2 y 37-, Ibn Jallikān dice: "lo menciona Ibn Baškuwāl en la *Ṣila* y lo alaba", y, sin embargo, en la *Ṣila* no aparece ningún elogio de este personaje [10].

- La *Ŷaḏwa* de al-Ḥumaydī[11], citada 9 veces -8, 9, 22, 23, 24, 31, 62, 72 y 77- y copiada en algún otro caso sin citar -38 y 72-. No es de extrañar que Ibn Jallikān utilizara esta obra ya que, como es sabido, fue compuesta por al-Ḥumaydī en Bagdad, con noticias que conservaba de memoria sin poder consultar obras andalusíes. La compuso, parece ser, según nos dice Ibn Jallikān en su detallada biografía[12], a petición del también biógrafo Ibn Mākūlā, para dar a conocer el estado de las letras en al-Andalus. Ibn Jallikān conoce tanto la *Ṣila* como la *Ŷaḏwa*, señalando los casos en los que la biografía está recogida en ambas obras o mencionando

---

[9] Abū l-Qāsim Jalaf b. ᶜAbd al-Malik b. Masᶜūd b. Mūsà b. Baškuwāl al-Anṣārī (494/1100-578/1182), autor del *kitāb al-Ṣila*, El Cairo, 1955.

[10] Esto indica que las copias de las obras que circulaban en aquella época tenían, como sabemos, sus variantes y que se puede completar un diccionario biográfico con datos de otros. Una prueba de esto es la edición que Iḥsān ᶜAbbās ha hecho de la *Tuḥfat al-qādim* de Ibn al-Abbār, extrayéndola de los fragmentos que ha recogido en *al-Wāfī bi-l-wafayāt* de al-Ṣafadī, Beirut, 1986.

[11] Abū ᶜAbd Allāh b. Abī Naṣr Futūḥ b. ᶜAbd Allāh b. Futūḥ b. Ḥumayd, al-Ḥumaydī (420/1029-488/1095), escribió la *Ŷaḏwat al-Muqtabis fī ḏikr wulāt al-Andalus wa-asmā' ruwāt al-ḥadīṯ wa-ahl al-fiqh wa-l-adab wa-ḏawī l-nabāha wa-l-šiᶜr*, ed. Muḥammad Tāwīt al-Ṭanŷī, El Cairo, 1953.

[12] WJ, IV, 282 (616). Todas las fuentes citadas en las biografías andalusíes de las WJ están recogidas por Ibn Jallikān, sin embargo en ellas no especifica que hayan sido utilizadas para extraer noticias de sus personajes.

sólo a al-Ḥumaydī [13].

- La *D̲ajīra* de Ibn Bassām[14], considerada, según al-Maqqarī, como un suplemento al *Kitāb al-ḥadā'iq* de Ibn Faraŷ. Es la única obra de Ibn Bassām que se conserva, en la que están recogidos los *kuttāb* y los poetas del siglo V/XI. En general, las noticias que aparecen en la *D̲ajīra* son muy extensas, por lo que Ibn Jallikān suele resumir bastante, limitándose a copiar alguna casida o anécdota[15]. Esta obra es mencionada 10 veces en los números 1, 5, 13, 15, 16, 18, 20, 23, 33 y 55.

- El *Muṭrib* de Ibn Diḥya[16], citado 5 veces -12, 30, 40, 45 y 75-. Es posible que esta obra fuera conocida en Oriente, donde viajó Ibn Diḥya, y es utilizada por Ibn Jallikān para las biografías de los personajes del siglo VI/XII.

- *Qalā'id al-ᶜiqyān* de Ibn Jāqān[17], citado en 5 ocasiones -5, 43, 47, 48 y 75-; obra del mismo corte que la de Ibn Bassām, al que muchas veces copia, compuesta aproximadamente 20 años después de ésta. Aparece citada junto con otra obra de Ibn Jāqān titulada *Maṭmaḥ al-anfus,* -48 y 75-. Ambas son obras que contie-

---

[13] La referencia exacta es: *d̲akara Ibn Baškuwāl fī Kitāb al-Ṣila wa-l-Ḥumaydī ayḍan* -23- y *d̲akara-hu al-Ḥumaydī fī kitāb Ŷad̲wat al-muqtabis wa-Ibn Baškuwāl fī l-Ṣila* -31-; en estos casos, la *Ṣila* reproduce el texto de al-Ḥumaydī, mientras que en otros la biografía sólo aparece en la *Ŷad̲wa* -62, 72, 77, 79-.

[14] Abū l-Ḥasan ᶜAlī b. Bassām al-Šantarīnī (477/1084-543/1148), autor de *al-D̲ajīra fī maḥāsin ahl al-Ŷazīra*, 4 vols, s.a./s.l. Curiosamente, su biografía no está en las WJ.

[15] Por ejemplo el número 5 -*D̲ajīra*, II, 2, 835-. Mientras la biografía de Ibn Bassām contiene quince páginas con su poesía en la de Ibn Jallikān aparecen cerca de tres.

[16] Abū l-Jaṭṭāb ᶜUmar b. al-Ḥasan b. ᶜAlī b. Muḥammad b. Diḥya (544/1159-633/1235), autor del libro *al-Muṭrib fī asᶜār ahl al-Magrib*, ed. Ibrāhīm al-Abyārī, El Cairo, 1955.

[17] Abū Naṣr al-Fatḥ b. ᶜAlī b. ᶜUbayd Allāh (m.529/1134), autor del *Qalā'id al-ᶜiqyān fī maḥāsin al-aᶜyān*, Túnez, s.d. y del *Maṭmaḥ al-anfus wa-masraḥ al-ta'annus fī mulaḥ ahl al-Andalus*, Muḥammad ᶜAlī al-Šabāwika ed., Beirut, 1986.

nen versos y dichos ingeniosos de los personajes, no su biografía y son utilizadas por Ibn Jallikān en las biografías de los personajes de finales del V/XI y comienzos del VI/XII.

- La *Ḥamāsa* de al-Bayyāsī[18], citada en 3 ocasiones -17, 53 y 83-, junto a otra obra del mismo autor: *Taḏkirat al-ᶜāqil wa-tanbīh al-gāfil*, mencionada dos veces -78 y 84-. Su biografía está incluída en las WJ e Ibn Jallikān lo llama, casi siempre que se refiere a él, *ṣāḥib al-Ḥamāsa*, el mismo apelativo que reciben al-Ḥumaydī e Ibn Jāqān, que son *ṣāḥib al-Ŷaḏwa* y *ṣāḥib Qalā'id al-ᶜiqyān*, respectivamente. Ibn Jallikān dice que la *Ḥamāsa* es una colección de fábulas, poesías y noticias terminada en el 646/1246, algunos fragmentos de la cual están recogidos en la biografía de al-Bayyāsī a la que Ibn Jallikān dedica 6 páginas en las WJ. Sin lugar a dudas, la *Ḥamāsa* es fuente contemporánea de primera mano para Ibn Jallikān que vió personalmente un ejemplar en dos volúmenes que se leyó ante él[19]. De su otra obra, la *Taḏkira*, dado su caracter histórico, toma información de personajes históricos como Yūsuf b. Tāšufīn o el almohade Yaᶜqūb b. Yūsuf.

- *Ta'rīj al-Andalus* de Ibn Baškuwāl[20], citado en 3 ocasiones -43, 62 y 77-, obra perdida hoy día, que debió ser conocida en Oriente y utilizada por Ibn Jallikān.

- *Ta'rīj* de Ibn al-Faraḍī[21], citado en 3 casos -58, 72 y

---

[18] Abū l-Ḥaŷŷāŷ Yūsuf b. Muḥammad b. Ibrāhīm al-Anṣārī al-Bayyāsī (Baeza, 573/1177-Túnez 653/1255), autor de una *ḥamāsa* al estilo de la de Abū Tammām, que hoy no se ha conservado.

[19] WJ, VII, 238. A propósito de la *Ḥamāsa*, Ibn Jallikān dice en la biografía del gramático andalusí al-Šantamarī -83- que tenía un comentario de esta obra, sin especificar el autor, aunque sea de suponer que se refiera a Abū Tammām. Esta noticia nos hace pensar en la importancia que algunas obras andalusíes llegaron a tener en Oriente.

[20] *al-Ta'rīj al-ṣagīr fī aḥwāl al-Andalus*. Ibn Jallikān usa esta obra, no conservada, en la biografía del propio Ibn Baškuwāl. Aunque dejó de ser utilizada en al-Andalus sus informaciones bien pudieron haber sido incorporadas a otras obras.

[21] Abū l-Walīd ᶜAbd Allāh b. Muḥammad b. Yūsuf al-Azdī, Ibn al-Faraḍī (Córdoba 351/962-Córdoba 403/1013). Se refiere a su obra *Ta'rīj ᶜulamā' al-Andalus*, B.A.H., VII-VIII, Madrid, 1890-92.

77-, en los cuales es posible que la información la tome de al-Ḥumaydī o de Ibn Baškuwāl ya que en dos de las biografías, además de citar a Ibn al-Faraḍī, cita también a al-Ḥumaydī, lo que indica la posibilidad de una fuente intermedia.

- El *Mugrib* de Ibn Sa<sup>c</sup>īd[22], citado en una sola ocasión -81-; se trata de una crónica que abarca desde el año 530 hasta el 640. Aunque puede resultar sorprendente que Ibn Jallikān conozca y utilice la obra de un autor contemporáneo suyo, es una prueba de la rapidez con la que se transmitían los conocimientos en el mundo islámico medieval.

- Ibn Jayr[23], citado en el número 83, donde dice exactamente: "lo vi del puño y letra del sabio y pío Muḥammad b. Jayr al-Muqri' al-Andalusī". No menciona especialmente la *Fahrasa*, pero dado el especial interés que Ibn Jallikān demuestra por la producción literaria de sus biografiados, quizá en algún caso tome la información de Ibn Jayr -como ocurre con el número 41, donde están recogidas todas sus obras al igual que en la *Fahrasa*, cosa que no hacen sus biógrafos andalusíes.

- Ibn al-Abbār[24], sólo citado una vez -39-, además de otras dos biografías en las que parece que copia de la *Takmila* -27 y 35- a la que en ningún momento menciona; siendo como es la continuación de la *Ṣila* que tanto utiliza, sería lógico pensar que esta fuente no le era desconocida dada la importancia que tuvo al-Andalus.

Después de éstos, que parecen ser los autores y las obras directamente conocidos por Ibn Jallikān, cosa que no se puede afirmar de forma categórica a pesar de que sean citados como tales, ya que es difícil saber si conocía las obras personalmente o a tra-

---

[22] Abū l-Ḥasan ᶜAlī b. Mūsà b. Muḥammad b. ᶜAbd al-Malik b. Saᶜīd al-Magribī (610/1214-Damasco 673/1274 o Túnez 685/1286), autor de *al-Mugrib fī ḥulà al-Magrib*, El Cairo, 1953.

[23] Abū Bakr Muḥammad b. Jayr b. ᶜUmar b. Jalīfa, al-Umawī al-Išbīlī (502/1108-575/1179), autor de una *fahrasa*, a la que quizá se esté refiriendo, *Fahrasat mā rawā-hu ᶜan šuyūji-hi*, B.A.H., IX-X, Madrid, 1893-95.

[24] Abū ᶜAbd Allāh Muḥammad b. ᶜAbd Allāh al-Quḍāᶜī Ibn al-Abbār (Valencia 595/1199-658/1260).

vés de otras, aparecen varios autores y obras que sólo menciona una sola vez por lo que dudo que Ibn Jallikān tuviera conocimiento directo de ellos.

- Algunos autores están copiados literalmente de la *Ṣila*: Abū ᶜAbd Allāh al-Ṭarafī al-Muqri' -41-, Abū ᶜAlī al-Ṣadafī -79-, Abū ᶜAmr al-Muqri' al-Dānī -41-, Aḥmad b. Abī l-Fayyād -77- y Muḥammad b. ᶜUmar b. Lubāba -77-.

- Ibn Ḥazm y su obra *Naqṭ al-ᶜarūs*[25] es citado en una ocasión -57-, después de lo cual, alude a la *Jarīda* de donde quizá tome la información. En otra biografía -77-, vuelve a mencionar a Ibn Ḥazm, pero en este caso es una cita literal de la *Ŷaḏwa*.

- Es posible que también conozca la obra de Ibn al-Ṣayrafī[26], *kātib* del almorávide Abū Muḥammad b. Tāšufīn, al que cita dos veces en las biografías de dos almorávides -63 y 78-.

Las fuentes orientales son:

- La más utilizada es la *Jarīda* de ᶜImād al-Dīn[27], al-ᶜImād, en 9 biografías -39, 43, 48, 54, 56, 68, 71, 75 y 80-. En las WJ hay una larga biografía de este *kātib* de Saladino[28], autor

---

25 Abū Muḥammad ᶜAlī b. Aḥmad b. Saᶜīd b. Ḥazm b. Gālib (Córdoba 384/994-456/1063).

26 Abū Bakr Yaḥyà b. Muḥammad b. Yūsuf al-Anṣārī (m. +570/ 1174)

27 ᶜImād al-Dīn Muḥammad b. Muḥammad al-Kātib al-Isfahānī Ibn Ajī l-ᶜAzīz (Isfahán 519/1125-597/1201), autor de la *Jarīdat al-qaṣr wa-ŷarīdat al-ᶜaṣr*, continuación de la *Yatīmat al-dahr* de al-Ṯaᶜālibī. Este autor ya sirvió a algún andalusí en la composición de su obra biográfica, como es el caso de Ibn al-Abbār, que en su introducción a la *Takmila* lo cita como una de sus fuentes. La obra está editada por partes, la relativa a al-Andalus se puede encontrar en: *Jarīdat al-qaṣr wa-ŷarīdat al-ᶜasr; qism šuᶜarā' al-Magrib*, ed. Muḥammad Mazukī y M. Larousi Metowī, 3 ed, Túnez, 1986, 3 vols; si bien aquí no aparecen todos los personajes que Ibn Jallikān dice que ha consultado en esta obra.

28 Este secretario de Saladino tiene una larga biografía en las WJ. En la biografía número 80, Ibn Jallikān dice que el *kātib* ᶜImād al-Dīn tiene mucha información útil respecto a la gente del Magreb y otros países, también dice que ha hecho un extracto de él para dar algunas de sus noticias.

de esta voluminosa obra que Ibn Jallikān utilizó para elaborar su diccionario biográfico, la cual abarca a los poetas que florecieron entre el 500/1106 y el 572/1175, desde Irak hasta el Magreb.

- *Lumaḥ al-mulaḥ* de Ibn al-Qaṭṭāᶜ[29] -17 y 43-, cuya biografía aparece en las WJ. Esta obra, hoy perdida, consiste en una colección de noticias de los poetas de al-Andalus, conocida, según parece, por Ibn Jallikān .

- El *Ta'rīj* de Ibn al-Aṯīr[30] -57 y 84-, utilizado en las biografías de personajes históricos. Teniendo en cuenta que Ibn al-Aṯīr era uno de los maestros de Ibn Jallikān no resulta raro que extraiga información de su obra, incluso para los personajes andalusíes -en las biografías de orientales el *Ta'rīj* de Ibn al-Aṯīr es utilizado a menudo-.

- Muḥammad b. Ayyūb al-Anṣārī[31], del que Ibn Jallikān dice que compuso una obra en el 568/1172 para Saladino que contiene una noticia introducida en la biografía de al-Muᶜtaṣim b. Ṣumādiḥ -55-.

- Bahā' al-Dīn Abū l-Muḥāsim Yūsuf b. Šaddād -76-, otro de los maestros de Ibn Jallikān, citado por su obra *Dalā'il al-aḥkām* [32].

- Abū Saᶜīd b. Yūnus, citado una sola vez -72-, tomándolo de al-Ḥumaydī [33].

---

[29] Abū l-Qāsim ᶜAlī b. Ŷaᶜfar b. ᶜAlī b. Muḥammad b. ᶜAbd Allāh, Ibn al-Qaṭṭāᶜ, al-Saᶜdī, al-Šantarīnī, al-Ṣiqillī, (Sicilia 433/1041-Fustat 515/1121), autor del *Lumaḥ al-mulaḥ*.

[30] Ḍiyā' al-Dīn Abū l-Fatḥ Naṣr Allāh (554/1163-Bagdad 637/1239) autor de *al-Kāmil fī l-ta'rīj*, ed. J.Tornberg, 1867, reimpresión, Beirut, 1965.

[31] No he podido encontrar ninguna referencia suya.

[32] Bahā' al-Dīn, Abū l-Maḥāsin, Yūsuf b. Rāfiᶜ b. Tamīm (Mosul 539/1145-Alepo 632/1235); biógrafo de Saladino, autor de *Dalā'il al-aḥkām*.

[33] La obra del historiador egipcio Abū Saᶜīd b. Yūnus es consultada en al-Andalus para obtener noticias acerca de los no pocos andalusíes que estuvieron en Egipto o viajaron a Oriente, como ya han notado Maḥmūd Makki, "Egipto y los orígenes de la historiografía arabigo-española", R.I.E.I., V (1957), pp.201-204, M.

- El *Kitāb al-Ansāb* de al-Samᶜānī[34], citado para aclarar las vocalizaciones de algunas *nisbas* -49, 72 y 76-.

- El *Kitāb al-Ikmāl* de Ibn Mākūlā[35], aparece en la biografía de al-Ḥumaydī para citar un comentario de Ibn Mākūlā acerca de él. En otra biografía -24- también está mencionado pero dice literalmente: "esto lo mencionó Ibn Mākūlā, tomándolo de al-Ḥumaydī".

- *Qurādat al-ḏahab* de Abū ᶜAlī al-Ḥasan b. Rašīq al-Qayrawānī -51-[36]. Ibn Jallikān dice en la biografía de Ibn Hāni' que buscó en libros históricos y no encontró su fecha de muerte hasta que la halló en esta obra de Ibn Rašīq. En la misma biografía, cita un *ṣāḥib ajbār al-Qayrawān* del que toma información de Ibn Hāni' y es posible que sea el mismo autor.

- El *Muᶜŷam al-buldān* de Yāqūt[37] es utilizado en las WJ para localizar topónimos andalusíes, como en el caso de al-Ruṣāfī o al-Bayyāsī -50 y 82-.

Del análisis de estas fuentes, tomadas directamente o a través de otras intermedias, se puede deducir lo siguiente.

En primer lugar lo que llama poderosamente la atención a la

---

Marín, "Biografías de andalusíes en la obra de Ibn Mākūlā", *Actas de las II Jornadas de cultura Arabe e Islámica (1980)*, Madrid, 1985, p. 260. y M. I. Fierro, "Ibn Yūnus, fuente de Ibn al-Faraḍī", *Homenaje al profesor Darío Cabanelas*, I, Granada, 1987, pp. 297-313.

[34] Abū Saᶜd ᶜAbd al-Karīm b. Muḥammad b. Manṣūr al-Tamīmī al-Samᶜānī (m. 562/1166) autor del *Kitāb al-ansāb*, ed. ᶜAbd al-Raḥmān b. Yaḥyà al-Yamānī, Hyderabad, 1979.

[35] ᶜAlī b. Hibat Allāh b. ᶜAlī b. Ŷaᶜfar b. ᶜAllakān, Ibn Mākūlā. Cf. M. Marín, "Biografías..." pp. 353-364.

[36] Abū ᶜAlī Ḥasan b. Rašīq al-Qayrawānī, al-Azdī, al-Masīlī (Masila 390/1000-Mazara 456/1070). Poeta de la corte zirí que tuvo enfrentamientos con el también poeta Ibn Šaraf al-Qayrawānī. Su obra, *Qurādat al-ḏahab*, ed. Kanŷi, El Cairo, 1926, es un estudio de los recursos estilísticos que usa cada poeta y de la evolución de la poesía árabe.

[37] Šihāb al-Dīn Abū ᶜAbd Allāh Yāqūt al-Ḥamawī (575/1179- Alepo 626/1229).

vista de los repertorios utilizados es el amplio conocimiento de Ibn Jallikān de todo tipo de obras y su dominio de las mismas, tanto orientales como andalusíes. Su espíritu crítico le lleva a utilizar no sólo diccionarios biográficos y obras literarias sino también obras históricas como el *Ta'rīj* de Ibn Baškuwāl. Su vasto acopio de datos queda patente en algunas biografías en las que utiliza varias fuentes que parece conocer muy bien, de donde obtiene informaciones simultáneas para el mismo personaje. Es el caso de al-Muᶜtamid -43-, en el que cita a Ibn Jāqān, ᶜImād al-Dīn, Ibn Baškuwāl (*al-Ṣila* y *Ta'rīj al-Andalus*), y el *Lumaḥ al-Mulaḥ* de Ibn al-Qaṭṭāᶜ, o en la biografía de Ibn Bāqī donde cita el *Qalā'id al-ᶜiqyān* y el *Maṭmaḥ al-anfus* de Ibn Jāqān, el *Muṭrib* de Ibn Diḥya y la *Jarīda* de ᶜImād al-Dīn, y al-Ramādī -81- donde menciona la *Ŷadwa* de al-Ḥumaydī, la *Ṣila* de Ibn Baškuwāl y el *Mugrib* de Ibn Saᶜīd.

Su crítica de las fuentes se ve más claramente en las fechas de muerte, donde coteja y contrasta los diferentes datos que ha encontrado para justificar el que considera verdadero o dejar la elección a juicio del lector. En algún caso -48-, da por ciertas las fuentes andalusíes frente a las orientales que hablan de andalusíes, suponiendo en éstos un mejor conocimiento de los personajes más cercanos a ellos, tanto espacial como temporalmente. En el caso de personajes que vivieron en Oriente, recurre a fuentes orientales -76-, recurso que también hicieron los biógrafos andalusíes con los emigrados a Egipto y Oriente. A veces toma la información del lugar más insospechado, por ejemplo en la biografía del almohade al-Manṣūr dice que leyó en Damasco, a principios del 668/1269, un fragmento escrito por el *šayj* Tāŷ al-Dīn ᶜAbd Allāh que contenía información de la biografía de este personaje.

Todas estas características hacen de las WJ una fuente cuya consulta se hace imprescindible, incluso en las biografías de personajes andalusíes ya que, en algunos casos, sus informaciones son más completas que las de los propios biógrafos andalusíes -6 y 69-.

Entre los datos que recoge, presta mayor atención a las informaciones que él considera más importantes, eliminando la adjetivación, los epítetos de alabanza y las cadenas de maestros y discípulos e interesándose en conservar el mayor número posible de eslabones de la cadena onomástica, así como en la producción literaria de sus biografiados, especialmente en la poesía, que enumera de forma detallada. Su principal interés consiste en contrastar las informaciones que posee. En general, copia resumiendo y simplificando, pero siempre reorganizando la información de acuerdo al esquema previo que ha establecido.

Frente a lo escueto de otros autores al referirse a las fuentes que están consultando, Ibn Jallikān invierte bastante espacio en citarlas, -como por ejemplo en la biografía número 48 que dice: «*wa-qāla Abū Naṣr al-Fatḥ Ibn Jāqān ṣāḥib Qalā'id al-ᶜiqyān*»-. A veces especifica muy claramente de dónde está tomando la información y cuando acaba de copiar de esa fuente lo señala diciendo: *intahà kalāmu-hu* -45-. En estos casos, da el nombre del transmisor real pero, como ya hemos visto en las correspondientes fuentes, alguna vez omite la obra de la que realmente está tomando la información -41, 72, 77 y 79-, lo que nos da pie a pensar que algunas de las otras fuentes citadas pudieran no ser conocidas sino citadas a través de otras, como es el caso de la mayoría de las fuentes que aparecen mencionadas una sola vez. En el caso de la *Ŷadwa, Ṣila, Ḏajīra* o *Jarīda* no hay lugar a dudas que el autor conocía, si no poseía, la obra y cuando remite a ella, lo hace directamente.

Si extraemos porcentajes de las biografías andalusíes por profesiones o siglos, obtendremos el siguiente resultado. De los 85 personajes consignados, el 32% son poetas, el 16,6%, personajes históricos, el 13%, gramáticos y el 8%, tradicionistas[38]. Un porcentaje por siglos sería: el 36% son personajes del siglo V/XI, el 34,5%, del s. VI/XII, el 13%, del s. IV/X y el 7%, del s. VII/XIII, quedando un 6,5% repartido en los siglos I, II y III/VII, VIII y IX. Observando las fuentes utilizadas podemos deducir que hasta el siglo V/XI utiliza a al-Ḥumaydī, para el s. VI/XII utiliza la obra, tanto biográfica como histórica, de Ibn Baškuwāl, sin olvidar a Ibn Jāqān y ᶜImād al-Dīn; tras los cuales, para finales del VI/XII y hasta la fecha de composición de las WJ utiliza el *Muṭrib* de Ibn Diḥya, las obras de al-Bayyāsī e, incluso, la de su contemporáneo Ibn Saᶜīd.

---

[38] Las biografías más largas son las de reyes o personajes históricos -43, 55, 62, 78, 80, 84- siguiendo a éstas las de los poetas -5, 6, 13, 19, 20, 23, 24, 47, 51, 60, 71, 81, 82- en las que, puesto que la mayoría de sus fuentes son *Ṭabaqāt al-šuᶜarā'*, se extiende más.

# EL *TA'RĪJ ᶜULAMĀ' AL-ANDALUS* DE IBN AL-FARAḌĪ EN LA OBRA DEL QĀḌĪ ᶜIYĀḌ

**Juan R. CASTILLA**
C.S.I.C. - Granada

Aparece este trabajo como contribución a la larga lista de estudios que el equipo español del Onomasticon Arabicum viene realizando en los últimos años. El enunciado que le da título es claramente definitorio de los objetivos que se persiguen: establecer unas bases de valoración conjunta sobre el modo en que el qāḍī ᶜIyāḍ[1] utiliza la obra de Ibn al-Faraḍī[2].

El primero y básico peldaño hacia la consecución de tales objetivos ha sido analizar los ocho volúmenes del *Tartīb al-madārik* en sus apartados correspondientes a personajes andalusíes y extraer de ellos las citas atribuidas a Ibn al-Faraḍī. El recuento arroja un total de ciento noventa y cuatro veces en que el qāḍī ᶜIyāḍ pone en boca de Ibn al-Faraḍī una cita o menciona que una determinada información está tomada de la aludida obra de este autor. No obstante, esta cifra engloba citas pertenecientes a un mismo individuo biografiado y otras que aluden a dos personajes cuyo parentesco impulsa al qāḍī ᶜIyāḍ a presentarlos emparejados bajo un mismo epígrafe. De tal modo que el número de fichas relativas a personalidades andalusíes registradas se reduce a ciento sesenta y cuatro.

El siguiente paso ha consistido en examinar los textos de ambas obras y cotejarlas a fin de elaborar unas conclusiones aproximativas al método empleado por el qāḍī ᶜIyāḍ cuando hace uso del *Ta'rīj ᶜulamā' al-Andalus*.

---

1 ᶜIyāḍ, *Tartīb al-madārik*. Varios editores. Rabat, s.d., 1983. 8 vols.

2 Ibn al-Faraḍī, *Ta'rīj ᶜulamā' al-Andalus*. Ed. F. Codera. Madrid, 1891-1892 (B.A.H., VIII).

Un rápido y superficial examen de las dos obras en cuestión permite ratificar las sospechas que en este sentido mantenían algunos miembros del equipo investigador. Me refiero al modo literal con que el qāḍī ʿIyāḍ reproduce los textos del autor cordobés. Sin embargo, tal aseveración no deja de ser más que una idea vaga que puede inducir a errores de cierta consideración a la hora de confeccionar trabajos de conjunto de más amplia envergadura. Por ello, ha sido conveniente pormenorizar este estudio comparativo, del que se pueden desprender datos útiles para otras futuras investigaciones.

En primer lugar, y a manera de síntesis, tal vez resulte de mayor claridad desglosar las distintas variantes en que aparecen las citas, no sin antes advertir que algunas de ellas habrán de repetirse en dos o más epígrafes, habida cuenta que una misma cita -por ejemplo- podrá considerarse reflejada literalmente y, al mismo tiempo, deberá incluirse en el apartado de aquellas que están tomadas a su vez de otras fuentes.

1. Citas cuyo texto es reproducido íntegramente.
    a. De manera literal.
    b. Con algunas variantes de expresión.
2. Citas constituidas por fragmentos entresacados.
    a. De manera resumida y literal.
    b. Con algunas variantes de expresión.
3. Citas escuetas.
4. Textos tomados presumiblemente de Ibn al-Faraḍī en los que no se le cita expresamente.
    a. Reproducción de la cadena onomástica del personaje.
    b. Relación de maestros y/o discípulos que tuvieron contacto con el biografiado.
    c. Los dos casos anteriores y otros datos.
5. Citas de Ibn al-Faraḍī tomadas a su vez de otras fuentes.
6. Citas con algunas alteraciones relativas a noticias, datos o informaciones.
7. Citas cuyo texto aparece recogido en la biografía de otro personaje.
8. Citas que se limitan a señalar que Ibn al-Faraḍī menciona a un personaje determinado.

1. CITAS CUYO TEXTO ES REPRODUCIDO INTEGRAMENTE.

Cincuenta y siete son las fichas contabilizadas cuyas citas responden a este apartado. Constituyen, por tanto, el 34,75% del total de fichas y si no las más numerosas, estas citas son las que se repiten con mayor frecuencia en los textos del qāḍī ᶜIyāḍ. Abarcan desde párrafos cortos reproducidos literalmente hasta otros más extensos que, por lo general, presentan algunas transformaciones morfológicas y sintácticas con respecto a la obra de Ibn al-Faraḍī, pero que no desvirtúan el contenido sustancial del texto. Ejemplo de ello puede verse en la biografía de Yaḥyà b. Šarāḥīl (TM, VII, 40 = IF, 1596)[3], en la que el qāḍī ᶜIyāḍ escribe: *«qāla Ibn al-Faraḍī: kāna ḥāfiẓ^an li-maḏhab Mālik, ᶜāqid^an li-l-šurūṭ, wa-lam tušhar la-hu riwāya, wa-kāna mawṣūf^an bi-l-ᶜilm, maᶜdūd^an fī ahli-hi, wa-la-hu kitāb fī tawŷīh ḥadīṯ al-muwaṭṭa'»*. En el texto de Ibn al-Faraḍī se lee lo siguiente: *«kāna ḥāfiẓ^an li-l-masā'il ᶜalà maḏhab Mālik, ᶜāqid^an li-l-šurūṭ, wa-lam takun la-hu riwāya tušhar ᶜan-hu wa-kāna mawṣūf^an bi-l-ᶜilm, maᶜdūd^an min ahli-hi, wa-la-hu kitāb fī tawŷīh ḥadīṯ al-muwaṭṭa'»*. Como puede apreciarse, el contenido del texto es respetado por el qāḍī ᶜIyāḍ y las pequeñas modificaciones que muestra obedecen a variantes de sintaxis.

A continuación se relaciona la lista de referencias a las biografías donde se incluyen estas citas:

TM, III, 343 = IF, 776; TM, III, 344 = IF, 7775; TM, III, 344 = IF, 363;TM, III, 345 = IF, 1094;TM, IV, 110-111 = IF, 813;TM, IV, 245 = IF, 835;TM, IV, 251 = IF, 245;TM, IV, 262 = IF, 876;TM, IV, 274 = IF, 1559;TM, IV, 429 = IF, 1140; TM, IV, 435 = IF, 640; TM, IV, 437 = IF, 1134; TM, IV, 446 = IF, 1047; TM, IV, 451 = IF, 335; TM, IV, 452 = IF, 1123; TM, IV, 454 = IF, 783; TM, IV, 456 = IF, 1032; TM, IV, 458 = IF, 1129; TM, IV, 459 = IF, 24; TM, IV, 465 = IF, 1564; TM, IV, 467 = IF, 1148; TM, IV, 473 = IF, 85; TM, V, 150 = IF, 265; TM, V, 161 = IF, 394; TM, V, 163-164 = IF, 77; TM, V, 167 = IF, 1177; TM, V, 168 = IF, 1165; TM, V, 182 = IF,

---

[3] De acuerdo con las siglas adoptadas en esta publicación, TM se refiere a la obra *Tartīb al-madārik* del qāḍī ᶜIyāḍ e IF al *Ta'rīj ᶜulamā' al-Andalus* de Ibn al-Faraḍī.

1068; TM, V, 188 = IF, 895; TM, V, 221 = IF, 1040; TM, V, 234 = IF, 337; TM, V, 234 = IF, 1175; TM, V, 242 = IF, 1180; TM, V, 248-249 = IF, 306; TM, V, 249 = IF, 1060; TM, V, 254 = IF, 952; TM, VI, 110-111 = IF, 122; TM, VI, 120 = IF, 110; TM, VI, 121 = IF, 120; TM, VI, 127 = IF, 233; TM, VI, 141 = IF, 690; TM, VI, 141-142 = IF, 505; TM, VI, 143 = IF, 109; TM, VI, 298 = IF, 219; TM, VI, 300 = IF, 1302; TM, VI, 305 = IF, 176; TM, VI, 306 = IF, 148; TM, VII, 15 = IF, 886; TM, VII, 33 = IF, 731; TM, VII, 35 = IF, 740; TM, VII, 38 = IF, 1355; TM, VII, 40 = IF, 1596; TM, VII, 119 = IF, 1318; TM, VII, 135-138 = IF, 758; TM, VII, 162 = IF, 806; TM, VII, 167 = IF, 722; TM, VII, 201 = IF, 730.

2. CITAS CONSTITUIDAS POR FRAGMENTOS ENTRESACADOS.

Son las más utilizadas por el compilador ceutí. Sesenta y siete son las fichas que contienen este tipo de citas; cifra que supone el 40,85% de la suma global. Atendiendo a este apartado, que constituye el grueso de las citas, podemos hacernos una idea de la metodología que sigue en la mayor parte de los casos el qāḍī ᶜIyāḍ. Parece, en efecto, que su propósito es recopilar los párrafos que considera más oportunos o acertados y, mediante la partícula copulativa *wa*, reunirlos en extracto. Ello, por tanto, no denota una lectura apresurada de Ibn al-Faraḍī sino un examen milimétrico de los textos. Son, asimismo, las reproducidas literalmente las citas de mayor empleo mientras que las alteradas son las menos. Otras veces, y casi con la misma frecuencia, omite partículas que unan las frases y mediante comas resume el texto. La biografía de Muḥammad b. Sulaymān b. Muḥammad b. Talīd al-Maᶜāfirī (TM, IV, 472 = IF, 1147) puede servir de ejemplo de estas citas.

Escribe Ibn al-Faraḍī: «*wa kāna raŷul*$^{an}$ *ṣāliḥ*$^{an}$ *wa-walīya qaḍā' Wašqa, wa kāna yad̲hab fī l-ašriba mad̲hab al-ᶜirāqiyyīn, wa-kāna šadīd al-ᶜaṣabiyya li-l-muwalladīn*». Resume el qāḍī ᶜIyāḍ: «*qāla Ibn al-Faraḍī: kāna raŷul*$^{an}$ *ṣāliḥ*$^{an}$, *wa-yad̲hab fī l-ašriba mad̲hab ahl al-ᶜIrāq, šadīd al-ᶜaṣaba li-l-muwalladīn*».

Las restantes referencias son las siguientes:

TM, III, 113 = IF, 469; TM, III, 325 = IF, 1082; TM, III, 344 = IF, 357; TM, III, 346 = IF, 423; TM, III, 379-381 = IF, 1554; TM, IV,

105-107 = IF, 973; TM, IV, 112 = IF, 470; TM, IV, 113 = IF, 324; TM, IV, 114 = IF, 333; TM, IV, 114-115 = IF, 1100; TM, IV, 117 = IF, 207; TM, IV, 122-130 = IF, 814; TM, IV, 245 = IF, 887; TM, IV, 268 = IF, 879; TM, IV, 427 = IF, 1563; TM, IV, 431 = IF, 1613; TM, IV, 434 = IF, 976; TM, IV, 462 = IF, 605; TM, IV, 464 = IF, 16; TM, IV, 466 = IF, 1109; TM, IV, 466-467 = IF, 647; TM, IV, 469 = IF, 1606; TM, IV, 472 = IF, 1147; TM, V, 155 = IF, 1187; TM, V, 157 = IF, 1568; TM, V, 158 = IF, 1146; TM, V, 161 = IF, 1571; TM, V, 161 = IF, 1570; TM, V, 173 = IF, 1176; TM, V, 173 = IF, 579; TM, V, 173 = IF, 914; TM, V, 216 = IF, 76; TM, V, 217 = IF, 1203; TM, V, 220 = IF, 1174; TM, V, 224-225 = IF, 500; TM, V, 235 = IF, 338; TM, V, 236 = IF, 1194; TM, V, 237 = IF, 1067; TM, V, 244 = IF, 1615; TM, V, 248 = IF, 1184; TM, V, 254 = IF, 1618; TM, VI, 97 = IF, 1251; TM, VI, 123 = IF, 212; TM, VI, 280 = IF, 1317; TM, VI, 290 = IF, 767; TM, VI, 291 = IF, 564; TM, VI, 292 = IF, 820; TM, VI, 295 = IF, 730; TM, VI, 297-298 = IF, 1316; TM, VI, 302 = IF, 741; TM, VI, 303 = IF, 1338; TM, VI, 308 = IF, 1388; TM, VII, 5-7 = IF, 1075; TM, VII, 12 = IF, 523; TM, VII, 13 = IF, 402; TM, VII, 19 = IF, 1441; TM, VII, 23 = IF, 186; TM, VII, 23 = IF, 743; TM, VII, 25-26 = IF, 751; TM, VII, 30 = IF, 728; TM, VII, 31 = IF, 803; TM, VII, 32 = IF, 303; TM, VII, 114-117 = IF, 1361; TM, VII, 159 = IF, 1463; TM, VII, 164 = IF, 1375; TM, VII, 165 = IF, 1344; TM, VII, 202 = IF, 741.

3. CITAS ESCUETAS.

Curiosamente, este tipo de citas abunda en las páginas del *Tartīb al-madārik* cuando se hace referencia a Ibn al-Faraḍī. Es difícil precisar si estas citas aportan un valor auténtico en algunos casos aislados en los que el qāḍī ᶜIyāḍ se limita a reproducir la expresión *kāna faqīh*ᵃⁿ cuando de otros autores toma la misma frase acompañada de otros calificativos que completan la información y la enriquecen o términos que precisan más la actividad del personaje.

En la biografía de Aḥmad b. Sulaymān b. Abī l-Rabīᶜ (TM, IV, 267 = IF, 67) escribe el qāḍī ᶜIyāḍ: *«qāla Ibn al-Faraḍī: wa-kāna faqīh*ᵃⁿ*»*. Más abajo escribe: *«qāla Ibn Ḥāriṯ: kāna faqīh*ᵃⁿ *ḥāfiẓ*ᵃⁿ*»*. Y obvia otros datos de cierto interés que pueden extraerse de la obra del autor cordobés.

No obstante, y como ya se aborda en el próximo apartado, no es muy arriesgado pensar que gran parte de la información suministrada por Ibn al-Faraḍī se halla camuflada en los textos del ceutí sin que se haga mención expresa de ello. De cualquier modo, es obligado conceder un máximo interés a un elevado índice de este tipo de citas utilizadas para tomar la fecha de muerte, nacimiento o ambas del *Ta'rīj ᶜulamā' al-Andalus.*

Referencias a las fichas de personajes en las que se incluyen estas citas son treinta y cuatro, lo que significa un 20,73% del total. Son las que siguen:

TM, IV, 149 = IF, 1553; TM, IV, 242 = IF, 633; TM, IV, 256 = IF, 1405; TM, IV, 265 = IF, 939; TM, IV, 267 = IF, 67; TM, IV, 271 = IF, 444; TM, IV, 275 = IF, 1120; TM, IV, 465 = IF, 60; TM, IV, 465 = IF, 1483; TM, V, 172 = IF, 663; TM, V, 187 = IF, 999; TM, V, 210 = IF, 1244; TM, V, 223 = IF, 1195; TM, V, 225 = IF, 837; TM, V, 254 = IF, 1196; TM, VI, 123 = IF, 675; TM, VI, 135 = IF, 141; TM, VI, 140 = IF, 1320; TM, VI, 149 = IF, 133; TM, VI, 149 = IF, 255; TM, VI, 150 = IF, 1334; TM, VI, 168 = IF, 713; TM, VI, 172 = IF, 1259; TM, VI, 295 = IF, 1600; TM, VI, 302 = IF, 1594; TM, VI, 305 = IF, 160; TM, VI, 307 = IF, 449; TM, VII, 18 = IF, 928; TM, VII, 164 = IF, 264; TM, VII, 165 = IF, 1345; TM, VII, 195 = IF, 196; TM, VII, 204 = IF, 1349; TM, VII, 215 = IF, 719; TM, VIII, 95 = IF, 805.

## 4. TEXTOS TOMADOS PRESUMIBLEMENTE DE IBN AL-FARAḌĪ.

Como ya hemos apuntado, el qāḍī ᶜIyāḍ acostumbra citar a Ibn al-Faraḍī hacia la mitad de la biografía o desde la mitad en adelante, dejando tras sí una considerable cantidad de noticias sin referencia alguna al autor de quien las ha recogido. Si comparamos los textos del cordobés y del ceutí podemos observar que este último expone resumidamente las palabras del primero; es más, en algunos casos las toma literalmente. En general, la información manejada en estas ocasiones se refiere a la cadena onomástica del personaje biografiado, a la lista de maestros y/o discípulos con los que tuvo contacto, a ambas cosas a la vez e incluso a datos de otro tipo.

En muchos de los ejemplos es aventurado afirmar que tal información proviene directamente de Ibn al-Faraḍī puesto que es muy lógico que en el caso de noticias muy conocidas éstas coincidan plenamente. Pero, a veces, sorprende que las frases sean totalmente análogas y que verbos, nombres y partículas se sucedan en el mismo orden establecido en el párrafo por Ibn al-Faraḍī. Ello nos lleva a concluir que, presumiblemente, el qāḍī ᶜIyāḍ copia del autor cordobés más de lo que dice.

Además, no hemos de olvidar que el material básico de este trabajo está formado por fichas de personajes andalusíes donde aparece citado Ibn al-Faraḍī. Luego si llegamos a la conclusión de que hay información desprovista de referencias en biografías en las que se cita a este autor en la zona medial o final del texto, hemos de pensar que habrá otros muchos personajes andalusíes que, sin presentar citas de Ibn al-Faraḍī, contengan datos procedentes del *Ta'rīj ᶜulamā' al-Andalus.* Por tanto, un futuro estudio que abarque con mayor exhaustividad el análisis del *Tartīb al-madārik* permitirá, tal vez, ratificar lo que de momento queda apuntado.

Las referencias a las fichas de este apartado suman veintisiete, lo que supone un 16,46%. Son:

TM, IV, 112 = IF, 470; TM, IV, 437 = IF, 1134; TM, IV, 446 = IF, 1047; TM, V, 150 = IF, 265; TM, V, 155 = IF, 1187; TM, V, 157 = IF, 1568; TM, V, 172 = IF, 663; TM, V, 182 = IF, 1068; TM, V, 188 = IF, 895; TM, V, 234 = IF, 337; TM, V, 237 = IF, 1067; TM, V, 248-249 = IF, 306; TM, VI, 97 = IF, 1251; TM, VI, 172 = IF, 1259; TM, VI, 290 = IF, 767; TM, VI, 291 = IF, 564; TM, VI, 292 = IF, 820; TM, VI, 295 = IF, 1600; TM, VI, 295 = IF, 730; TM, VI, 305 = IF, 160; TM, VI, 306 = IF, 148; TM, VI, 307 = IF, 449; TM, VII, 13 = IF, 402; TM, VII, 159 = IF, 1463; TM, VII, 164 = IF, 1375; TM, VII, 195 = IF, 196; TM, VII, 201 = IF, 730.

## 5. CITAS DE IBN AL-FARAḌĪ TOMADAS POR ESTE DE OTRAS FUENTES.

El qāḍī ᶜIyāḍ suele emplear citas de Ibn al-Faraḍī que, a su vez, están tomadas de otras fuentes. En los casos que así lo hace, obvia la mayoría de las veces el nombre del autor que proporciona información al cordobés y sólo en muy pocas ocasiones hace mención a la fuente primaria. Un ejemplo de estas contadas ocasiones puede verse en la biografía de ᶜAbd al-Raḥmān b. ᶜUbayd Allāh (TM, III, 344 = IF, 775) en donde se menciona el nombre de Jālid [b. Saᶜd] como fuente de Ibn al-Faraḍī[4]. En términos generales, podemos apuntar que Jālid b. Saᶜd, Aḥmad b. ᶜAbd al-Barr e Ibn Ḥāriṯ son los autores de cuyo material de información se vale las más de las veces el qāḍī ᶜIyāḍ cuando cita a Ibn al-Faraḍī sin hacer referencia a su fuente anterior. No obstante, no olvidemos que son otras muchas las fuentes empleadas por el autor cordobés y que, por tanto, habrá biografías cuya información esté tomada de ellas indirectamente a través de Ibn al-Faraḍī[5].

Por último, es notorio señalar que un elevado porcentaje de estas citas corresponde a noticias sobre fechas de defunción, nacimiento, lugares donde falleció el biografiado y en los que fue enterrado.

Diecinueve son las referencias a fichas, cifra que constituye el 11,58% del total. Son las siguientes:

TM, III, 113 = IF, 469; TM, III, 344 = IF, 775; TM, III, 345 = IF, 1094; TM, IV, 105-107 = IF, 973; TM, IV, 114 = IF, 333; TM, IV, 245 = IF, 887; TM, IV, 262 = IF, 876; TM, IV, 274 = IF, 1559; TM, IV, 429 = IF, 1140; TM, IV, 435 = IF, 640; TM, IV, 451 = IF, 335; TM, IV, 454 = IF, 783; TM, V, 170 = IF, 484; TM, V, 187 = IF, 999; TM, V, 223 = IF, 1195; TM, V, 235 = IF, 338; TM, V, 236 = IF, 1194; TM, VI, 123 = IF, 212; TM, VII, 201 = IF, 730.

## 6. CITAS CON ALGUNAS ALTERACIONES.

No son muchas las biografías cuyas citas han sufrido modificaciones de contenido sustancial en el paso de uno a otro texto. No me refiero, por tanto, al gran número de variantes que sin duda se derivan de errores de imprenta o de pequeños despistes a la hora de cambiar una letra por otra. Aludo a aquellas alteraciones que

---

[4] Véase el artículo de M. L. Avila sobre Jālid b. Saᶜd en esta misma publicación.

[5] Véase el trabajo de M. L. Avila y M. Marín "Le *Taʾrīḫ ᶜulamāʾ al-Andalus* d'Ibn al-Faraḍī: étude et informatisation" en *Cahiers d'Onomastique Arabe*, (en curso de publicación).

seguramente obedecen a malas interpretaciones de lectura y que cambian, añaden o suprimen las noticias proporcionadas por Ibn al-Faraḍī. Hay casos como el de la biografía de Muḥammad b. ᶜUbayd al-Ŷuryūnī (TM, V, 168 = IF, 1165) en que el qāḍī ᶜIyāḍ advierte mediante nota a pie de página que tal personaje se encuentra en el *Ta'rij ᶜulamā' al-Andalus* bajo la *nisba* al-Ŷazīzī[6], pero hay otros casos en que sin advertirlo transforma algún elemento de la cadena onomástica, como sucede en la biografía de Yaḥyà b. Muᶜammar b. ᶜImrān (TM, IV, 145 = IF, 1553), cuando el qāḍī ᶜIyāḍ escribe Matīs en lugar del Munīd escrito por Ibn al-Faraḍī. En otras ocasiones, el ceutí menciona una *kunya* diferente a la que atribuye al cordobés cuando le cita; es el caso de la biografía correspondiente a ᶜĪsà b. Dīnār b. Wāqid al-Gāfiqī (TM, IV, 105 = IF, 973) en la que el qāḍī señala la *kunya* Abū Muḥammad tomada de Ibn al-Faraḍī cuando, en realidad, en el texto de éste se lee Abū ᶜAbd Allāh.

Otros casos demuestran que no siempre la información vertida por Ibn al-Faraḍī en las citas recogidas por el qāḍī son más completas. Así, aunque es poco frecuente, hay biografías en las que el ceutí añade alguna *šuhra* obviada o ignorada por el cordobés; pero lo normal es que sea este último el que ofrezca una cadena más extensa que el primero.

Por último, cabe señalar en este apartado algunas citas que no responden con exactitud a los datos aportados por Ibn al-Faraḍī. Sirva de ejemplo la biografía de Saᶜīd b. ᶜUṯmān b. Sulaymān b. Saᶜīd b. Sulaymān b. Muḥammad b. Mālik b. ᶜAbd Allāh Abū ᶜUṯmān al-Aᶜnāqī al-Tuŷībī (TM, V, 169 = IF, 484), personaje del que el qāḍī ᶜIyāḍ, citando a Ibn al-Faraḍī, dice que murió en Túnez, cuando en el *Ta'rīj ᶜulamā' al-Andalus* se señala claramente que falleció en Firrīš. O la biografía de Ayyūb b. Sulaymān b. Hāšim b. Ṣāliḥ b. Hāšim b. Garīb b. ᶜAbd al-Ŷabbār b. Muḥammad b. Ayyūb b. Sulaymān b. Ṣāliḥ al-Maᶜāfirī (TM, V, 149 = IF, 265) en la que el ceutí atribuye unas palabras a Ibn al-Faraḍī que no se encuentran, en absoluto, en el

[6] Nótese además que la mencionada *nisba* al-Ŷazīzī presenta un punto diacrítico de más, debido, sin duda, a un error de impresión. En IF la encontramos correctamente escrita como al-Ŷazīrī.

texto de éste[7]. Bien entendido que al hablar de este texto me refiero al único manuscrito del *Ta'rīj ᶜulamā' al-Andalus* de que disponemos. Ello nos lleva a pensar que en su día debieron circular varios ejemplares de la obra del autor cordobés y que, en casos como éste, el qāḍī ᶜIyāḍ empleó otro distinto al que conocemos[8].

Las referencias de este apartado son diecisiete y suponen un 10,36% del total. Son las que siguen:

TM, IV, 105-107 = IF, 973; TM, IV, 458 = IF, 1129; TM, IV, 462 = IF, 605; TM, V, 150 = IF, 265; TM, V, 161 = IF, 1571; TM, V, 167 = IF, 1177; TM, V, 168 = IF, 1165; TM, V, 170 = IF, 484; TM, V, 244 = IF, 1615; TM, 248 = IF, 1184; TM, VI, 155 = IF, 498; TM, VI, 295 = IF, 730; TM, VI, 300 = IF, 1302; TM, VII, 15 = IF, 886; TM, VII, 19 = IF, 1441; TM, VII, 119 = IF, 1318; TM, VII, 164 = IF, 1375.

## 7. CITAS RECOGIDAS EN LA BIOGRAFIA DE OTRO PERSONAJE.

Aunque escasas, hay también citas extraídas del *Ta'rīj ᶜulamā' al-Andalus* que pertenecen a biografías de personajes distintos a los que se mencionan en el *Tartīb al-madārik*. En los casos en que esto sucede, dichas citas se localizan en la biografía del padre del personaje o en la de algún pariente del biografiado. Ejemplos del primer tipo podemos hallarlos en la correspondiente a Aḥmad b. Muḥammad b. ᶜAbd Allāh b. Hāni' al-ᶜAṭṭār cuya cita proviene de la biografía del padre de este personaje, llamado Muḥammad b. ᶜAbd Allāh (TM, VII, 165 = IF, 1345), o en la cita que el qāḍī ᶜIyāḍ incluye en la biografía de Aḥmad b. ᶜAbd Allāh b. Muḥammad b. ᶜArūs al-Mawrūrī al-Ḥaḍramī, que proviene de la que Ibn al-Faraḍī hace del padre de este personaje, llamado ᶜAbd Allāh b. ᶜArūs al-Ḥaḍramī (TM, VII, 215 = IF, 719).

---

[7] Escribe el qāḍī ᶜIyāḍ: "*qāla Ibn al-Faraḍī: kāna min ahl al-ḥifẓ wa-l-qarīḥa al-ḥasana, wa-lam takun la-hu riḥla*". Si acudimos al texto de Ibn al-Faraḍī comprobaremos que tales frases no existen.

[8] Véase, a propósito de ello, la teoría que defiende M. L. Avila en su artículo "El método historiográfico de Ibn al-Abbār", *EOBA* I, pp. 555-583, donde alude, entre otras cosas, a la posibilidad de que existiese un ejemplar del *Ta'rīj ᶜulamā' al-Andalus* con anotaciones de Ibn Wāŷib.

Como ejemplo de citas halladas en la biografía de un personaje que guarda parentesco con el biografiado por el qāḍī ᶜIyāḍ sirve la semblanza que el ceutí hace de Muḥammad b. Ismāᶜīl b. Muḥammad b. Fūrtiš, cuya mención está extraída de la que Ibn al-Faraḍī hace de ᶜAbd al-Raḥmān b. ᶜAbd Allāh b. Aḥmad b. ᶜAbd Allāh (TM, VIII, 95 = IF, 805). Esta última cita lleva a demostrar que el qāḍī ᶜIyāḍ utiliza a Ibn al-Faraḍī incluso para referirse a otras épocas anteriores al personaje en cuestión puesto que toma datos de un antepasado suyo.

Las referencias son seis y forman el 3,04% del total. Son:

TM, III, 124 = IF, 773; TM, VII, 165 = IF, 1345; TM, VII, 167 = IF, 722; TM, VII, 192 = IF, 1286; TM, VII, 215 = IF, 719; TM, VIII, 95 = IF, 805.

8. CITAS QUE SE LIMITAN A SEÑALAR QUE IBN AL-FARAḌĪ MENCIONA A UN PERSONAJE DETERMINADO.

Se refiere este apartado a las citas que señalan el nombre de Ibn al-Faraḍī como fuente del personaje sin aportar noticias que puedan extraerse de la obra del cordobés. Dos son los casos recopilados: la biografía de ᶜAŷannas b. Asbāṭ al-Ziyādī (TM, IV, 275 = IF, 908) y la de Muḥammad b. ᶜAmr b. Saᶜīd b. ᶜAyšūn al-Azdī (TM, VI, 175 = IF, 1327). Ambas forman el 1,21% del total.

*****

De lo expuesto, podemos deducir que el qāḍī ᶜIyāḍ realizó en su día una lectura muy completa del *Ta'rīj ᶜulamā' al-Andalus* ya que hay suficientes indicios de peso para suponer que no sólo se sirvió del manuscrito que hoy se conserva sino de otros posibles ejemplares y copias con añadidos. Por otro lado, la fórmula sistemática que emplea la mayoría de las veces para hacer un acopio de datos revela un estudio detenido de las noticias contenidas en la obra de Ibn al-Faraḍī.

Dejando a un lado la información un tanto velada que hallamos en las páginas del *Tartīb al-madārik* y que, casi siempre, guarda relación con la sucesión onomástica del biografiado y la lista de ulemas y/o discípulos que tuvo, la documentación entresacada por el qāḍī gira en torno a la descripción de méritos y cualidades que distinguen a los personajes, en la que procura resaltar cuáles eran sus aptitudes en determinados campos de las ciencias, el *ḥadīṯ*, la literatura, la poesía, la recitación, etc.

Raros son los casos en que de una cita de Ibn al-Faraḍī pueden obtenerse datos relativos a obras elaboradas por los andalusíes estudiados en el *Tartīb al-madārik*. Es, en cambio, muy significativo el habitual uso que ᶜIyāḍ hace de la obra del cordobés cuando apunta las datas de nacimiento y, en especial, de muerte. Incluso en algunas biografías donde los autores-fuente difieren al señalar las fechas necrológicas de los personajes, el qāḍī ᶜIyāḍ parece conceder mayor fiabilidad a la cronología aportada por Ibn al-Faraḍī.

Por último, si bien no podemos calificar la compilación del ceutí como fiel reproducción de parte de los textos de Ibn al-Faraḍī, sí debemos considerarla como acertada y notable extracción del *Ta'rīj ᶜulamā' al-Andalus*. Queda apuntar que sería deseable contar con una edición del *Tartīb al-madārik* distinta a la de Rabat, que adolece de múltiples errores y equivocadas lecturas.

# LA *FAHRASA* DE IBN AL-ṬALLĀᶜ

**M. Isabel FIERRO**
C.S.I.C. - Madrid

1. Abū ᶜAbd Allāh Muḥammad b. (al-)Faraŷ al-Qurṭubī al-Mālikī, conocido por Ibn al-Ṭallāᶜ[1], nació en Córdoba en el año 404/1014[2] y murió en 497/1104, siendo enterrado en el cementerio de al-ᶜAbbās y asistiendo a su entierro un gran número de personas. Sus 93 años de vida transcurrieron pues durante la época de los reinos de taifas y parte de la época almorávide. Su *laqab* "Ibn al-Ṭallāᶜ" es explicado de la siguiente manera: su padre Faraŷ habría sido *mawlà* de un personaje llamado Muḥammad b. Yaḥyà al-Bakrī y conocido por al-Ṭallāᶜ[3]. Ibn Hišām al-Lajmī (m. 577/1182) tiene un interesante pasaje al respecto[4], en el que afirma

---

[1] V. para su biografía: D, núm. 256; IB, núm. 1123; Ibn ᶜAṭiyya, pp. 67-9 y p. 72; IS, I, 165 (su fuente es el *Kitāb* de Ibn al-Yasaᶜ (m. 575/1179): v. Pons, *Ensayo*, p. 242, núm. 196); TM, VIII, 181; DM, II, 242-3; SD, XIX, 199-202, núm. 121 (indicando el editor en nota otras referencias biográficas); *Šaḏarāt*, III, 407; Kaḥḥāla, XI, 123-4; Pons, *Ensayo*, p. 169, núm. 132; Fórneas, *Elencos*, p. 18. V. también NT (a), II, 561; IV, 358; V, 200; IJ, II, 246, 431; KZ, I, 379-80, núm. 1066. Cabe señalar que Brockelmann lo confunde con Muḥammad b. Aḥmad b. Abī Bakr b. Faraḥ al-Qurṭubī (m. 671/1273), atribuyendo a este último el *K. al-aqḍiya* de Ibn al-Ṭallāᶜ (v. *GAL*, I, 415; SI, 737).

[2] Afirma al-Ḍabbī: "en ese año fue construida Santa María; la construyó al-Aṣlaᶜ b. Razīn".

[3] Al-Ḍabbī y al-Maqqarī se limitan a afirmar que era "*mawlà* al-Ṭallāᶜ", mientras que Ibn Baškuwāl especifica que era *mawlà* de Muḥammad b. Yaḥyà al-Bakrī (no es el padre de Abū ᶜUbayd al-Bakrī).

[4] Está recogido en su obra *al-Madjal ilà taqwīm al-lisān wa-taᶜlīm al-bayān*, ms. Esc.2, 46, 61b. Agradezco a J. Pérez Lázaro haberme comunicado la existencia de este pasaje y su referencia (la obra de Ibn Hišām puede ser consultada en la edición de J. Pérez Lázaro, Madrid, en prensa). También le agradezco haberme señalado que el mismo pasaje (con algún añadido) está recogido en el *Bar-*

que hay discrepancias en cuanto a la correcta grafía del *laqab* del tradicionista Abū ᶜAbd Allāh Muḥammad b. Faraŷ, habiendo quien afirma que es "Ibn al-Ṭallā'" y no "Ibn al-Ṭallāᶜ"[5]. Sin embargo, este última forma es la que parece correcta.

Estudió nuestro personaje con destacados ulemas cordobeses: al-Ḥasan b. Ayyūb b. Muḥammad al-Ḥaddād al-Anṣārī (m. 425/1033), Yūnus b. ᶜAbd Allāh b. Muḥammad b. Mugīṯ, Ibn al-Ṣaffār (m. 429/1037), Muḥammad b. ᶜAbd Allāh b. Saᶜīd b. ᶜĀbid al-Maᶜāfirī (m. 439/1047), Makkī b. Abī Ṭālib (m. 437/1045), ᶜAbd al-Raḥmān b. Saᶜīd b. Ŷurŷ (m. 439/1047), Aḥmad b. Muḥammad b. Hišām b. Ŷahwar al-Maršānī (m. 430/1038)[6], Aḥmad b. Muḥammad b. ᶜĪsà b. Hilāl, Ibn al-Qaṭṭān (m. 460/1067)[7], Ḥātim b. Muḥammad b. ᶜAbd al-Raḥmān, Ibn al-Ṭarābulusī (m. 469/1076)[8], Muᶜāwiya b. Muḥammad al-ᶜUqaylī[9]. También entre sus discípulos figuran los nombres de ulemas de relieve: ᶜAbd al-Malik b. Masᶜūd b. Mūsà al-Anṣārī (m. 533/1138), el padre de Ibn Baškuwāl[10], ᶜAbd al-Ŷabbār b. ᶜAbd Allāh b. Aḥmad al-Qurašī al-Marwānī (m. 516/1122)[11], ᶜAbd al-Ŷalīl b. ᶜAbd al-ᶜAzīz b. Muḥammad al-Muqri' al-Umawī (m. 526/1131)[12], Aḥmad b. ᶜAbd al-Raḥmān b. Muḥammad al-

---

*nāmaŷ* de al-Tuŷībī, p. 56. V. asimismo al-Ruᶜaynī, p. 51.

[5] La primera lectura era sostenida por Abū l-Ḥusayn Sirāŷ b. ᶜAbd al-Malik b. Sirāŷ (m. 508/1114: IB, núm. 514): *wa-kāna abū-hu Faraŷ yatlī maᶜa sayyidi-hi al-luŷam fī l-rabaḍ al-šarqī ᶜinda l-bāb al-ŷadīd min Qurṭuba* (su padre Faraŷ se dedicaba con su señor ¿a lustrar los arreos? en el arrabal oriental junto a la Puerta Nueva de Córdoba). Ibn Hišām señala, sin embargo, que él ha visto como otros autores lo llaman "Ibn al-Ṭallāᶜ", explicando que el nombre proviene del hecho que su padre *kāna yaṭluᶜu najl Qurṭuba* (se dedicaba ¿a fecundar? las palmeras de Córdoba). Añade al-Tuŷībī que ciertos tradicionistas explicaban "al-Ṭallāᶜ" de la siguiente manera: *kāna wālidu-hu yaṭluᶜu l-dihān maᶜa sayyidi-hi*, por lo que, según al-Tuŷībī, "al-Ṭallāᶜ" y "al-Ṭallā'" tienen el mismo significado.

[6] V. Avila, núms. 445, 1110, 648, 595, 186, 289.

[7] IB, núm. 128; TM, VIII, 135-6.

[8] D, núm. 658; IB, núm. 351.

[9] D, núm. 1340.

[10] IB, núm 1.775. Acompañó a Ibn al-Ṭallāᶜ durante largo tiempo.

[11] IB, núm. 808; Pons, *Ensayo*, p. 178, núm. 144.

[12] D, núm. 1100; IB, núm. 826.

Biṭrūŷī (m. 542/1147)[13], Aḥmad b. Muḥammad b. Aḥmad b. Aḥmad b. Rušd, cadí de Córdoba (m. 563/1167), el padre de Averroes[14], Aḥmad b. Muḥammad b. Aḥmad b. Majlad b. ᶜAbd al-Raḥmān b. Aḥmad b. Baqī b. Majlad (m. 532/1137)[15], Hišām b. Aḥmad b. Saᶜīd, Ibn al-ᶜAwwād (m. 509/1115)[16], Ḥusayn b. Muḥammad b. Ḥayyūn b. Fierro, Abū ᶜAlī al-Ṣadafī (m. 514/1120)[17], Muḥammad b. ᶜAbd al-Raḥmān b. Ibrāhīm al-Warrāq (m. 543/1148)[18], Muḥammad b. Aḥmad b. Aḥmad b. Rušd (m. 520/1126), el abuelo de Averroes[19], Muḥammad b. Aḥmad b. Jalaf al-Tuŷībī, Ibn al-Ḥāŷŷ (m. 529/1134)[20], Muḥammad b. Ḥaydara b. Aḥmad b. Mufawwiz al-Maᶜāfirī (m. 505/1111),[21] Muḥammad b. Muḥammad b. ᶜAbd Allāh b. Muḥammad b. al-Ḥakam al-Qurašī (m. 542/1147)[22], Yaḥyà b. Mūsà b. ᶜAbd Allāh[23], Yūnus b. Muḥammad b. Mugīṯ (m. 531/1136)[24]. Valga esta enumeración de nombres como evidencia de su importancia como maestro en la que insisten sus biógrafos, subrayando que su longevidad hizo posible que se aprovechasen de sus enseñanzas varias generaciones. En efecto, tal y como ha señalado D. Urvoy[25], la influencia de Ibn al-Ṭallāᶜ como maestro se extiende, junto con la de Abū ᶜAlī al-Gassānī, hasta el año 545/1150. También destacan las fuentes que las gentes hacían la *riḥla* a Córdoba para estudiar con él[26], espe-

---

[13] IB, núm. 178.

[14] IB, núm. 172.

[15] D, núm. 359; IB, núm. 171.

[16] IB, núm. 1325.

[17] D, núm. 655; IB, núm. 327; Pons, *Ensayo*, pp. 177-8.

[18] IB, núm. 1182.

[19] IB, núm. 1154.

[20] D, núm. 25; IB, núm. 1162.

[21] D, núm. 99; IB, núm. 1133.

[22] D, núm. 5; IB, núm. 1179.

[23] D, núm. 1489; IB, núm. 1371.

[24] D, núm. 1500; IB, núm. 1403.

[25] V. *Le monde des ulémas...*, p. 99, donde se hace mención de un "Abū ᶜAbd Allāh Muḥammad b. Farrāŷ (sic) al-Faqīh", que sólo puede tratarse de Ibn al-Ṭallāᶜ.

[26] Los biógrafos no mencionan que Ibn al-Ṭallāᶜ hiciese ninguna *riḥla fī ṭalab al-ᶜilm* fuera de al-Andalus. Comparte esta característica con otros contemporáneos (piénsese en los casos de Ibn ᶜAbd al-Barr y de Ibn Ḥazm). A falta de un estudio pormenorizado sobre este aspecto, sí se puede adelantar que las razones

cialmente su transmisión del *Muwaṭṭa'* de Mālik en la recensión de Yaḥyà b. Yaḥyà[27], de la *Mudawwana* de Saḥnūn y de los *Sunan* de al-Nasā'ī[28]. Ibn al-Ṭallāᶜ, en efecto, fue un alfaquí mālikí, experto sobre todo en la redacción de contratos (*ᶜaqd al-šurūṭ*); ejerció como muftí y *mušāwar*, sustituyendo en este último cargo a su maestro Ibn al-Qaṭṭān[29]. La llegada de los almorávides supuso su destitución, ya que Ibn al-Ṭallāᶜ no se recató en mostrar la animadversión que sentía por ellos y su lealtad a los ᶜabbādíes[30]. Descrito como hombre bueno y virtuoso, pródigo en dar limosnas y asiduo en sus oraciones, fue *ṣāḥib al-ṣalāt* en la mezquita aljama de Córdoba; respetado por todos (*al-jāṣṣa wa-l-ᶜāmma*), su religiosidad se tenía por perfecta, aceptándose por tanto su censura de las innovaciones (*kāna šadīdan ᶜalà ahl al-bidaᶜ*).

Se conocen los títulos de cinco de sus obras:
- *K. al-waṯā'iq (al-mujtaṣira)* [31];
- *Mujtaṣar Abī Muḥammad (Ibn Abī Zayd) ᶜalà l-walā'* [32];
- *Zawā'id Abī Muḥammad (Ibn Abī Zayd) fī l-Mujtaṣar* [33];

---

habría que buscarlas, por un lado, en el hecho de que en la época de los reinos de taifas al-Andalus se había convertido ya en un centro de saber lo suficientemente importante como para que los aspirantes a ulemas no necesitasen abandonarla para llevar a cabo sus estudios, y, por otro lado, en el hecho de que la difícil y cambiante situación política interna debía entrañar ciertos riesgos para las posesiones de quienes se ausentaban de al-Andalus.

[27] Esta *riwāya*, de la que hablaré más adelante, es la que aprendió, por ejemplo, Abū Ḥayyān al-Garnāṭī (m. 745/1344): v. NT (a), II, 561.

[28] De estas dos *riwāyas* también hablaré más adelante.

[29] Afirma Ibn Baškuwāl que era experto en *ajbār šuyūj baladi-hi wa-fatāwī-him*. Para su actividad como muftí, v. NT (a), IV, 358; al-Wanšarīsī, *Miᶜyār*, III, 133, 413-4; VI, 561; VII, 446; VIII, 321; IX, 164.

[30] Esta lealtad no le impidió amonestar y censurar a al-Muᶜtamid, tal y como recogen Ibn Saᶜīd y al-Ḏahabī.

[31] IJ, I, 246; así también en IS, I, 165, quien especifica que lo basó *(sannadahu)* en la recensión de Yaḥyà b. Yaḥyà del *Muwaṭṭa'*. Corresponde sin duda al *K. al-šurūṭ* mencionado por al-Ḍabbī, el cadí ᶜIyāḍ e Ibn Farḥūn.

[32] TM, VIII, 181; DM, II, 243.

[33] Ibid e IJ, I, 246. Se refiere sin duda al *Mujtaṣar al-Mudawwana wa-l-Mujtaliṭa* compuesto por Ibn Abī Zayd (m. 386/996): v. *GAS*, I, 481.

- *K. aqḍiyat rasūl Allāh* [34];
- *Fahrasa* [35].

De todas estas obras, las únicas que parecen haberse conservado son las dos últimas.

El *K. aqḍiyat rasūl Allāh* ha sido objeto, que yo tenga noticia, de tres ediciones: una en El Cairo, *Dār iḥyā' al-kutub al-miṣriyya*, 1346 H.; otra realizada por Z. al-Aᶜẓamī, Beirut 1978, y una tercera, más reciente, realizada por Muḥammad ᶜAbd al-Šukūr, Hyderabad, *Osmania Oriental Publications Bureau*, 1403/1983. Esta última es la única que he podido consultar, junto con dos manuscritos conservados en bibliotecas de Estanbul: Sulaymāniyya, Reisülküttāb núm. 113, y Topkapi, M. 330[36]. Afirma Ḥaŷŷī Jalīfa que Ibn al-Ṭallāᶜ se vanaglorió de haber sido el primero en escribir una obra dedicada exclusivamente a las "sentencias" del Profeta[37]. Pero veamos cómo lo explica el propio autor [38]:

> Lo que me impulsó a componer este libro fue que encontré entre las obras de Abū Bakr b. Abī Šayba, el autor del *Musnad*[39], un libro titulado *K. aqḍiyat rasūl Allāh* en el que sólo recogía un escaso número de sus "sentencias", tratándose por lo tanto de un libro pequeño (*kitāb ṣagīr*). Advertí

---

[34] Lo mencionan todas las fuentes. Ibn Saᶜīd lo llama *K. fī nawāzil al-aḥkām al-nabawiyya*.

[35] Mencionada únicamente por Ibn Jayr (I, 431), quien la aprendió de Abū l-Qāsim Aḥmad b. Muḥammad b. Baqī: v. nota 15.

[36] V. al respecto M. I. Fierro, "Manuscritos de obras andalusíes en las bibliotecas de Estanbul", *Al-Qanṭara* IX (1988), en prensa. La edición de Hyderabad se basa en mss. que no son los consultados por mí.

[37] La otra obra con el mismo título citada en KZ es el *K. aqḍiyat rasūl Allāh* de Ẓahīr al-dīn ᶜAlī b. ᶜAbd al-ᶜAzīz b. ᶜAbd al-Razzāq al-Margīnānī al-Ḥanafī (m. 506/1112), de la que se hicieron numerosos comentarios. Sin embargo, no la encuentro citada por Brockelmann. Parece que la obra homónima de Ibn al-Ṭallāᶜ tuvo mayor difusión, ya que sus mss. son muy abundantes.

[38] El pasaje que sigue, así como el resto, corresponde a las pp. 383-4 de la edición de Hyderabad.

[39] V. más adelante su *riwāya*.

también que Abū Muḥammad al-Bāŷī[40] había transmitido de Aḥmad b. Jālid[41] que lo había tomado de Ibn Waḍḍāḥ[42] lo siguiente: oí decir a Abū Bakr b. Abī Šayba: "Buscamos lo que el Profeta había sentenciado o lo que había ordenado que se sentenciase y no encontramos sino cerca de cien hadices".

Una de las razones que impulsaron a Ibn al-Ṭallāᶜ a escribir su obra fue, pues, las carencias que tenía el libro de Ibn Abī Šayba. La otra razón estaba determinada por las siguientes aleyas coránicas: "¡Coged lo que el Enviado os ha dado! Lo que os ha prohibido, ¡prohibidlo!", "Estén atentos quienes se oponen a su orden; no vaya a afligirles una calamidad o les aflija un tormento doloroso"[43], de las que se desprende que hay que imitar las "sentencias" emitidas por el Profeta, actuando conforme a lo que ordenan y evitando lo que prohiben[44]. Queriendo suplir las carencias del único precedente existente para poder asegurar un perfecto conocimiento de las "sentencias" del Profeta, Ibn al-Ṭallāᶜ emprendió la consulta de muy diversas obras para entresacar de ellas el material pertinente. El mismo nos ofrece la relación de las obras consultadas que hacen un total de 34:

1) *al-Muwaṭṭa'* de Mālik b. Anas
2) *al-Muṣannaf* de al-Nasā'ī
3) *al-Muṣannaf* de al-Bujārī
4) *al-Muṣannaf* de Muslim
5) *al-Muṣannaf* de Abū Dāwūd
6) *al-Muṣannaf* de ᶜAbd al-Razzāq
7) *al-Musnad* de Ibn Abī Šayba
8) *al-Musnad* de al-Bazzār

---

[40] Se trata de ᶜAbd Allāh b. Muḥammad b. ᶜAlī b. Šarīᶜa (m. 378/988): D, núm. 879.

[41] M. 322/933: v. Marín, núm. 116.

[42] V. sobre este personaje (m. 287/900) mi edición, traducción y estudio de su *Kitāb al-bidaᶜ*, Madrid 1988.

[43] Corán, LIX, 7 y XXIV, 63. He seguido la traducción de J. Vernet, Barcelona 1973.

[44] No entra dentro de este artículo el estudio de la doctrina jurídica de Ibn al-Ṭallāᶜ, aunque merecería que se le prestase atención. Su *K. aqḍiyat rasūl Allāh* nos lo muestra como anti-ẓāhirí y uṣūlí.

9) *al-Siyar* de Ibn Hišām
10) *Garīb al-ḥadīṯ* de al-Qāsim b. Sallām
11) *Maᶜānī l-Qur'ān* de al-Zaŷŷāŷ
12) *Maᶜānī l-Qur'ān* de al-Naḥḥās
13) *K. al-amwāl* de Ismāᶜīl al-Qāḍī
14) *Kitāb* de Ibn Šaᶜbān
15) *K. al-Šaraf* de al-Nīsābūrī
16) *al-Mudawwana* de Saḥnūn
17) *al-Mustajraŷa* de al-ᶜUtbī
18) *al-Mujtaṣar* de Ibn Abī Zayd
19) *al-Ta'rīj* de Ibn Abī Jayṯama
20) *K. Šarḥ al-ḥadīṯ* de al-Jaṭṭābī
21) *al-Wāḍiḥa* de ᶜAbd al-Malik b. Ḥabīb
22) *al-Tafsīr* de Ibn Sallām [45]
23) *Maᶜānī l-Qur'ān* de al-Mufaḍḍal [46]
24) *al-Aḥkām* de Ismāᶜīl al-Qāḍī [47]
25) *al-Hidāya* de Makkī b. Abī Ṭālib [48]
26) *al-Kāmil* [49]
27) *al-Nawādir* de Ibn Abī Zayd [50]
28) *al-Dalā'il* de al-Aṣīlī [51]

---

[45] Se trata de Yaḥyà b. Sallām (m. 200/815): v. *GAS*, I, 39, así como IJ, I, 56-7 para la transmisión de esa obra en al-Andalus.

[46] Se trata de Abū Ṭālib al-Mufaḍḍal b. Salama (m. 290/903): v. *GAL*, I, 118 y SI, I, 181. Su *Tafsīr al-Qur'ān* era conocido por el título *Ḍiyā' al-qulūb:* v. IJ, I, 57.

[47] Se trata de Ismāᶜīl b. Isḥāq al-Ŷahḍamī al-Azdī (m. 282/895): v. *GAS*, I, 475-6; IJ, I, 51-2.

[48] Sobre este personaje, v. nota 6. Su obra versaba sobre *ᶜilm maᶜānī l-Qur'ān wa-tafsīri-hi:* v. IJ, I, 44.

[49] Su autor es Abū l-ᶜAbbās Muḥammad b. Yazīd al-Mubarrad (m. 285/898): v. *GAL*, I, 108-9 e IJ, I, 320-3.

[50] V.. *GAS*, I, 478-81 y Muranyi, *Materialien*, pp. 30-112. Para su transmisión en al-Andalus, v. Fórneas, "Recepción...", pp. 331-2.

[51] Se trata de ᶜAbd Allāh b. Ibrāhīm b. Muhammad b. ᶜAbd Allāh b. Ŷaᶜfar al-Aṣīlī (m. 392/1001): v. Avila, núm. 45. Ibn Jayr no menciona esta obra suya (la primera compuesta en al-Andalus sobre *uṣūl al-fiqh)*, sí otra sobre *zuhd:* IJ, I, 271.

29) *al-Aḥkām* de Ibn Ziyād [52]
30) *K. al-amwāl* de al-Qāsim b. Sallām [53]
31) *Kitāb* de Muḥammad b. Naṣr al-Marwazī [54]
32) *Tafsīr al-Muwaṭṭa'* de Ibn Muzayn [55]
33) *Tafsīr al-Muwaṭṭa'* de al-Dāwūdī [56]
34) *Tafsīr al-Muwaṭṭa'* de al-Qanāziᶜī [57].

2. Pero Ibn al-Ṭallāᶜ no se limita a informarnos sobre sus fuentes. Tras citar la relación que acabo de reproducir, se detiene a especificar las *riwāyas* a través de las cuales aprendió las veintiuna primeras obras. Estas *riwāyas* conservadas como apéndice a su *K. aqḍiyat rasūl Allāh* formaban parte sin duda de la *Fahrasa* de Ibn al-Ṭallāᶜ mencionada por Ibn Jayr. Paso a continuación a exponer las *riwāyas* de las obras 1-21, identificando en nota (siempre que me haya sido posible) a los diferentes personajes que aparecen mencionados en ellas.

1) Mālik b. Anas (m. 179/798), *al-Muwaṭṭa'* [58]:
el cadí Yūnus (m. 429/1037)[59] ← Abū ᶜĪsà Yaḥyà b. ᶜAbd Allāh b. Abī ᶜĪsà (m. 367/977)[60] ← ᶜUbayd Allāh b. Yaḥyà

[52] Se trata de Aḥmad b. Muḥammad b. Ziyād b. ᶜAbd al-Raḥmān al-Lajmī (m. 312/924), descendiente de Šabṭūn y conocido por al-Ḥabīb; fue cadí de Córdoba: v. Marín, núm. 175.

[53] Sobre este ulema (m. 224/838), v. *EI*², I, 161-2 (H. L. Gottschalk) e IJ, I, 248.

[54] Sobre este ulema (m. 294/906), v. *GAS*, I, 494. Es el autor de un *Musnad*.

[55] Se trata de Abū Zakariyyā' Yaḥyà b. Zakariyyā' b. Ibrāhīm b. Muzayn al-Ṭulayṭulī (m. 266/879): v. *GAS*, I, 473; Marín, núm. 1523; IJ, I, 86-7.

[56] Se trata de Abū Ŷaᶜfar Aḥmad b. Naṣr (m. 402/1011): v. *GAS*, I, 482; IJ, I, 87-8.

[57] Se trata de Abū l-Muṭarrif ᶜAbd al-Raḥmān b. Marwān: v. Avila, núm. 176; *GAS*, I, 483; IJ, I, 87 (se menciona a Ibn al-Ṭallāᶜ entre los transmisores).

[58] V. Ibn ᶜAṭiyya, p. 68; IJ, I, 77-84; al-Tuŷībī, pp. 53-5 y 58; Wādī Āšī, p. 187; Ibn Gāzī, pp. 47 y 151; Ibn Abī l-Rabīᶜ, p. 201 (en todos se recoge la *riwāya* de Ibn al-Ṭallāᶜ).

[59] V. nota 6. Esta obra se la enseñó en Córdoba.

[60] V. Marín, "Los Banū Abī ᶜĪsà", pp. 312-5.

(m. 297/909)[61] ←— Yaḥyà b. Yaḥyà (m. 234/848)[62] ←— Mālik b. Anas.

2 ) al-Nasāʾī (m. 303/915), *al-Muṣannaf*[63]:
el cadí Yūnus (m. 429/1037) ←—Abū Bakr Muḥammad b. Muᶜāwiya al-Qurašī, Ibn al-Aḥmar (m. 358/968)[64] ←— al-Nasāʾī.

3) al-Bujārī (m. 256/870), *al-Muṣannaf*[65]:
Abū ᶜAbd Allāh Muḥammad b. ᶜAbd Allāh b. ᶜĀbid (m. 439/1047)[66] ←— Abū Muḥammad ᶜAbd Allāh b. Ibrāhīm al-Aṣīlī (m. 392/1001)[67] ←— Abū Zayd Muḥammad b. Aḥmad al-Marwazī (m.d. 359/969)[68] ←— Abū ᶜAbd Allāh Muḥammad b. Yūsuf al-Firabrī (m. 320/932)[69] ←— al-Bujārī.

---

[61] Ibid., pp. 296-302. Era tío abuelo del anterior. En la edición consultada, esta *riwāya* aparece de la siguiente forma: Abū ᶜĪsà Yaḥyà b. ᶜAbd Allāh b. Abī ᶜĪsà ←— su tío paterno (*ᶜan ᶜammi-hi*) ←— su padre (*ᶜan abī-hi*) ᶜUbayd Allāh b. Yaḥyà. En el ms. de Sulaymāniyya aparece en cambio: Abū ᶜĪsà Yaḥyà b. ᶜAbd Allāh b. Abī ᶜĪsà ←— el tío paterno de su padre (*ᶜan ᶜamm abī-hi*) ᶜUbayd Allāh b. Yaḥyà. Esta última es la lectura correcta.

[62] V. Marín, núm. 1576.

[63] Cf. IJ, I, 110-117, especialmente pp. 110-1, donde se menciona a Ibn al-Ṭallāᶜ, así como Ibn ᶜAṭiyya, p. 68; Wādī Āšī, p. 196; Ibn Gāzī, pp. 137-8 (en todos se recoge la *riwāya* de Ibn al-Ṭallāᶜ, no así en Ibn Abī l-Rabīᶜ, p. 203). La *riwāya* de Ibn al-Aḥmar tuvo una gran difusión en al-Andalus. Afirma el editor del vol. XIX de SD que un ms. con la *riwāya* de los andalusíes Ibn al-Aḥmar e Ibn Sayyār de los *Sunan* de al-Nasāʾī se conserva en la biblioteca Malāmrād de Estanbul.

[64] V. Avila, núm. 770.

[65] Cf. IJ, I, 94-8, especialmente pp. 95-6, *riwāya* de al-Aṣīlī a través de Ibn al-Ṭallāᶜ.

[66] V. nota 6.

[67] V. nota 51.

[68] De acuerdo con IJ, I, 96, al-Aṣīlī estudió con él en La Meca en el año 353/964 y en Bagdad en el año 359/969. Tal vez se trate del mencionado por Kaḥḥāla (VIII, 283), que estaba vivo en 371/981.

[69] Se trata de Muḥammad b. Yūsuf b. Maṭar b. Ṣāliḥ b. Bišr (m. 320/932) de acuerdo con IJ, I, 94. Yāqūt (VI, 353) menciona a un Muḥammad b. Yūnus al-Firabrī, transmisor de al-Bujārī, que sin duda corresponde a nuestro personaje.

4) Muslim b. al-Ḥaŷŷāŷ (m. 261/875), *al-Muṣannaf*[70]:
Makkī b. Abī Ṭālib (m. 437/1045)[71]⟵ Abū l-ᶜAbbās Aḥmad b. Muḥammad b. Zakariyyā' al-Nasawī (m. 396/1005)[72]⟵ Muḥammad b. Ibrāhīm b. Yaḥyà al-Kisā'ī[73]⟵ Abū Isḥāq Ibrāhīm b. Muḥammad b. Sufyān[74] ⟵ Muslim.

5) Abū Dāwūd (m. 275/889), *al-Muṣannaf*[75]:
Abū Muḥammad ᶜAbd Allāh b. al-Walīd al-Andalusī al-Qurṭubī (m. 448/1056)[76]⟵ Abū Mūsà ᶜĪsà b. Ḥanīf al-Qarawī[77] ⟵ Abū Bakr Muḥammad b. Bakr b. Dāsa (m. 346/957)[78]⟵ Abū Dāwūd.

6) ᶜAbd al-Razzāq (m. 211/827), *al-Muṣannaf*[79]:
Muḥammad b. ᶜAbd Allāh b. ᶜĀbid (m. 439/1047)[80]⟵ Abū ᶜAbd Allāh Muḥammad b. Aḥmad b. Mufarriŷ (m. 380/990), cadí de Málaga[81] ⟵ ᶜAbd al-Aᶜlà b. Muḥammad, cadí de Ṣanᶜā'[82] ⟵ Isḥāq b. Ibrāhīm b. ᶜAbbād al-Dabarī (m. 285/898)[83]

---

[70] Cf. IJ, I, 98-102, especialmente p. 100, con la *riwāya* de Makkī b. Abī Ṭālib.

[71] V. nota 6.

[72] V. *GAS*, I, 668.

[73] No he podido identificarlo.

[74] Mencionado como discípulo de Muslim en TT, X, 126.

[75] Cf. IJ, I, 102-108, especialmente pp. 102-3 con la *riwāya* de Ibn Dāsa.

[76] V. Avila, núm. 103. Ibn al-Ṭallāᶜ no fue discípulo directo de este andalusí afincado en Egipto (v. más arriba., nota 26); él mismo afirma que la *iŷāza* para transmitir sus *riwāyas* le fue concedida por quien había estudiado con él. Por lo tanto, en las obras núms. 9, 10, 11, 12, 13, hay que suponer siempre la existencia de una *iŷāza*.

[77] No he podido identificarlo.

[78] Muḥammad b. Bakr b. Muḥammad b. ᶜAbd al-Razzāq al-Tammār al-Baṣrī: v. TH, III, 863.

[79] Cf. IJ, I, 127-131, especialmente p. 128 con la *riwāya* de Ibn Mufarriŷ.

[80] V. nota 6.

[81] V. Avila, núm. 705.

[82] En IJ, I, 128 se le menciona como Abū Muḥammad ᶜAbd al-Aᶜlà b. Muḥammad b. al-Ḥasan b. ᶜAbd al-Aᶜlà b. Ibrāhīm b. ᶜAbd Allāh al-Būsī, cadí de Ṣanᶜā'.

[83] En la edición consultada su *nisba* aparece como "al-Dayrī", lectura que corrijo de acuerdo con IJ y TH, II, 585.

← ᶜAbd al-Razzāq.

7) Ibn Abī Šayba (m. 235/849), *al-Musnad* [84]:
Abū l-Qāsim Ḥātim b. Muḥammad al-Ṭarābulusī (m. 469/1076)[85]← Aḥmad b. Muḥammad al-Ṭalamankī al-Muqri' (m. 429/1037)[86]← Aḥmad b. ᶜAwn Allāh (m. 378/988)[87] ← Qāsim b. Aṣbag al-Bayyānī (m. 340/951)[88]← Ibn Waḍḍāḥ (m. 287/900)[89] ←Ibn Abī Šayba, Abū Bakr ᶜAbd Allāh b. Muḥammad [90].

8) al-Bazzār (m. 292/905), *al-Musnad* [91]:
Ḥātim b. Muḥammad (m. 496/1076)[92]← al-Ṭalamankī (m. 429/1037)[93]← Abū ᶜAbd Allāh Muḥammad b. Aḥmad b. Mufarriŷ (m. 380/990)[94]← Muḥammad b. Ayyūb al-Raqqī al-Ṣamūt[95]← Abū Bakr Aḥmad b. ᶜAmr b. ᶜAbd al-Jāliq al-Bazzār.

9) Ibn Hišām (m. 218/834), *al-Siyar* [96]:
Abū Muḥammad b. al-Walīd (m. 448/1056)[97]← Abū Muḥam-

---

[84] Cf. IJ, I, 137-8, donde todas las *riwāyas* que se recogen pasan por Ibn Waḍḍāḥ. V. también Ibn ᶜAṭiyya, pp. 66 y 101.

[85] V. nota 8.

[86] V. Avila, núm. 267.

[87] Ibid., núm. 233.

[88] Marín, núm. 1048.

[89] V. el estudio mencionado en la nota 42, p. 43, núm. 4.

[90] Ibn al-Ṭallāᶜ recoge el siguiente pasaje: "Dijo al-Nasā'ī: Muḥammad b. Ibrāhīm fue el padre de Abū Bakr b. Abī Šayba, de ᶜUṯmān b. Abī Šayba y de al-Qāsim b. Abī Šayba. Los tres pues son hermanos. Abū Bakr es *ṯiqa*, ᶜUṯmān es *lā ba's bi-hi* y al-Qāsim *laysa bi-ṯiqa*".

[91] V. *GAS*, I, 162 y cf.Ibn ᶜAṭiyya, p. 101 e IJ, I, 138-9, donde se recoge la *riwāya* de Ibn Mufarriŷ.

[92] V. nota 8.

[93] V. nota 86.

[94] V. nota 81.

[95] No he podido identificarlo.

[96] V. la misma *riwāya* en Ibn ᶜAṭiyya, p. 69 y cf. IJ, I, 233-6, especialmente p. 233, donde se recoge la *riwāya* a través de al-Qarawī.

[97] V. nota 76.

mad ᶜAbd Allāh b. Muḥammad al-Qarawī al-Lāmā'ī (?)[98]← ᶜAbd Allāh b. Ŷaᶜfar b. al-Ward (m. 351/962)[99] ←ᶜAbd al-Raḥīm al-Barqī [100] ← Ibn Hišām.

10) Abū ᶜUbayd al-Qāsim b. Sallām (m. 224/838), *Garīb al-ḥadīṯ* [101]:
Abū Muḥammad b. al-Walīd (m. 448/1056)[102] ←Abū l-Ḥasan ᶜAlī b. Isḥāq b. Ibrāhīm[103]← Abū Bakr Aḥmad b. Muḥammad b. Abī l-Mawt al-Makkī[104]← ᶜAlī b. ᶜAbd al-ᶜAzīz (m. 286/899) [105] ← Abū ᶜUbayd.

11) al-Zaŷŷāŷ (m. 311/923), *Maᶜānī l-Qur'ān* [106]:
Abū Muḥammad b. al-Walīd (m. 448/1056)[107]← Abū l-ᶜAbbās Aḥmad b. ᶜAlī b. Ḥusayn al-Kisā'ī[108]← Abū l-Ḥasan Aḥmad b. Muḥammad b. al-Ḥasan al-Muqri' al-Bagdādī[109] y Abū ᶜAlī al-Fasawī (m. 377/987)[110] ← Abū Isḥāq al-Zaŷŷāŷ.

---

[98] En la edición consultada su *nisba* aparece como "al-Lāmāmī".

[99] TH, III, 882. En la edición consultada aparece "b. al-Walīd" en vez de "b. al-Ward".

[100] V. TM, IV, 181-2. En la edición consultada aparece "al-Barrī" en vez de "al-Barqī".

[101] Cf.Ibn ᶜAṭiyya, pp. 51-2 e IJ, I, 186-7.

[102] V. nota 76.

[103] No he podido identificarlo.

[104] No he podido identificarlo.

[105] TH, II, 622-3.

[106] Se trata de Abū Isḥāq Ibrāhīm b. al-Sarī al-Zaŷŷāŷ: v. *GAL*, I, 109; *GAS*, IX, 81-2. V. en Ibn ᶜAṭiyya, p. 88 e IJ, I, 64-5 la misma *riwāya* pero sin mención de Ibn al-Ṭallāᶜ.

[107] V. nota 76.

[108] No he podido identificarlo.

[109] No he podido identificarlo. De acuerdo con Ibn ᶜAṭiyya, p. 88 su nombre completo es Abū l-Ḥasan Aḥmad b. Muḥammad b. al-Ḥasan b. Yaᶜqūb b. Miqsam.

[110] Se trata de Abū ᶜAlī al-Ḥasan b. ᶜAbd al-Gaffār al-Fārisī al-Naḥwī: v. *GAL*, I, 113-4; SI, 136, 170, 175. Tanto en la edición consultada como en el ms. de Sulaymāniyya aparece "al-Nasawī" en vez de "al-Fasawī".

12) al-Naḥḥās (m. 338/950), *Maᶜānī l-Qur'ān* [111]:
Abū Muḥammad b. al-Walīd (m. 448/1056)[112]⟵ Abū l-Ḥasan ᶜAlī b. Ibrāhīm al-Ḥawfī (m. 430/1039)[113]⟵ Abū Bakr Muḥammad b. ᶜAlī al-Adfuwī (m. 388/998) [114] ⟵ al-Naḥḥās.

13) Ismāᶜīl al-Qāḍī (m. 282/895), *K. al-amwāl* [115]:
Abū Muḥammad b. al-Walīd (m. 448/1056)[116]⟵ Abū ᶜUmar Aḥmad b. Muḥammad b. Saᶜdī[117] ⟵ Muḥammad b. ᶜAbd Allāh al-Abharī (m. 377/985)[118]⟵ Abū ᶜUmar al-Qāḍī (m. 320/932) [119] ⟵ Ismāᶜīl al-Qāḍī.

14) Ibn Šaᶜbān (m. 355/965), *Kitāb* [120]:
Abū ᶜAmr Aḥmad b. Muḥammad b. Ŷahwar al-Maršānī (m. 430/1038)[121]⟵ Muḥammad b. Aḥhmad al-Waššā' (m. 397/1006) [122] ⟵ Ibn Šaᶜbān.

15) Abū Saᶜīd ᶜAbd al-Malik b. Abī ᶜUṯmān al-Nīsābūrī (m. 406/1015), *K. al-šaraf* [123]:
Abū ᶜAmr Aḥmad b. Muḥammad b. Ŷahwar al-Maršānī (m. 430/1038)[124]⟵ Abū Saᶜīd ᶜAbd al-Malik b. Abī ᶜUṯmān al-Nī-

---

[111] Se trata de Abū Ŷaᶜfar Aḥmad b. Muḥammad b. Ismāᶜīl al-Naḥḥās: v. *GAL*, I, 132; *GAS*, IX, 207-9; cf. Ibn ᶜAṭiyya, p. 88 e IJ, I, 65, donde se recoge la misma *riwāya*, pero sin mencionar a Ibn al-Ṭallāᶜ.

[112] V. nota 76.

[113] Sobre este andalusí, v. *GAS*, VIII, 246 y IX, 129.

[114] V. *GAS*, I, 46.

[115] Sobre el autor, v. nota 47. Cf. IJ, I, 247-8.

[116] V. nota 76.

[117] Sobre este andalusí, v. H, núm. 185; D, núm. 341.

[118] V. *GAS*, I, 477.

[119] V. TM, V, 2-12.

[120] Se trata del egipcio Abū Isḥāq Muḥammad b. al-Qāsim b. Šaᶜbān Ibn al-Qurṭī (m. 355/965): TM, V, 274-5. Creo que Ibn al-Ṭallāᶜ está haciendo referencia a su *K. fī aḥkām al-Qur'ān*, que no encuentro mencionado en IJ.

[121] V. nota 6. En la edición consultada aparece "b. Ŷumhur al-Maršā'ī".

[122] V. TM, VII, 87-8.

[123] Sobre el autor, v. *GAL*, I, 200 y SI, 361. El título completo de la obra es *K. šaraf al-Muṣṭafà*.

[124] V. nota 6.

sābūrī.

16) Saḥnūn (m. 240/854), *al-Mudawwana* [125]:
Abū ᶜAlī al-Ḥasan b. Ayyūb al-Ḥaddād (m. 425/1033)[126]⟵ Muḥammad b. ᶜUbaydūn (m. 368/978)[127]⟵ Ibn Waḍḍāḥ (m. 287/900) [128] ⟵ Saḥnūn.

17) al-ᶜUtbī (m. 255/869), *al-Mustajraŷa* [129]:
a) Abū l-Muṭarrif ᶜAbd al-Raḥmān b. Saᶜīd b. Ŷurŷ (m. 439/1047)[130]⟵ Ibn Abī Zamanīn (m. 399/1008)[131] ⟵ Abū Ibrāhīm Isḥāq b. Ibrāhīm al-Tuŷībī (m. 352/963)[132]⟵ Muḥammad b. ᶜUmar b. Lubāba (m. 314/926)[133]⟵Muḥammad b. Aḥmad al-ᶜUtbī.
b) el cadí Yūnus (m. 429/1037)[134]⟵Abū ᶜĪsà Yaḥyà b. ᶜAbd Allāh b. Abī ᶜĪsà (m. 367/977)[135]⟵Muḥammad b. ᶜUmar b. Lubāba (m. 314/926) [136] ⟵ al-ᶜUtbī.
c) Makkī b. Abī Ṭālib (m. 437/1045)[137]⟵Ibn Abī Zayd (m. 386/996)[138]⟵ Abū Bakr Muḥammad b. al-Labbād (m. 333/

---

[125] V. sobre la transmisión de la *Mudawwana* en al-Andalus el estudio muy completo de Fórneas y especialmente las pp. 98, 99, 101, 103, 104 y 105 con mención de Ibn al-Ṭallāᶜ. Ibn ᶜAṭiyya, p. 68 recoge la misma *riwāya*.

[126] V. nota 6.

[127] V. mi estudio mencionado en la nota 42, p. 54, núm. 141, así como las pp. 43-4, núm. 8. En la edición consultada aparece "b. ᶜAbdūn".

[128] Ibid.

[129] V. *GAS*, I, 472 y Muranyi, *Materialien*, pp. 50, 65. Cf. IJ, I, 241-3 con mención de las *riwāyas* a) y b), junto con otra que no aparece recogida en el *K. al-aqḍiya*.

[130] V. nota 6. En la edición consultada aparece "b. Saᶜd b. Ŷurayŷ".

[131] Se trata de Abū ᶜAbd Allāh Muḥammad b. ᶜAbd Allāh b. Abī Zamanīn (en la edición consultada "b. Abī Muzayn"): v. Avila, núm. 639.

[132] V. Avila, núm. 532 y M. I. Fierro, "Los mālikíes de al-Andalus y los dos árbitros *(al-ḥakamān)*", *Al-Qanṭara* VI (1985), pp. 79-99, especialmente pp. 89-95.

[133] V. Marín, núm. 1283.

[134] V. nota 6.

[135] V. nota 60.

[136] V. nota 133.

[137] V. nota 6. La tenía por *iŷāza*.

[138] V. nota 50.

944) [139] ← Yaḥyà b. ᶜAbd al-ᶜAzīz [140] ← al-ᶜUtbī.

18) Ibn Abī Zayd (m. 386/996), *al-Mujtaṣar* [141]:
Makkī b. Abī Ṭālib (m. 437/1045) [142] ← Ibn Abī Zayd.

19) Ibn Abī Jayṯama (m. 279/892), *Ta'rīj* [143]:
Muᶜāwiya b. Muḥammad← Ibn Nābil[144]← Qāsim b. Aṣbag (m. 340/951) [145] ← Ibn Abī Jayṯama.

20) al-Jaṭṭābī (m. 388/998), *Kitāb* [146]:
Muᶜāwiya b. Muḥammad[147]← al-Isfāqsī[148]← Muḥammad b. ᶜAlī al-Ḥāfiẓ al-Fasawī [149] ← al-Jaṭṭābī.

21) ᶜAbd al-Malik b. Ḥabīb (m. 238/852), *al-Wāḍiḥa* [150]:
Makkī b. Abī Ṭālib (m. 437/1045)[151]← Ibn Abī Zayd (m. 386/996)[152]← ᶜAbd Allāh b. Masrūr (m. 346/957)[153]← Yū-

---

[139] V. *GAS*, I, 476.

[140] Dos posibles identificaciones: v. Marín, núms. 1556 y 1557.

[141] Sobre esta obra, v. nota 33; para su transmisión en al-Andalus, v. Fórneas, "Recepción...", pp. 329-331.

[142] V. nota 6.

[143] V. *GAS*, I, 319-20 y cf. Ibn ᶜAṭiyya, p. 65 e IJ, I, 206.

[144] Para el primero, v. nota 9. El segundo es Abū Ḥafṣ ᶜUmar b. Ḥusayn b. Muḥammad b. Nābil (m. 401/1010): v. Avila, núm. 1030.

[145] V. nota 88.

[146] Se trata de Abū Sulaymān Ḥamd b. Muḥammad b. Ibrāhīm : v. *GAS*, I, 210-1. La referencia es sin duda a su *K. garīb al-ḥadīṯ:* cf. IJ, I, 190-1, donde aparece mencionada la *riwāya* de al-Fasawī.

[147] V. nota 9.

[148] De acuerdo con IJ, su nombre es Abū ᶜAmr ᶜUṯmān b. Abī Bakr b. Ḥammūd al-Ṣadafī: v. Fórneas, *Elencos*, p. 16.

[149] Sin identificar. En la edición consultada "al-Nasawī".

[150] V. *GAS*, I, 362 y Muranyi, *Materialien*, pp. 14-29. Ibn Jayr no menciona esta obra. En Ibn ᶜAṭiyya, p. 68, se recoge la misma *riwāya*.

[151] V. nota 6.

[152] V. nota 50.

[153] Se trata de ᶜAbd Allāh b. Abī Hāšim b. Masrūr al-Tuŷībī: v. TM, III, 340-3 y Muranyi, *Materialien*, p. 73.

suf b. Yaḥyà al-Magāmī (m. 288/900) [154] ← Ibn Ḥabīb.

3. He ido señalando en nota cómo el andalusí Ibn ᶜAṭiyya (m. 541/1147) recoge en su *Fihris* algunas de las *riwāyas* que acabamos de ver. En efecto, él mismo nos informa que recibió de Ibn al-Ṭallāᶜ la *iŷāza* para transmitir esas obras y algunas más que paso a exponer[155], empezando por nuevas *riwāya*s de la *Mudawwana* de Saḥnūn.

16) Saḥnūn (m. 240/854), *al-Mudawwana*:
a) Abū l-Muṭarrif ᶜAbd al-Raḥmān b. Saᶜīd b. Ŷurŷ (m. 439/1047)[156]← Abū Muḥammad Maslama b. Butrī (m. 391/1000)[157]← Wahb b. Masarra al-Ḥiŷārī (m. 346/957)[158]← Ibn Waḍḍāḥ (m. 287/900) [159] ← Saḥnūn.
b) Abū ᶜUmar Aḥmad b. Muḥammad b. ᶜĪsà al-Qaṭṭān (m. 460/1067)[160] ← Abū Bakr ᶜAbd al-Raḥmān b. Aḥmad al-Tuŷībī (m. 409/1018)[161]← Abū Ibrāhīm Isḥāq b. Ibrāhīm, *ṣāḥib al-Naṣā'iḥ* (m. 352/963)[162]← Aḥmad b. Jàlid (m. 322/933) [163] ← Ibn Waḍḍāḥ (m. 287/900) ← Saḥnūn.

A continuación, veamos tres nuevas obras a añadir a las 34 enumeradas anteriormente:

35) Abū Bakr Muḥammad b. al-Ḥusayn b. ᶜAbd Allāh al-Āŷurrī

---

[154] V. Marín, núm. 1607.

[155] V. su *Fihris*, pp. 67-9. Sobre Ibn ᶜAṭiyya, v. Pons, *Ensayo*, pp. 207-8, núm. 170 y J. M. Fórneas, "Los Banū ᶜAṭiyya de Granada", *MEAH* XXV (1976), pp. 69-80.

[156] V. nota 6.

[157] V. Avila, núm. 606.

[158] V. Marín, núm. 1517.

[159] V. nota 42.

[160] V. nota 7.

[161] V. Avila, núm. 158.

[162] V. nota 132.

[163] V. nota 41.

al-Bagdādī (m. 360/970), *Tawālīfu-hu wa-riwāyātu-hu* [164]:
Abū ᶜAmr Aḥmad b. Muḥammad b. Ŷahwar al-Maršānī (m. 430/1038) [165] ←— Abū Bakr al-Āŷurrī.

36) Muḥammad b. Yabqà b. Zarb (m. 381/991), *al-Jiṣāl* [166]:
Abū ᶜAlī al-Ḥasan b. Ayyūb al-Ḥaddād (m. 425/1033)[167] ←— Ibn Zarb.

37) Ibn Abī Zayd (m. 386/996), *al-Risāla* [168]:
Abū Muḥammad b. al-Walīd (m. 448/1056)[169] ←— Ibn Abī Zayd.

4. Por su parte, al-Tuŷībī (m.h. 730/1329) nos informa de otra obra transmitida por Ibn al-Ṭallāᶜ [170]:

38) Abū l-Ḥasan ᶜAlī b. ᶜĪsà b. ᶜUbayd al-Tuŷībī al-Ṭulayṭulī (m.d. 297/909), *al-Mujtaṣar fī l-fiqh*[171]:
Abū Muḥammad b. al-Walīd (m. 448/1056)[172] ←— Abū ᶜUṯmān

---

[164] Sobre su autor, v. *GAS*, I, 194-5, donde se incluye una relación de sus obras. Esta puede ser completada con IJ, I, 155-6, 260 y especialmente pp. 285-6, apartado dedicado a las obras de al-Āŷurrī. Entre ellas destaca su *K. al-arbaᶜīn ḥadīṯ an*, que parece haber sido la primera obra del género en ser introducida en al-Andalus.

[165] V. nota 6. Ibn ᶜAṭiyya especifica que este andalusí encontró a al-Āŷurrī en La Meca en el año 358/968.

[166] Sobre el autor, v. Avila, núm. 834. Es una obra de *fiqh* mālikí, sobre la cual también puede verse Ibn ᶜAṭiyya, p. 74 e IJ, I, 246.

[167] V. nota 6.

[168] V. nota 50. Para su transmisión en al-Andalus, v. Fórneas, "Recepción...", pp. 318-329.

[169] V. nota 76.

[170] *Barnāmaŷ*, pp. 268-9, así como A. Ramos, "Estudio de la transmisión de las obras de *fiqh* contenidas en el *Barnāmaŷ* de al-Tuŷībī", *Al-Qanṭara* VII (1986), pp. 107-134, especialmente pp. 113 y 129.

[171] Sobre el autor, v. Marín, núm. 939 y cf. IJ, I, 248-50, especialmente p. 249 con la misma *riwāya*.

[172] V. nota 76.

Sa<sup>c</sup>īd b. <sup>c</sup>Abd Allāh al-Najlī[173]← Šakūr b. Jubayb[174]← al-Ṭulayṭulī.

5. En total tenemos noticia de 38 obras conocidas por Ibn al-Ṭallā<sup>c</sup>, habiéndose conservado las *riwāyas* de 25 y siendo posible pues reconstruir en parte su *Fahrasa*[175]. Las transmisiones de Ibn al-Ṭallā<sup>c</sup> del *Muwaṭṭa'*, la *Mudawwana* y de los *Sunan* de al-Nasā'ī tuvieron una extraordinaria importancia: en efecto, hemos visto cómo su nombre aparece de manera constante en *riwāyas* posteriores. De la relación de las obras por él transmitidas se concluye que su interés estaba centrado en el *fiqh* mālikí y en el hadiz, que aparecen no como disciplinas antagónicas, sino complementarias. Destaca su transmisión de las obras de al-Āŷurrī, tradicionista y alfaquí šāfi<sup>c</sup>í que, a tenor de la difusión que sus obras tuvieron en al-Andalus, parece haber ejercido una gran influencia entre los ulemas del s.V/XI. Y no hay que olvidar que es precisamente en este siglo cuando tenemos evidencia de que los mālikíes de la Península han empezado a asimilar la doctrina de los *uṣūl al-fiqh* formulada por al-Šāfi<sup>c</sup>ī y a producir obras en este campo[176]. Si tenemos presente el cuadro elaborado por Urvoy sobre las disciplinas religiosas e intelectuales en la región de Córdoba entre los años 420-545 [177], podemos deducir lo siguiente:

- el período de formación de Ibn al-Ṭallā<sup>c</sup> corresponde a las dé-

---

[173] No he podido identificarlo. Para otra lectura de su *nisba*, v. Ramos, art. cit., p. 114.

[174] Así en el texto. Corresponde a Abū <sup>c</sup>Abd al-Ḥamīd Šakūr b. Ḥabīb b. Fatḥ al-Hāšimī (m. 375/985): Avila, núm. 977.

[175] No he podido realizar una consulta exhaustiva de la *Fahrasa* de Ibn Jayr, mediante la cual tal vez sea posible aumentar el número de las *riwāyas* conservadas de Ibn al-Ṭallā<sup>c</sup>. El estudio que de la obra de Ibn Jayr actualmente realiza Juan Manuel Vizcaíno (dentro del proyecto de investigación "Diccionario de autores y transmisores andalusíes o D.A.T.A.") permitirá comprobar este último extremo.

[176] V. mi estudio "The introduction of *ḥadīth* in al-Andalus", *Der Islam* (en curso de publicación), en el que analizo la tardía introducción del hadiz en al-Andalus, las tensiones que provocó entre los mālikíes y su proceso de asimilación que culmina en el s.V/XI con la aparición de los mālikíes uṣūlíes.

[177] Ob.cit., p. 51.

cadas entre 420-440, en las que la dedicación de los ulemas cordobeses al *fiqh* y al hadiz parece haber ido bastante a la par (si bien con cierto predominio del primero);

- el período en que tuvieron lugar las enseñanzas de Ibn al-Ṭallāᶜ corresponde a las décadas entre 440-500, en las que el *fiqh* adquiere clara preponderancia sobre el hadiz, tendencia ésta en la que no podemos incluir a nuestro personaje;

- por último, el período en que actúan los discípulos directos de Ibn al-Ṭallāᶜ corresponde a las décadas 500-545, hacia cuyo final *fiqh* y hadiz resultan equiparados, situación ésta en la que las enseñanzas de Ibn al-Ṭallāᶜ debieron ejercer una notable influencia.

Lo que se ha conservado de la *Fahrasa* de Ibn al-Ṭallāᶜ es pues un documento a tener en cuenta para el estudio de la actividad y los intereses intelectuales de los mālikíes de al-Andalus en el s. V/XI.

**FUENTES Y BIBLIOGRAFIA**

AVILA, M. L., *La sociedad hispanomusulmana al final del califato (Aproximación a un estudio demográfico)*, Madrid 1985, pp. 89-192.

BROCKELMANN, C., *Geschichte der Arabischen Literatur,* 2 vols., Leiden 1943-1949; *Supplementband,* 3 vols., Leiden 1937-1942.

CHALMETA, P., "Le *Barnāmag* d'Ibn Abī l-Rabīᶜ", *Arabica* XV (1968), pp. 183-208.

D = AL-ḌABBĪ (m. 599/1202), *Bugyat al-multamis*, ed. F. Codera y J. Ribera, Madrid 1884-5 (*BAH*, t. III).

DM = IBN FARḤŪN (m. 799/1397), *al-Dībāŷ al-mudhab*, 2 vols., El Cairo 1972.

FORNEAS, J. M., *Elencos biobibliográficos arábigoandaluces. Estudio especial de la "Fahrasa" de Ibn ᶜAṭiyya al-Garnāṭī (481-541/ 1088-1147)*, Extracto de Tesis Doctoral, Madrid 1971.

FORNEAS, J. M., "Datos para un estudio de la *Mudawwana* de Saḥnūn en al-Andalus", *Actas del IV Coloquio Hispano-Tunecino (Palma de Mallorca 1979)*, Madrid 1983, pp. 93-118.

FORNEAS, J. M., "Recepción y difusión en al-Andalus de algunas obras de Ibn Abī Zayd al-Qayrawānī", *Homenaje al Prof. Darío Cabanelas Rodríguez, O.F.M., con motivo de su LXX aniversario*, 2 vols., Granada 1987, I, 315-344.

H = AL-ḤUMAYDĪ (m. 488/1095), *Ŷaḏwat al-muqtabis*, ed. M. b. Tāwīt, El Cairo (1371/1951).

IB = IBN BAŠKUWĀL (m. 578/1183), *K. al-Ṣila*, ed. F. Codera, Madrid 1887-9 (*BAH*, t. V-VI)

IBN ABĪ L-RABĪᶜ (m. 688/1289): v. CHALMETA

IBN ᶜAṬIYYA (m. 541/1147), *Fihris*, ed. M. Abū l-Aŷfān y M. al-Zāhī, Beirut 1400/1980.

IBN GĀZĪ (m. 919/1513), *Fihris*, ed. M. al-Zāhī, Casablanca 399/1979.

IBN AL-ṬALLĀᶜ (m. 497/1104), *K. aqḍiyat rasūl Allāh*, ed. M. ᶜAbd al-Šukūr, Hyderabad 1403/1983.

IBN WAḌḌĀḤ (m. 287/900), *Kitāb al-bidaᶜ*, ed., trad. y estudio por M. I. Fierro, Madrid 1988.

IJ = IBN JAYR (m. 575/1179), *Fahrasa*, ed. F. Codera y J. Ribera, Zaragoza 1894-5 (*BAH*, t. IX-X).

IS = IBN SAᶜĪD (m. 685/1286), *al-Mugrib fī ḥulà l-Magrib*, ed. S. Dayf, 2 vols., El Cairo 1953-55.

KAḤḤĀLA, U.R., *Muᶜŷam al-mu'allifīn*, 15 vols., Damasco 1960.

KZ = ḤAŶŶĪ JALĪFA (m. 1067/1657), *Kašf al-ẓunūn*, ed. G. Flügel, 7 vols. en 4, Leipzig 1835-1858.

MARIN, M., "Nómina de sabios de al-Andalus (93-350/711-961)", *E.O.B.A.* I, pp. 23-182.

MARIN, M., "Una familia de ulemas cordobeses: los Banū Abī ᶜĪsà", *Al-Qanṭara* VI (1985), pp. 291-320.

MURANYI, M., *Materialien zur mālikitischen Rechtsliteratur*, Wiesbaden 1984.

NT (A) = AL-MAQQARĪ (m. 1041/1631), *Nafḥ al-ṭīb*, 8 vols., Beirut 1398/1968.

PONS BOIGUES, F. *Ensayo bio-bibliográfico sobre los historiadores y geógrafos arábigo-españoles*, Madrid 1898.

AL-RUᶜAYNĪ (m. 666/1267), *Barnāmaŷ*, ed. Ibrāhīm Šabbūḥ, Damasco 1962.

*Šaḏarāt* = IBN AL-ᶜIMĀD (m. 1089/1679), *Šaḏarāt al-ḏahab*, 4 vols., Beirut s.a.

SD = AL-ḎAHABĪ (m. 748/1348), *Siyar aᶜlām al-nubalā'*, 23 vols., Beirut 1981-1985.

SEZGIN, F., *Geschichte der Arabischen Schriftums*, 9 vols., Leiden 1967-1984.

TH = AL-ḎAHABĪ (m. 7481348), *Taḏkirat al-ḥuffāẓ*, 2 vols., Beirut s.a.

TM = ᶜIYĀḌ (m. 544/1149), *Tartīb al-Madārik*, 8 vols., Rabat s.a.

AL-TUŶĪBĪ (m.h. 730/1329), *Barnāmaŷ*, ed. ᶜAbd al-Ḥafīẓ Manṣūr, Túnez 1981.

URVOY, D., *Le monde des ulémas andalous du V/XIe au VII/XIIIe siècle*, Ginebra 1978.

AL-WĀDĪ ĀŠĪ (m. 749/1348), *Barnāmaŷ*, Túnez 1981.

AL-WANŠARĪSĪ (m. 914/1508), *al-Miᶜyār al-muᶜrib*, 13 vols., Rabat 1981.

YĀQŪT (m. 626/1229), *Muᶜŷam al-buldān*, 10 vols., El Cairo s.a.

# UN NUEVO MANUSCRITO DE LA *ŶAḎWAT AL-MUQTABIS* DE AL-ḤUMAYDĪ

**Angel C. LOPEZ**
C.S.I.C. - Granada

La figura de al-Ḥumaydī y la importancia de su obra han crecido vertiginosamente desde que el profesor Muḥammad b. Tāwīt al-Ṭanŷī publicara en el año 1952 la edición *princeps* de la *Ŷaḏwa* [1].

Sin duda la severa valoración que el gran orientalista holandés R. P. Dozy había hecho de ésta en la introducción a su edición del *Bayān al-mugrib*, pesó siempre en su contra, y tal fue así que la obra de M. al-Ṭanŷī no mereció siquiera el honor de una reseña en las revistas especializadas, aunque el uso que después se ha hecho de ella la haya compensado generosamente [2].

Hoy, tras casi cuatro décadas y ya tres ediciones, una importante novedad viene a llamar una vez mas la atención sobre la obra del ilustre literato mallorquino y amenaza con una cuarta edición antes de que llegue a cumplirse la cuarta década. Nos referimos al hallazgo de un nuevo manuscrito del que ha dado cuenta en un reciente artículo el Dr. ᶜAbd al-Malik al-Šāmī, de la Universidad de Fez [3].

---

[1] Cfr. mi reseña a la última edición de la *Ŷaḏwa* de I. al-Abyārī publicada en El Cairo-Beirut, 1403 h/1983 J. C. en *Al-Qanṭara* IX, Madrid 1988 (En prensa). Sin embargo en este artículo remitiré siempre a la segunda edición publicada en El Cairo en 1966 que es la que utiliza el Pr. al-Šāmī, para evitar confusión.

[2] Cfr. v.g. el uso que de ella hace M. ᶜA. Makkī en su *Ensayo sobre las aportaciones orientales a la España Musulmana*, Madrid, 1968.

[3] Vid. ᶜAbd al-Malik al-Šāmī, "Nusja ujrà li-Kitāb «*Ŷaḏwat al-muqtabis*» li-l-Ḥumaydī" *Al-Mawrid* XVII-1 (1988), pp. 238-243.

Tomando dicho artículo como base, y a la vista de las tres ediciones, nos ha parecido oportuno hacer aquí unas rápidas y someras consideraciones de tipo historiográfico para comparar los dos manuscritos y para poner de relieve la importancia del nuevo hallazgo. Comencemos analizando cada uno de ellos por separado.

## El manuscrito de Oxford

El manuscrito que hasta hoy era considerado *unicum* de la *Ŷaḏwa* se conserva en la Bodleian Library de la Universidad de Oxford bajo la signatura Ms. Hunt 464[4]. De él hay al menos tres copias microfilmadas en la biblioteca *Dār al-kutub* del Cairo bajo las signaturas 11299, 11312 y 11975 Ḥ, y sobre ellas, y no sobre el original, parecen haber sido hechas las tres ediciones que hoy conocemos.

Se trata de un ejemplar con 178 hojas, cuyo formato desconocemos, escrito con letra magrebí menuda, medianamente clara, con hasta 22 líneas por página, y que carece de indicaciones de lugar, fecha o nombre de copista, aunque muy bien pudiera ser originario de Al-Andalus.

El libro, cuya procedencia ignoramos, tiene al comienzo tres *ex libris* o asientos de propiedad escritos en letra oriental a este tenor:

-El primero, sin fecha, a nombre de ᶜAlī b. Sayf al-Abyārī.
-El segundo, del año 796/1393, a nombre de Muḥammad b. Anas.
-Y el tercero que resulta ilegible.

Esto nos permite fechar la copia al menos en el siglo VIII de la hégira/XIV de la era cristiana [5].

---

[4] Nos remitimos a las notas que sobre él se nos dan en el prólogo a la segunda edición de la *Ŷaḏwa*, El Cairo 1966, pues aunque hemos tenido ocasión de ver el microfilm en la Biblioteca *Dār al-kutub* del Cairo, no lo tenemos a mano en este momento.

[5] P. de Gayangos en su *The History of the Mohammedam Dynasties in Spain*, London 1940-43, fecha el manuscrito en la p. XX en el siglo XVI, y en I, 473, nota 20, en el s. XV. Ninguna de las dos fechas parece pues aceptable.

**El nuevo manuscrito de Fez**

Este manuscrito de Fez parece ser un ejemplar de pequeño tamaño (20x15 cm.), de 233 páginas, escritas en caracteres de letra oriental, con hasta 21 líneas por página y una media de trece palabras por línea.

La copia es acéfala y ápoda, de manera que está falta de casi toda la introducción histórica que precede a la obra -comienza en el relato del gobierno del cadí Abū l-Qāsim Ismāᶜīl b. ᶜAbbād de Sevilla[6]- y de al menos ciento nueve biografías al final con respecto al texto que ya conocemos -la última biografía que aparece, que está truncada, es la del poeta Yūsuf b. Hārūn al-Ramādī[7]-.

No obstante lo dicho hay sin embargo, al final de la primera parte de la obra, una interesante referencia al ejemplar del que se copió, que dice así:

> "Fin de la primera parte del libro *Ŷaḏwat al-muqtabis*, sobre la historia de al-Andalus, según copia de Abū ᶜĀmir Muḥammad b. Ḥamdūn, escrita de su puño y letra,...".

Hay además, en el reverso del primer folio, varios asientos de propiedad que rezan de esta manera:

> "De Muḥammad (...) b. Muḥammad (...); después de Muḥammad b. ᶜAbd Allāh; luego pasó a ᶜUmar b. Muḥammad al-Ŷābirī, al-Tādilī; y de él pasó a poder de Muḥammad b. ᶜAbd al-Malik, que Dios le asista".

Este último personaje piensa el actual propietario del manuscrito que pudiera ser Muḥammad b. ᶜAbd al-Malik al-Marrākušī, el autor del *Ḏayl wa-l-takmila*, pero como efectivamente afirma ᶜAbd al-Malik al-Šāmī, nada hay aquí que nos induzca a suponer tal cosa, a parte de una mera coincidencia de nombres.

---

[6] Cfr. *Ŷaḏwa*, Cairo 1966, p. 31, columna A, línea 5ª: "... *haybat Ismāᶜīl b. Muḥammad*" etc.

[7] Ibidem, biografía nº 878, p. 372, columna A, línea 15ª: "... *ᶜalayya bi-raddi-hi maṣdūᶜan*".

Con respecto a la datación de la copia, nada se nos dice que nos permita inducir una fecha con un mínimo de seguridad, aunque a juzgar por la anterior suposición ésta debería ser bastante antigua.

El manuscrito pertenece actualmente a la biblioteca particular del profesor Muḥammad Barḏala al-Andalusī, amigo personal del Dr. al-Šāmī, quien lo adquirió por compra hace unos cincuenta años y que ha pensado varias veces en editarlo, aunque sus circunstancias personales no se lo han permitido.

**Novedad de la información que aporta el nuevo texto**

La importancia de esta nueva copia está en relación directa con la novedad de las noticias que aporta con respecto al texto que ya conocíamos, y que como veremos son muchas e importantes.

Nos llama, en primer lugar, la atención una nota que se repite al principio de cada una de las diferentes partes de la obra y que se refiere a la transmisión textual de la misma.

Conocíamos hasta ahora a cuatro transmisores directos de la *Ŷaḏwa* de al-Ḥumaydī[8]:

-Abū Bakr (Muḥammad) b. Ṭarjān.
-Abū l-Ḥakam ᶜAbd al-Raḥmān b. ᶜAbd al-Malik b. Gašliyān al-Anṣārī.
-Abū l-Ḥasan ᶜAbbād b. Sirḥān al-Maᶜāfirī.
-Abū l-Ḥaŷŷaŷ al-Quḍāᶜī al-Andalusī.

Pues bien, en esta nota de que hemos hablado se nos da el nombre de un quinto transmisor de la obra:

-Abū l-Fatḥ Muḥammad b. ᶜAbd al-Bāqī b. Aḥmad b. Sulaymān al-Baṭṭī.

[8] Los dos primeros los cita Ibn Jayr, *Fahrasa*, ed. F. Codera, B.A.H. vols. IX-X Zaragoza, 1894-95. p. 227. El tercero *ibidem*, p. 122. Del cuarto he traspapelado la referencia, pero me consta que también lo fué.

El estudio de la cadena de transmisión que inician estos personajes y su relación con los autores que después utilizaron la *Ŷadwa* promete ser tan sugestivo como complejo.

Ignoramos cuál pueda ser la estructuración que al-Ḥumaydī dió a su obra, porque no tenemos ningún testimonio que nos lo acredite. El manuscrito de Oxford presenta una doble división del texto: una del original (*aṣl*) en diez partes (*ŷuz'*) y otra de la copia en cinco, de lo cual hay evidencia al final de los capítulos décimo, octavo y sexto [9].

Este nuevo manuscrito se nos presenta dividido en ocho partes, pero las secciones parecen coincidir en ambos textos[10], por lo que quizá habría que pensar en una confusión del copista a la hora de numerarlas, teniendo en cuenta que dos partes pueden haberse unido y que de la última nos falta el texto. Esto nos llevaría a suponer un original dividido en diez partes tal y como lo está también el *Ta'rīj ᶜulamā' al-Andalus* de Ibn al-Faraḍī.

Con respecto al título de la obra este manuscrito no nos aporta nada nuevo pues la llama *Kitāb Ŷadwat al-muqtabis fī ta'rīj al-Andalus*, simplificando la segunda parte del nombre tal y como aparece citada en muchos autores [11].

Son sin embargo muy significativas las diferencias de contenido, que, sin tener en cuenta las variantes textuales, superan según ᶜAbd al-Malik al-Šāmī la cifra de trescientas, y que nosotros vamos a tratar de resumir a continuación:

Las hay en primer lugar que afectan a la ordenación de las biografías en la obra. Así v.g. la biografía número 57 aparece después de la biografía número 76, tal y como se exigiría en un

[9] Cfr. *Ŷadwa*, edición del Cairo 1966, pp. 414, 343, y 258 (En esta última falta la palabra *al-ṯāliṯ*).

[10] En las dos fotografías del manuscrito de Fez que acompañan al artículo de ᶜA. al-M. al-Šāmī, el final de la parte cuarta y principio de la quinta corresponden con el final de la quinta y principio de la sexta del manuscrito de Oxford. Cfr. pp. 240-241.

[11] Así v.g. Ibn Jayr, *Fahrasa*, p. 226.

correcto orden alfabético.

Pero también las hay que afectan a la ordenación de la información que se nos da en una determinada biografía. V.g. la ordenación en uno y otro texto de la biografía número 18.

Otras diferencias afectan de forma considerable a la extensión de algunas biografías que aparecen mucho más ampliadas en el nuevo texto. V.g. la biografía número 366, que ᶜAbd al-Malik al-Šāmī copia en su artículo, ocupa diecisiete líneas de las que el texto de Oxford sólo nos da las cuatro primeras.

Hay por último cinco biografías que aparecen en este texto pero faltan en el texto de Oxford, aunque algunas de ellas están recogidas por al-Ḍabbī. Son las que a continuación vamos a enumerar:

1.- Aḥmad b. ᶜAwn Allāh b. Ḥudayr, Abū Ŷaᶜfar, al-Bazzār, al-Qurṭubī.

Esta biografía aparece después de la nº 233 del texto de Oxford, y está recogida por al-Ḍabbī en la *Bugya* con el número 452 [12].

2.- Aḥmad b. Mūsà b. Ḥudayr, Abū ᶜUmar.

Esta biografía aparece después de la nº 248 del texto de Oxford, y parece corresponder al nº 176 de la Nómina de M. Marín [13].

3.- Sulaymān b. Jalaf b. Saᶜīd, Abū l-Walīd, al-Bāŷī.

Esta biografía aparece después de la nº 452 del texto de Oxford, y en la *Bugya* de al-Ḍabbī con el nº 777 [14].

---

[12] Cfr. M. L. Avila, *La sociedad hispanomusulmana al final del califato (Aproximación a un estudio demográfico)*. Madrid, C.S.I.C., 1985, nº 233, p. 111.

[13] Cfr. M. Marín, "Nómina de los sabios de al-Andalus (93-350/711-961)", *Estudios onomástico-biográficos de al-Andalus I*, editados por Manuela Marín. Madrid, C.S.I.C., 1988.

[14] Muerto después del 450 h. este personaje no aparece citado en las nóminas de M. Marín y M. L. Avila. La biografía que le dedica al-Ḥumaydī es mucho menos extensa que la de al-Ḍabbī, pues la *Ŷaḏwa* se terminó cuando aún vivía.

4.- Sallām b. Zayd, Abū Jalaf.

Esta biografía aparece después de la nº 492 del texto de Oxford, y no la hemos encontrado en ninguna otra fuente. Ibn al-Faraḍī cita a un tal Abū Bakr Faraŷ b. Sallām que parece ser hijo suyo, aunque los datos biográficos pueden estar intercambiados[15].

5.- ᶜAbd Allāh b. Muḥammad b. Saᶜīd, al-Andalusī.

Esta biografía aparece después de la nº 527 del texto de Oxford. Hemos encontrado en Ibn al-Faraḍī dos personajes con el mismo nombre, pero los datos biográficos no parecen corresponder con ninguno de ellos [16].

**Importancia de este nuevo texto con respecto al anterior**

Es incuestionable la importancia de todas estas diferencias que hemos señalado, muchas de las cuales vienen a aclarar o a completar el texto de la *Ŷadwa* que hasta ahora teníamos. Pero ante ellas cabe preguntarse si estaban todas en el original de la obra que salió de manos de al-Ḥumaydī, y que él autorizó para su publicación.

Indudablemente muchas de ellas sí que estarían, y ahí están las coincidencias con el texto de al-Ḍabbī para corroborarlo, aunque éste no podrá ser siempre la prueba de los nueves que nos saque del error. Es más, pensamos que a veces incluso puede hacernos tropezar, pues muchas de las diferencias señaladas parecen obedecer a un propósito de corrección y mejora del texto, propósito que, según propia confesión, animó también la labor del autor de la *Bugyat al-multamis*, que al fin y al cabo no es otra cosa que una segunda edición corregida y aumentada de la *Ŷadwat al-muqtabis* de al-Ḥumaydī, por lo que no es raro que en alguna ocasión puedan coincidir. La crítica textual uliliza en estos casos, como abogado del diablo, a la *lectio difficilior*, que suele ser demoledora.

---

[15] Cfr. M. Marín, "Nómina de los sabios de al-Andalus", nº 1030.

[16] Cfr. el primero de ellos en M. Marín, "Nómina de los sabios de al-Andalus", nº 813, y el segundo en M. L. Avila, *La sociedad hispanomusulmana al final del califato*, nº 76, p. 99.

Esto nos lleva a la necesidad de hacer un estudio textual de los dos manuscritos en comparación con la *Bugya* para poder así establecer el parentesco de ambos textos con el que al-Ḍabbī utilizó y adoptar un criterio válido con el que se pueda trabajar en una nueva edición, para la cual, y dado que nos encontramos ante un texto mutilado, parece lógico pensar que habrá que seguir tomando como base el texto de Oxford.

Sin embargo lo dicho, queremos poner de relieve una vez más que estas notas se han redactado partiendo de una somera noticia bibliográfica, y sin acceso directo a ninguno de los dos manuscritos por lo que sobre ellos habrá de ser corroborado todo lo dicho y a ellos nos remitimos en palabras de San Juan: *Scrutamini Scripturas* (Ioan. V, 39).

Con todo una cosa aparece clara, y es que la obra de al-Ḥumaydī sale de nuevo reforzada, y su importancia se acrece en el parnaso de las letras árabes andaluzas, de manera que se puede ya pensar en una nueva edición cuando están frescas aún las tintas de la última.

# EMIGRADOS ANDALUSIES EN LA *ŶADWAT AL-IQTIBĀS* DE IBN AL-QĀḌĪ

**Carmen ROMERO**
C.S.I.C. - Granada

## 1. INTRODUCCION.

Se inserta este trabajo en la línea que están desarrollando la Escuela de Estudios Arabes de Granada y el Departamento de Estudios Arabes del Instituto de Filología de Madrid, dentro de los proyectos de investigación del CSIC, para una mayor utilización y aprovechamiento de los diccionarios biográficos hispanoárabes [1].

Como indica el título, la fuente que ha servido de base para este estudio ha sido la *Ŷadwat al-iqtibās fī ḏikr man ḥalla min al-aᶜlām madīnat Fās*, de Ibn al-Qāḍī [2].

Bajo la denominación "emigrados andalusíes" he incluido todos aquellos biografiados que nacieron en al-Andalus o eran descendientes de emigrados, es decir, siempre que aparece la expresión *min ahl* o *min aṣl*, además de los que cuentan con una *nisba* conocida como al-garnāṭī, al-qurṭubī, o simplemente, al-andalusī, sin otro tipo de aclaración respecto a su nacimiento u origen. Por lo tanto, hay individuos nacidos tanto en al-Andalus como en el Norte de Africa.

La emigración se ha considerado en dos aspectos: definitiva, cuando el individuo se traladó a Fez y murió allí, y transitoria,

---

[1] Véase *Estudios Onomástico-biográficos de al-Andalus*, I, *(E.O.B.A.)* editados por Manuela Marín. Consejo Superior de Investigaciones Científicas. Instituto de Filología. Departamento de Estudios Arabes. Madrid, 1988.

[2] Ibn al-Qāḍī, *Ŷadwat al-iqtibās fī ḏikr man ḥalla min al-aᶜlām madīnat Fās*. Dār al-Manṣūr. Rabat, 1973. 2 vols.

cuando Fez sólo fue una ciudad visitada, pero no se cita expresamente como lugar de fallecimiento. Sin embargo, aunque el título hace alusión, exclusivamente, a Fez, aparecen citadas otras muchas ciudades tanto de Marruecos como de todo el Norte de Africa y Oriente Medio, algunas como lugar de paso, el caso de Tánger, Touzeur, Miknāsat al-Zaytūn y Mahdiyya, y otras como lugar de fallecimiento: Tremecén, Marrākuš, Ceuta, Salé, al-Šām, Siŷilmāssa, Bugía, Túnez, Alejandría y Meca.

2. EMIGRADOS.

**Número de individuos.**

Los biografiados que aparecen en la *Ŷaḏwat al-iqtibās* nacidos u originarios de al-Andalus y que visitaron Fez, con carácter transitorio o fijando definitivamente allí su residencia, son un total de ciento treinta y cinco, de las seiscientas cincuenta y ocho biografías de las que consta la obra, lo cual viene a significar que los emigrados analusíes representan, aproximadamente, un 20% del total. No obstante, hay tres biografías repetidas, la de Aḥmad b. Muḥammad b. ᶜAbd al-Raḥmān, al-Anṣārī al-Jazraŷī, en los números 84 y 95, la de Muḥammad b. Muḥammad b. ᶜAbd Allāh b. Muᶜāḏ, Abū Bakr, al-Lajmī, que corresponde a los números 270 y 271, y la de ᶜAbd al-Raḥmān b ᶜAbd Allāh b. Muḥammad b. ᶜUfayr, Abū l-Qāsim al-Umawī, que aparece con los números 399 y 425.

Al final del trabajo presento una relación de los individuos emigrados, siguiendo el esquema de Marín[3], a saber: *nasab/kunya/laqab* y *šuhra/nisba*.

**Cronología.**

La fecha de muerte de estos biografiados está comprendida entre el año 500 H./1106 J.C. y el año 1007 H./1598 J.C., habiendo un total de veinticuatro individuos cuya muerte no se registra y tan sólo en uno de ellos, el granadino Ibrāhīm b. ᶜAbd Allāh b. Mu-

[3] V. M. Marín, "Nómina de sabios de al-Andalus (93-350/711-961)", *E.O.B.A.* I, pp. 24-25.

ḥammad b. Mūsà b. Ibrāhīm b. ᶜAbd al-ᶜAzīz b. Isḥāq b. Asad b. Qāsim al-Namīrī, Ibn al-Ḥāŷŷ, de la conocida familia Banū Arqam de Guadix, el número 16, hace Ibn al-Qāḍī mención de la fecha de nacimiento, el año 713 H. y del año en que volvió de la *riḥla*, el 734.

He aquí un extracto, por orden de frecuencia, del año y del número de fallecidos en él, así como del número de biografía correspondiente:

| Año | Nº de fallecidos | Nº de biografía |
|---|---|---|
| 540 | 4 | 133, 263, 264 y 265. |
| 604 | 3 | 94, 285 y 355. |
| 741 | 3 | 50, 464 y 579. |
| 503 | 2 | 254 y 271. |
| 520 | 2 | 151 y 259. |
| 543 | 2 | 268 y 381. |
| 563 | 2 | 86 y 282. |
| 569 | 2 | 12 y 539. |
| 570 | 2 | 273 y 540. |
| 590 | 2 | 160 y 620. |
| 610 | 2 | 287 y 518. |
| 614 | 2 | 288 y 612. |
| 647 | 2 | 461 y 606. |

Los individuos restantes murieron cada uno en un año diferente. Además, se pueden establecer otros cuatro apartados :

En tres casos se da una fecha aproximada de fallecimiento: el año 500 (biografía nº 81), el año 506 (nº 11) y el año 570 (nº 272).

En catorce casos dice Ibn al-Qāḍī que murieron después de una fecha determinada: año 500 (biografía nº 253), 512 (nº 283), 540 (nº 596 y 614), 554 (nº 536), 582 (nº 541), 587 (nº 399), 592 (nº 147), 593 (nº 542), 601 (nº 546), 659 (nº 294), 674 (nº 142), 723 (nº 370) y 792 (nº 318).

En un caso dice que murió antes del año 580, se trata de la biografía nº 425.

Por último, hay seis casos cuya fecha de muerte, según la fuente en la que se base Ibn al-Qāḍī, ocurrió en un año o en otro, son:

el biografiado nº 424, quién, según su hijo, murió el año 523, y según su nieto, el año 521;

el biografiado nº 270, que Ibn al-Qāḍī sitúa en el 554 y, según Ibn al-Malŷūm, ocurrió en el año 553;

el biografiado nº 644, que murió en el año 561 ó 562;

el nº 577, muerto el año 586, y según Ibn Furtūn, el año siguiente, el 587;

el nº 95, muerto, según Ibn al-Abbār, el año 610, y según Ibn Furtūn, el 516;

y, finalmente, el nº 124, fallecido el año 628 ó 629.

En resumen, el conjunto de emigrados que componen la *Ŷadwa* vivió entre finales del siglo V H./XII J.C. y principios del siglo XI H./XVI J.C., es decir, que nuestro autor recoge información de, aproximadamente, unos cinco siglos.

**Lugar de procedencia.**

Como ya he apuntado en la Introducción, aunque englobo bajo la denominación "emigrados andalusíes" tanto a los nacidos en al-Andalus como a los originarios de ella aunque no nacieran aquí, en este apartado distingo entre ambos:

1. Andalusíes.

Dentro de los nacidos en al-Andalus los he agrupado atendiendo a distintas expresiones utilizadas por Ibn al-Qāḍī:

Con cita expresa del lugar, es decir, cuando aparecen bajo el enunciado *min ahl*, la mayoría, hay un total de ciento nueve individuos correspondientes a las biografías números: 11, 12, 13, 14, 16, 27, 81, 82, 85, 86, 88, 89, 90, 91, 92, 94, 95, 96, 101, 102, 103, 124, 133, 142, 147, 160, 253, 258, 259, 261, 264, 268, 269, 270, 271, 272, 273, 274, 276, 277, 278, 279, 282, 283, 287, 288, 289, 290, 292, 294, 296, 297, 299, 303, 310, 312, 313, 316, 317, 318, 330, 355, 356, 359, 360, 381, 387, 398, 399, 424, 425, 454, 456, 457, 458, 459, 461, 463, 464, 465, 474, 475, 494, 539, 540, 542, 544, 545, 548, 549, 551, 577, 579, 584, 606, 612, 614, 627, 644 y 658.

De origen andalusí conocido, es decir, cuando aparecen bajo el enunciado *min aṣl*, cuando llevan una *nisba* conocida, o, simplemente, dice al-andalusī, son los biografiados números: 50, 73, 77, 83, 87, 93, 151, 254, 263, 265, 284, 285, 320, 370, 379, 413, 419, 461, 538, 541, 546, 547, 596, 609, 620, 623, 626.

2. Originarios de al-Andalus.

Nacidos en el Norte de Africa de origen andalusí hay un total de ocho individuos, cuatro de los cuales nacieron en Fez, son las biografías correspondientes a los números 37, 518, 519 y 524. Los cuatro restantes, nacieron: uno en Agmat, originario de Alcira (nº 565), otro en Ceuta (nº 550), un tercero en Tremecén (nº 554) y el último, Ibn Jaldūn, nacido en Túnez, originario de Sevilla, y cuyo número de biografía es el 427.

Las ciudades andalusíes que cuentan con emigrados a Fez, ordenadas de mayor a menor número son:

Córdoba que cuenta con diecinueve, correspondienes a las biografías números 27, 85, 86, 91, 92, 95, 102, 160, 259, 273, 289, 316, 494, 539, 544, 545, 549, 551 y 627.

Sevilla con dieciocho, correspondientes a las biografías números 89, 94, 124, 268, 270, 271, 272, 277, 279, 287, 297, 312, 425, 459, 475, 548, 584 y 609.

Granada cuenta con trece, son los biografiados números 16, 37, 82, 292, 294, 317, 318, 330, 398, 464, 579, 606 y 616.

Valencia cuenta con siete. Se trata de los biografiados números 81, 93, 274, 285, 424, 457 y 546.

Málaga también cuenta con siete. Son los números 14, 147, 282, 310, 313, 359 y 465.

Jaén con cinco. Corresponden a los números 269, 276, 355, 379, y 542.

Játiva con otros cinco. Son los números 11, 151, 253, 288 y 381.

Almería con cuatro, correspondientes a los números 12, 303, 360 y 644 .

Niebla también cuatro, los números: 278, 387, 399 y 620.

Silves otros cuatro, los números 90, 284, 290 y 658.

Alcira cuenta con tres. Son los números 96, 458 y 463.

Murcia otros tres, que corresponden a los números 142, 258 y 370.

Toledo cuenta también con tres. Son los números 254, 283 y 614.

Carmona cuenta con dos, las biografías números 413 y 577.

Ronda también con dos, correspondientes a los números 320 y 623.

El resto de las ciudades cuenta con un solo emigrado, y son por orden alfabético: Argolite (nº 263), Baza (nº 536), Calatayud[4] (nº 264), Canjáyar (nº 454), Carmona (nº 577), Cocentaina (nº 103), Cuenca (nº 265), Estepona (nº 296), Écija (nº 461), Jimena (nº 101), Matīṭa (nº 540), Osuna (nº 13), Santamaría (nº 88), Santarén (nº 87), Segura (nº 474), al-Ṯagr (nº 547), Tortosa/Denia (nº 133), Tudmīr (nº 83) y, finalmente, Velefique (nº 299).

**Emigración definitiva.**

Como dije anteriormente, considero emigrados definitivos, exclusivamente, a todos aquellos biografiados que murieron en Fez, y que suponen un total de setenta y seis. De algunos de ellos no se precisa su lugar de nacimiento, pero hay trece que tienen un origen o una *nisba* conocidos (nº 83, 87, 151, 263, 265, 284, 320, 370, 547, 413, 538, 541 y 623,), sin embargo, de la gran mayoría, un total de sesenta y dos biografiados, sí se conoce su lugar de nacimiento, destacando muy por encima de la media la ciudad de Córdoba con catorce individuos (nº 27, 85, 86, 91, 92, 95, 102, 160, 259, 316,

---

[4] Véase nota 6.

494, 539, 544 y 549), seguida bastante de cerca por Sevilla con once (nº 89, 94, 268, 270, 271, 272, 287, 297, 312, 459 y 475).

A partir de aquí el número de individuos se reparte entre varias ciudades como Granada (nº 82, 292, 317, 330 y 464) y Málaga (nº 147, 282, 310, 313 y 359) que cuentan cada una con cinco, Jaén con cuatro (nº 355, 542, 276 y 269), Silves con tres (nº 90, 290 y 658) Almería (nº 12 y 360), Játiva (nº 253 y 381) y Valencia (nº 274 y 457), cada una con dos, y el resto de las ciudades, que ordeno alfabéticamente, cuentan cada una con uno solo: Alcira (nº 463), Baza (nº 536), Calatayud[5] (nº 264), Carmona (nº 577), Cocentaina (nº 103), Estepona (nº 296), Murcia (nº 142), Osuna (nº 13), Santamaría (nº 88), Toledo (nº 283), Tortosa/Denia (nº 133), más dos nacidos en Fez (nº 524 y 37) y uno en Tremecén (nº 554).

**Emigración transitoria.**

En este epígrafe se integran todos aquellos biografiados que realizaron cualquier tipo de viaje, desplazamiento o emigración, y para los que Fez fue sólo una cuidad visitada, por un período más o menos amplio, pero nunca un lugar de asentamiento definitivo y muerte.

A continuación presento un esquema, por orden de frecuencia, de las ciudades que cuentan con emigrados, señalando el número de individuos, así como su lugar de fallecimiento, siempre que sea posible.

En primer lugar aparecen los biografiados cuyo lugar de nacimiento viene especificado mediante la expresión *min ahl*. Suponen un total de cuarenta y tres individuos distribuidos de la siguiente manera:

| Lug.nacimiento | Lug.muerte | nº.individuos | nº.biografía. |
|---|---|---|---|
| Córdoba (6) | Marrākuš | 2 | 551 y 273 |
| | Sevilla | 2 | 627 y 92 |
| | Meca | 1 | 545 |
| | Miṣr | 1 | 289 |

[5] Véase nota 6.

| | | | |
|---|---|---|---|
| Granada (6) | Ceuta | 1 | 579 |
| | Sevilla | 1 | 612 |
| | peregrinación | 1 | 398 |
| | desconocido | 3 | 16, 295 y 606 |
| Sevilla (6) | Sevilla | 2 | 548 y 124 |
| | Bugía | 1 | 277 |
| | desconocido | 3 | 584, 279 y 425 |
| Niebla (3) | Sevilla | 1 | 278 |
| | desconocido | 2 | 387 y 399 |
| Alcira (2) | Túnez | 1 | 96 |
| | desconocido | 1 | 458 |
| Almería (2) | Almería | 1 | 303 |
| | desconocido | 1 | 644 |
| Játiva (2) | Alejandría | 1 | 288 |
| | desconocido | 1 | 11 |
| Málaga (2) | Murcia | 1 | 14 |
| | desconocido | 1 | 465 |
| Valencia (2) | Marrākuš | 1 | 424 |
| | desconocido | 1 | 81 |
| Canjáyar (1) | Ceuta | 1 | 454 |
| Écija (1) | desconocido | 1 | 461 |
| Jimena (1) | Salé | 1 | 101 |
| Matīṭa (1) | desconocido | 1 | 540 |
| Murcia (1) | Marrākuš | 1 | 258 |
| Segura (1) | desconocido | 1 | 474 |
| Toledo (1) | desconocido | 1 | 614 |

| | | | |
|---|---|---|---|
| Velefique (1) | desconocido | 1 | 299 |
| Zaragoza (1) | Tremecén | 1 | 261 |
| Agmat (1) | Sevilla | 1 | 565 |
| Ceuta (1) | Málaga | 1 | 550 |
| Túnez (1) | El Cairo | 1 | 427 |

En segundo lugar, presento aquellos biografiados de los que sólo se especifica su lugar de origen mediante la expresión *min aṣl*. Son un total de ocho individuos que se distribuyen de la siguiente forma:

| | | | |
|---|---|---|---|
| Valencia (3) | Algeciras | 1 | 285 |
| | desconocido | 2 | 93 y 546 |
| Jaén (1) | Ceuta | 1 | 379 |
| Sevilla (1) | desconocido | 1 | 609 |
| Toledo (1) | Ceuta | 1 | 254 |
| Zaragoza (1) | desconocido | 1 | 596 |
| al-Andalus (1) | Šām | 1 | 382 |

Se observa que tanto en la emigración definitiva como en la transitoria destacan las mismas ciudades: Córdoba, Sevilla y Granada.

**Causas de emigración y muerte.**

Son realmente pocos los casos en que tales circunstancias vienen especificadas, no obstante, hay seis ocasiones en las que la emigración cuenta con un motivo, se trata del cordobés Zakariyyā' b. ᶜUmar b. Aḥmad b. ᶜAbd al-Raḥmān al-Anṣārī al-Jazraŷī, Abū l-Walīd y del jiennense Muḥammad b. Aḥmad b. Ibrāhīm b. ᶜIsà b. Hišām b. Jazraŷ al-Jazraŷī al-Bagdādī, de quienes dice Ibn al-Qāḍī: *jaraŷa min waṭani-hi fī l-fitna* y *jaraŷa min Ŷayyān fī l-fitna*, respectivamente. Sus biografías corresponden a los números 160 y 269.

Hay otros dos casos de huida del enemigo, son el biografiado nº 264, Muḥammad b. Aḥmad b. Muḥammad b. Saᶜīd b. Muṭarrif al-Tuŷībī al-Bayrānī[6] del cual dice: *jaraŷa min baladi-hi Ilbīra jawfan min al-ᶜaduww* y el biografiado número 454, el almeriense ᶜAbd Allāh b. Muḥammad b. ᶜAlī b. ᶜAbd Allāh b. ᶜUbayd Allāh b. Saᶜīd b. Muḥammad b. ḏī l-Nūn expresando su emigración en los siguientes términos: *jaraŷa min al-Mariyya baᶜda tagallub al-rūm ᶜalay-hā.*

Otro biografiado del que también da nuestro autor noticia, en este caso del traslado de sus antepasados, es Ibn Jaldūn (nº 427), dice textualmente: *intaqala salafu-hu ᶜan madīnat Išbīliya ᶜinda l-ḥādiṯa bi-hā min tagallub mālik al-Ŷalāliqa Firdīnāndū al-ṯāliṯ ᶜalay-hā ilà Tadlis.*

Por último, ᶜAbd al-Raḥmān b. Muḥammad b. ᶜAbd al-Raḥmān b. Muḥammad b. al-Ṣaqr al-Anṣārī, valenciano de nacimiento, se trasladó a Almería con su padre, según aparece en su biografía (nº 423): *wulida bi-hā [Balansiyya] ᶜAbd al-Raḥmān al-mutarŷim bi-hi, ṯumma intaqala bi-hi abū-hu ilà al-Mariyya fa-naša'a bi-hā.*

Por lo que respecta a las causas o circunstancias de muerte y fallecimiento, son realmente pocos los casos especificados, en concreto siete. Uno de ellos, Aḥmad b. Muḥammad b. Ḥizb Allāh al-Jazraŷī, murió en la batalla de Salado[7]. Otros murieron de forma violenta como Aḥmad b. Muḥammad b. ᶜAbd al-Raḥmān al-Ṭarūn al-Umawī (nº 73), cadí de la ciudad de Fez, que fue degollado, o Muḥammad b. Aḥmad b. Muḥammad Ibn al-Saqqāṭ (nº 265), que murió asesinado en la misma ciudad. Y el famoso Ibn al-Jaṭīb (nº 316), que murió estrangulado en la cárcel, asímismo en Fez.

---

[6] Dice Ibn al-Qāḍī: *min ahl Qalᶜat Ayyūb min ᶜamal Ŷayyān,* y cuatro líneas más abajo: *anna-hu jaraŷa min baladi-hi Ilbīra.* Creo que no se trata de Calatayud sino de *Qalᶜat al-Asᶜaṯ.*

[7] *Wāqiᶜa Ṭarīf,* como la llaman los árabes, tuvo lugar en el año 741/1340. V. L. Seco de Lucena, "La fecha de la batalla del Salado", *Al-Andalus* XIX (1954), 228-231.

Hay también un caso de muerte súbita, se trata de ᶜUmar b. al-Qāḍī ᶜAbd Allāh b. Muḥammad b. ᶜAbd Allāh b. ᶜUmar al-Sulamī (nº 565), originario de Alcira, pero nacido en Agmat.

Las otras dos circunstancias expresadas se trata de motivos religiosos, el caso de al-ᶜAbbās b. Aḥmad al-Andalusī (nº 382), que dejando en Fez a su mujer e hijos partió hacia la Guerra Santa en Šām y murió en combate, y el de ᶜAbd al-Raḥmān b. Abī l-Ḥasan Aḥmad b. Muḥammad al-Azdī (nº 398), el granadino que embarcó en Túnez para cumplir con el sagrado deber de peregrinar a Tierra Santa, cuando los cristianos asaltaron el barco en el que iba y, tras un encarnizado combate en el que demostró su valor, murió.

**Cargos desempeñados, materias cultivadas y otras profesiones.**

En este apartado hago un listado tanto de unos como de otras, señalando el número de biografía de los individuos dedicados a ello y el lugar de ejercicio, siempre que este aparezca citado.

Toda esta información tiene un alto grado de interés para el estudio de las instituciones, por ejemplo, a través de las denominaciones de los cargos, para la vida intelectual e incluso económica, aunque precisamente los datos aportados en este último aspecto sean bastante escasos ya que sólo en dos biografiados aparece especificado el ejercicio del comercio como profesión mediante la expresión *wa kāna yaḥtarif bi-l-tiŷāra*. Se trata del cordobés Aḥmad b. Muḥammad b. ᶜAbd al-Raḥmān al-Anṣārī al-Jazraŷī (nº 95), que estudió con los más famosos maestros de su tiempo como Abū Bakr Ibn al-ᶜArabī, Ibn Ward, al-Rušāṭī, Abū al-ᶜAbbās Ibn al-ᶜArīf y otros, y que, durante la *fitna*, se trasladó a Niebla con su familia y de allí a Fez, donde se estableció definitivamente.

El otro caso es el del sevillano Abū Bakr Muḥammad Aḥmad b. Ṭāhir al-Anṣārī, apodado el Jorobado (nº 277), estudioso y cultivador de diversas ciencias aprendidas en diferentes ciudades como Fez, Miṣr, Alepo, Basora y Bugía, donde murió.

Estos eran los cargos [8]:

- *imām* (nº 623 y 627),
- *jaṭīb* (nº 50, 254, 290, 299, 320,en Fez, 399, 425 y 626),
- *kātib* (nº16, 265, 316, 318, 554, 565),
- *muqrī'* (nº 50, 93, 94, 261, 271, en Fez, 283, 459, 536, 542, 544, 596 y 626),
- *mušāwar* (nº 14 y 546),
- *qāḍī* (nº 16, 27, en Fez, 73, 86, 92, 96, en Rabat, 259, en Córdoba, 261, en Fez, 290, en Fez, 299, 317, en Fez, 360, en Almería, 379, en Jaén, 399, 456, 540, 551 y 565).

Las materias cultivadas eran las siguientes:

- *adab* (nº 11, 12, 13, 14, 83, 92, 124, 142, 14, 258, 263, 268, 270, 271, 282, 474, 542, 565, 612, 614),
- *ajbār* (nº 96),
- *ajedrez* (nº 310),
- *ᶜarabiyya* (nº 11, 83, 96, 258, 271, 278, 546, 596 y 620),
- *farā'iḍ* (nº 545),
- *fiqh* (nº 14, 37, 77, 84, 150, 268, 278, 316, 387, 398, 413, 461, 524, 540, 546, 554, 612, 620, 623, 626 y 627)
- *funūn min al-ᶜilm* (nº 550),
- *ḥadīṯ* (nº 12, 133, 263, 282, 312, 355, 398, 544, 612 y 623),
- *handasa* (nº 93 y 297),
- *ḥikāya* (nº 312 y 313),
- *ḥisāb* (nº 93 y 545),
- *kalām* (nº 14, 387 y 546),
- *luga* (nº 11, 83, 96, 263, 268 y 282),
- *naḥw* (nº 13, 37, 77, 277, 355, 387, 524 y 612),
- *nasab* (nº 263),
- *riwāya* (nº 84, 147, 271, 398 y 271),
- *šiᶜr* (nº 16, 124, 142, 270, 274, 276, 419, 544, 565 y 614),
- *ta'rīj* (nº 96, 142, 263 y 282),
- *tawṯīq* (nº 133),
- *ṭibb* (nº 11, 89, 93, 544, 579 y 612).

---

[8] Para esta nómina he unificado las distintas denominaciones que recibe un cargo o el ejercicio de una profesión, así *jaṭīb*, *juṭba* y *jiṭāba* aparecen en el mismo apartado, como *kātib/kitāba*, *qāḍī/qāḍī l-ŷamāᶜa*, etc.

Otras actividades:

- *ḥāfiẓ* (nº 14, 94 y 614),
- *muᶜallim mutaŷawwil* (nº 258),
- *mudarris* (nº 50, 458 y 596),
- *tāŷir* (nº 95 y 277)
- *ustāḏ* (nº 50, 77, 355 y 524),
- *zāhid* (nº 94, 545 y 609).

RELACION DE EMIGRADOS

11.- Ibrāhīm Ibn Abī l-Faḍl / Ibn al-Ṣawwāf / al-Ḥiŷarī.

12.- Ibrāhīm b. Yūsuf b. Ibrāhīm b. ᶜAbd Allāh b. Bādīs b. al-Qā'id al-Qā'idī /Ibn Qurqūl /al-Wahrānī, al-Ḥamazī.

13.- Ibrāhīm b. Ibrāhīm b. Muḥammad / al-Muqri' / Ibn al-ᶜAššāb / al-Anṣārī.

14.- Ibrāhīm b. Yūsuf b. Muḥammad b. Dihāq / Ibn al-Mar'a / al-Awsī.

16.- Ibrāhīm b. ᶜAbd Allāh b. Muḥammad b. Ibrāhīm b. Mūsà b. Ibrāhīm b. ᶜAbd al-ᶜAzīz b. Isḥāq b. Asad b. Qāsim / Ibn al-Ḥāŷŷ / al-Numayrī.

27.- Abū Bakr b. Jalaf / al-Mawwāq / al-Anṣāri.

37.- Abū l-Qāsim b. Aḥmad b. Ziyād / al-Andalusī, al-Garnāṭī.

50.- Aḥmad b. Muḥammad b. Ḥizb Allāh / al-Jazraŷī.

73.- Aḥmad b. Muḥammad b. ᶜAbd al-Raḥmān /al-Ṭarūn /al-Naŷŷār / al-Umawī.

77.- Aḥmad b. Qāsim b. ᶜAlī / al-Qudūmi.

81.- Aḥmad b. Muḥammad b. ᶜAbd al-Raḥmān / al-Wāᶜiṯ / al-Anṣārī, al-Šāriqī.

82.- Aḥmad b. ᶜAlī b. Muḥammad b. Saᶜīd / al-Maᶜafirī.

83.- Aḥmad b. ᶜAbd al-Ŷalīl b. ᶜAbd Allāh / al-Tudmīrī.

85.- Aḥmad b. Ṣāliḥ / al-Kafīf / al-Buzulī, al-Majzūmī.

86.- Aḥmad b. Muḥammad b. Aḥmad b. Rušd / Abū l-Qāsim.

87.- Aḥmad / al-Muqri' / al-Šantarīnī.

88.- Aḥmad b. Muḥammad b. ᶜAbd al-Raḥmān b. Masᶜūd / al-Qurašī.

89.- Aḥmad b. ᶜAbd Allāh b. Mūsà b. Mu'min / Abū l-ᶜAbbās/ al-Qaysī.

90.- Aḥmad b. Mūsà b. ᶜAbd Allāh b. Muzāḥim / al-Lajmī.

91.- Aḥmad b. ᶜAbd al-Ṣamd b. Abī ᶜUbayda Muḥammad b. Aḥmad b. ᶜAbd al-Raḥmān b. Muḥammad b. ᶜAbd al-Ḥaqq/ al-Jazraŷī.

92.- Aḥmad b. ᶜAbd al-Raḥmān b. Muḥammad b. Muḥammad b. Saᶜīd b. Ḥurayṯ b. ᶜĀṣim b. Maḍā' b. Muhnad b. ᶜUmayr/ al-Lajmī.

93.- Aḥmad b. al-Ḥasan b. Aḥmad b. Ḥassān / Ibn ᶜAṭiyya / al-Quḍāᶜī.

94.- Aḥmad b. Muḥammad b. Aḥmad b. Miqdām / al-Ruᶜaynī.

95.- Aḥmad b. Muḥammad b. ᶜAbd al-Raḥmān / al-Anṣārī, al-Jazraŷī.

96.- Aḥmad b. ᶜAbd Allāh b. Muḥammad b. al-Ḥasan b. ᶜAmīra/ Abū Muṭarrif / al-Majzūmī.

101.-Aḥmad b. Muḥammad b. ᶜUmar / Ibn ᶜĀšir / al-Anṣāri.

102.-Aḥmad / al-Maᶜāfirī.

103.-Aḥmad b. Ḥasan b. ᶜAlī / Ibn al-Jaṭīb, Ibn al-Qunfuḏ / al-Qusanṭīnī.

124.-Bakr b. Ibrāhim b. al-Muŷāhid / al-Lajmī.

132.-Ŷabr Allāh b. al-Qāsim / Abū l-Qāsim.

133.-Ŷaᶜfar b. Muḥammad b. ᶜAṭiyya / Abū Aḥmad / al-Quḍāᶜī.

142.-al-Ḥasan b. ᶜAtīq b. al-Ḥusayn b. Rašīq / al-Taglibī.

147.-Ḥasan b. Masᶜūd b. Fatḥūn / al-Malīlī.

151.-Jalaf b. Muḥammad b. Gafūl / Abū l-Qāsim /al-Šāṭibī.

160.-Zakariyyā' b. ᶜUmar b. Aḥmad b. ᶜAbd al-Raḥmān / Abū l-Walīd / al-Anṣārī, al-Jazraŷī.

253.-Muḥammad b. ᶜAlī b. Aḥmad / Ibn al-Ṣayqal /al-Anṣārī.

254.-Muḥammad b. ᶜAlī b. Muḥammad / Ibn al-Rubūṭī / al-Ṭulayṭulī.

258.-Muḥammad b. Aglab / Abū Bakr / Ibn Abī Daws.

259.-Muḥammad b. Aḥmad b. Aḥmad b. Rušd / Abū l-Walīd.

261.-Muḥammad b. Ḥakam b. Muḥammad b. Aḥmad b. Bāq / Abū Ŷaᶜfar / al-Ŷuḏāmī.

263.-Muḥammad b. Masᶜūd b. Jalṣa b. Faraŷ b. Muŷāhid / Ibn Abī l-Jiṣāl / al-Gāfiqī.

264.-Muḥammad b. Aḥmad b. Muḥammad b. Saᶜīd b. Muṭarrif / al-Tuŷībī, al-Bayrānī.

265.-Muḥammad b. Aḥmad b. Muḥammad b. Ibrāhīm b. Muḥammad b. Jalaf b. Saᶜīd b. Šuᶜayb / Abū l-Qāsim / Ibn al-Saqqāṭ / al-Anṣārī.

268.-Muḥammad b. ᶜAbd Allāh b. Muḥammad b. Aḥmad / Abū

Bakr / Ibn al-ᶜArabī / al-Maᶜāfirī.

269.-Muḥammad b. Aḥmad b. Ibrāhīm b. ᶜIsà b. Hišām b. Jazraŷ / al-Jazraŷī, al-Bagdādī.

270.-Muḥammad b. Muhammad b. ᶜAbd Allāh b. Muᶜād / Abū Bakr / al-Muqri' / al-Lajmī.

272.-Muḥammad b. Ibrāhīm b. Futūḥ b. Makhūl.

273.-Muḥammad b. ᶜAbd Allāh b. Muḥammad b. Jalīl / al-Qaysī.

274.-Muḥammad b. Gālib / al-Ruṣāfī.

276.-Muḥammad b. ᶜAbd al-Ganī / Abū Bakr / al-Ŷannān / al-Fihrī.

277.-Muḥammad b. Aḥmad b. Ṭāhir / Abū Bakr / al-Ḥadib, al-Naḥwī / al-Anṣārī.

278.-Muḥammad b. ᶜAbd Allāh b. Yaḥyà b. Faraŷ / Abū Bakr / Ibn al-Ŷadd / al-Fihrī.

279.-Muḥammad b. ᶜAbd Allāh / al-Qurṭubī, al-Anṣārī.

282.-Muḥammad b. ᶜUmar / al-Kātib.

284.-Muḥammad b. Sālim / al-Šilbī.

285.-Muḥammad b. Šuᶜayb / al-Ŷudāmī.

287.-Muḥammad b. ᶜAbd al-Raḥmān b. ᶜAlī b. Muḥammad b. Sulaymān / al-Tuŷībī.

288.-Muḥammad b. Aḥmad b. Ŷubayr b. Muḥammad b. ᶜAbd al-Salām / al-Kinānī.

289.-Muḥammad b. ᶜUmar b. Yūsuf (Ibn Mugā'iẓ) / al-Anṣārī, al-Qurṭubī.

290.-Muḥammad b. ᶜAbd al-Raḥman / al-Jazraŷī.

292.-Muḥammad b. Saᶜīd b. ᶜAlī b. Yūsuf / al-Ṭarrāz / al-Anṣārī.

294.-Muḥammad b. Yūsuf b. Mūsà b. Yūsuf b. Ibrāhīm b. ᶜAbd Allāh / Ŷamāl al-Dīn, al-Mugīra / Ibn Masdī / al-Azdī, al-Muhallabī.

296.-Muḥammad b. Muḥammad b. Idrīs b. Mālik b. ᶜAbd al-Wāḥid b. ᶜAbd al-Malik b. Muḥammad b. Saᶜīd b. ᶜAbd al-Wāḥid b. Aḥmad b. Yūsuf / al-Quḍāᶜī, al-Qalūsī.

297.-Muḥammad b. ᶜAlī b. ᶜAbd Allāh b. Muḥammad / Ibn al-Ḥāŷŷ.

299.-Muḥammad b. Muḥammad b. Ibrāhīm b. Jalaf b. Muḥammad b. Sulaymān b. Sawād b. Aḥmad b. Ḥizb Allāh b. ᶜĀmir b. Saᶜd al-Jayr b. ᶜAyyāš / Abū l-Barakāt / Ibn al-Ḥāŷŷ / al-Balafīqī.

303.-Muḥammad b. ᶜAlī b. ᶜUmar b. Yaḥyà b. ᶜUmar b. Aswad / al-Gassānī.

310.-Muḥammad b. Qāsim / Ibn Abī Bakr / al-Qurašī, al-Mālaqī.

312.-Muḥammad b. Mūsà / al-Ḥalfawī.

313.-Muḥammad b. Qāsim b. Aḥmad b. Ibrāhīm / al-Šudayyid / al-Anṣārī.

317.-Muḥammad b. Yaḥyà b. Muḥammad b. Yaḥyà b. ᶜAlī b. Ibrāhīm / Abū l-Qāsim / al-Gassānī, al-Barŷī.

318.-Muḥammad b. Yūsuf b. Muḥammad b. Aḥmad b. Muḥammad b. Yusuf / Ibn Zamrak.

320.-Muḥammad b. Yaḥyà b. Ibrāhīm b. Mālik / Ibn ᶜAbbād / al-Nafzī, al-Ḥimyarī.

330.-Muḥammad b. Yūsuf b. Abī l-Qāsim b. Yūsuf / al-Maw-wāq/ al-ᶜAbdarī, al-Garnāṭī.

355.-Muṣᶜab b. Muḥammad b. Masᶜūd b. ᶜAbd Allāh b. Masᶜūd/

Abū D̲urr / al-Jušanī.

359.-Mufarriŷ b. Ḥasan / Abū l-Jalīl / Ibn Taqī.

360.-Mufaḍḍal b. Muḥammad b. Muḥammad b. Ibrāhīm / Abū Umayya / Ibn al-Dalā'ī / al-ᶜUd̲rī.

370.-Mūsà b. Ḥidāda / al-Mursī.

379.-Ṣuhayb b. ᶜAbd al-Muhaymin b. Abī l-Ŷayš Muŷāhid b. Muḥammad b. Muŷāhid / Abū Yaḥyà.

381.-ᶜAbbād b. Sirḥān b. Muslim / Abū l-Ḥasan / Ibn Sayyid al-Nās / al-Maᶜāfirī.

382.-al-ᶜAbbās b. Aḥmad.

384.-ᶜAbd al-Ḥamīd b. Ṣāliḥ / al-Haskūrī.

387.-ᶜAbd al-Ḥaqq b. Jalīl b. Ismāᶜīl b. ᶜAbd al-Malik b. Jalaf b. Muḥammad b. ᶜAbd Allāh /Abū Muḥammad /al-Sukūnī.

398.-ᶜAbd al-Raḥmān b. Abī l-Ḥasan Aḥmad b. Muḥmmad / Abū Ŷaᶜfar / Ibn al-Naṣīr / al-Azdī.

399.-ᶜAbd al-Raḥmān b. ᶜAbd Allāh b. Muḥammad / Ibn ᶜUfayr/ al-Umawī.

413.-ᶜAbd al-Raḥmān / Ibn Abī l-Qāsim / al-Qarmūnī / al-Qaysī.

419.-ᶜAbd al-Raḥmān b. ᶜAlī / al-Bard̲aᶜī, al-Ŷud̲āmī.

424.-ᶜAbd al-Raḥmān b. Muḥammad b. ᶜAbd al-Raḥmān b. Muḥammad / Ibn al-Ṣaqr / al-Anṣārī.

427.-ᶜAbd al-Raḥmān b. Muḥammad b. Muḥammad b. Muḥammad b. al-Ḥasan b. Ŷābir b. Muḥammad b. Ibrāhīm b. ᶜAbd al-Raḥmān / Ibn Jaldūn / al-Ḥaḍramī.

454.-ᶜAdb Allāh b. Muḥammad b. ᶜAlī b. ᶜAbd Allāh b. ᶜUbayd Allāh b. Saᶜīd b. Muḥammad b. D̲ī l-Nūn / al-Ḥiŷārī.

456.-ᶜAbd Allāh b. Yaḥyà b. ᶜAbd Allāh b. Muḥammad b. Ibrāhīm b. ᶜUmayr / Abū Bakr / al-Ṯaqafī.

457.-ᶜAbd Allāh b. Yūsuf b. Gālib / Abū Marwān / al-Anṣārī.

458.-ᶜAbd Allāh b. Bādīs b. ᶜAbd Allāh b. Bādīs / al-Yaḥṣubī.

459.-ᶜAbd Allāh b. Muḥammad b. Aḥmad b. Kabīr.

461.-ᶜAbd Allāh b. ᶜAlī b. Muḥammad b. Ibrāhīm / al-Anṣārī, al-Awsī.

463.-ᶜAbd Allāh b. Muḥammad b. ᶜAbd Allāh b. ᶜUmar / al-Sulamī.

464.-ᶜAbd Allāh b. ᶜAbd Allāh b. ᶜAlī b. Salmūn / al-Kinānī.

465.-ᶜAbd Allāh b. Yūsuf b. Riḍwān / Abū l-Qāsim, Abū Muḥammad / al-Naŷŷārī.

474.-ᶜAbd al-Malik b. Abī l-Jiṣāl Masᶜūd b. Faraŷ b. Jalṣa/ al-Kātib / al-Gāfiqī.

475.-ᶜAbd al-Malik b. ᶜUmar b. Jalaf / al-Tāŷir / al-Azdī, al-Šanūnī.

494.-ᶜAbd al-Wālī b. Muḥammad b. Aṣbag / Abū l-Ḥasan / Ibn al-Munāṣif / al-Azdī.

518.-ᶜAlī b. Muḥammad b. Muḥammad /al-Ḥaṣṣār / al-Jazraŷī.

519.-ᶜAlī b. Muḥammad b. ᶜAbd al-Malik b. Yaḥyà b. Ibrāhīm b. Yaḥyà / Ibn al-Qaṭṭān / al-Kutāmī.

524.-ᶜAlī b. Sulaymān b. Aḥmad b. Sulaymān / al-Anṣārī.

536.-ᶜAlī b. ᶜAbd al-ᶜAzīz b. Muḥammad b. Masᶜūd.

538.-ᶜAlī b. Muḥammad b. Jalīl / Ibn al-Išbīlī.

539.-ᶜAlī b. Aḥmad / Ibn Abī Bakr, Ibn Ḥunayn / al-Kutāmī.

540.-ᶜAlī b. ᶜAbd Allāh b. Ibrāhīm b. Muḥammad b. ᶜAbd

Allāh / al-Anṣārī, al-Matīṭī.

541.-ᶜAlī b. Aḥmad b. ᶜAlī / al-Anṣārī, al-Ṭulayṭulī.

542.-ᶜAlī b. Mūsà (Ibn Abī l-Qāsim) b. ᶜAlī b. Mūsà b. Muḥammad b. Jalaf / Ibn al-Naqarāt / al-Anṣārī, al-Sālimī.

544.-ᶜAlī b. ᶜAtīq b. ᶜĪsà b. Aḥmad b. ᶜAbd Allāh b. Muḥammad b. Mu'min / al-Anṣārī, al-Jazraŷī.

545.-ᶜAlī b. Muḥammad b. Farḥūn / al-Qaysī.

546.-ᶜAlī b. Muḥammad b. Jiyār.

547.-ᶜAlī b. Yaḥyà b. Saᶜīd / al-Kātib / al-Qilanī.

548.-ᶜAlī b. Muḥammad b. ᶜAlī b. Muḥammad / Ibn Jarūf, al-Naḥwī / al-Ḥaḍramī.

549.-ᶜAlī b. Ibrāhīm b. ᶜAlī / al-Kātib / al-Ŷumaḥī.

550.-ᶜAlī b. Muḥammad b. ᶜAlī b. Muḥammad b. Yaḥyà / al-Šārrī / al-Gāfiqī.

551.-ᶜAlī b. ᶜAbd Allāh b. Muḥammad b. Yūsuf b. Aḥmad / Ibn Qaṭarāl / al-Anṣārī.

554.-ᶜAlī b. Ḏī l-Wizāratayn Muḥammad b. Saᶜūd / al-Juzāᶜī.

565.-ᶜUmar b. al-Qāḍī ᶜAbd Allāh b. Muḥammad b. ᶜAbd Allāh b. ᶜUmar / al-Sulamī.

577.-ᶜĪsà b. Muḥammad b. Šuᶜayb / Abū Mūsà / al-Warrāq / al-Gāfiqī.

579.-Gālib b. ᶜAlī b. Muḥammad / Abū Tammām / al-Lajmī, al-Šaqūrī.

584.-Fatḥ b. Muḥammad b. Fatḥ / Abū Naṣr / al-Muqri' / al-Anṣārī.

596.-Sulaymān b. Yaḥyà b. Saᶜīd b. Yaḥyà / Abū Dawūd, Abū l-Rabīᶜa / al-Maᶜāfirī, al-Saraqusṭī.

606.-Sayyida bt. ᶜAbd al-Ganī b. ᶜAlī / Umm al-ᶜAlā' / al-ᶜAbdariyya.

609.-Šuᶜayb b. al-Ḥusayn / Abū Mudayn / al-Anṣārī.

612.-Hāni' b. al-Ḥasan b. ᶜAbd al-Raḥmān b. al-Ḥasan b. al-Qāsim b. Muḥammad b. Hāni' / Abū Yaḥyà / al-Lajmī.

614.-Warqā' bt. Yantān / al-Ḥāŷŷa.

620.-Yaḥyà / Abū Zakariyyā' / Ibn Abī l-Ḥaŷŷāŷ / al-Lablī.

623.-Yaḥyà b. Aḥmad / al-Sarrāŷ / al-Rundī, al-Nafzī, al-Ḥimyarī.

626.-Yaḥyà b. Muḥammad / al-Sarrāŷ / al-Ḥimyarī, al-Nafzī.

627.-Yaḥyà b Muḥammad b. Yaḥyà b. Saᶜīd b. Saᶜdūn b. Dubayl b. Raydān / Abū Bakr / al-Fihrī.

628.-Yaḥyà b. Muḥammad b. Yaḥyà b. ᶜAlī / Abū l-Ḥusayn / Ibn al-Išbīlī / al-Qaysī.

644.-Yūsuf b. Futūḥ b. Muḥammad b. ᶜAbd Allāh / al-ᶜAššāb/ al-Qurašī.

658.-Yaᶜīš b. ᶜAlī b. Yaᶜīš b. Masᶜūd / Abū l-Baqā' / Ibn al-Qadīm / al-Anṣārī.

# DICCIONARIOS BIOGRAFICOS Y TOPOGRAFIA

**Jesús ZANON**
C.S.I.C. - Madrid

En los estudios sobre topografía de al-Andalus se suele recurrir sobre todo a tres tipos de fuentes: obras geográficas, crónicas históricas y repertorios biográficos. Los datos que allí se encuentran tienen características diferentes según cada caso.

En relación a las obras geográficas, aunque a primera vista pudiera pensarse que nos van a ofrecer la información más completa, de hecho los resultados pueden ser algo decepcionantes. Tal vez con la única excepción de al-ᶜUḏrī[1], en este tipo de obras se echa en falta una relación algo sistemática de los lugares significativos de cada una de las ciudades de cierto rango, como pudieran ser las cercas y sus puertas, vías importantes que las atravesaban, mezquitas de cierto tamaño o prestigio, barrios, plazas, zocos, etc., con su ubicación aproximada. A ello hay que añadir el hecho de que una buena parte de los datos topográficos citados por aquellos geógrafos son anacrónicos, ya que el sistema de compilar sus obras les permitía mezclar noticias tomadas de autores de diferentes épocas y lugares. No basta con saber la fuente que utilizan en cada momento, si es que acaso aparece citada explícitamente, porque a su vez el autor de esa fuente ha podido seguir el mismo sistema de compilación. Por poner un ejemplo conocido, aludiremos a la relación de los arrabales de Córdoba de al-Maqqarī (s. XVII)[2]. Este autor atribuye la noticia a Ibn Baškuwāl (s. XII), pero a la luz de una crítica interna del texto, dicha relación ha de corresponder necesariamente a la época de Almanzor (s. X), sin que podamos saber nunca quién fue el autor del documento original. En definitiva, en

[1] *Nuṣūṣ ᶜan al-Andalus min 'Kitāb tarṣīᶜ al-ajbār'*, ed. ᶜAbd al-ᶜAzīz al-Ahwānī, Madrid, 1965.

[2] NT (a), I, pp. 465-6.

las obras geográficas sólo aquellos datos que aparecen asociados a un hecho histórico, a un personaje conocido o a la experiencia personal del autor pueden situarse en el tiempo.

Con respecto a las crónicas históricas, éstas, que sitúan el dato en un momento muy preciso, tienen el inconveniente de ser excesivamente parcas excepto cuando tratan de aquellas ciudades que fueron centros políticos de primer orden, como Córdoba en época omeya[3] o Sevilla en época almohade[4]. A veces puede hallarse una información relativamente detallada de la topografía a propósito de determinados acontecimientos políticos o militares que afectan directamente a la ciudad o a propósito de una catástrofe natural[5]. El interés de los repertorios biográficos en el estudio de la topografía de las ciudades reside en que los datos, diseminados a lo largo de las biografías, son relativamente abundantes y pueden situarse cronológicamente al estar asociados a un personaje cuya fecha de muerte es, por lo común, conocida. Pero hay que tener en cuenta también ciertas limitaciones: 1) Los datos topográficos se refieren a las grandes ciudades, como Córdoba, Sevilla, Valencia, Granada, Almería, Málaga y Murcia, siendo Córdoba la más beneficiada gracias sobre todo al celo de Ibn Baškuwāl[6]; 2) La mayor parte de la información topográfica aparece relacionada con personajes muertos después del comienzo de la *fitna*. El interés del autor de biografías se centra fundamentalmente en el registro de los lu-

---

[3] Véase al respecto E. García Gómez "Notas sobre la topografía cordobesa en los 'Anales de al-Ḥakam II' por ᶜĪsà al-Rāzī", *Al-Andalus* XXX (1965), pp. 319-379.

[4] Véase, por ejemplo, Ibn Ṣāḥib al-Ṣalā, *al-Mann bi-l-Imāma*, trad. A. Huici Miranda, Valencia, 1969, pp. 186-192 y 195-202, acerca de la construcción de los palacios almohades de Sevilla, las canalizaciones y la mezquita.

[5] Como ejemplo de esto último puede verse la relación de zocos de Córdoba y su ubicación en época de ᶜAbd al-Raḥmān III citados a propósito del gran incendio que los destruyó el 19 de *šaᶜbān* del 324 (12 de julio del 936) en Ibn Ḥayyān, *Muqtabas V*, ed. P. Chalmeta, F. Corriente y M. Sobh, Madrid, 1979 (citado M5), p. 383; trad. de Mª J. Viguera y F. Corriente, *Crónica del califa ᶜAbdarraḥmān III*, Zaragoza, 1981, p. 286.

[6] Esto último puede comprobarse en el índice de la *Ṣila* elaborado por H. R. Singer, "Qā'ima bi-asmā' al-amākin wa-l-buldān al-wārida fī 'Kitāb al-Ṣila' li-bn Baškuwāl", *Revista del Instituto Egipcio de Estudios Islámicos en Madrid* XV (1970), pp. 151-196.

gares de culto o enseñanza y los de enterramiento, es decir, mezquitas y cementerios, asociados a los personajes biografiados. Este interés se extiende en determinados autores, como Ibn Baškuwāl, a los lugares de residencia[7]. En algunos casos la información topográfica no aparece aislada, sino que viene acompañada por otros datos que ayudan a ubicar mejor estos lugares. Así, por ejemplo, puede mencionarse junto a qué puerta de la muralla estaban ubicados los cementerios, o en qué parte de la ciudad se encontraban las mezquitas. De este modo, a partir de los lugares que interesan a los autores de biografías, cementerios, mezquitas y, en menor medida, lugares de residencia, la información puede verse ampliada indirectamente a otros elementos urbanos como arrabales, barrios, puertas, adarves, plazas, zocos, calles y otros.

Aprovechando, pues, las características de los datos topográficos que aparecen en los diccionarios biográficos, es decir, la posibilidad de ubicarlos en el tiempo y su relativa abundancia y reiteración, es posible seguir procesos evolutivos de algunas ciudades hispanoárabes. Aplicaremos esta idea al caso particular de los arrabales de Córdoba.

*****

[7] Ciertos compiladores debieron ser auténticos especialistas en este aspecto de recogida de datos sobre tales lugares. Así, Ibn al-Abbār, en *Al-Takmila li-Kitāb al-Ṣila*, ed. ᶜI. al-ᶜAṭṭār al-Ḥusaynī, El Cairo, 1955 (citado IA), nº 274, escribió la biografía de un personaje llamado Aḥmad b. Muḥammad b. Yūsuf, muerto en el 613 de la hégira, quien transmitió las noticias de los hombres piadosos de Córdoba tomando la información de su padre. Destaca además que conocía las tumbas y lugares de consagración al culto de estos hombres piadosos. Este personaje fue además maestro de Ibn al-Ṭaylasān, que es una de las fuentes de la *Takmila* (véase su biografía en *Al-Takmila li-Kitāb al-Ṣila*, ed. F. Codera, Madrid, 1887 (citado IA(c), nº 1976, pp. 703-4) y se da la circunstancia de que Ibn al-Abbār recoge de él la mayor parte de las noticias relacionadas con los cementerios de Córdoba y con un buen número de sus mezquitas.

Durante el reinado de, al menos, Hišām II, Córdoba estaba dividida en cuatro partes, cada una de ellas formada por distintos arrabales. La parte occidental *(al-ŷiha al-garbiyya)* tenía nueve arrabales[8]; la parte septentrional *(al-ŷiha al-ŷawfiyya)*, tres[9]; la parte meridional *(al-ŷiha al-qibliyya)*, dos[10], y, por último, la parte oriental *(al-ŷiha al-šarqiyya)*, siete, incluyéndose en esta última la medina, por lo que los arrabales propiamente dichos eran aquí seis [11].

---

[8] La relación de Ibn Baškuwāl aparece recogida por al-Maqqarī en NT (a) I, pp. 465-6. Para la de Ibn al-Jaṭīb, véase *Kitāb A^cmāl al-a^clām*, ed. parcial de E. Lévi-Provençal, Rabat, 1934 (citado AA), p. 103. La descripción de los arrabales del *Ḏikr bilād al-Andalus* ed. y trad. de L. Molina, Madrid, 1983 (citado DB), pp. 32-3 de la ed. y 39-40 de la trad., es similar a la de Ibn Baškuwāl, y ambas están cotejadas por F. Castelló Moxó en "Descripción nueva de Córdoba musulmana. Traducción y notas", *Anuario de Filología* II (1976), p. 133, n. 8.

A continuación mostramos los arrabales de la parte occidental según Ibn Baškuwāl, y entre paréntesis las variantes que aparecen en la de Ibn al-Jaṭīb:

1.- *Rabaḍ Ḥawānīt al-Rīḥān (al-Rīḥānī)*

2.- *Rabaḍ al-Raqqāqīn.*

3.- *Rabaḍ Masŷid Kahf.*

4.- *Rabaḍ Balāṭ Mugīṯ.*

5.- *Rabaḍ Masŷid al-Šifā'.*

6.- *Rabaḍ Ḥammām al-Ilbīrī.*

7.- *Rabaḍ Masŷid Masrūr.*

8.- *Rabaḍ Masŷid al-Rawḍa (al-Rawḍ al-Muḥdaṯ).*

9.- *Rabaḍ al-Siŷn al-Qadīm.*

[9] Estos son:

1.- *Rabaḍ Bāb al-Yahūd.*

2.- *Rabaḍ Masŷid Umm Salama (Qūt Rāšah, al-mansūb ilà Umm Salama).*

3.- *Rabaḍ al-Ruṣāfa.*

[10] Estos son:

1.- *Rabaḍ Šaqunda.*

2.- *Rabaḍ Munyat ^cAŷab (Munyat al-Mugīra).*

[11] La relación de los arrabales de la parte oriental es distinta según se siga una u otra fuente. Para Ibn Baškuwāl son siete:

1.- *Rabaḍ Šabulār.*

2.- *Rabaḍ Furn Burrīl*

3.- *Rabaḍ al-Burŷ.*

4.- *Rabaḍ Munyat ^cAbd Allāh.*

5.- *Rabaḍ Munyat al-Mugīra.*

Al ser conquistada por Fernando III en 1236, Córdoba había quedado sensiblemente reducida, ya que los documentos inmediatamente posteriores a la conquista solamente mencionan la Medina y la Ajarquía, es decir, parte de lo que en época califal correspondía a la zona oriental [12].

¿En qué período se produjo la despoblación de los arrabales del norte, oeste y sur?

Examinando los textos históricos hispanoárabes, únicamente hemos hallado uno que aluda directamente a esta cuestión. En la primavera del año 1013 (403) Córdoba sufrió un terrible saqueo a manos de las tropas beréberes de Sulaymān al-Mustaᶜīn. Según Ibn Ḥazm, autor del texto al que nos referimos, fueron asoladas *Madīnat al-Zahrā'* y la capital omeya excepto la medina y una porción de la parte oriental [13].

En los años posteriores de su historia islámica, Córdoba no quedó exenta de nuevas destrucciones y reconstrucciones. Antes, en el año 399, había sido asolada *al-Madīna al-Zāhira*, la ciudad palatina de Almanzor que había caído en manos de Muḥammad II al-Mahdī en su lucha contra Sanchuelo[14], y tras la ruina de *Madīnat al-Zahrā'* fue también destruida la Almunia de *al-Ruṣāfa*, entre-

---

6.- *Rabaḍ al-Zāhira.*

7.- *Rabaḍ al-Madīna al-ᶜAtīqa.*

Sin embargo, sólo se cuentan cinco arrabales en la lista de Ibn al-Jaṭīb, observándose además algunas diferencias:

1.- *Rabaḍ Munyat ᶜAbd Allāh.*

2.- *Rabaḍ Furn Burrīl.*

3.- *Rabaḍ Faḥṣ al-Nāᶜūra.*

4 y 5.- *al-Madīna al-ᶜAtīqa*, en medio de la ciudad *(balda)*, que se divide en dos arrabales, uno de los cuales está formado por la aljama y sus alrededores.

[12] Véase Julio González, *Reinado y diplomas de Fernando III*, Córdoba, 1980-86, 3 vols., *sub índice.*

[13] *Ŷamhara*, ed. E. Lévi-Provençal, El Cairo, 1948, p. 93; M. Ocaña, "Notas sobre Córdoba de Ibn Ḥazm", *al-Mulk* III (1963), pp. 53-62.

[14] E. García Gómez, "Algunas precisiones sobre la ruina de la Córdoba omeya" *Al-Andalus* XII (1947), pp. 278-9; L. Torres Balbás, "Al-Madīna al-Zāhira, la ciudad de Almanzor" *Al-Andalus* XXI (1956), pp. 355-6.

gada por Wāḍiḥ al pueblo para su saqueo [15].

De la época de los reinos de Taifa se sabe que en los años en que fue gobernador Ibn al-Saqqā', *Madīnat al-Zahrā'* o bien los Alcázares de Córdoba fueron demolidos y sus materiales malvendidos[16]. No obstante, y también durante esta época de los reinos de Taifa, las murallas de Córdoba fueron reconstruidas en dos ocasiones: una durante el gobierno de Muḥammad b. Ŷahwar (435/1043-461/1069) y otra tras la conquista de Córdoba por al-Muᶜtamid [17].

Con la dinastía almorávide[18] se inaugura un período de paz y sosiego para la ciudad, unicamente turbado por la gran revuelta popular del 514[19]. Por otro lado, en el 519 está documentada una labor importante de reconstrucción de las murallas [20].

Otro momento crítico para la ciudad de Córdoba se halla al final del período almorávide, y, sobre todo, al principio del almohade[21]. El historiador Ibn Ṣāḥib al-Ṣalā relata la llegada a la ciudad de los dos *sayyid*-es Abū Yaᶜqūb y Abū Saᶜīd, hijos del emir ᶜAbd al-Mu'min, con la misión de establecer en ella la capitalidad de al-Andalus. Los príncipes fueron recibidos por la población cordobesa que, según el citado historiador, testigo ocular de los hechos, se reducía a un número de 84, y atribuye a Ibn Hamušk la causa de tal despoblación. Los dos *sayyid*-es mandaron reconstruir y

---

[15] E. García Gómez, "Algunas precisiones", pp. 280-81.

[16] *Ibidem*, pp. 285-8.

[17] DB, p. 216 del texto árabe y 228 de la traducción.

[18] Córdoba fue tomada por los almorávides el 3 de *ṣafar* del 484 = 27 de marzo de 1091. Véase J. Bosch Vilá, *Los Almorávides*, pp. 150-155.

[19] *Al-Ḥulal al-Mawšiyya*, Rabat, 1946, pp. 70-1; trad. A. Huici Miranda, Tetuán, 1952, pp. 103-4. J. Bosch Vilá, *Los Almorávides*, Tetuán, 1956, pp. 196-9.

[20] Ibn ᶜIḏārī, *al-Bayān al-Mugrib*, ed. I. ᶜAbbās, IV, pp. 73-4; trad. A. Huici Miranda, *Al-Bayān al-Mugrib, Nuevos fragmentos almorávides y almohades*, pp. 170-2.

[21] Sobre todo ello véase J. Bosch Vilá, *Los Almorávides*, pp. 288-95; A. Huici Miranda, *Historia política del Imperio Almohade*, Tetuán, 1956, pp. 158 y 196-7. El sometimiento definitivo de Córdoba a los almohades está documentado el 2 de *ṣafar* del 544/11 de junio de 1149; véase E. Lévi-Provençal, *Trente-sept lettres officielles almohades*, Rabat, 1941, nº 2 y nº 6.

repoblar la ciudad [22].

Pocos datos más podrían hallarse en las fuentes históricas sobre aquellos hechos que influyeron en la evolución urbana de Córdoba desde la *fitna* hasta la época almohade. Como se ha podido comprobar, excepto la noticia que nos proporciona Ibn Ḥazm, al resto de los historiadores solamente parece haberles llamado la atención el destino de los antiguos lugares regios o la labor de reconstrucción de las murallas. Nada dicen, pues, de la suerte de los arrabales cordobeses. Sin embargo, un detenido análisis de la información que aparece en las obras biográficas, en especial de la *Ṣila* de Ibn Baškuwāl[23], que es la que proporciona más datos sobre Córdoba, permite profundizar más en este tema, no sólo en el aspecto documental, que es el que hemos planteado inicialmente, sino también en cierta cuestión terminológica que veremos previamente.

El término *rabaḍ*, "arrabal", tal como aparece en las fuentes y con respecto a Córdoba, es en cierta manera equívoco. Desde la época del emir al-Samḥ, en el año 101 de la hégira, se denominó *al-Rabaḍ* a la zona que se encontraba en la orilla izquierda del Guadalquivir y frente al Alcázar, donde dicho emir creó un cementerio para musulmanes[24]. Como es de sobra conocido, este arrabal quedó despoblado por orden de al-Ḥakam I a consecuencia de la célebre sublevación[25]. Por otro lado, y tras la construcción del palacio de *al-Ruṣāfa* por ᶜAbd al-Raḥmān I, debió de ir creciendo en este otro lugar un núcleo de población hasta formar un segundo arrabal cordobés, *rabaḍ al-Ruṣāfa,* documentado de esta forma en época algo anterior a la del emir ᶜAbd Allāh[26]. Con la construc-

---

[22] *Al-Mann bi-l-Imāma,* trad. A. Huici Miranda, Valencia, 1969, pp. 48-51. El dato del número de pobladores es recogido por Ibn al-Abbār (HS, II, p. 259).

[23] Utilizamos la edición de El Cairo, 1966.

[24] Ibn ᶜIḏārī, *Kitāb al-Bayān al-Mugrib,* ed, G.S. Colin y E. Lévi-Provençal, Leiden 1951 t.II, p. 26; citaremos en adelante BM, II.

[25] BM, II, pp. 76-77. E. Lévi-Provençal, *España musulmana,* t. IV de la *Historia de España* dirigida por R. Menéndez Pidal, Madrid, 1950, pp. 106-112; t. V, Madrid, 1957, p. 245.

[26] Ibn Ḥayyān, *Kitāb al-Muqtabis fī ta'rīj riŷāl al-Andalus,* ed. M. Martínez Antuña, París, 1937 (M3), p. 23.

ción de *Madīnat al-Zahrā'* Córdoba se extendió considerablemente hacia el oeste, y poco después hacia el este, tras la edificación de *al-Madīna al-Zāhira*, aumentando sensiblemente el número de barrios fuera de la cerca de la medina. No es hasta el reinado de al-Ḥakam II cuando encontramos en los textos hispanoárabes dos conceptos diferentes que aluden a dichas ampliaciones: *ŷānib*, literalmente "lado" se emplea para designar una zona extensa fuera de la medina, ya al oriente, ya al occidente[27], y *rabaḍ*, "arrabal", que expresa una unidad menor que el anterior. Varios arrabales agrupados en función de su situación con respecto a los puntos cardinales, formaban un *ŷānib*[28]. La idea queda aun más clara si examinamos las nóminas de arrabales de Ibn Baškuwāl, Ibn al-Jaṭīb y el *Ḏikr bilād al-Andalus*[29]. Los 21 arrabales (contando la medina como uno más) formaban cuatro partes según su disposición geográfica llamadas *ŷiha*. Sin embargo, y en época califal y emiral, el término *rabaḍ* puede ser también sinónimo de *ŷānib* o *ŷiha*, puesto que tenemos documentados las expresiones *al-rabaḍ al-garbī*[30] y *al-rabaḍ al-šarqī*[31].

A partir de la caída del Califato la primera de estas dos acepciones de *rabaḍ* desaparece, al menos no se encuentra en las fuentes, y se asienta definitivamente la segunda, es decir, la equivalente a *ŷiha* o *ŷānib*. Al mismo tiempo empieza a documentarse otro término, *ḥawma*, como equivalente a "barrio", unidad menor que el *ŷānib*.

---

27 BM, II, p. 240.

28 Encontramos diferenciados en Ibn Ḥayyān, *Al-Muqtabis fī ajbār balad al-Andalus*, ed. ᶜA. R. ᶜAlī Ḥaŷŷī, Beirut, 1965 (M7), el arrabal (*rabaḍ*) de *Furn Burrīl* (p. 67) al oriente, y, al occidente, los arrabales de *Masŷid al-Šifā'* y *Ḥammām al-Ilbīrī* (p. 46). Véase también E. García Gómez, "Notas", pp. 352-4.

29 Véanse las notas 8, 9, 10 y 11. Existen otros dos arrabales que no figuran en estos repertorios. Así por ejemplo, en el tomo del *Muqtabis* relativo al reinado de al-Ḥakam II aparece el *Arrabal de la Mezquita de Mutᶜa*. Véase E. García Gómez, "Notas", p. 355. O el *Arrabal de al-Zaŷāŷila* en IB (c), nº 445, pp. 194-5.

30 Ibn Ḥayyān, *Al-Muqtabis min anbā' ahl al-Andalus*, ed. M. ᶜAlī Makkī, Beirut, 1973 (M2), pp. 41, 57 y 234; M5, p. 13 ; trad. p. 19; BM, III (ed. Lévi-Provençal, París, 1930), pp. 56, 81 y 84.

31 M7, p. 67.

Como prueba de lo anterior, pasemos a examinar los arrabales que, en su sentido de "barrio" o unidad menor que el *ŷānib*, aparecen en la *Ṣila* de Ibn Baškuwāl para consignar el momento preciso en que se documenta su existencia.

I. *Rabaḍ al-Ruṣāfa.*

Se encontraba en la parte septentrional. Aparece documentado tres veces el arrabal y dos el cementerio *(maqbara)*. Fue lugar de origen *(min ahl/aṣlu-hu)* de Abū Aḥmad Ŷaᶜfar b. ᶜAbd Allāh b. Aḥmad al-Tuŷībī, nacido en el 393 y muerto en el 475[32] y de Abū ᶜAbd Allāh Muḥammad b. Fatūḥ b. ᶜAbd Allāh al-Azdī al-Ḥumaydī, muerto en Bagdad en el 488[33]. Lugar de residencia de Abū Bakr ᶜAbd Allāh b. Muḥammad b. Gālib al-Majzūmī, nacido en el 354 y muerto en Elvira en el 405[34]. Y lugar de enterramiento de Abū ᶜUmar Aḥmad b. ᶜAbd al-ᶜAzīz b. Faraŷ (m. 400)[35] y de Abū Zakariyyā' Yaḥyà b. Isḥāq b. Filfil (m. 386)[36].

II. *Rabaḍ Qūt Rāšah.*

También se encontraba en la parte septentrional. Fue lugar de origen (*min ahl*) de ᶜUṯmān b. Saᶜīd b. ᶜUṯmān Ibn al-Ṣīr al-Umawī, nacido en el 371 y muerto en Denia en el 444[37], y lugar de residencia de Abū l-Muṭarrif ᶜAbd al-Raḥmān b. ᶜUṯmān b. ᶜAffān al-Qušayrī, nacido en el 324 y muerto en el 395[38].

III. *Rabaḍ al-Zaŷāŷila.*

Aparece una sola vez. Este arrabal no se encuentra en ninguno

---

32 IB (c), nº 295, p. 128.

33 IB (c), nº 1230, pp. 530-1.

34 IB (c), nº 574, p. 202.

35 IB (c), nº 35, p. 25.

36 IB (c), nº 1449, p. 624.

37 IB (c), nº 876, pp. 385-7.

38 IB (c), nº 675, pp. 294-5.

de los tres repertorios de arrabales citados anteriormente[39]. Fue lugar de residencia de Abū Ayyūb Sulaymān b. Jalaf b. Sulaymān Ibn Nufayl Ibn ᶜAmrūn, muerto en el 408 [40].

IV. *Rabaḍ Ḥawānīt al-Rīḥānī.*

Se hallaba en la parte occidental. Fue lugar de residencia de Abū l-Qāsim Aḥmad b. Fatḥ b. ᶜAbd Allāh Ibn al-Rassān, nacido en el 319 y muerto en el 403[41]. Abū ᶜUmar Aḥmad b. Muḥammad b. ᶜAfīf, nacido en el 348 y muerto en el 420 (emigró de Córdoba al comenzar la *fitna)*, amonestaba en su mezquita situada en este arrabal [42].

V. *Rabaḍ Balāṭ Mugīṯ.*

Se encontraba en la parte occidental. Fue lugar de muerte de Abū ᶜUmar Aḥmad b. Muḥammad b. Aḥmad (m. 401)[43]; lugar de nacimiento de Abū Marwān ᶜAbd al-Malik b. ᶜĪsà b. ᶜAbd al-Malik, nacido en el 325[44]; y lugar de residencia de Abū l-Walīd Muḥammad b. ᶜAbd Allāh b. Aḥmad, nacido en el 323, y cuya fecha de muerte es incierta, pero fue maestro de Ibn al-Faraḍī, muerto en el 403 [45].

---

[39] Ibn Baškuwāl indica (véase nota siguiente) que se encontraba en el *jandaq* o "foso", cuya existencia está documentada por lo menos en época de al-Ḥakam II (véase E. García Gómez, "Notas", p. 356). E. Lévi-Provençal sitúa el "foso" alrededor de los arrabales de Córdoba y al norte del Guadalquivir, y el arrabal de *al-Zaŷāŷila* al norte de la medina (véase *España musulmana*, tomo V de la *Historia de España* dirigida por R. Menéndez Pidal, Madrid, 1957, pp. 232-4).

[40] IB (c), nº 445, pp. 194-5.

[41] IB (c), nº 43, p. 31.

[42] IB (c), nº 75, pp. 42-44.

[43] IB (c), nº 39, pp. 29-30.

[44] IB (c), nº 764, pp. 340-1.

[45] IB (c), nº 1074, p. 469.

VI. *Rabaḍ Munyat ᶜAŷab*.

Aparece en una sola ocasión y se encontraba en la parte meridional. Fue lugar de residencia de Abū l-Qāsim Muḥammad b. Muḥammad b. Masrūr al-Ṣaydalānī, (311-391) [46].

VII. *Rabaḍ Šabulār*.

Se encontraba en la parte oriental, y aparece una vez. Fue lugar de residencia de Abū Bakr Muḥammad b. Saᶜīd b. ᶜAbd Allāh Ibn al-Nāṣir, del que no disponemos de fecha de nacimiento ni de muerte [47].

VIII. *Rabaḍ Munyat ᶜAbd Allāh*.

Aparece en una ocasión y se hallaba en la parte oriental. Se cita en relación con una anécdota de Abū ᶜAbd Allāh Muḥammad b. ᶜAṭā' Allāh, muerto en una de las algazúas de al-Muẓaffar en el 394 [48].

IX. *Rabaḍ Munyat al-Mugīra.*

Se encontraba también en la parte oriental, y aparece citado en tres ocasiones. Fue lugar de nacimiento, en el 384, de Abū Muḥammad ᶜAlī b. Aḥmad b. Saᶜīd[49], así como lugar de residencia y de enterramiento de Abū ᶜAbd Allāh Muḥammad b. Saᶜīd b. Abī ᶜUtba, muerto en el 379[50] y de residencia de Abū Marwān ᶜAbd al-Malik b. Aḥmad b. ᶜAbd al-Malik b. Šuhayd, muerto en el

---

[46] IB (c), nº 1039, p. 455.

[47] IB (c), nº 1041, p. 455.

[48] IB (c), nº 1040, p. 455.

[49] IB (c), nº 891, pp. 395-6. En esta biografía, Ibn Baškuwāl especifica que la Almunia de *al-Mugīra* se hallaba en la parte oriental, por lo que las dudas que podían quedar con respecto a su ubicación (Ibn al-Jaṭīb la sitúa en el arrabal meridional según se ha visto en nota 9) pueden quedar despejadas.

[50] IB (c), nº 1031, p. 452.

393 [51].

El examen de los datos extraídos de la *Ṣila* de Ibn Baškuwāl que acabamos de presentar lleva a dos conclusiones: 1) todos estos arrabales en su acepción de "barrio" o unidad menor que el *ŷānib* tomados en su conjunto están documentados en los tres últimos tercios del siglo IV/X. 2) la existencia de dichos arrabales difícilmente podría llevarse mucho más allá del año 403, fecha en la que, según indica Ibn Ḥazm, las tropas beréberes de al-Mustaᶜīn asolaron Córdoba excepto la medina y una parte de la zona oriental. Al no hallarse citados después de la *fitna*, se podría concluir que este período de guerra civil provocó la destrucción de unos y la fusión de otros. No obstante hemos querido comprobar estas conclusiones examinando los datos que nos ofrecen otros diccionarios biográficos andalusíes, los cuales, como hemos aludido más arriba, son mucho más parcos en ofrecer información topográfica de Córdoba. De dicho análisis únicamente hemos hallado un dato que podría en principio contradecir las conclusiones obtenidas a partir de la *Ṣila* de Ibn Baškuwāl. Se trata de una noticia que nos proporciona Ibn al-Abbār en su *Takmila* según la cual un personaje llamado Saᶜīd b. ᶜUmar b. ᶜAbd al-Nūr fue enterrado en el año 458 en el arrabal de *Šabulār*[52]. Según todas las estimaciones, dicho arrabal se encontraría en la zona oriental próxima a la medina y al río Guadalquivir, accediéndose a él a través de *Bāb al-Ḥadīd*[53]. Si tal ubicación es correcta, como creemos, dicho arrabal no sería arrasado por las tropas de Sulaymān, ya que se encontraba en la parte respetada junto con la medina [54].

En todo caso, esta mención es la última que poseemos de la serie de arrabales en su sentido de "barrio" o unidad menor que el *ŷānib*. Como se ha referido anteriormente, a partir de ese momento, es decir, el final del Califato, el término *rabaḍ* deja de apli-

---

51 IB (c), nº 761.

52 Ibn al-Abbār, *Al-Takmila li-Kitāb al-Ṣila*, ed. M. Alarcón y C. A. González Palencia en "Apéndice a la edición de la 'Tecmila' de Aben al-Abbar", en *Miscelánea de estudios y textos árabes*", Madrid, 1915, nº 2.634, pp. 317-8 -citado IA(a)-.

53 E. García Gómez, "Notas", p. 352.

54 Véase mi estudio *Topografía de Córdoba en época almohade* (en prensa).

carse a un "barrio", acepción que se expresa ahora con el vocablo *ḥawma*, y pasa a significar exclusivamente "lado" o "parte" de Córdoba. Por otro lado se comprueba que con la desaparición de la antigua acepción del término desaparece también, si bien de modo parcial, la realidad física que designa. Hemos llegado a esta conclusión tras el examen exhaustivo de las referencias a los arrabales en época almohade: En primer lugar, para este período no hemos hallado ninguna referencia al Arrabal Occidental [55].

En cuanto al Arrabal Meridional, las fuentes se refieren en numerosas ocasiones a su cementerio[56]. En realidad la parte situada inmediatamente al lado del río estaba despoblada desde la famosa prohibición de habitarla del emir al-Ḥakam I tras la "jornada del Arrabal"[57]. Sin embargo, y según la lista de Ibn Baškuwāl, eran arrabales de esta parte meridional de Córdoba otros lugares, sin duda algo alejados de la medina: la Almunia de ᶜ*Aŷab*, y *Šaqunda* (en otros textos denominada *qarya* "aldea" en lugar de arrabal)[58]. De estos lugares, sin duda poblados en época califal, nada dicen las fuentes después de la caída del Califato.

En tercer lugar, de la parte Septentrional, constituida por tres arrabales en época califal, sólo parece haber subsistido uno, llamado, en la lista de Ibn Baškuwāl, Arrabal de la Mezquita de Umm Salama, y por Ibn al-Jaṭīb, Arrabal de Qūt Rāšah. Durante el período almohade hallamos el "barrio" (*ḥawma*) de la Mezquita de Kawṯar, que por su ubicación en el citado cementerio de Umm Salama y frente a la muralla de la medina podría corresponder más o menos al antiguo arrabal califal [59].

---

[55] El arrabal occidental parece haber sido el más fuertemente castigado por los disturbios de la *fitna* hasta el punto de desaparecer totalmente. En realidad era una zona muy expuesta a los asaltos al encontrarse entre el Alcázar y *Madīnat al-Zahrā'*, y sin cerca que la protegiera.

[56] En este período aparecen enterrados 9 personajes en los años 541 (IA(a), nº 2559), 590 (IA(a), nº 2026), 600 (IA, nº 1524), 613 (IA, nº 274), 615 (IA, nº 656), 617 (IA, nº 899), 618 (DT, IV, nº 155), 626 (IA, nº 2113) y 631 (IA, nº 1467).

[57] Véase nota 25.

[58] Así en la parte del *Muqtabis* relativa a al-Ḥakam II. Véase E. García Gómez, "Notas", p. 352.

[59] IA, nº 2088, p. 876.

Resta por mencionar finalmente el Arrabal Oriental. En época almohade debe corresponder sólo en parte a *al-ŷiha al-šarqiyya* de la época del Califato, puesto que al menos la zona inmediata a la residencia palatina de Almanzor, que era uno de sus arrabales, quedaría arrasada o abandonada con el palacio, hasta tal punto que hasta hoy en día se discute su emplazamiento. Este Arrabal Oriental fue cercado posiblemente en época de la *fitna*[60], o como muy tarde en el año 519 de la hégira[61], lo cual posibilitó su poblamiento permanente hasta la época cristiana en la que ni siquiera cambió de nombre, pues se la llamó Ajarquía. En las fuentes hemos encontrado mencionadas tres de las puertas de su cerca y dos barrios: *ḥawmat al-Darb* y *ḥawmat Bāb al-Faraŷ,* ambos citados como lugares de residencia de dos personajes [62].

En conclusión, a través de los diccionarios biográficos hemos seguido la evolución de los arrabales cordobeses desde la época del Califato hasta la almohade, evolución que viene acompañada por una adaptación a las circunstancias históricas del término *rabaḍ*, "arrabal", que pasa a designar exclusivamente unidades mayores.

Asimismo hemos podido constatar que el fenómeno de la despoblación de Córdoba durante la *fitna*, bien conocido desde que apareció el estudio demográfico de Mª Luisa Avila[63], queda reflejado desde el punto de vista topográfico con la desaparición de gran parte de los arrabales de esa ciudad. Comprobamos también que dicha despoblación tuvo efectos permanentes.

---

60 Según Ibn Baškuwāl *apud* E. García Gómez, "Notas", pp. 355-6, en los tiempos de la *fitna* se construyó un foso que rodeaba los arrabales y una muralla. Véase también nota 17.

61 Véase nota 20.

62 IG, II, p. 416; IAM, pp. 27-8; IA, nº 1439, p. 530; DT, VI, nº 132, p. 61.

63 *La sociedad hispanomusulmana al final del Califato*, Madrid, 1985, pp. 78-80.

## INDICE

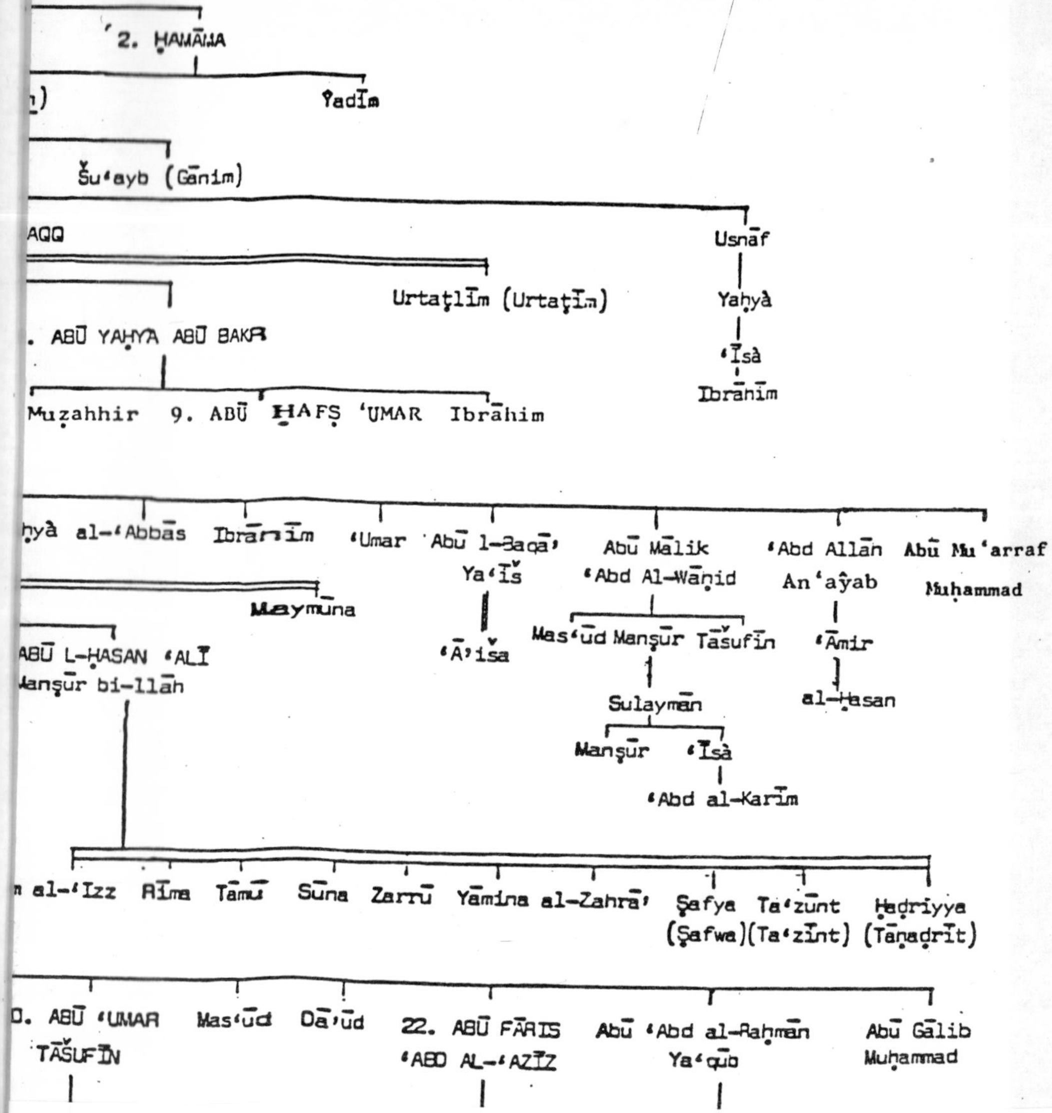

'2. ḤAMĀMA

ṇ)                ᶜAdīm

Šuᶜayb (Gānim)

AQQ                                                Usnāf

                         Urtaṭlīm (Urtaṭīm)       Yaḥyà

. ABŪ YAḤYA ABŪ BAKR                        ᶜĪsà

                                      Ibrāhīm

Muẓahhir    9. ABŪ ḤAFṢ ᶜUMAR   Ibrāhim

ḥyà al-ᶜAbbās   Ibrār̄īm   ᶜUmar ᶜAbu l-Baqā̉      Abu Mālik     ᶜAbd Allāh  Abu Muᶜarraf
                               YaᶜĪš      ᶜAbd Al-Wāḥid    An ᶜayab       Muḥammad

                 Maymūna

ABŪ L-ḤASAN ᶜALĪ               ᶜĀ̉iša     Masᶜūd Manṣūr Tāšufīn    ᶜĀmir
Manṣūr bi-llāh

                                Sulaymān         al-Ḥasan

                        Manṣūr   ᶜĪsà

                        ᶜAbd al-Karīm

n al-ᶜIzz  Rīma  Tāmū  Sūna  Zarrū  Yāmina al-Zahrā̉  Ṣafya Taᶜzūnt  Ḥaḍriyya
                                            (Ṣafwa)(Taᶜzīnt) (Tānaḍrīt)

0. ABŪ ᶜUMAR  Masᶜūd  Dā̉ūd   22. ABŪ FĀRIS  Abū ᶜAbd al-Raḥmān  Abū Gālib
   TĀŠUFĪN                ᶜABD AL-ᶜAZĪZ       Yaᶜqūb      Muḥammad

Muhammad 'Amir

Abu Darba

Yahya

Abu Sa'id 'Utman

Yamal al-Din Badr al-Din

Sulayman Idris Sultan Abu Tabit Ibrahim

'Amir

Muhammad

Abu Malik

'Abd al-Wahid

(al-)Mansur

al-Mustansir bi-llah

Muhammad

al-Watiq bi-llah al-Muktafi bi-llah al-Muntasir bi-llah

Umm al-Fath Suna 'A'isa Fatima Umm al-Faraj